工业互联网：
万物互联、超级数据和人工智能

余来文 封智勇 林晓伟 陈昌明 编著

INDUSTRIAL INTERNET

Internet of Everything,
Super Data, Artificial Intelligence

中国财经出版传媒集团
经济科学出版社
Economic Science Press

图书在版编目（CIP）数据

工业互联网：万物互联、超级数据和人工智能/余来文等编著．
—北京：经济科学出版社，2018.11
ISBN 978-7-5141-9845-4

Ⅰ.①工… Ⅱ.①余… Ⅲ.①互联网络-应用-工业发展-研究-中国　Ⅳ.①F424-39

中国版本图书馆CIP数据核字（2018）第240050号

责任编辑：孙丽丽　程憬怡
责任校对：靳玉环
版式设计：陈宇琰
责任印制：李　鹏

工业互联网：万物互联、超级数据和人工智能
余来文　封智勇　林晓伟　陈昌明　编著
经济科学出版社出版、发行　新华书店经销
社址：北京市海淀区阜成路甲28号　邮编：100142
总编部电话：010-88191217　发行部电话：010-88191522
网址：www.esp.com.cn
电子邮件：esp@esp.com.cn
天猫网店：经济科学出版社旗舰店
网址：http://jjkxcbs.tmall.com
北京季蜂印刷有限公司印装
710×1000　16开　25印张　360000字
2018年11月第1版　2018年11月第1次印刷
印数：0001—3000册
ISBN 978-7-5141-9845-4　定价：78.00元
（图书出现印装问题，本社负责调换．电话：010-88191510）
（版权所有　侵权必究　打击盗版　举报热线：010-88191661
QQ：2242791300　营销中心电话：010-88191537
电子邮箱：dbts@esp.com.cn）

向工业互联网迈进

时值2018年，恰逢中国改革开放40年，富士康正好迎来大陆投资的三十载。2018年6月6日，富士康集团总裁郭台铭在深圳举办了一场"三十而立，智造未来"实体经济与数字经济融合发展高峰论坛，这是富士康面向未来，寻找"重生"的机会。郭台铭表示，"今天既是一场庆生，也是关于未来的一次蝶变，而立之年的富士康，将全力推动智能制造，尽力成为中国先进实体经济中推动互联网、大数据和人工智能的领头羊！"对于下一个30年，富士康将更加致力于推动互联网、大数据、人工智能同实体经济深度融合，深入实施工业互联网创新发展战略。为此，富士康正在全力推进智能制造，用互联网重塑实体经济。富士康将工业互联网视为下一次机会，即从传统制造企业向工业互联网转型。可以说，这与中国制造2025战略刚好不谋而合。伴随"中国制造2025战略"的大力实施，未来工业互联网必将迎来新一轮热潮。工业互联网代表了未来先进制造发展方向，通过传感器，把人、机器、数据给连接起来，工厂将不断进化升级，监控机器的运转状态、改善生产线的运转，将制造业向"数字制造"转型。

近年来，自德国工业4.0和美国工业互联网等战略布局及"中国制造2025"战略启动以来，智能制造已经成为全球经济转型升级和占领未来经济发展新增长点的核心领域。所谓的智能制造是指基于大数据、物联网等新一代信息技术与制造技术的集成，作为制造业发展的重要方向，是我国培育经济增长新动能、建设制造强国的重要依托。中国工程院院长周济认为，智能制造是我国制造业创新发展的主要抓手，是我国制造业转型升级的主要路径，是"中国制造2025"加快建设制造强国的主攻方向。对于我们国家更应该发挥后发优势，采取三个基本范式并行融合发展的技术路线，走一条数字化、网络化、智能化并行推进的智能制造创新之路。2018年6月8日，富士康工业互联网公司以"工业富联"正式登陆上海证券交易所，首日股价上涨44%，至19.83元，市值达到3 906亿元，一举成为中国 A 股科技版的龙头。富士康工业互联网公司也是致力于为企业提供以自动化、网络化、平台化、大数据为基础的科技服务综合解决方案，引领传统制造向智能制造的转型。

在人工智能大潮推动下，制造业发展与人工智能正在紧密结合，逐步走向智能制造。此外，人工智能应用也开始落地开花，从智能安防到智能客服，再到智能教育和智能医疗。以色列作家尤瓦尔·赫拉利在《未来简史》一书中描绘了这样一幅场景：人工智能可能比你自己更了解你。"未来，人工智能从你出生那天就认识你，读过你所有的电子邮件，听过你所有电话录音，知道你最爱的电影……"随着互联网+、大数据、云计算、物联网等技术的日新月异，人工智能（AI）的产品将延伸至社会的方方面面，为人类提供更加精确、更加智能的服务。从互联网发展的历程看，互联网已经经历了内容索引、搜索引擎、自媒体社交等技术入口，而人工智能（AI）已经被 IT 界普遍视为下一代互联网的技术入口，所以无论是目前的 IT 巨头，还是创业公司都在发展人工智能技术，都在努力抢占人工智能技术入口。不仅如此，人工智能将引领第四次工业革命。360 人工智能研究院副院长谭平曾在中国互联网大会上表示，第一次这样的工业革命的典型代表就是蒸汽机的出现，第二次则是灯泡、电力的广泛使用，第三次工业革命我们有了电脑、互联网，第四次工业革命很有可能是人工智能。屏幕中与你对话的可能是"机器人客服"，新闻稿件的作者可能是"机器人记者"，快递包裹的分拣员可能是"智能分拣机器人"。这些场景对我们已经不再陌生，从信息传播效率的提升，到生活方式更加便捷，生产成本更加低廉，基于互联网深度发展的人工智能技术正在全方位改变社会生活，给人类生活带来更多新图景。

近年来，人工智能得以突飞猛进的发展，超级计算至关重要。在中国，联想近年在超算领域的发展成绩斐然，可圈可点。在最新发布的 TOP 500 超级计算机的排行榜上占据 87 席，相当于每 6 台超级计算机当中，就有一台是联想的。在联想转型人工智能大计之中，超算可谓是一个重要的开始。联想把自己的 AI 策略称为"ABC"，A 是算法，B 是大数据，C 是计算力。迈向人工智能时代，可以说联想以超算作为其计算力的支撑。未来，云计算、边缘计算、人工智能等技术将对计算力不断提出新的需求与挑战，计算力也必将在技术发展中发挥越来越重要的战略核心作用。据了解，在超算领域，E级（百亿亿次）系统的脚步已经在向我们走来；人工智能领域，近几年的发展更是如日中天。两个领域的应用对计算能力的追求都是永无止境的；两种系统架构的深度融合将成为超算技术发展的重要趋势之一。

如果说互联网让人与人之间的沟通不再受时空限制，那么物联网则让物物相连成为现实，从人与人到人与物，再到物与物，万物互联时代正在来临。早晨醒来，轻轻说句话即可将房间窗帘缓缓拉开；去公司路上，基于实时路况感知和大数据智能推荐，能够安全合理地进行自动驾驶操作；晚上下班，智能空调已经在你即将到家之前自动开启到最适合的温度……随着智能物联技术的发展，曾经只存在于想象中的智能生活，现在已触手可及。事实上，它已经深入到政务、医疗、旅游、物流以及其他重点领域，让生活变得高度可感知、高度互联互通、高度数字化、高度智能化。不仅如此，包括腾讯、阿里、谷歌和微软等在内的国内外科技巨头押注下，万物智联时代已经到来。百度推出自动驾驶计划、阿里探索无人零售、腾讯聚焦人工智能……在2018年的腾讯云＋未来峰会上，马化腾在万物互联大背景下提出了人联网、物联网和智联网三张网概念，并希望在云时代通过"连接"，促成"三张网"的构建。可以说，物联网开启智慧生活新图景。

中国将从制造大国向制造强国转型升级，"中国制造2025"行动纲领已经成为制造业的目标和共识。从本质而言，所谓工业互联网就是将物联网、云计算、大数据、移动互联、人工智能等先进信息技术和工业技术融合形成的新制造业态。我们借用一下郭台铭先生的"九字真经"，即用九个字来形容富士康的工业互联网生态："云移物大智网＋机器人"，其中，"云"是云计算，"移"是移动讯息，"物"是物联网，"大"是大数据，"智"是人工智能，"网"是工业互联网，加上机器人，这些硬件设备从核心层到 IaaS 层，到 PaaS 层、SaaS 层，富士康已经累积了很多制造经验，这些设备都是富士康自制，掌握自己的核心技术能力。我们也寄希望更多的中国传统制造企业以工业互联网为载体，把工业大数据转换为人工智能，为工业互联网迈向第三次工业革命掀开新篇章。

目录

第 1 章 智能时代 / 1

1.1 智能时代下的衣食住行 / 10

1.2 解读智能时代 / 19

1.3 智能时代的内核 / 28

1.4 智能时代的制高点：工业互联网 / 36

1.5 人机融合：超人工智能时代 / 47

第 2 章 人工智能 / 63

2.1 人机大战：从阿尔法围棋到国产星阵 / 71

2.2 让机器人真正智能起来 / 76

2.3 人工智能算法：深度学习 / 89

第 3 章 超级计算 / 115

3.1 数字经济：经济发展新引擎 / 123

3.2 解密超级计算 / 139

3.3 超级计算管理 / 146

第 4 章 云端服务 / 165

4.1 云端时代：无处不在的云 / 175

4.2 解密云计算 / 180

4.3　云服务：让云落地 / 189

4.4　云部署模型 / 202

第 5 章　万物互联 / 223

5.1　万物互联时代 / 230

5.2　解密物联网 / 242

5.3　万物互联：从物联到万联 / 260

第 6 章　数据应用 / 283

6.1　解密大数据 / 292

6.2　大数据与人工智能 / 300

6.3　数据管理 / 309

第 7 章　智能应用 / 331

7.1　"智能+"时代开启 / 339

7.2　"智能+"应用 / 345

7.3　未来智能社会 / 370

参考文献 / 388

第1章
智能时代

随着云计算、大数据、人工智能为代表的新一代信息技术得到了快速发展与深度应用，正引领社会进入智能时代。新时代所有组织的运转核心，是由系统和数据构成的"大脑"。没有"大脑"的组织，将成为管理、运营和发展上的"低能儿"。

——浪潮集团董事长兼CEO 孙丕恕

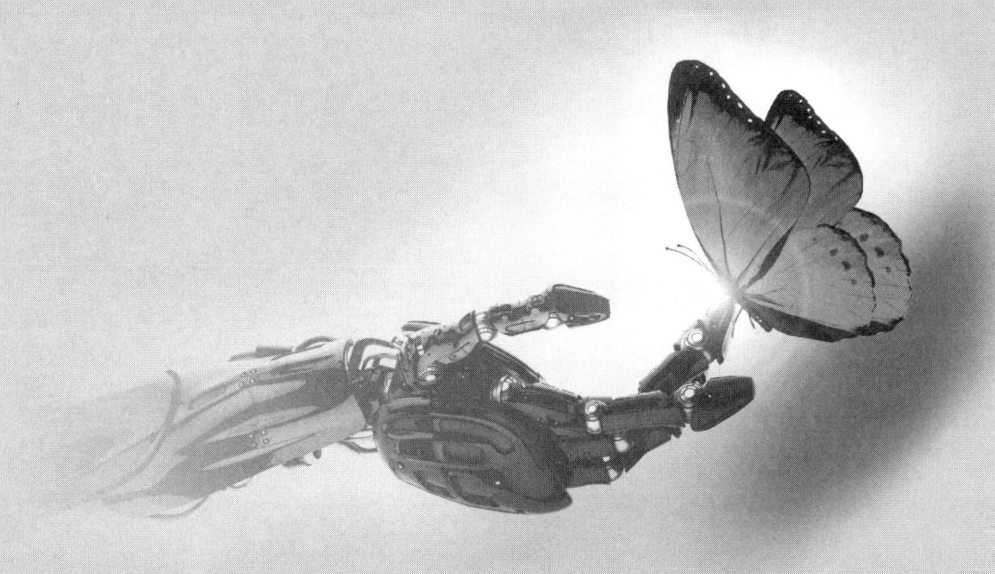

新松机器人：领航智能制造

图片来源：www.siasun.com。

2018年6月19日，新松携自主研发三款创新产品——轻载复合机器人（国内首台智能柔性7轴复合机器人）、工业机器人、智能服务机器人，亮相2018德国慕尼黑机器人及自动化技术贸易博览会，与全球机器人企业同场竞技，展现中国机器人技术实力。

一、公司介绍

新松机器人自动化股份有限公司（以下简称"新松机器人"）隶属中国科学院，是一家以机器人技术为核心，致力于全智能产品及服务的高科技上市企业，是中国机器人产业前10名的核心牵头企业，也是全球机器人产品线最全的厂商之一，以及国家机器人产业化基地。公司目前已形成以自主核心技术、核心零部件、核心产品及行业系统解决方案为一体的完整全产业价值链。作为机器人行业位居国际同行前三位，新松机器人已经成功研制了具有完全自主知识产权的工业机器人、移动机器人、特种机器人、服务机器人四大系列百类产品，面向智能装备、智能物流、智能工厂、智能交通，形成八大产业方向，致力于打造数字化物联新模式。近年来，新松机器人经营业绩持续增长。2017年，新松机器人实现营业收入24.55亿元，同比增长20.73%；实现归属于上市公司股东的净利润为4.48亿元，同比增长8.99%。新松机器人近五年的营业收入见图1-1。

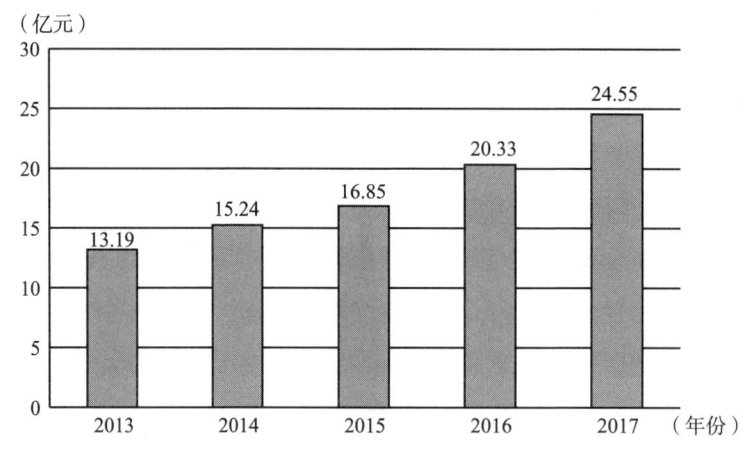

```
（亿元）
30
         24.55
25    20.33
   16.85
20 15.24
15 13.19
10
 5
 0
  2013 2014 2015 2016 2017 （年份）
```

图 1-1　新松机器人近五年营业收入状况

二、自主研发复合机器人

　　成立仅 18 年的新松公司，从点焊机器人开始，陆续推出了工业机器人、移动机器人、洁净机器人、特种机器人和服务机器人五大类 70 余种机器人产品，成为全球机器人产品线最全的厂商之一，国内最大的机器人研发制造基地。凭借雄厚技术与 1 000 多个项目总承包商，新松公司已成为机器人系统集成商，并发展成为"智能工厂"的供应商。在 2018 年德国慕尼黑机器人及自动化技术贸易博览会上新松机器人多复合机器人联动技术（国内首台智能柔性 7 轴复合机器人；公司复合机器人在国际上率先研制成功，并批量实现产业化，目前该类产品已成功出口到多个国家）闪耀亮相，双车双臂同步协调作业，极大程度的拓展了新型机器人的应用场景，实现了智能制造模式的再度升级。"新型智能制造云平台""工业机器人－AR 控制技术""AI 人机交互技术"三大创新的技术的发布，再一次证明以新松为代表的中国机器人企业创新实力，展现新松强劲的技术水平与实力，敢于同世界一流企业同台亮相，进军国际化。

　　从中科院沈阳自动化所脱胎而来的新松创业者，直面市场也曾"拔剑四顾心茫然"。用新松公司中央研究院院长徐方的话说，什么市场公关，什么打通人脉，都不灵光，只会走技术这条直线、正道，开口闭口讲技术已融入到每个人的基因里。"最初撞上门来的活计都是'啃骨头'和'卡脖子'项目。"

先说什么是"啃骨头"。国内第一条汽车自动化生产线原先采购的是国外机械手,合作进行到一半,外方退出了。没人愿接手的烂摊子交给新松,死马当作活马医,新松全体总动员,解剖麻雀似地逐一攻关。不期然间的成功,竟让新松由此一炮打响!后续订单接踵而来。

再说说"卡脖子"。当今世界,制造业强国尚握有一张王牌——芯片,附带着生产芯片所用的真空机器人都牢牢掌控,凡出口中国均设立严格的许可证制度和飞行检查条款。洁净(真空)机器人成了严重制约我国半导体设备制造的"卡脖子"项目。花多少钱也买不来的东西,新松决定自己做。继国家"十一五"重大攻关项目真空机械手成功填补国内空白之后,新松乘胜出击,相继开发出洁净镀膜机械手、洁净搬运机械手、洁净物流自动输送设备等产品,为国家拿出了全套"交钥匙"工程。作为洁净机器人领域国内唯一的供应商,新松为国内半导体、LED、光伏、核电、医药、金融等行业首次提供了具有中国话语权的解决方案。新松的突破打破了国外大企业的垄断,国际机器人厂商主动削平门槛放低身价,傲慢与偏见搁在一边,转而钦佩新松的及时补缺是令人尊重的"中国填空"。

传统的机器人,无论机械手还是机械臂,都是一种可编程的设备。新一代的机器人,脱离了机械设备的概念,更多纳入了网络、信息的传感,包括医疗、服务、军方、国防安全等。这是整个内涵的全部外延,在这个范围内,机器人的范畴由过去的工业机械手,开始拓展到医疗、国防、服务等。工业机器人推动传统产业转型,服务机器人实现新经济增长点。随着物联网、大数据平台等信息技术的不断完善,新松公司也将创新技术融入机器人产品中来,为更好地完善智能服务机器人功能,基于多信息技术平台打造的多机器人调度系统、远程控制系统也将于今年问世。多机器人调度系统意在解决多机器人在同一区域内工作时,可能发生的冲突、拥堵等现象,对区域内机器人进行同一协调、调度,可以与餐厅点餐系统结合,打造完全自主的机器人餐厅。机器人远程监控系统是实现高度模块化监控系统产品,系统能够实现针对机器人的状态进行监控,采集报警信息,统计机器人运行数据,进行大数据分析。在此数据基础上能够得到机器人运行数据模型,从而实现对故障进行预判,降低机器人维护成本(见图1-2、图1-3、图1-4)。

图1-2 新松迎宾展示机器人　　图1-3 新松送餐智能机器人　　图1-4 新松讲解引领机器人

不仅如此,新松机器人还自主研发的我国首款复合型机器人。这个小小的机器人不再像以往那样按照固定的线路行走工作,而是可以在车间里自由地行走并十分精确地完成任务,当其他工位人手不足时,接到指令的他还会主动上前帮忙,马上进入角色开始工作。复合型机器人代表着我国机器人行业的领先技术,与国际领先的机器人厂商推出的类似产品几乎同步,且技术水平相当,精度、速度等指标不相上下。它集合了智能移动机器人、通用工业机器人等工作单元,采用视觉误差补偿等技术,满足了企业智能化数字车间对整个机械结构运动精度的苛刻要求,解决了因多个运动单元的误差累积而造成精度不达标的问题,极大地拓展了工业机器人的应用适应性。

据了解,新松复合型机器人目前已有数十台的市场销量并已实际应用到企业的数字化智能工厂中,市场反响良好,预计未来将取得更多的市场份额。机器人总裁曲道奎表示,复合型机器人存在着巨大的市场潜在需求,是新松机器人与国际机器人巨头争相进行科研攻关的重点,也是未来产品竞争的主战场之一。

三、打造新松数字化智能工厂

2014 年 9 月，新松推出力作——数字化智能工厂，用机器人生产机器人，标志着新松真正意义上将机器人、智能设备和信息技术三者现实融合。沈阳新松机器人公司结合自身优势将机器人、智能物流设备和网络信息技术三者在制造业的完美融合，打造出了真正意义上的数字化智能无人工厂。新松数字化智能工厂涵盖了制造的生产、质量、物流等环节，主要解决工厂、车间和生产线以及产品的设计到制造实现的转化过程，是智能制造的典型代表。

沈阳新松机器人的数字化生产线已经投产，年产能将达到 5 000 台工业机器人。据介绍，与人工制造相比，数字化智能生产线不仅会极大地提升产品质量，生产效率也会提升 5～10 倍。新松数字化智能生产线占地 15 000 多平方米，集成了新松公司核心的移动机器人、堆垛机器人、装配机器人、检测机器人等系列产品。可实现物料自动搬运、柔性物料传输、零部件自动清洗、自动化装配等功能，将机器人、智能设备和信息技术三者在生产过程中完美融合，解决产品从设计到制造全生产周期的转化。

"这条生产线之所以称为数字化制造，是因为整个过程实现了数字控制，是对传统的规划设计理念的一种颠覆。"新松公司品牌与公共关系部部长哈恩晶介绍说，目前生产线仍在调试阶段，部分岗位还需要人工协调，真正运行后，所有岗位都是"机器人"独立完成，只需要工程师进行视频监控就行了。

不仅如此，新松公司结合了制造执行系统（MES）、工业机器人、智能物流装备、智能移动机器人等方面的先进技术，打造出了涵盖智能仓储、物料输送、上下料、点焊、激光焊接等技术为一体的数字化智能工厂。其中，新松机器人数字化智能工厂分为焊接装配及物流仓储两部分，其中焊接装配环节包括 2 台负责上下料工作的 20kg 六轴工业机器人，一台负责激光焊接的 50kg 六轴工业机器人以及一台 210kg 点焊六轴工业机器人；而数字化工厂物流仓储部分，则是包括目前得到国际物流市场高度认可的自动化立体仓库、高速轻型堆垛机、智能移动机器人等产品。

机器人数字化智能工厂的核心系统是制造执行系统（MES），新松机器人为企业量身打造的 MES 系统可以与企业现有 ERP、CRM 及 MIS 系统实现完美对接，通过信息传递对从订单下达到产品完成的整个生产过程进行优化管理，从而优化企业生产制造管理模式，强化过程管理和控制，达到精细化管理目的。

四、结论与启示

第一，自主创新战略。德国"工业4.0"，美国再工业化，中国制造2025，这一系列的战略动作表明，以智能制造为核心竞争的时代已经来临。改变生产方式、改变生活方式、改变作战方式，能在一个领域产生社会激荡都可谓革命，而智能机器人将来却能做到集颠覆性变革于一体。伴随大数据、互联网和人工智能等科技发展，机器人只有不断升级并具备更多"人"的智能，才能带动制造模式变革。

第二，做大做强核心技术。新松创新奔跑有3个"80"：技术研发人员占全体员工80%以上，新产品占总销售额的80%以上，创造了中国机器人产业发展史上的80个第一。新松每年研发投入超过销售额的12%，在辽宁规模以上企业中独占鳌头。专注于所长的新松，目前拥有600多项国家专利，取得10项软件产品著作权，制定了5项国家标准和几十项企业标准。而对自己不擅长的硬件制造环节，新松果断通过两化融合平台，向国内配套企业转移，向全球产业链外委。偌大新松，一线生产工人只有两百多。

第三，做最丰富的产品线领跑同业。机器人的门类很广泛，包括工业机器人、移动机器人、洁净机器人、特种机器人和服务机器人五大类产品。工业机器人俗称机械手，只是其中最常见的品类之一。欧洲、美国、日本各擅其长，欧洲侧重工业机器人，美国青睐特种机器人，日本服务机器人最多。但能把五大类机器人产品线做全者唯有新松。为啥做这么全？

因为国家需要。机器人国家工程研究中心在这里，国家"863"产业化基地在这里，为彻底打破发达国家垄断局面，承担并实现300多项重大技术攻关突破的新松，最先想到的不是"干什么赚钱"。国际同行看重新松，也是基于这一点。

（资料来源：作者根据多方资料整理而成）

如果要说时下最流行最红火的一个词汇，那非"智能"莫属。不管是创投界、还是互联网界、又或者是老百姓茶前饭后的话题，都会有意无意扯到"智能"，类似的智能产品更是无所不能，也无所不在。从智能手机、智能电视，到可穿戴智能设备、智能汽车、智能机器人，再到智能家居……凡是可以沾到边的产品都仿佛可以能插上智能的隐形翅膀顿时飞了起来。智能时代已经到来，我们正处在下一个风口。

1.1 智能时代下的衣食住行

智能时代的来临，为我们的生活带来了无尽的便利。从可以跟你聊天的"小冰"到能帮你开电视的智能音箱，从机器翻译到智能教育，从刷脸支付到无人驾驶，从可穿戴设备到智能医疗……人工智能已经全面走入人类的生活，广泛渗透到生产和生活的各个领域，并不断刷新人们的想象力。时下中国人的衣食住行都离不开"智能"两字，比如经常听到的智能穿戴、智能烹饪、智能家居、智能汽车及智能机器人等。可以说，这些智能产品已经融入我们的衣食住行的不同场景。

1.1.1 智能+"衣服"：让衣服随"心"而换

当服装与传感器和互联网碰撞在一起会发生怎样的化学反应？虽然目前对普通人而言，智能服装还太过新潮，但已经有越来越多的公司开始接受这一概念，并投身到该领域当中。或许未来服装和电子产品之间的界限将逐渐消失，我们的衣橱也将具备充电功能。Lme公司设计了这样一套智能服装：可以通过智能手机控制服装颜色。实际上是在智能服装里嵌入了许多可以定制成各种不同造型的小灯，例如，波尔卡圆点、鲜花等，总之每天都会有变化。当小灯处于关闭状态时，这套服装还是可以穿上的，就是一件普普通通的日常黑布衫。这使得服装更为通用、更加百搭，不会有厌倦感。

其实这样的服装已经不是那么新鲜的东西，很多T恤、背心、短裤、袜子都具有这些智能元素。Radiate 是一款极其炫酷的运动 T 恤（见图 1-5），据称采用了一种来自美国国家航空航天局的技术，能根据身体辐射出来的热量改变光子的反射方式，继而让衣服的颜色发生改变。穿上这件衣服运动时，身体不同部位的肌肉运动量不同，散发出的热量不同，衣服对应部位的颜色就会有所不同。销售人员称，这款名为 Radiate 的运动衣最大的功能就是让用户实时看到肌肉的发热情况，调整不同的运动策略。HexoskinSmart 运动背心采用透气的速干面料来保持水分和调节热量，能让使用者在运动中保持干爽（见图 1-6）。它内置多个生物传感器，白天能监测你的心率、呼吸频率、运动强度、热量消耗和疲劳程度；晚上能检测你的睡眠质量和呼吸活动。通过蓝牙模块能够与多种第三方应用（如 RunKeeper、Strava）以及智能手表、GPS 设备等配件进行连接。

图 1-5 Radiate 运动 T 恤

图 1-6 HexoskinSmart 运动背心

美国可穿戴设备厂商 LumoBodytech 推出了一款名为 LumoRun 的跑步短裤（见图 1-7）。与普通运动短裤不同，它在腰部安装有 9 轴传感器和低功耗蓝牙模块，能实时监测用户的步数、步长、触地时间、弹跳高度和骨盆扭动幅度。通过蓝牙耳机它可以像教练一样发出语音反馈，帮助用户调整速度和跑姿，提高成绩，避免运动伤害。LumoRun 有男女两款，可以机洗，内置的电池充一次电可以使用 25 个小时。Owlet 公司推出了一款针对婴儿智能袜子（见图 1-8）。这款袜子能通过红光和红外线，在无侵扰的情况下测量宝宝的心率、含氧量和皮肤温度。这款袜子的敏感性低，未使用任何粘合剂，基于无线运作，所有的电子部件都藏在防水、绝缘的硅胶套里面，确保不会发生触电。通过蓝牙模块，它还能将记录到的信息传输到配套的 APP 上。此外，也可以将其接入家庭 WiFi 网络在任何联网设备上查看。

图 1-7 LumoRun 跑步短裤

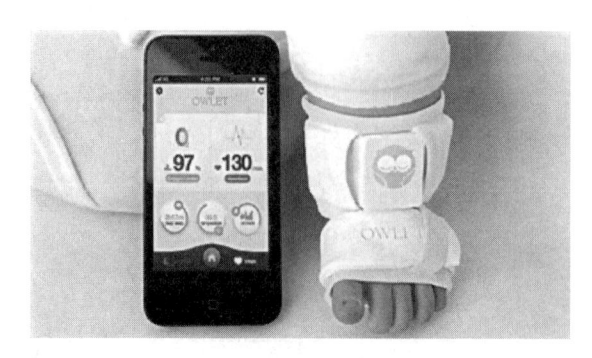

图 1-8 Owlet 婴儿智能袜子

1.1.2 智能+"食品":让美味尽在一指间

提起智能食品更多的还是智能烹饪。强大的智能烹饪墙见图1-9。这是一个完全交互式的智能设备,整块墙面内嵌了多个功能各异的格子间,分别为一个触摸屏烤箱、喷水清洗切割机和一个酱料及果汁存储柜,将能迎合你对多任务同时烹调的需要。

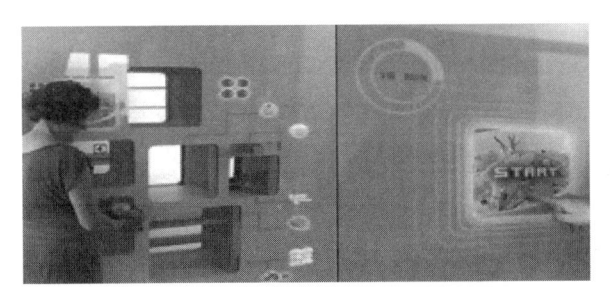

图1-9 智能烹饪墙

它可以省却主人更多的时间和空间来额外招待客人,而且制作大餐的过程比以往任何时候都会更加迅速。整个墙面程序化的格子型配备可以执行不同的特定烹调任务,例如一个智能菜谱顾问或者专门的锅用来烧开水或者熬汤、调味汁和果酱,这块烹饪墙甚至还带有大型的霓虹灯定时器,以倒计时的方式提醒用户不要错过烹煮时间。

这个2D智能厨房由设计师Ermi van Oers设计的,他希望烹调制作过程变得简单且易于操作,用户只需要将相应的程序设置好,就可以舒服地坐在沙发上等待2D智能厨房为你奉上美味的食物。相信这种强大的开放式智能厨房将会深受大众喜爱。

1.1.3 智能+"住宿":让住家更加舒心

首先,智能床铺。可监视睡眠质量杜绝鼾声。这张床的使用方式非常简单,不需要使用数据线或蓝牙配对将床连接到智能设备或PC上。只要将之接入到家中的 WiFi 网络中，内部系统就会自动将用户的睡眠细节信息上传至 Sleep Number 网站的用户个人账户中。手机和平板都可以对已上传的数据做访问，站点的数据统计颇为全面和直观，各种饼图、图表数据任君观摩（见图 1-10）。此外，×12 的亮点在于促进夫妻或同床伴侣的和睦关系——从其将双人床分成两部分，为 2 个人单独准备的睡觉空间就能看出其良苦用心。这两个部分的角度都可以分别单独调整的，便于某一名参与睡觉的成员在睡觉时，另一人还可看电视、看书等。

图 1-10　智能床铺的图表数据

更重要的是，这张床支持语音识别，可接收用户的语音指令。当你被对方如锯木头般的鼾声吵醒时，你可以选择将他踢到床下，或者你也可以以语音指令激活打呼噜预防特性，×12 会在收到指令以后轻轻地将对方的头部抬高，旨在令其呼吸道畅通，以此避免鼾声。

其次，智能马桶。百发百中不飞溅。温水坐便器"即热式马桶新型 A La Uno"的关键词就是"防止水花四溅"，它巧妙地利用洗涤时产生的泡沫，来抑制高处水流四处飞溅的问题（见图 1-11）。只要打开马桶，水位就会自动下降，放入洗涤泡沫，一口气解决在家如厕的多个问题。除此以外，新品加入洗洁剂的道入口也得到改良，A La Uno 在停电时也能继续冲马桶，而且你还可以在马桶边加装扶手。

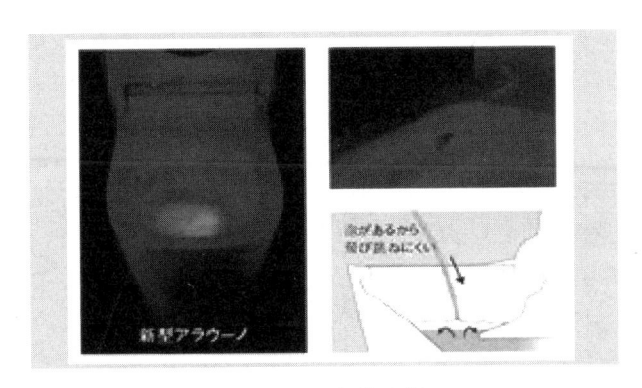

图 1-11　智能马桶

最后，地板清洁机器人。干活更卖力。拥有一台地板清洁机器人，不知是多少家庭的梦想。Scooba 450 地板清洁机器人，能够处理硬地板表面 99.3% 的污渍和各种脏东西，包括许多有害细菌，像是大肠杆菌、金黄色葡萄球菌等。其配备的"3 周目清洁过程（three-cycle cleaning process）"，分 3 个阶段对硬质地板做清洁，包括清扫和预浸、擦洗，以及采用清洁刷做最后的清洁工作。这或将进一步减少家庭主妇的工作负担。

1.1.4　智能+"出行"：让出行更加方便

首先，智能单车：智能车把 + LED 系统车轮 + 路况显示（见图 1-12）。智能车把可提供车灯变幻、GPS 定位导航、车速检测功能，智能车轮可以在夜色中播放酷炫图样，智能路况灯可以在前方路面投放网格，使得路面的凹凸不平暴露无遗。Helios Bars 智能车把是专门为自行车打造的智能行车系统，通过蓝牙与 iPhone 手机连接，并集成了 GPS 模块，只要在 iPhone 的地图上规划好骑车路线，骑行时 Helios Bars 就会通过两端的 LED 信号灯告知你向哪边转弯。另外，两侧 LED 灯的颜色变化还能够直观地告诉你骑行的大概车速，LED 灯的颜色变化也可根据你的个人喜好在 APP 中设定。此外，它的正中央还有一个可以提供 500 流明的车灯，续航时间可长达 7 小时左右。它还配备了距离感应系统，当你靠近自行车的时候，车灯会自动亮起，而当你远离自行车，灯则自然熄灭。

图 1-12　智能单车

通过 Monkey Light 车轮 LED 系统，骑行者仅需要通过简单的图片文件设置就可以让自行车轮在骑行时形成一个屏幕，播放出各种彩色的动画效果，是不是很有个性！可以从一个在线图像库中选择现成的动画图案，也可以上传自己的作品。路况显示 Lumigrids 可以把网格光线投射到自行车前方的地面上，每当前方的路面地形将要改变时，网格就会发生相对的弯曲强调前方可能存在潜在危险。而骑车者可以通过这种网格光线的变形，直观地了解到前方道路的路况信息，从而及时反应。对于晚上骑行者来说，意义更大。

其次，无人驾驶的智能汽车。法国 AKKA 公司设计的未来都会通勤概念车 Link & Go 2.0，运用了无人驾驶科技，运用摄像头、激光等实现从人员驾驶到计算机驱动的模式转变。车内没有方向盘，驾驶位的座椅可转向，还配有显示屏，供乘客观看电影。而且，不得不提的是，这 Link & Go 2.0 汽车的网络集成系统可搜集乘客信息，用于方便拼车。

如上所述，人工智能已经走入了我们的日常生活，渗透到我们身边的衣食住行各个领域。人工智能也不再是那么高大上，而是非常的接地气。可以说，智能产品必将开启智能生活的新时代。

智能时代专栏 1

商汤科技：让 AI 赋能百业

图片来源：www.sensetime.com。

2018 年 5 月 31 日，商汤科技宣布获得 6.2 亿美金 C + 轮融资，联合领投方包括厚朴投资、银湖投资、老虎基金、富达国际等。迄今为止，商汤科技总融资额已经超过 16 亿美元。公司目前估值将超过 45 亿美元，约合 290 亿元人民币。

一、公司介绍

商汤科技 SenseTime 专注于计算机视觉和深度学习的原创技术，是全球领先的人工智能平台公司。以"坚持原创，让 AI 引领人类进步"为使命，商汤科技建立了国内顶级的自主研发的深度学习超算中心，并成为中国一流的人工智能算法供应商。商汤科技不仅在技术实力上领跑行业，商业营收也领先同行业，在多个垂直领域的市场占有率居首位。目前，商汤科技已与国内外 400 多家知名高校、企业及机构建立合作，包括美国麻省理工学院、香港中文大学、Qualcomm、英伟达、本田、中国移动、银联、万达、苏宁、海航、华为、小米、OPPO、vivo、微博、科大讯飞、中央网信办等，涵盖安防、智能手机、互娱广告、汽车、金融、零售、机器人等诸多行业，为其提供基于人脸识别、图像识别、文本识别、医疗影像识别、视频分析、无人驾驶等技术的解决方案。

二、商汤科技：让 AI 赋能百业

当今 AI 时代下，商汤科技原创技术与产品，早已融入了生活的方方面面。以 AR 技术为例，手机自拍时使用 AR 特效贴纸装扮照片，已经成为很多人的习惯，由此，商汤科技提供的 AR 效果每天触达 10 亿互联网终端用户。同时，商汤科技还以 AI 赋能，维护公共秩序、打击暴力犯罪、寻找走失老人，助力社会发展，守护城市安全。2018 年 4 月 25 日，商汤举办了 2018 人工智能峰会。商汤科技以原创 AI 技术赋能手机、互联网娱乐、视频内容管理、安防、汽车等行业，发布了多个最新产品：增强现实黑科技 SenseAR，智能图片视频审核平台 SenseMedia，智慧城市、平安城市解决方案 SenseFace3.0 和 SenseFoundry，以及智能汽车产品驾驶员监控系统 SenseDrive DMS，直击行业痛点，提供最具优势的解决方案。如今，通过与国内外 400 多家企业、机构合作，商汤科技正在不断推动 AI 在智慧城市、智能手机、移动互联网、汽车、教育等行业的全面落地，真正实现 AI 赋能百业。

第一，增强现实黑科技。商汤科技与 OPPO 合作推出以 SenseAR 为引擎的 OPPO AR 开发者平台，并吸引京东、王者荣耀等超级 APP 入驻，全面推动 AR 购物与娱乐体验。除电商、游戏等应用领域以外，未来 AR 在美体、互联网娱乐、医疗美容、家居、教育、旅行等领域都有巨大应用空间。

第二，智能图片视频审核平台。借助 AI 技术深度赋能，SenseMedia 的智能视频审核功能支持自动化训练，审核精确度高于 99.5%，误检率只有万分之一。实现色情内容过滤、政治敏感人物检查、暴力识别、广告过滤、敏感文字过滤等全方位审核过滤，并在同等精度下，效率提升数十倍。同时，SenseMedia 还具备视频摘要功能，能在无须人工参与的情况下，制作智能视频内容集锦，轻松将一场 90 分钟足球比赛，快速浓缩成 3 分钟破门集锦，为电视、视频节目运营商带来新思路、新变革。

第三，智慧城市、平安城市解决方案。商汤科技发布 SenseFace 3.0、SenseFoundry 两大智能安防产品，为智慧城市、平安城市建设带来新思路。SenseFace 3.0 平台支持千路以上的监控系统进行长达数月的热数据实时轨迹还原，能够真正满足公安的城市监察治理需要。今年年初，商汤科技借助该平台，仅用了 3 小时就找回一位走失老人，帮助他与家人团聚。

SenseFoundry 方舟城市级视觉开放平台，能应对超大规模化系统下，城市级公共安全与保障领域，在规模、精度、成本等各方面的巨大技术挑战，为真正的城市级别公共安全与综合治理提供坚实保障。

第四，驾驶员监控系统。商汤科技发布首款智能汽车产品 SenseDrive DMS 驾驶员监控系统，以原创 AI 技术赋能汽车行业，通过深度学习技术和嵌入式芯片优化技术结合，实现对驾驶员疲劳驾驶、驾驶分心、危险动作等驾驶员状态的实时智能检测与提醒，为驾乘安全保驾护航。

作为全球领先的人工智能平台公司，凭借一流的技术、顶尖的人工智能人才和高效应用落地能力，商汤科技已经站在了推动 AI 时代技术与产业进步的最前沿。未来，商汤科技将与更多优秀合作伙伴携手，共同打造 AI 生态，真正实现 AI 赋能百业，创以智用。

（资料来源：作者根据多方资料整理而成）

1.2　解读智能时代

智能时代是人类社会生产力发展的自然产物，它不断满足着人类生活的实际需要并迅猛地发展着。步入 21 世纪，"智能"越发成为这一时代的关键词，从工业设备到寻常的日用产品，在人们的工作、学习和生活中，人们越来越不能与"智能"相脱离：工业生产中的数字化控制系统，教学中不可或缺的多媒体设施，生活中的智能化家电等，不胜枚举。

智能时代，从表象来看，各种智能产品推陈出新。而智能产品掩盖之下核心的还是数据。所以有人说，数据，才是未来的战略资源。每天都有大量的数据由我们产生，并被记录下来。今天我们能很方便记录下我们明天的各种数据，我们的心跳，我们的运动，我们的行程，我们的饮食。而所有的这些数据别记录，分析，又反过来影响着我们的日常生活。同样与煤炭是蒸汽时代的燃料，石油是电气时代的动力。所有的这些数据成为智能时代的基石。为便于对智能时代更好地解读，我们从智能思维、智慧工厂、智能设备、智能管理四个维度加以分析。

1.2.1 智能思维

人们在使用智能思维这个概念时有不同的标准。智能思维的高级标准是所谓图灵实验，即"如果一部智能机器能在某些指定条件下模仿一个人把问题回答得很好，以致在很长一段时间内能迷惑提出该问题的人，那么就可以认为这部智能机器是能够思维的。"制造出的智能机器在特定条件下、有限时间内模仿人回答问题时尽量达到以假乱真。而从一个低级标准来看，所谓智能思维，就是指智能机器能够代替人从事一部分脑力劳动，并不考虑被代替的这部分脑力劳动在人的整个思维中是多么低级、多么有限。这两种标准有一个共同的特点，就是只注意行为，将机器的行为和人的行为进行比较，只考虑行为的相似，而不考虑区别，都没有越出人工智能的范围。

人工智能在本质上是思维的物化，但本质的关系往往隐藏在现象背后，必须通过现象才能表现出来。思维的物化是一个过程，这个过程大致有两个步骤：第一步，作为思维主体的人以自己的思维为对象，认识自我的思维方式和规律，形成关于思维的思维。第二步，以智能机器为对象，通过软件和硬件的制造，使自己的思维功能在机器中再现出来，获得人工智能。这两个步骤首尾相接、不断循环，就是思维的物化过程。但是，这个过程不能直接被人们的感官所感知，必须依靠理性思维才能把握。智能机器一旦制造出来，投入使用，并在使用中显示出智能的某些特性，人们会很自然地割断这些智能行为与思维的本质联系，特别是对使用机器的人来说，也没有必要考虑这层联系（见图 1-13）。

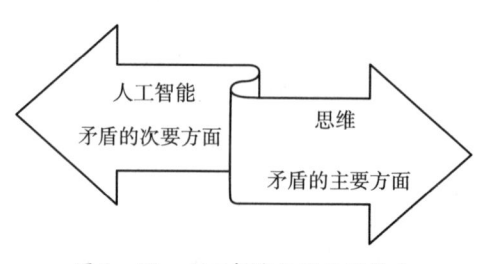

图 1-13 人工智能与思维的关系

人工智能自从产生后，就和思维构成了一对矛盾，并在相互作用的矛盾运动中不断发展。一般地说，思维和人工智能的矛盾是人和工具的矛盾（见图1-13）。在双方的矛盾关系中，思维是矛盾的主要方面，思维对人工智能的存在和发展起着决定性的作用。人工智能对思维具有依赖性，它是思维发展到一定阶段的产物，它的较高级的形式则是思维发展到较高级阶段的产物。如果暂时撇开思维背后的物质动因，也可以说，没有思维就没有人工智能。人工智能是矛盾的次要方面，它对思维也有重要的影响，它的目标就是从各个方面来加强人脑的思维功能，从这个意义上说，思维对人工智能也有依赖性，在将来人也许会把某种脑力劳动全部交给机器去做，或者靠智能机器帮助完成某种复杂的工作。但是，人工智能无论对人的思维起多大的作用都不是决定作用，更谈不上支配人的思维。

1.2.2 智慧工厂

智慧工厂是现代工厂信息化发展的新阶段。是在数字化工厂的基础上，利用物联网的技术和设备监控技术加强信息管理和服务；清楚掌握产销流程、提高生产过程的可控性、减少生产线上人工的干预、即时正确地采集生产线数据，以及合理的生产计划编排与生产进度。并加上绿色智能的手段和智能系统等新兴技术于一体，构建一个高效节能的、绿色环保的、环境舒适的人性化工厂。

智慧工厂主要有五个特点（见图1-14）。第一，系统具有自主能力：可采集与理解外界及自身的资讯，并以之分析判及规划自身行为；第二，整体可视技术的实践：结合信号处理、推理预测、仿真及多媒体技术，将实境扩增展示现实生活中的设计与制造过程；第三，协调、重组及扩充特性：系统中各组承担为可依据工作任务，自行组成最佳系统结构；第四，自我学习及维护能力：透过系统自我学习功能，在制造过程中落实资料库补充、更新，及自动执行故障诊断，并具备对故障排除与维护，或通知对的系统执行的能力；第五，人机共存的系统：人机之间具备互相协调合作关系，各自在不同层次之间相辅相成。

图 1-14　智慧工厂的特点

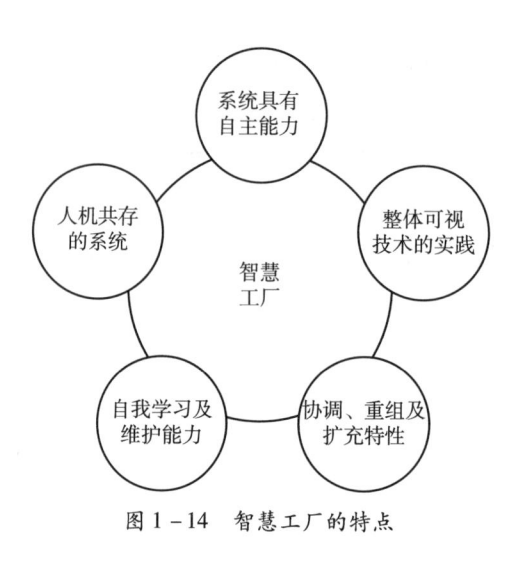

无论是德国的工业 4.0，美国的"先进制造业国家战略计划"，还是中国的"中国制造 2025"计划，都是为了实现信息技术与制造技术深度融合的数字化、网络化、智能化制造，在未来建立真正的智慧工厂。可以预见，未来，智慧工厂将在全球范围内引发一轮新工业转型竞赛。

智能时代专栏 2

恒生电子：打造金融 + AI 技术平台

图片来源：www.hundsun.com。

恒生电子 2017 年度在"金融 + AI"领域共推出了 8 款人工智能产品。其中，6 月，发布了 iSee（明白）机器人智能金融投顾平台、智能小梵 FAIS 系列产品、智能金融客服平台、智能投顾 BiRobot3.0 四款人工智能产品。12月，推出了银行智能投顾、智能投研、智能监管和智能运营四款人工智能产品。

一、公司介绍

恒生电子股份有限公司（以下简称"恒生电子"）成立于1995年，2003年在上海证券交易所主板上市，是中国领先的金融软件和网络服务供应商。恒生聚焦于财富资产管理，致力于为证券、期货、基金、信托、保险、银行、交易所、私募等机构提供整体的解决方案和服务，为个人投资者提供财富管理工具。恒生电子业务主要分为两部分，分别是传统业务和创新业务。传统业务是指向金融客户销售软件产品，收入主要来源是软件产品的销售以及相关服务费用；创新业务是指利用云计算和互联网，向金融客户提供IT及托管服务等，收入主要来源是IT管理服务和运营费用。2017年度公司实现营业收入26.66亿元，较2016年的21.7亿元，增加了22.85%，实现归属于母公司的净利润4.71亿元，较2016年的0.18亿元，增加了2 476.18%。

二、恒生电子：打造"金融+AI"技术平台

近年来金融行业经历了三个阶段，计算机让金融进入到数字化时代，互联网和移动互联网让金融进入网络化时代，而云计算、大数据、人工智能则将把行业推入智能化时代。"我们是一家技术公司，我们做的是技术平台，在一系列技术平台上，支持证券、银行、保险、基金、期货等大部分金融机构，让其在不同场景下去应用人工智能，场景是非常多样化的，所有的场景都需要技术平台的支撑，这是恒生的定位和战略。"恒生电子总裁刘曙峰认为，金融+AI是恒生电子发展的两个关键词，将致力于构建智能金融工具平台，包括技术层的机器学习工具、智能语义工具、AI能力集成，以及基础层的大数据开发工具。

2017年12月15日，恒生电子推出了银行智能投顾、智能投研、智能监管、智能运营四款人工智能产品。其中，智能投顾近年来在券商行业渐

渐兴起。恒生电子为券商提供IT技术服务的企业，开始涉足智能投顾领域。在银行智能投顾方面，2018年上半年，恒生电子就已先后与渤海银行、江苏银行、广发银行和中原银行等多家机构合作，为其客户提供千人千面的服务。恒生电子还推出一款智能监管的产品——智能金盾，辅助地方金融监管。该产品主要包括智能预警、智能分析、综合监管三个模块，可以对金融监管需要的舆情、资金、产品、交易、企业信息，进行全流程、智能化的监控。主要由人工智能分析以往发生的金融风险案例数据，结合金融政策，可以为地方金融监管机构提供风险分析模型，帮助对监管对象的金融行为进行评分评级等风险预警措施，最终提升风险识别的准确性和风险防范的有效性。

为加快人工智能产品的研发及落地，2016年，恒生电子成立研究院，负责金融科技前沿技术和创新应用研究，并在研究院基础上，成立"人工智能平台架构组"。恒生电子研究院由行业高端专业人才组成，定位是恒生前沿技术的先驱，负责Fintech前沿技术和创新应用的研究，覆盖区块链、高性能计算、大数据、人工智能、金融工程等前沿技术领域。研发中心聚焦于技术平台和底层平台，其打造的ARES Cloud技术平台，满足金融领域全业务场景，为恒生的技术创新和研究奠定坚实的基础。各业务部门平台研发致力于打造金融行业大平台，为金融业务赋能。目前，恒生电子投入研发人员已达到300人以上，近五年研发费用年复合增速超过26%，2016年研发投入为10.51亿元。

（资料来源：作者根据多方资料整理而成）

1.2.3　智能设备

智能设备是指任何一种具有计算处理能力的设备、器械或者机器。电脑、智能手机、照相机、洗衣机等传统智能设备的出现颠覆了世界，从此，人类的生活发生了巨大的改变，而这种改变也一直使人们对新时代智能设备的发展抱有无限憧憬。智能设备应用平台的智能性就体现在异构的设备构成的系统具有情境感知、任务迁移、智能协作和多通道交互的特点。情境感知应用可捕获、分析多个对象之间的关系并作出响应。设备协作是指通过协调不同设备提供的服务，整合已有的可用服务的功能，构造功能更为丰富的新的组合服务。多通道交互是指使用多种通道与计算机通信的一种人机交互方式，其中"通道"指用户表达意图，执行动作或感知反馈信息的通信方法。

随着智能化浪潮的来袭，智能穿戴设备迎来了飞速发展期，智能手环、智能手表、智能戒指等可穿戴品类层出不穷的同时，产品自身功能也在不断完善，比如越来越多的产品都标配了心率监测功能。如今，以智能手环和智能手表为代表的智能穿戴产品配备的心率监测功能正被越来越多的人所接受，甚至有的人早已把它当作了选择产品的必备功能之一。

1.2.4　智能管理

智能管理是通过综合运用现代化信息技术与人工智能技术，以现有管理模块（如信息管理、生产管理）为基础，以智能计划、智能执行、智能控制为手段，以智能决策为依据，智能化地配置企业资源，建立并维持企业运营秩序，实现企业管理中各种要素之间高效整合，并与企业中人要素实现"人机协调"的管理体系。主要包括以下几点：

第一，智能管理之所以成为现实，技术可能性提供了重要保证。信息技术大发展以来，企业管理进入了信息时代，而企业生存发展的需要、信息管理的发展、人工智能思想与技术在企业的延伸共同造就了企业智能管理的出现，虽然现在还不是很成熟，但是智能管理是企业管理的必然方向。同时，企业智能管理的不断发展也加速了信息技术与智能技术的发展。

第二，智能管理的核心是智能决策。智能决策的主要内容是配置企业资源，建立并维持企业运营秩序。按照管理大师西蒙的决策理论，管理的核心问题是决策，因此智能管理的核心就是智能决策。目前企业中流行的集成计算机制造系统（CIMS）、企业资源计划系统（ERP）、供应链管理系统（SCM）、客户关系管理系统（CRM）等都在朝着智能化方向发展。

第三，智能管理是在过去各项管理的基础上，以实现"人因素"高效整合和"人机协调"为目的的综合管理体系。智能管理是一种思想、一个模型、一个体系，它的目的并非推翻已经成熟的管理模块，其追求的目标是以智能的方式改造管理体系，实现企业管理中"人因素"高效整合，实现"人机协调"。很多企业信息管理、商务智能失败的核心问题是未能实现"人因素"管理和"人机协调"，就像一百多年前工人与机器的对抗一样。

第四，智能管理追求的最终结果是创造人机结合智能和企业群体智能。智能管理与信息管理和知识管理最大的不同在于其追求的最终结果是创造"人机结合智能"与"企业群体智能"，德鲁克（1999）认为：20世纪，企业最有价值的资产是生产设备。21世纪，组织最有价值的资产将是知识工作者及其生产率。21世纪企业中的每一名员工都应该成为知识工作者，而21世纪企业最重要的资源是知识，最重要的能力是人机结合智能和企业群体智能，因为知识工作者的生产率保证来源于人机结合智能和企业群体智能。

智能时代专栏 3

旷视科技：完善 AI + IoT 的布局

图片来源：www.megvii.com。

2017 年 10 月底，旷视科技 Face++ 宣布完成 4.6 亿美元 C 轮融资，本轮融资由中国国有资本风险投资基金领投，蚂蚁金服、富士康集团联合领投。目前公司估值已达 14.6 亿美元。

一、公司介绍

北京旷视科技有限公司（以下简称"旷视科技"）成立于2011年10月，是当今中国领军的人工智能产品公司。旷视以深度学习和物联传感技术为核心，立足于自有原创深度学习算法引擎Brain++，深耕金融安全，城市安防，手机AR，商业物联，工业机器人五大核心行业，致力于为企业级用户提供全球领先的人工智能产品和行业解决方案。创业七年，今天的旷视（Face++），已经成长为十多亿美金级别的公司。时至今日，旷视（Face++）的视觉识别，已经应用在安防，交通，金融，娱乐等各大领域。美图秀秀、阿里、360、陌陌、联想等公司都在使用旷视（Face++）的技术。它帮全球2.1亿人完成了线上实名认证，视觉识别技术被4亿多台移动终端所应用。

二、旷视科技：完善AI+IoT的布局

从2011年旷视成立之初，就一直在思考人脸识别技术到底能为用户贡献什么，人工智能本质上不是一个行业，只是一个技术，技术要产生价值必须和行业紧密结合。旷视创始团队最早在游戏方向发力，后来开始逐步深入到垂直行业，业务量也得到高速成长，目前在智能手机、安防、零售等领域做到行业领先，最近又收购了一家机器人物流仓储公司，不仅商业路径越来越清晰，AI+IoT的业务版图也逐渐凸显。旷视科技虽然是一家极客公司，其创始人兼CEO印奇与他的团队很早便制定了"三步走"的发展战略：第一步是搭建Face++的人脸识别云服务平台，目标是识人；第二步则是Image++，识别万物；最后是实现"所见即所得"的机器之眼。

"赋能机器之眼，构建城市大脑"是旷视在人工智能战略上的布局。旷视科技CTO唐文斌指出，"旷"是大的意思，"视"指的是视觉，"我们成立之初就是希望做大视觉，希望通过人工智能、视觉技术，不仅让摄像头、机器人能看见，还能看懂东西。"这是赋能城市之眼的内涵，在获取

信息后，需要对信息做出决策和行动，所以要构建城市大脑，而构建城市大脑的目的，是用机器代替重复的人类劳动

旷视的业务开展也是围绕着这个战略展开的。据了解，目前旷视有三大板块的业务。第一，线上服务，包括金融身份认证、face++开发平台；第二，城市大脑，包括安防、新零售、机器人等；第三，为手机设备厂商提供人像解锁、影像互动的业务。旷视的线上业务已经有较为成熟的发展，"但我们觉得更大的机会其实在线下，因为线下的数据化、在线化、智能化，都处于相对初级的阶段。"唐文斌说，旷视的核心能力在于感知，对于线下的场景，可以通过感知的能力使他们数据化，再把数据聚集，并且通过智能算法对数据进行决策，最后通过机器人的方式去进行行动。

2018年4月9日，为进一步拓展业务矩阵，完善AI+IoT布局，探索智能机器人与新零售、行业物联等领域的融合，旷视科技（Face++）全资收购艾瑞思机器人（Ares robot），正式进军智能机器人业务。据了解，艾瑞思机器人致力于智能机器人、人工智能、大数据等核心技术研发，主要为物流仓储、智能工厂等行业的客户提供具有竞争力的产品和解决方案。2017年，艾瑞思建立自有机器人生产线，并与心怡科技、科捷物流等合作伙伴合力打造智能仓库，而且成功应用于富士康工厂。不到一年的时间，艾瑞思的产品及解决方案已实际应用于多家电商物流仓储和智能工厂，在电商仓储成功经受住了"双11"和"双12"等重大节日流量压力考验。此外，艾瑞思仓储机器人还曾荣获2017年度中国电子商务物流最佳技术装备（智能机器人）大奖。

（资料来源：作者根据多方资料整理而成）

1.3 智能时代的内核

当谷歌旗下的人工智能公司DeepMind开发的智能系统"阿尔法围棋"（AlphaGo）先后在"人机围棋大战"中以4∶1击败韩国著名棋手李世石九段，3∶0击败中国职业棋手柯洁九段之后，人类不仅在感叹机器智能领域

取得又一个里程碑式的胜利，也迎来了一个全新的智能时代。那么智能时代的内核到底是什么？对此，笔者认为智能时代主要体现在人工智能、超级计算、云端服务、万物互联、数据应用五大方面，具体见图1-15。

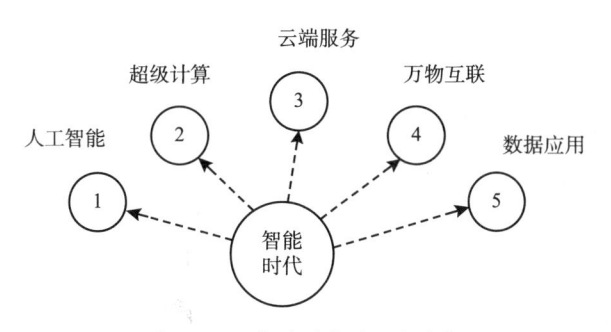

图1-15 智能时代的五大内核

1.3.1 人工智能

人工智能是智能时代的突出标志。众所周知，我们已经步入智能时代，人工智能必将大行其道。人工智能是对人的意识、思维的信息过程的模拟。人工智能就是要让机器的行为看起来就像是人所表现出的智能行为一样。人工智能不是人的智能，但能像人那样思考、也可能超过人的智能。人工智能的未来趋势是如何实现人机融合。未来人类与人工智能并非直接对立，而是让机器对人类做一个辅助。

表面上看，人工智能是让机器人模仿人，但其实质却是对数据的采集与利用，人工智能需要有数据的支撑。大量数据产生后，通过存储器将其存储，通过CPU对其进行处理，由此，人工智能才得以做出接近人类的处理方式或选择判断。同时，采用人工智能的服务作为高附加值服务，成为获取更多用户的主要因素，而不断增加的用户，产生更多的数据，使得人工智能进一步优化。对于机器人，它们必须要感知环境数据，结合经验数据，形成智能决策，才能自律操作。

在物联网时代，从手机、汽车到日常用品，将全部与之链接，并产生大量数据。信息革命中最重要的资源是数据，得数据者得天下。人工智能就能做出接近人类的处理或者判断，提升精准度。同时，采用人工智能的服务作为高附加值服务，这成为获取更多用户的主要因素，而不断增加的用户可产生更多的数据，使得人工智能进一步优化。正因为有了大数据，才能让机器人可以智能决策，使得机器人可以从现实世界的海量数据里面提炼出有价值的知识、规则和模式，进行自律操作。

1.3.2 超级计算

在计算机领域，超级计算泛指设计、制造和应用超级计算机的各类活动；在其他行业领域，超级计算通常指在超级计算机上进行的大规模科学和工程计算、海量数据处理和信息服务等应用活动。超级计算，离不开强大的科学计算、事务处理和信息服务能力，需要有对数据进行收集、存储、处理，并保证数据安全的管理过程，也就是超级计算管理。

第一，数据收集——"超管"的"核基础"。在数字经济时代，未来每个企业都可能是数字企业。数字企业则必须有自己完整的大数据体系。数据采集是一切有效分析的前提。如：数据接入；数据传输；数据建模/存储；数据查询；数据可视化等。第二，数据存储——"超管"之"核聚变"。传统的超级计算机在解决它们的中央存储器无法存储的大问题时，通常需要把这些问题分解成若干较小的子问题，然后再把各个子问题分别得出的结果综合起来。这一综合过程是一项相当繁重且费时的工作。第三，数据处理——"超管"之"核爆炸"。超级计算机是践行超级计算理论的载体，所以有必要对其处理系统做一定的分析。高速互联的难点在于超级计算的计算节点之间传输的数据量巨大，延迟要求严格，当互联效率不足，就会导致数据拥堵，大幅降低超级计算整机系统效率。第四，数据安全——"超管"之"核安全"。超级计算主要有对未授权拥护隐藏网络服务、利用双因素认证机制强化拥护身份识别、加密数据传输通道、借助新兴计算模式约束用户行为等方式来保障超级计算的安全。

1.3.3 云端服务

随着云技术的快速发展和迭代更新,各行各业都在"云"中快速成长,甚至有人断言,全面云化的时代已悄然来袭。在技术层面,互联网将为整个信息处理、资源采集和数据运算提供环境。在行业应用,软件有云,硬件有云,生产有云,设备有云,产业有云,行政有云,更多产业正在上云,互联网+离不开云。用一句话表述,云计算无处不在。

现在我们正处在一个关键的过渡时期,云计算正在加速改变传统的互联网格局,计算和存储资源正在迅速廉价化,市场重心不断地向云端的在线应用服务转移,平台入口的地位越来越凸显。大量的传感器正在被迅速部署到世界的各个角落,数据爆炸式增长,让计算机对自然的感知能力不断增强,这些又是建立在云计算和大数据技术的基础上。

在物物互联的世界里,人和移动设备都是物联网的信息节点,许多信息对我们来说其实非常有用,只是没有被有效地利用和分享,云端的未来这些都会改变。云计算不仅仅属于大公司,化云为雨可以滋润万物。通过智能手机和可穿戴移动设备把云端无穷无尽的应用服务带到每个人的面前,云计算终将会降落到每个人的身边,未来每个人都会有属于自己的一片云。

1.3.4 万物互联

万物互联是智能时代的外在表现。如今我们已经进入了一个万物互联的智能时代。智能时代,人类必将成为"万物互联"的关键部分。万物联网不仅仅是所以物品可以连到一起,连人也要连在一起。人类将从"万物互联",开始走向"万物智能"。智能,不会局限于硬件终端这一物联网的入口,它将比如今的智能手机更碎片化地嵌入生活,让人无法离开。与此同时,物联网的最高境界——人工智能的互联网终将到来。可以说,智能时代,整个城市是一个大的机器,既然是万物,人也是物联网的一部分,所以人也会联入其中,即通过穿戴设备作为联入物联网(IOT)的入口。

物联网要实现的万物互联智能时代，包括了人与物，物与物之间的互联，这两种智能化形态可以表述为：人机交互的智能化和产品自身的智能化。物联网的人机交互主体包括人和智能设备，人在接受刺激信息后通过感知系统、认知系统和反应系统进行信息处理并做出行动，智能设备也可以"主动感知、智能处理、准确反应"，实现从人——机单向信息传达的单一自动化，转化成为人与物之间和谐自然且自发的交互关系。智能设备这一功能的实现主要包括通过自动识别技术、传感器、执行器或网状网络获取物理世界信息，并将其与虚拟世界的信息和事件结合起来，基于新的人工智能思想进行处理，使环境中的交互性质过渡到智能化。产品自身的智能化一方面是单个产品的智能化，另一方面是产品间的智能化，如何让各个产品互联起来实现智能，是产品自身智能化的发展目标。

伴随着万物互联，大数据、云技术、超级计算等技术的发展，互联网的智能化进程也正在加速。人类将从"万物互联"走向"智能社会"。而所谓的智能，就意味着不会局限于硬件终端这一物联网入口，它将比如今的智能手机更碎片化地嵌入生活，让人无法离开。物联网正是开启智能社会这一产业革命之门的钥匙。万物互联是物联网生态系统实现的必要条件，物联网是万物互联的核心。除了物物联网之外，还必须支持这些物理对象所产生和传输的数据，由人、物、平台、网络、数据等一并构成物联网生态的要素。而在智能时代，万物互联有可能成为现实。

1.3.5 数据应用

数据应用是智能时代的内在逻辑。人工智能最近之所以这么火，主要还是要归功于大数据。每天越来越多的数据不断产生，外加上计算能力越来越强大。有了大数据，让机器开始利用这些数据做了一些过去只有人能够做的事情。近期人工智能之所以能突飞猛进，不能不说是大数据爆炸性发展的结果。正是由于各类传感器和数据采集技术的发展，我们开始拥有以往难以想象的海量数据，同时，也开始在某一领域拥有深度的、细致的数据。而这些，都是训练某一领域"智能"的前提。可以说，人工智能将是大数据的最佳应用方式。

大数据不是一种新技术,而是一种自古就有的思维方式和观察角度。大数据分析一是面向过去,发现潜藏在数据表面之下的历史规律或模式;二是面向未来,对未来趋势进行预测,把大数据分析的范围从"已知"拓展到了"未知",从"过去"走向"将来",这是大数据真正的生命力和"灵魂"所在。尽管计算机的运算速度一直呈指数增长,但给人的印象是"快却不够聪明",比如它不能回答人的提问,不会下棋,不认识人,不能开车,不善于主动做出判断等。然而当数据量足够大之后,很多智能问题都可以转化成数据处理的问题,这时,计算机开始变得聪明起来。数据能够消除信息的不确定性,使得数据的出现能够解决那些智能问题,许多智能问题从根本上来讲无非是如何数据化的问题,这也就是大数据的本质:数据化。

数据化运用和管理无处不在,无论是企业日常运营,还是企业的营销企划,都是企业所有管理者或经营者无可否认的重要命题。然而,做好数据化应用,是一件系统而又复杂的课题。企业如何真正把生产计划、营销战略、财务战略、经营战略等体系有效的结合运用是非常考验管理者知识智慧的。在当今强调竞争优势的经济环境中,如果不能将各个专业性的概率指标与企业各种资源进行整体的科学组合,就无法使资源配置得到有效利用,资源整合价值最大化就会成为一个泡影,实施数据化管理,培育企业的竞争优势就会成为一个空话。

在大数据时代下,数据处理技术与应用方式的转变,使得隐藏在数据背后的信息、知识不断显现,数据驱动的管理决策机制开始成为各组织理想的运行态势。当前,一些国内外知名公司已在运用大数据提升竞争优势,科学有效的大数据管理成为组织科学决策的重要基础。大数据之"大"已不言而喻,然而数据规模绝非唯一要担心的问题。

综上所述,我们已经步入智能时代。人工智能必将大行其道。超级计算已成为智能的核心竞争力。云端服务让云端无穷无尽的应用服务无处不在。万物互联必然走向万物智能。智能问题的本质就在于数据化。通过对智能时代的内核的精准把握，我们才能看透智能时代。

智能时代专栏 4

天源迪科：大数据 + 云计算技术驱动

图片来源：www.tydic.com。

在 2018 中国国际大数据产业博览会上，天源迪科公司重磅发布了面向行业应用的一站式人工智能平台产品——"迪智"，该产品可以帮助通信、公安、金融等行业客户把 AI 技术快速应用于自己的业务场景中。

一、公司介绍

深圳天源迪科信息技术股份有限公司（以下简称"天源迪科"）成立于 1993 年，于 2010 年 1 月 20 日在创业板上市（股票代码：300047），是国内领先的产业互联网和大数据综合解决方案提供商，专注于利用当代最先进的 IT 技术推动企业和政府部门在管理和商业模式上的创新发展，为其提供综合解决方案，包括运营支撑、大数据、移动互联网解决方案等。公司以"为客户创造价值、与客户共同成长"为理念，致力于成为行业信息化应用的领导厂商和先进技术的引领者。

天源迪科以电信运营商业务运营支撑软件和服务为根基，大力发展云计算、大数据、人工智能、物联网等先进技术，业务领域已经拓展到运营商、公安、政府、金融、新能源等十多个行业，已形成跨行业、多盈利模式的业务布局。2017 年，公司实现营业收入 29.63 亿元，较去年同期增长 21.03%，归属于上市公司净利润 155 932 941.08 元，较去年同期增长 35.71%。

二、坚持大数据+云计算技术驱动

天源迪科是国内领先的产业云 BOSS 和大数据综合解决方案提供商，产业互联网全程注智的大数据公司。天源迪科一直聚焦电信、公安和金融三大市场，并进入跨行业发展。

第一，传统电信业务稳健发展，BOSS 引领云化解决方案。公司在电信业务支撑系统深耕多年，已获得稳定的市场份额，并凭借领先实力持续拓展市场。公司自主研发的"BOSS+"平台，配合运营商全面解决云化难题，已经成为中国电信、中国联通业务系统应用层大数据、云化试点的主要厂商。另外，华为从整个 BSS 市场的逐步退出，为公司带来了新增的市场空间。

第二，公安信息化投资升级，警务云平台覆盖范围快速扩张。2017 年公安系统平台软件市场达到 147.5 亿元，同比增长 25%。公司研发的警务云大数据与交通大数据平台，战略布局一线城市，成功建设深圳公安大数据平台，通过示范效应业务向周边城市辐射，并与华为打包销售警务云解决方案共同拓展市场。我们预计整个警务云平台市场空间在百亿级，市场仍处于起步阶段，公司已经凭借技术和市场拓展构筑显著先发优势。

第三，金融软件业务迅速成长，深入政企合作跨行业协同发展。通过并购子公司维恩贝特，深度进入金融业，快速提升金融软件和服务市场份额。与阿里合作为大型国企提供采购和电商平台，未来二期工程将随之落地并有望切入政企的核心系统。在智能制造、新能源、交通、教育等行业存在持续拓展空间。

第四，大数据市场规模持续增长，战略定位助力公司快速发展。在国家政策的支持下，大数据与云计算的产业规模快速增长。公司立足大数据企业全国 50 强，构建"大数据+行业"的产品战略，加强与顶级企业合作，以电信、公安和金融为中心不断跨行业拓展业务，持续巩固了收入与盈利的稳定增长。

不仅如此，天源迪科发布"迪智"人工智能平台产品，主要面向通信、公安、金融三个行业。"迪智"按照"2＋N"的理念进行设计，"2"代表一个人工智能算法库和一个建模工作台，"N"代表不同行业的业务模型库。与市场上同类产品相比，"迪智"的创新之处在于针对行业属性进行了深度定制与优化，实现了"各类人员易使用、最新技术易扩展、业务场景易落地"，让用户轻松体验 AI 技术与工作场景的深度结合。"迪智"人工智能平台目前已经在中国电信、中国移动等运营商投入使用，并正在公安、金融等领域逐步推广。

（资料来源：作者根据多方资料整理而成）

1.4　智能时代的制高点：工业互联网

近年来国际贸易摩擦不断加剧，制造业作为立国之本、兴国之器、强国之基被提到了前所未有的高度，一时间让工业互联网成为世界主要国家争夺未来产业发展制高点的重要领域。

1.4.1　互联网＋：从消费互联网到工业互联网

如今，互联网的渗透力正在从消费互联网转向工业互联网。无论是成熟庞大的跨国公司，还是创新性的国内名企，抑或是不知名的小厂，都面临着这样一个抉择：不拥抱互联网是"等死"，拥抱互联网也可能是"找死"，就像 10 年前商家们曾经面临的抉择一样。

2012 年，美国通用电气公司（GE）提出工业互联网后，它最常被拿来比较的是消费互联网。虽然同样是互联网，但这两者本质上做着不一样的生意。消费互联网顾名思义以消费者为中心，通过互联网技术连接其生活圈：购物、娱乐、餐饮、出行等，最后通过沉淀的数据进行分析再进一步优化，从而提高交易效率。工业互联网则以企业为用户群体，通过互联网技术以及工业软件、专业信息把企业在生产、管理、销售等各个环节的行为全面数据化，再利用物联网、大数据、云计算等新一代信息技术将每个环节连接起来，进行优化。以提高生产效率、降低成本并挖掘潜力。

与工业互联网相比，消费互联网以满足消费者在互联网中的即时消费需求为主。因此，它兼具媒体和产业两大属性。媒体属性：由提供资讯为主的门户网站、自媒体和社交媒体组成；产业属性：为消费者提供生活服务的互联网类型，由电子商务及在线旅行等组成。这两个属性的综合运用，使以消费为主线的互联网迅速渗透至人们生活的每个领域，影响并改变人们的生活方式。

消费互联网的运营模式通常是以"眼球经济"为主，即通过高质量的内容和有效信息的提供来获得数据流量，从而通过流量变现的形式吸引投资商，最终形成完整的产业链条。所以，在这个"信息过剩""注意力稀缺"的时代，怎样在"无限的信息中"获取"有限的注意力"，便成为消费互联网的核心命题。于是，依托于强大的信息与数据处理能力，以及多样化的移动终端的发展，众多互联网创业者们开始想方设法去争夺注意力资源。他们以消费者为服务中心，以提供优质内容、个性娱乐为主要方式，试图在短时间内迅速吸引眼球，创造流量以完成变现。这样的消费互联网产业链结构关键是将信息技术转变为不断迭代的内容发布和脑洞大开的消费者互动。新奇、有趣是提升用户黏性的法宝。

互联网时代开始"从小C时代"逐步过渡到"大B时代"，即工业互联网时代的到来。但要谈及移动互联网与其他产业融合，对技术的要求不仅更高、更严苛，也更复杂。以生产制造体系产业为例，工业互联网在与传统企业融合中的最大特点，即将原有以企业为导向的规模型设计转向以用户为导向的个性化设计。从产品功能研发到产品包装设计，每一个部分都通过互联网思维与用户建立关联，争取更广泛的互动，从而形成有效的生产制作方案，强调用户的参与度，尊重用户的个性化需求。

同时，工业互联网在技术、安全和数据上要求更复杂。工业互联网是互联网从消费领域向生产领域、从虚拟经济向实体经济拓展的核心载体，它意味着制造业基于云实现数字化、网络化、智能化的一套解决方案，而工业互联网平台正是解决方案的核心。

工业互联网是在云平台的基础上叠加物联网、大数据、人工智能等新兴技术，构建更精准实时高效的数据采集体系。这个体系包括大数据的存储、集成、访问分析和管理功能，使用户（即工业企业）可通过这个平台实现工业技术与经验知识模型化、软件复用化，以工业 APP 的形式为制造类企业提供各类创新应用，最终形成资源富集、多方参与、合作共赢、协同演进的制造业生态。

1.4.2 何为工业互联网

埃森哲指出，在 2020 年时投资在工业互联网约 5 000 亿美元，通用（GE）认为 2025 年接近全球一半的经济体会跟工业互联网产生关联。另外，赛迪估计工业互联网平台的价值是消费互联网的 100 倍，"今天看消费互联网，BAT 加在一起乘上 100，就是未来工业互联网的产值。"那么，究竟何为工业互联网呢？

"工业互联网"（Industrial Internet）——即开放、全球化的网络，将人、数据和机器连接起来，属于泛互联网的目录分类。它是全球工业系统与高级计算、分析、传感技术及互联网的高度融合的结果。它通过智能机器间的连接并最终将人机连接，结合软件和大数据分析，重构全球工业、激发生产力，让世界更美好、更快速、更安全、更清洁且更经济。具体来说，工业互联网是实现人、机器、车间、企业等主体以及设计、研发、生产、管理、服务等产业链各环节的全要素互联的基础，是工业智能化的"血液循环系统"，是实现全球供应链系统和企业生产系统精准对接、产品全生命周期管理和智能化服务的前提和基础。然而在实际应用中，由于工业互联网涵盖的领域非常广，要实现各种软件、硬件、机器设备、产品与业务流程和人员的互联实际上难度非常大。

工业互联网将整合两大革命性转变之优势：其一是工业革命，伴随着工业革命，出现了无数台机器、设备、机组和工作站；其二则是网络革命，在其影响之下，计算、信息与通讯系统应运而生并不断发展。正是将如下三种元素逐渐融合，也充分体现出工业互联网之精髓：第一，智能机器：以崭新的方法将现实世界中的机器、设备、团队和网络通过先进的传感器、控制器和软件应用程序连接起来。第二，高级分析：使用基于物理的分析法、预测算法、自动化和材料科学，电气工程及其他关键学科的深厚专业知识来理解机器与大型系统的运作方式。第三，工作人员：建立员工之间的实时连接，连接各种工作场所的人员，以支持更为智能的设计、操作、维护以及高质量的服务与安全保障。工业互联网就是要将这些元素融合起来，将为企业与经济体提供新的机遇。

工业互联网的本质是以机器、原材料、控制系统、信息系统、产品及人之间的网络互联为基础，通过对工业数据的全面深度感知、实时传输交换、快速计算处理和高级建模分析，实现智能控制、运营优化等生产组织方式变革。所产生的大数据规模极其大，而且面临着巨大的增长量和超快的增长速度。目前，中国大型的制造业企业，由人产生的数据规模一般在TB级，形成了高价值密度的核心业务数据。机器数据规模将可达PB级（1PB = 1024TB），是"大"数据的主要来源，但相对价值密度较低。以风机装备为例，根据IEC61400 - 25标准，持续运转风机的故障状态其数据采样频率为50Hz，单台风机每秒产生225K字节传感器数据，按2万风机计算，如果全量采集每秒写入速率为4.5GB/秒。

不仅如此，相比较消费互联网，工业互联网的应用场景高度碎片化。大部分手机应用，除了个人版，还有企业版：企业版滴滴、企业版微信、企业版招聘、企业办协同办公、企业QQ等。通常而言，注册一个企业版的应用，如果企业资料、信息补全，基本即可运营。得益于互联网技术的发展，使得企业版应用容易标准化，对企业级用户而言，"拎包入住"即可。工业互联网则不同，它的高度碎片化决定了它无法这般灵活。企业在各方面的数字化水平、智能化水平参差不齐，其涉及的设备、产品和系统面临海量不同的接口；而所运用到的技术又是复杂的，包括物联网、云计算、大数据等逐渐发展成熟的新兴技术，要与原有的自动化技术、工业软件结合，最终才形成一个企业的工业互联网解决方案。简单地说，当下工业互联网就像一部手机可以被拆分成若干个碎片组件（也就是零部件），然后再碎片成若干个工序。这就导致了工业互联网产业的碎片化、生产模块化。另一方面，工业互联网客户种类繁多，要求更加复杂，许多细分需求体现在 SaaS 层，专精领域的知识体现在终端产品的交付上。

智能时代专栏 5

科沃斯：服务机器人第一股

图片来源：www.ecovacs.cn。

2018 年 5 月 28 日，科沃斯正式登陆上交所。本次发行 4 010 万股，发行价格 20.02 元/股，募集资金总额 8.03 亿元，此次募集资金将用于年产 400 万台家庭服务机器人项目、机器人互联网生态圈项目和国际市场营销项目。

一、公司介绍

科沃斯机器人（以下简称"科沃斯"）作为全球最早的服务机器人研发与生产商之一，专注于服务机器人的独立研发、设计、制造和销售。从创立伊始的十余年间，已成功推出包括扫地机器人地宝，擦窗机器人窗宝、空气净化器人沁宝和管家机器人 UNIBOT 的完整家用机器人产品线，以及以公共服务机器人旺宝为主的商用机器人系列产品。科沃斯机器人产品的研发一直以解决用户的需求为产品的根本导向，始终坚持以"用户第一"为核心的持续创新。科沃斯机器人始终坚持着家用机器人从"工具"到"管家"再到"伴侣"这一理念，在加强技术创新的同时融入了更多的人性化，并坚信未来家用机器人将是"物与物""物与人""人与人"连接的中心。

二、做服务机器人的领头羊

早在创业初期,科沃斯董事长钱东奇就将目光瞄准了服务机器人市场,19年来,科沃斯机器人相继推出了包括扫地机器人地宝,擦窗机器人窗宝,空气净化机器人沁宝和管家机器人UNIBOT的完整家用机器人产品线(见图1-16、图1-17、图1-18、图1-19),2013年又开始布局商用机器人。科沃斯已成为中国服务机器人产业的领头羊。数据显示,在家庭服务机器人领域,科沃斯2017年线上市场占有率达到48.8%,占据行业领先地位;线下市场占有率高达51.9%。2014~2017年"双十一"期间,科沃斯全网成交额蝉联生活电器类产品的销售冠军。

图1-16 地宝DJ35

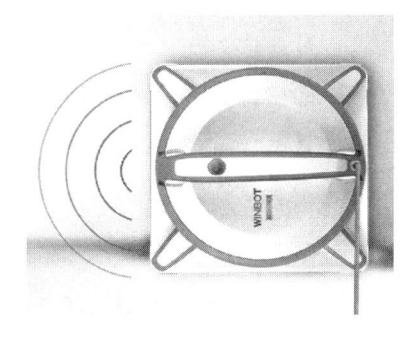

图1-17 窗宝W850

图1-18 沁宝AA30

图1-19 管家机器人UNIBOT

以科沃斯地宝为代表的扫地机器人，已成为全球普及率最高的家庭服务机器人产品，2016年，科沃斯机器人售出了超过200万台扫地机器人。目前，扫地机器人已经成为目前全球普及率最高的智能产品。以科沃斯地宝为代表的最新一代扫地机器人，智能规划，扫拖合一，解决了地面清洁难题。但在钱东奇看来，扫地机器人还是有一些痛点没有完全解决。他表示，随着人工智能技术的发展，这些问题都会被克服，并最终让扫地机器人取代人类的琐碎劳动。钱东奇相信未来扫地机器人在用户家庭中的地位会进一步延伸，成为和冰箱、洗衣机一样不可缺少的家用电器。

由于计算能力、大数据及算法间的互相配合，在很多领域，人工智能已经可以做商业应用了，不仅如此，人工智能还可以改变过去的自动化模式，提升商业应用的智能水平，服务机器人就是其中的代表。以扫地机器人为例，以往的服务机器人属于自动化级别的机器人，同AI机器人一样，它们具有感知能力，这种机器人会将感知到的信息上传后端，其认知和决策是由程序员定义的。而AI机器人的最大能力是它的机器学习能力，人们通过大量数据构建相应的模型，让机器人有了对未知世界的预判，这是机器人自己判断的，机器人甚至会有对应的场景学习能力。据钱东奇介绍，机器人和将来出现的AI机器人最大的差异就在于认知能力，认知能力是AI机器人最核心的部分。钱东奇同时表示，AI机器人的认知能力、行为模式也是因垂直场景而来的，未来，AI会产生很多垂直场景的机器人。

智能万物互联时代，服务机器人将成为家用场景或商用场景中的一个最为重要的入口，在万物互联的智能生活方式中扮演重要角色。2018年5月28日，科沃斯正式登陆上交所。作为服务机器人第一股，科沃斯立足于家庭服务机器人业务，持续性加大技术创新投入，提高产品品质和性能，推动产品结构升级，延展机器人功能、提高机器人智能化水平、改善用户体验；另外，科沃斯多渠道布局，实现家庭服务机器人从"工具型"向"管家型"再到"伴侣型"的迭代发展路径。"上市之后，公司将坚持层次分明、定位明确的立体化发展战略，继续强化家庭服务机器人在公司的业务重心地位，坚持布局和投入人工智能等前沿技术领域，大力提升公司的核心竞争力、技术先进性和可持续发展能力。以国际化的视野，加快中国创造的步伐，推动中国制造向中国智造崛起。"科沃斯董事长钱东奇在上市仪式上表示。

未来，科沃斯机器人将继续坚持以"智生活，享人生"为愿景，以"让机器人服务全球家庭"为使命，积极探索如何为用户带来更好的使用体验，让机器人走入全球更多家庭，成为用户的家庭的一分子，帮助处理家庭清洁工作，让用户轻松享受由机器人参与的现代智能家居生活。

（资料来源：作者根据多方资料整理而成）

1.4.3 工业互联网引领中国制造

工业4.0、智能制造、中国智造，不是什么新鲜名词，到了2018年正在加速落地。2015年发布的《中国制造2025》是工业互联网的引子，2017年11月底国务院印发《关于深化"互联网+先进制造业"发展工业互联网的指导意见》，进一步强调了以工业互联网为抓手，大力实施"中国制造2025"和"互联网+"行动，明确将工业互联网作为中国制造2025的主攻方向，成为中国工业互联网的行动纲领。根据赛迪顾问发布的《2018中国工业互联网产业演进及投资价值研究》报告显示，2017年中国工业互联网市场规模达到5 700亿元，同比增长13.6%，增速领先于全球工业互联网市场。据预测，到2020年，我国工业互联网占整体物联网市场规模将达22.5%，未来15年市场规模或将超过11.3万亿元。

2018年6月8日，作为工业互联网第一股，富士康工业互联网股份有限公司（以下简称工业富联）正式登陆上交所，成功在A股上市。根据招股说明书显示，其发行价格定为13.77元，发行市盈率（按发行后每股收益计算）17.09倍。本次将公开发行19.695亿股，占发行后总股本的10%。其融资规模达271亿，是上交所2015年以来IPO最大的融资额，也是A股IPO规模最大的非国有企业。工业富联的上市一是推动了富士康集团从代工企业向工业互联网企业转型，二是加快构建工业互联网生态。工业富联董事长陈永正在上市仪式中表示，工业富联将做优质上市公司，和投资者分享价值。工业富联在大数据、人工智能、无人生产等领域深入布局，目前有6万个工业机器人。陈永正表示，工业富联作为智能制造的先驱企业，将为上下游为中小企业赋能，实现制造业企业转型升级的愿景。

从劳动力密集型的制造工厂升级到技术驱动的智造平台已是制造业的共同选择，在科技大佬关于"机器是否取代人"的讨论甚嚣尘上时，制造业正在大量应用人工智能、大数据、云计算、物联网、机器人等新技术，转型智能制造。一直是世界"制造工厂"的中国制造业，面临着前所未有的挑战，一方面贸易战后中国会更多地进口，会加大对世界的开放，更多"特斯拉"会进入中国，给本土制造业带来威胁；另一方面，中国制造一直面临的产能和外贸过剩问题也需要解决，抓住国内消费升级的趋势，走出口转内销的路就成为一个必然选择，要走好这条路同样离不开智能制造。

新制造、智能制造、工业互联网，各种名词都表明中国制造业正在借助于新技术实现转型升级，出口转内销、抓住消费升级的机遇。有一项针对中国制造业企业的调查显示，九成企业打算采用工业云，三成已上"云"企业希望加大预算，用工业互联网改造传统制造业。据分析，企业希望加大工业互联网投入其实是很现实的考量。如果一条生产线的工作人员数量可以从170人降低至60人，型号更换时间可从40分钟降低至7分钟，而产品质量控制点却可以从5个增加至上百个，这些积极变化都来自人与设备的互动和设备与设备间的互联，将工厂生产的协作效率大幅度提升。这是位于我国广州的一家白色家电生产企业的智能化生产线正在发生的喜人变化。据该企业有关负责人介绍："智能制造和工业互联网的优势是十分明显的，虽然企业工人的数量不再增加，但产品数量却在增加，产品的交货周期正在缩短。"

工业互联网产业联盟秘书长、中国信息通信研究院总工程师余晓晖在接受中国工业报记者采访时表示，人工智能和工业互联网结合成为重要的方向，工业互联网一定会把人工智能作为一个非常重要的技术内嵌进去，人工智能技术如果要和制造业很好地结合，工业互联网是最重要的载体。

中国工业互联网应用路径已初步形成，路径一是智能工厂，面向企业内部的生产率提升，打通设备、产线、生产和运营系统，获取数据，实现提质增效，决策优化；路径二是智能产品/服务/协同，面向企业外部的价值链延伸，打通企业内外部价值链，实现产品、生产和服务创新；路径三是工业互联网平台，面向开放生态的平台运营，汇聚协作企业、产品、用户等产业链资源，实现向平台运营的转变。

在推进工业互联网平台及应用实践方面，已开启工业互联网与人工智能的融合探索，人工智能如果要作用于制造业，最重要的载体就是工业互联网。工业互联网与人工智能怎么结合？有三个层面，设备、边缘、平台。目前三个层面的实践都有，比较多的在平台和边缘层面。平台里面怎么与人工智能结合，目前有两种方法，一是人工智能功能系统/架构集成（算法、训练、工具）在平台中，二是将人工智能算法封装在工业互联网平台的微服务中，将数据科学与行业经验相融合。

智能时代专栏6

利群股份：推进智慧新零售

图片来源：www.liqungroup.com。

2018年6月5日，利群股份与腾讯云计算（北京）有限责任公司签订智慧新零售O2O项目服务协议，协议金额368万元。公司委托腾讯云开发利群零售电商O2O平台项目软件，腾讯云为公司提供软件的研发、安装、部署等。

一、公司介绍

利群集团是一家跨地区、多业态、综合性的大型商业集团。经过近几年的快速发展,利群集团不仅在商业零售和商业物流领域取得了卓越成绩,在酒店连锁、药品物流和药店连锁、进出口贸易、房地产开发、电子商务、文化投资、金融等领域也取得了显著成就。2017年4月,利群商业集团股份有限公司(以下简称:利群股份)成功登陆上交所主板市场。早在2004年,利群股份便成立了电子商务公司,并积极探索零售企业的互联网运营发展之路。2016年利群股份对原有电子商务平台进行了大刀阔斧的改革,创造出具有利群特色的全新O2O新模式——"利群网商",将旗下40余家商场、超市运营的100多万单品全部由实体商场搬到了线上,开创了传统零售企业践行线上线下全渠道经营新模式。2017年8月,利群股份又上线了B2B采购平台,利群采购平台是利群股份利用多年自营供应链的优势,快速切入B2B领域,打造的全新的线上B2B综合服务平台,为便利店和专卖店商户商品进货,酒店、食堂和餐厅日常所需生鲜食品及相关物料,大中型企业的办公、福利及劳保用品采购提供一站式采购服务。2017年,公司实现营业总收入105.85亿元,较上年同期增长2.85%;营业利润5.44亿元,较上年同期增长17.55%;归属于上市公司股东的净利润为3.97亿元,较上年同期增长9.83%。

二、与腾讯云在新零售领域开展深度战略合作

2018年3月,利群股份与腾讯云计算(北京)、启明星公司签署《战略合作框架协议》,未来将借助第三方资源,充分发挥各自优势,优先在电商服务、超市O2O服务、会员及促销的数字化应用等领域开展跨界合作,推动技术和资源的优势互补,打造包含技术、商品、物流、运营等在内的一站式整体解决方案,进一步提升技术能力和管理水平,实现线上业务的快速发展。在新的零售棋局中,零售行业形成了由"腾讯+京东+永辉+沃尔玛+家乐福"VS"阿里+苏宁+欧尚+大润发+联华超市"的

"强强对话"局面，双方的阵营还在不断扩大，如今，腾讯又将利群股份拉入了自己阵营。

2018年6月4日，利群股份继续深化与腾讯云在新零售领域的战略合作，双方正式签署《关于利群+腾讯云智慧新零售O2O项目》协议。这一协议是双方2018年3月份签订战略合作框架协议精神的重要内容之一，也是双方就战略合作框架协议中的电商服务方案达成的后续深度合作，标志着双方战略合作的正式落地。

据悉，此次合作双方将在智慧新零售O2O项目上展开深度合作。双方合作主要包括两方面，一是智慧运营，借助腾讯在大数据分析的优势，基于会员消费数据分析、购物篮分析，对线上线下客群精准画像，通过小程序和基于地理位置精准营销，全面提高利群股份O2O运营效率；二是智慧连接，从线下的自助购物、人脸识别支付，到线上的微信小程序推广运营，新的表现形式，新的营销通道，新的购物体验，互联网技术的赋能为商家、商品、用户的多方位连接与触达提供了更加高效的选择，为利群股份线上线下的互联互通提供了无限可能。根据双方签署的框架协议，利群股份与腾讯云公司正在就其他相关内容，如人脸支付自助收款系统等系列合作细节进行洽谈。

此次利群股份与腾讯云正式签署智慧新零售O2O项目，是战略合作框架协议的进一步落地实施。利群股份将充分发挥线下运营经验，基于公司独特的智慧供应链管理模式，结合其在电商领域的多年探索，同时利用腾讯的技术能力，以及腾讯在大数据分析、网络流量方面的优势，优化利群网商APP，进一步提高利群线上会员精准营销能力，助力利群网商的全面数字化升级。

（资料来源：作者根据多方资料整理而成）

1.5 人机融合：超人工智能时代

超人工智能指的是人工智能在各方面都比人类强一点，也可以是各方面都比人类强万亿倍的人工智能，超人工智能是人工智能的发展趋势。目前，人工智能领域很大一部分专家认为 2060 年是一个实现超人工智能的合理预测年，主流观点也认为超人工智能可能会发生，可能在 21 世纪就发生，发生时可能会产生巨大的影响。

1.5.1　人机融合时代到来

在当今世界最先进的柔性自动化生产线上，不到 1 分钟就可以有一辆车下线；而且同一生产线上可以生产 6 种不同车型，每一车型的切换仅需 18 秒。核心技术在于把机械臂跟周围的工装夹具等相关设备通过三维系统有机集成，这已经是很成熟的技术。未来人机交互、融合，才能实现物与人通过技术服务有机连接，从中国制造跨上中国智造。通过人机共融，可使机器人的简便性大大提高，对机器人的整个应用产生质的变化。而关于人机共融安全性的问题，按照国际安全标准对安全性已经提出相应的要求，但是如何实现方法很多，各种各样的做法。只有真正做到无围栏，多种技术结合起来，才能达到最终的安全。

如何把人和机器结合起来，是机器人产业发展的必由之路，目前来说人机融合是工业机器人智能化的主要趋势。为了使机器人更好地与人匹配，我们需要研究人具备什么能力？人首先有绝对的柔性，其次便是视觉与触觉。而目前传统的机器人在速度、精度，简单重复作业的可靠性上是远超人类的，但是柔性、触觉与视觉部分与人的差距还是很大的。因此，把人和机器结合起来，我们首先要研究人的柔性，其次便是视觉与触觉。然而，人机融合说起来容易，做起来不易。

有一个令人百思不解的经典现象——在工业流水线上精确、高效、灵巧无比的机器人，何以在处理大多数生活事务（如简单的叠衣服、上下楼梯等）时表现异常笨拙。人们从移动性能、灵活性、操作性、传感能力和智能方面进行人机对比后发现，当前机器人的主要差距在于灵活性和智能，尤其是智能方面，人的认知方式和过程机器尚难以模仿，人脑与肌体的联动反应机制机器更不能完美再现，其中蕴含了软件、硬件领域的巨大技术挑战。所以，真的想要机器人融入我们的生活，"一个先决条件就是机器人必须知道人的存在，能够跟人共同生存"。这要求机器人的辨识、认知能力大幅度提高，机器人变成了社会的一部分，人机融合时代就真正到来了。

1.5.2 人工智能之"星际迷航"

人工智能在为人类带来巨大福音的同时，也引起越来越多人的恐慌，害怕人工智能对人类社会的破坏无法修复。先来看看人工智能对人类社会的冲击吧（见图1-20）。

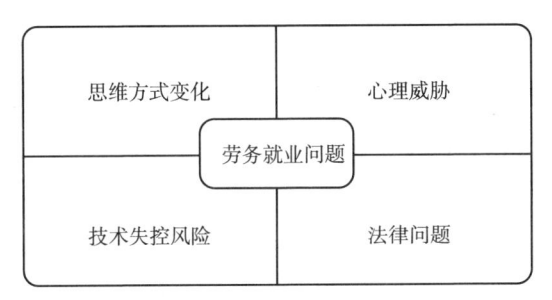

图1-20 人工智能对人类社会五个方面的冲击

第一，劳务就业问题。由于人工智能能够代替人类进行各种脑力劳动，将会使一部分人不得不改变他们的工种，甚至造成失业。人工智能在科技和工程中的应用，会使一些人失去介入信息处理活动（如规划、诊断、理解和决策等）的机会，甚至不得不改变自己的工作方式。2016年11月底，大疆创新推出先进的MG-1S型农业植保无人机，其飞行操作便捷稳定，使得农药喷洒更加精准高效、完全进入了实用化阶段。农业植保无人机一旦投入市场，传统农民将变得没有丝毫的竞争力。至2016年，富士康在中国各大生产基地安装了4万台机器人，以减少公司雇佣员工的数量，受此影响，富士康昆山园区员工数量在过去六七年间减少了6万人。

第二，技术失控的风险。2017年2月份，研究期刊《公共科学图书馆-综合》发表的一篇论文发现，即使那些处于完全善良意愿而设计的机器人，也可能花费数年时间彼此争斗。因此新技术最大的风险莫过于人类对其失去控制，或者是被欲借新技术之手来反人类的人手中。美国著名科幻作家阿西莫夫（I. Asimov）甚至为此提出了"机器人三守则"：一是机器人必须不危害人类，也不允许它眼看人类受害而袖手旁观；二是机器人必须绝对服从人类，除非这种服从有害于人类；三是机器人必须保护自身不受伤害，除非为了保护人类或者是人类命令它作出牺牲。为此我们必须保持高度警惕，一方面在有限范围内开发利用人工智能，另一方面，用智慧和信心来防止人工智能技术被用于反对人类和危害社会的犯罪。而科技界关于人工智能将有可能统治人类世界的悲观理论也是技术失控的一大风险。在科幻电影《机械姬》中，就发生了机器人艾娃成功欺骗程序员杀死富翁，然后逃出实验室的失控故事。

第三，思维方式与观念的变化。人工智能的发展与推广应用，将影响到人类的思维方式和传统观念，并使它们发生改变。虽然人工智能系统知识库的知识是不断修改、扩充和更新的，但是，一旦专家系统的用户开始相信系统的判断和决定，那么他们就可能不愿多动脑筋，并失去对许多问题及其求解任务的责任感和敏感性。过分地依赖计算机的建议而不加分析地接受，将会使智能机器用户的认知能力下降，并增加误解。因此人工智能一方面解决了人类工作生活中的许多麻烦，一方面也对人类的思维方式和观念变化产生了巨大的影响。当人工智能使无人驾驶、机器人医疗、刷脸技术等越来越融入我们的生活，传统的这些只能依靠人类自己干的思想是不是也在逐渐转变，并不断去接受这些新的思维呢。

第四，引发法律问题。人工智能的应用技术不仅代替了人的一些体力劳动，也代替了人的某些脑力劳动，有时甚至行使着本应由人担任的职能，这就免不了会引起法律纠纷。比如医疗诊断专家系统如若出现失误，导致医疗事故，怎么样来处理，开发专家系统者是否要负责任，使用专家系统者应负什么责任，等等。2015 年 7 月，大众汽车位于德国 Baunatal 工厂就发生了一起意外事故，21 岁的外包工人在安装和调制机器人的时候，机器人突然伸手击中工人的胸部，并且将其挤压向一块金属板，工人抢救无效，最终在附近的一家医院中死亡。虽然这起事故发生的原因不能全部由机器人承担，但却由此引发了相关的法律问题。

第五，心理上的威胁。人工智能还使一部分社会成员感到心理上的威胁，或叫作精神威胁。人们一般认为，只有人类才具有感知精神，而且以此与机器相别。如果有一天，这些人开始相信机器也能够思维和创作，那么他们可能会感到失望，甚至感到威胁。人们在担心，有朝一日，智能机器的人工智能会超过人类的自然智能，使人类沦为智能机器和智能系统的奴隶。对于人的精神和人工智能之间的关系问题，哲学家、神学家和其他人之间一直存在着争论。按照人工智能的观点，人类有可能用机器来规划自己的未来，甚至可以把这个规划问题想象为一类状态空间搜索。当社会上一部分人欢迎这种新观念时，另一部分人则发现这些新观念是惹人烦恼的和无法接受的，尤其是当这些观念与他们钟爱的信仰和观念背道而驰时。

这些都是人工智能的可怕之处，当然人工智能的可怕之处可能远不及此，如何处理和解决好这些问题，成为人工智能发展过程中不得不直视的现实。

智能时代专栏 7

上海新时达：打造中国机器人行业领军企业

图片来源：www.stepelectric.com。

2018 年 6 月 5 日消息，京东集团与上海新时达电气股份有限公司签订战略合作框架协议，双方将加速智能物流设备和服务类机器人的落地应用，重点在智能机器人制造尤其是末端配送机器人的量产方面展开深入合作。

一、公司介绍

上海新时达电气股份有限公司（以下简称"新时达"）创建于1995年，注册商标STEP，是国家重点支持的高新技术企业、全国创新型企业，拥有国家认定企业技术中心。2010年在深交所A股上市，股票简称：新时达，证券代码：002527。新时达业务涉及机器人及运动控制、电梯控制及物联网、工业传动与节能等领域。产品包括工业机器人、伺服驱动器、工业变频器、电梯控制系统、人机界面及专业线缆、物联网、新能源汽车控制器等。新时达不仅是全球电梯控制系统领军企业，而且也是中国机器人行业领军企业。

二、与京东开展智能机器人方面战略合作

2018年6月5日公告，新时达与京东同意在智慧物流、机器人等领域建立全面的战略合作伙伴关系，并签署了《战略合作框架协议》。公司表示，双方拟在智慧物流行业内进行战略合作、整合资源，建立起整套的物流生态环境，加速智能物流设备和服务类机器人的落地应用，并重点在智能机器人制造领域开展深入的合作。根据合作协议，京东与新时达将利用各自在品牌、资源、技术等方面的有利条件，通过优势互补、整合资源，建立起整套物流生态环境，加速智能物流设备和服务类机器人的落地应用（见图1-21）。

图1-21 新时达与京东合作的机器人

双方合作主要聚焦智能物流设备制造、机器人与电梯交互两大方面。一方面，京东通过新时达在出行、机器人、智能制造领域的优势，加速实现末端配送机器人的量产与落地；另一方面，新时达将发挥其在电梯控制系统方面的优势，满足京东物流配送及服务类机器人的电梯交互需求，为配送机器人更加顺畅地行走于大楼之中提供成熟可靠的技术解决方案，从而为用户提供更好的购物体验。

此次合作将有利于推动京东末端配送机器人的大规模批量生产，满足未来京东智慧物流体系下配送机器人广泛应用的场景需求，解决城市配送"最后一公里"的难题。

（资料来源：作者根据多方资料整理而成）

1.5.3　超人工智能时代

超人工智能意味着什么呢？很多人在提到和人类一样聪明的超级智能的电脑时，第一反应是它运算速度会非常非常快，就好像一个运算速度是人类百万倍的机器，能够用几分钟时间思考完人类几十年才能思考完的东西。超人工智能确实会比人类思考的快很多，但是真正的差别其实是在智能的质量而不是速度上。用人类来做比喻，人类之所以比猩猩智能很多，真正的差别并不是思考的速度，而是人类的大脑有一些独特而复杂的认知模块，这些模块让我们能够进行复杂的语言呈现、长期规划或者抽象思考等，而猩猩的脑子是做不来这些的，这也正是超人工智能的进化之处。

超人工智能时代到来，究竟会给我们带来什么呢？当拥有了超级智能和超级智能所创造的技术，超人工智能就可以解决人类世界的所有问题。超人工智能可以用更优的方式产生能源，完全替代传统的化石燃料，解决全球气候变暖的问题；超人工智能可以对制药和健康行业进行无法想象的革命，让癌症也不再成为不治之症。超人工智能甚至可以使世界经济和贸易的争论不复存在，轻易解决人类对于哲学和道德的苦苦思考。然而与此同时我们也发现，超人工智能好像已经摆脱了人类的束缚，不为人类所控制了。超人工智能的智能放大、策略性地制定、分析、安排长期计划，甚至是黑客能力、写代码能力，已经使人类望尘莫及。理论上，超人工智能会比人类更加聪明，人类不仅做不到超人工智能能够做到的事情，甚至可能都无法理解。一旦实现，超人工智能可以重新编码自己的结构，以极快的速度不断自我提升并进化。据专家预测，超级人工智能时代将在 2060 年实现，距今只有 45 年。但相关专家也警惕世人，若是超级人工智能出现编程失误，可能会产生一些意外后果。就如 AI 研究者 Eliezer Yudkowsky 所说："AI 既不会恨，也不会爱，但人类由原子构成的，除了智能以外，人类还有感情。"牛津大学的哲学学者 Nick Bostrom 在他的书《超级智能：路径、危险与策略》中提到，真正的超级人工智能一旦完成，将比以往人类的任何发明都危险。一些著名的学者如 Elon Musk，Bill Gates，and Stephen Hawking（后者曾警告 AI 也许是人类史上最糟糕的错误）也提出了警告。但没有什么事是可以确定的，没人知道 AI 将采取什么行动以及如何威胁到人类。正如 Elon Musk 指出的，人工智能可以用来控制、调节和监视其他人工智能。也许可以它灌输人类的价值观，使之毫无保留地对人类保持友好，现在谈及超人工智能威胁论还为时尚早。

广州数控：以数控优势进军工业机器人

图片来源：www.gsk.com.cn。

2018年6月，广州数控携GSK系列工业机器人产品亮相展会。其中，GSK多机器人协同作业演示系统，展现了多机器人跟随运动、多机器人协调运动、镜像运动控制、离线编程仿真等核心技术，包括自动化上下料单元、自动化去毛刺打磨单元、工业机器人焊接单元、工业机器人装配单元。

一、公司介绍

广州数控设备有限公司（以下简称"广州数控"）成立于1991年，被誉为中国南方数控产业基地。广州数控GSK是国内最大的机床数控系统研发、生产基地，专心致力于智能装备产业发展的研究与实践，是国内首批国家级企业技术中心。2014年，广州数控机器人销量就已超过500台。2016年广数实现数控系统销售6.2万套，预计2017年全年能上10万套。此外，广数机器人销售也从几百台增长跃上千台的规模。截至2017年11月，广州数控累积销售超过85万套数控系统，成为国内数控机床行业首选品牌。广州数控年产数控系统20万套，稳居国内第一，连续17年数控系统的产销量雄踞行业榜首。广州数控计划2017年实现年产1万台工业机器人，精密减速机3万个；2020年实现年产3万台工业机器人，实现产值30亿元。

二、进军工业机器人

2006年，凭借数控领域的技术积累，广州数控决定进军当时还未火热的工业机器人行业，通过自主研发，几年内接连攻克下控制器、伺服驱动、伺服电机和减速器等工业机器人核心零部件，至今也仍是国内少数掌握全套工业机器人本体制造技术的企业之一。该公司未来仍将以包括核心零部件在内的工业机器人本体研发生产为发展重心，立足产业链上游，希望巩固并不断提升技术竞争力。正是依托 20 多年工业控制技术和制造经验，广州数控自主研发生产了具有完全自主知识产权的工业机器人，包括机器人控制器、伺服电机和伺服驱动等关键功能部件，现已成为国产工业机器人的领军企业。

在 2017 年的工博会上，广州数控带来其首发的产品，即"勤快的"中国机器人新成员，160 公斤的量级的"威猛先生"——码垛机器人 RMD160，它在现场进行 GSK 地伺服电机包装码垛和拆垛的展示（见图 1-22）。实现机器人代替人工的高速搬运，极大地提高效率，降低成本。该产品广泛适用于包装，饮料、化工、食品等领域的码垛、拆垛、搬运等全套作业解决方案。此外，广州数控展示了由多款 GSK 机器人组成的多功能自动化柔性生产线，该柔性自动化生产线展示了毛坯—加工—打磨—装配—拆卸—入仓的工件工艺过程。可实现整体加工以及零件的快速自动上下料，全面展示 GSK 工机器人的完美协作。以"整体协作应用整合"为作业理念，将目标定位于面向重点行业的智能制造单元、智能生产线、智能车间、智能工厂的建设（见图 1-23）。

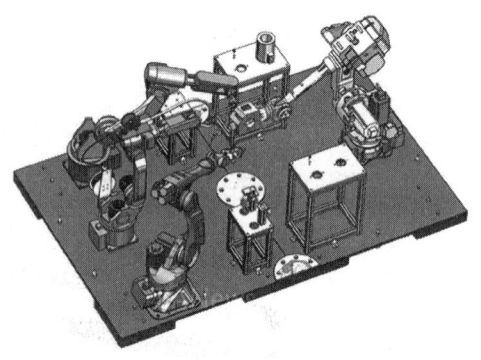

图 1-22　码垛机器人 RMD160　　图 1-23　多机器人协同作业演示系统

RB系列工业机器人是广州数控自主研发生产、具有独立知识产权的最新产品。它采用国内最先进的GSK–RC机器人控制器，具有高稳定性、长寿命、容易保养、超经济性等一系列领先优势。

RB系列工业机器人每个关节的运动均由一台伺服电机和一台高刚度低侧隙精密减速机共同实现，每个伺服电机均带有失电制动器；同时配以先进的电器控制柜和示教盒，使其运动速度更快，精度更高，安全性更优越，功能更强大。

该产品可以广泛应用于搬运、弧焊、涂胶、切割、喷漆、科研及教学、机床加工等领域，是汽车、摩托车、家电、烟草、工程机械、物流等行业的最佳选择。

三、广州数控：破译机器人"驱动"密码

当"机器代人"的浪潮在珠三角这个全球制造业基地兴起，以广州数控为代表的一批装备制造企业通过持之以恒地进行技术创新，迎来了全新的市场机遇。2014年，广州数控攻克了工业机器人核心部件的最后一个难关——减速器，掌握了被国外垄断的工业机器人本体制造的全套核心技术（见图1–24）。自2006年进入这个全新的产业领域以来，广州数控采取"并联竞争性研发"的策略，每年把销售收入的10%投入研发，走出了一条与众不同的创新驱动路径。如今，广州数控生产的机器人已实现了95%以上的部件自主研发。

控制器通过软件编程给机器人下指令，比如采取什么动作、遵循什么运动轨迹；伺服驱动主要接收控制器的信号，把指令信号转化为电能，传送到驱动电机，让电机按照控制器的指令采取行动；伺服电机是指令的执行机构，通过电机驱动，让沉重的机械手臂运动起来。而目前，广州数控是我国唯一一家掌握工业机器人四大核心部件设计方案和生产技术、拥有全部自主知识产权的企业。

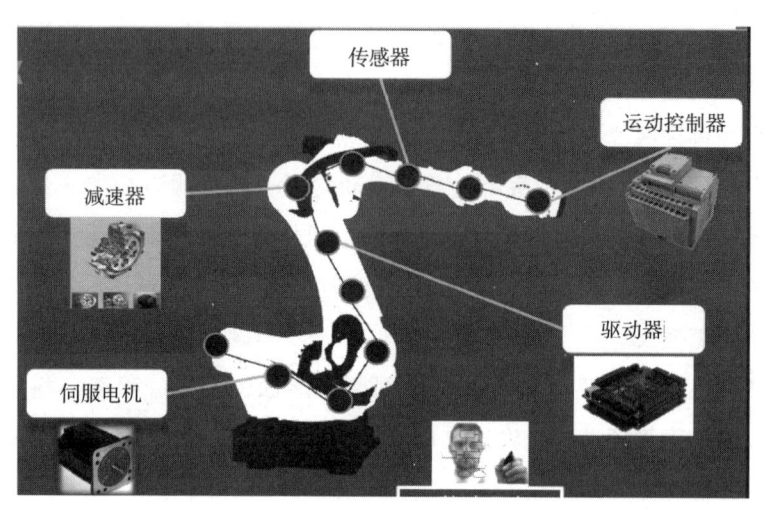

图1-24 工业机器人全套核心技术示意图

多年来，伺服电机及驱动的技术主要靠国外供应。广州数控在涉足工业机器人领域之前，就已经研发生产了用于数控机床的控制器、伺服驱动和伺服电机。进入工业机器人领域之后，研发团队对部分关键性技术进行修改。

伺服电机及驱动技术的研发周期很长，技术上还有很大的改进空间。从事伺服电机及驱动研究的技术人员经常要到工厂一线了解机器的实际运作情况，收集用户反馈的信息。目前研发的每台伺服驱动只能带动1台电机运转。设备一多，噪音大、散热也不太好。广州数控正在研发能同时带动6台电机的伺服驱动，这样可以使电机的体积更小、散热更快。

随着"机器代人"浪潮到来，广州数控的工业机器人产值正在以每年翻倍的速度递增，目前广州数控的机器人产品已陆续销往东南亚和国内多个城市，还与珠三角多个制造业企业合作推广。广州数控涉足工业机器人产业之初，就下决心要突破核心技术封锁，目前，核心技术水平可以与国际一流水平看齐。据了解，广州数控对工业机器人系统研发花了长达7年的时间。其间，广州数控将每年营销收入的10%投入到技术研发，2014年的研发投入达到了1.4亿元。

在研发机制上，广州数控采取"并行研发"的模式。即每种产品研发的项目，公司都会同时安排2~3个研发室交叉进行研究。目前广州数控有4个研发室、近千名技术人员专门负责工业机器人研发，华南理工、北航、天津大学等国内重点高校为广州数控的机器人研发提供了智力支持。广州数控内部建立了多项激励机制，鼓励研发创新。目前，广州数控的工业机器人95%以上的部件为自主研发，具备100%的知识产权。

在志高空调的智能化工厂里，站在流水线两旁的不再是忙碌的工人，而是机器人、机械臂，它们正为空调机外壳喷漆。这些工业机器人大多来自广州数控。机器人的到来，不仅解决了一些高危、重负岗位"招工难"的难题，更大大提高了车间生产效率，使得空调机身搬运的损耗率基本为零。

四、打造国产工业机器人品牌

我国工业机器人市场巨大，增长速度快，但由于工业机器人的一些核心技术被国外封锁，没有形成关键零部件的产业化生产，即使研制和开发了一些典型的工业机器人，但是和国外的机器人相比，没有明显的价格优势，不具备明显的竞争力，国内市场基本被国外产品所垄断。

广州数控是一家民营企业。在数控系统领域产销量多年位居国内行业首位的广州数控，自2006年开始涉足工业机器人产业。"造自己的国产机器人"。8年来，广州数控机器人研发团队全力扑在研发上，公司每年都拿出销售收入的8%投入到技术研发中去，同时选派大批技术人员去高校院所、国外深造。为了让研发人才专心研发，除了设立项目奖、创新奖等激励制度，公司还为一些年轻员工提供借款首付等支持。

工业机器人技术在国外较为成熟，但在国内还处于起步阶段。为加快工业机器人技术突破，缩短与国外同类产品的差距，广州数控精密减速机的研发，开始设立两个研发小组，采取不同的技术策略，并行研发。出产品后，经过应用验证，最终采用效果更好的技术方案，再行资源整合，加强该技术方案的深入研究，提速新技术的研发突破。广州数控研发工业机器人的起点就是自主研发。在机器人的成本构成中，减速机占到总成本的25%左右，机器人整机中75%的成本是公司可自主控制的。目前广州数控内从事机器人研发的技术人员有100多人，并与华南理工、北航、天津大学等国内重点高校有着紧密的"产、学、研"合作。广州数控自主研发出多个规格型号的精密减速机，并已经在自己研发的工业机器人上测试应用，功能上接近国外同类产品。下一阶段，广州数控将重点解决工业精密机器人减速机的产业化。

在产品研发上，广州数控目前已实现全系列、全自主研制，产品覆盖了3~400千克，自由度包括3~6个关节，应用功能包括搬运、机床上下料、焊接、码垛、涂胶、打磨抛光、切割、喷涂、分拣、装配等，涉及数控机床、五金机械、电子、家电、建材、食品、医药、物流等行业应用领域。

性价比高、成本基本可控，使得广州数控工业机器人在满足应用需求的同时，非常适合对成本敏感的企业用户，具有较好的市场竞争力。公司产品负载覆盖了3~400千克，自由度包括3~6个关节，应用功能包括搬运、机床上下料、焊接、码垛、涂胶、打磨抛光等，涉及数控机床、五金机械、电子、家电、建材等行业应用领域。

基于多年积累，广州数控累计为数控机床配套了65万套机床数控系统，在机床加工领域具有丰富的技术经验和大批的终端客户。公司根据客户需求，专门开发了RJ系列的多款普及型搬运机器人，性价比很高，适用于中小民营企业低投入、快速进行智能装备应用。

随着广州数控实现工业机器人的国产化，产品得到市场认可，陆续销往广东、上海、江苏、浙江、重庆、河南、广西等地区，相继出口到越南、土耳其、智利等国家和地区，累计销售约1 200台套，为国产工业机器人品牌树起一面旗帜。同时，广州数控已完成全自主知识产权的工业机器人的系列化开发，处于国内领先技术水平，为中国机器人产业树立了民族品牌，摆脱了国内工业机器人长期受制于人的产业压力。

五、结论与启示

广州数控通过自主研发，拥有工业机器人自主知识产权，目前在我国处于领先地位。广州数控以本体为重心，兼顾系统集成，也意在避免脱离市场，尤其未来将进入更多细分市场，进行一定的集成业务可更好打通机器人本体研发生产与应用。主要有三点启示：

第一，作为民企，广数的优势或在于更具灵活性，并且一旦认准方向，也更加坚定。起步较早并始终坚持自主研发，成为广州数控跻身国内一线机器人企业的关键。2006年，凭借数控领域的技术积累，广数决定进军当时还未火热的工业机器人行业，通过自主研发，几年内接连攻克下控制器、伺服驱动、伺服电机和减速器等工业机器人核心零部件，至今也仍是国内少数掌握全套工业机器人本体制造技术的企业之一。

第二，广州数控组建自己的系统集成团队，直面应用企业，以此寻求市场突破。此举，一方面利于解决系统集成商从惯性上青睐外资品牌、不愿尝试国产机器人的问题；另一方面，接通机器人企业和应用企业的沟通桥梁，利于调整机器人研发生产。广州数控并不是想做到本体生产和系统集成全包，重心还是本体，只是兼着做一点集成，未来也希望能在技术和市场，本体和集成之间探索达到一种平衡。

第三，广州数控还瞄准3C等国内制造业的细分领域，加速研发生产更具适应性的产品，抢占这些过去被外资巨头忽略的市场。今年广州数控就在过去大负载工业机器人的基础上，针对3C产业需求，研发出一台小型三公斤多关节机器人。这个市场就在眼前摆着，国产工业机器人企业不及时跟进的话，迟早会被外资企业占领。

未来工业将是智能制造的世界，数控技术、人工智能将无处不在，改变工业制造方式，人类的生活方式。通过持续不断的技术进步与创新努力构建一个更精准、更高效、更智能的制造平台，促进人与机、机与机、机与工厂的有机交融，为提升用户产品价值和效益，为推动智能装备国产化过程不懈努力，进而用中国装备，装备中国，走向世界。

（资料来源：作者根据多方资料整理而成）

第2章
人工智能

比人类更强大的，绝不是AI，而是掌握了AI的人，掌握AI的人类一方面通过科大讯飞这样的公司，我们作顶天立地的研发。另一方面每一个普通个人也可以掌握AI的应用，如何能够让AI真的像水和电一样，使每个人都能够方便地使用，其实这是讯飞的梦想，我们希望未来每个人都拥有自己的AI助手。

——科大讯飞董事长　刘庆峰

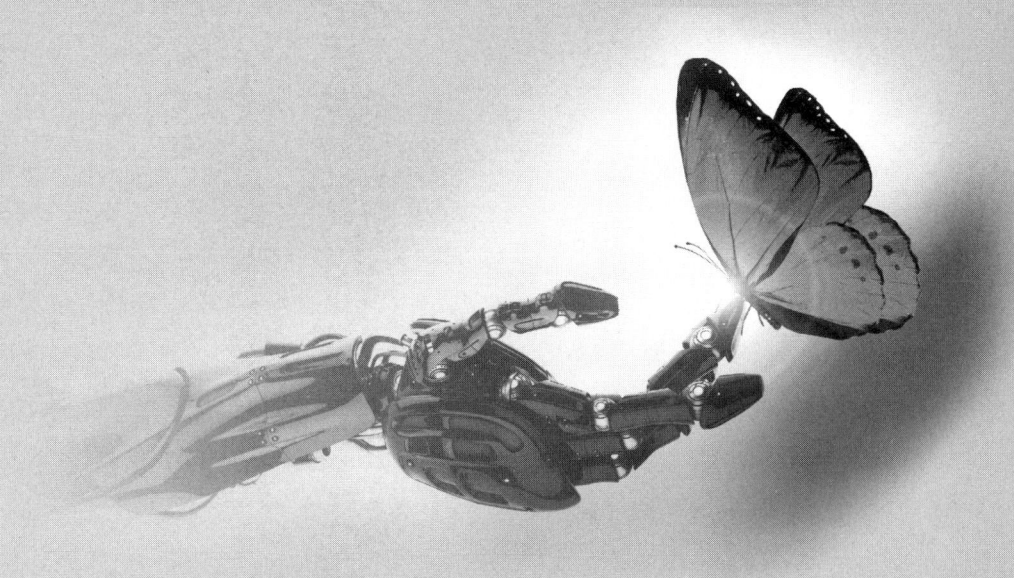

科大讯飞：让人工智能为人类赋能

图片来源：www.iflytek.com。

2017年11月，科大讯飞承载了国家人工智能四大平台之一，智能语音的人工智能开放平台。科大讯飞股份有限公司董事长刘庆峰表示：科大讯飞创业第一天的梦想就是要让机器像人一样能听会说、能理解会思考，用人工智能建设美好世界。

一、公司介绍

科大讯飞股份有限公司（以下简称"科大讯飞"）成立于1999年，是一家专业从事智能语音及语言技术、人工智能技术研究，软件及芯片产品开发，语音信息服务及电子政务系统集成的国家级骨干软件企业。2008年，科大讯飞在深圳证券交易所挂牌上市。科大讯飞承建有首批国家新一代人工智能开放创新平台（智能语音国家人工智能开放创新平台）、语音及语言信息处理国家工程实验室以及我国在人工智能高级阶段——认知智能领域的首个国家级重点实验室等国家级重要平台。2017年，科大讯飞全年实现营业总收入54.57亿元，较上年同期增长64.36%；实现毛利28.1亿元，较上年同期增长67.55%；实现归属于上市公司股东的扣除非经常性损益的净利润3.6亿元，较上年同期增长41.32%。（见图2-1）。

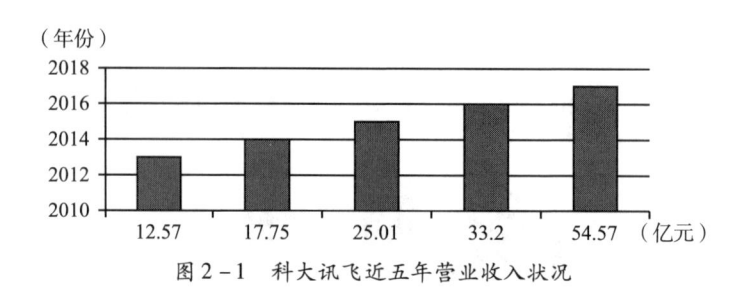

图 2-1 科大讯飞近五年营业收入状况

二、争做人工智能领头羊

在人工智能领域，科大讯飞有着众多的开创性成功历史。以"让机器能听会说、能理解会思考，用人工智能建设美好世界"为使命，科大讯飞创业之初首先是从人机交互、即让机器能听会说的智能语音为入口，包括语音合成、语音识别、语音评测等，讯飞都是拓荒者和领头羊。2014年，在从"让计算机能听会说"成功的基础上，科大讯飞正式启动了讯飞超脑计划，向"让计算机能理解会思考"的目标迈进，研发实现具有深层语言理解、全面知识表示、逻辑推理联想、自主学习进化等高级人工智能的智能系统。

人工智能主要分为计算智能、感知智能、认知智能。计算智能，即机器"能存会算"的能力；感知智能，即机器具有"能听会说、能看会认"的能力，主要涉及语音合成、语音识别、图像识别、多语种语音处理等技术；认知智能，即机器具有"能理解会思考"的能力，主要涉及教育评测、知识服务、智能客服、机器翻译等技术。对此，科大讯飞执行总裁胡郁表示：从创业之初，科大讯飞就致力于让机器"能听会说""能理解会思考"，同时坚持技术顶天，产品立地的发展理念，坚持核心技术创新与领先，通过原创性的技术进步来打磨优质产品，构建商业模式（见图 2-2）。

目前，科大讯飞在感知智能、认知智能以及感知智能与认知智能的深度结合等领域均取得达到国际领先水平的研究成果，囊括多项国际人工智能大赛的冠军，改写了全球人工智能技术的竞争格局。第一，语音合成技术：2006年至今，连续十二年蝉联国际最高水平的语音合成比赛（Blizzard Challenge）全球第一，是全球唯一在英语合成上超过真人发音水平

图 2-2 人工智能的三要素

的系统；第二，语音识别技术：语音听写准确率已经超过了专业速记员水平，在最近一次由谷歌组织的 CHiME4 国际英文语音识别大赛中，获得全部场景的全球第一；第三，图像识别理解技术：2017 年 8 月，国际医学影像领域权威评测（LUng Nodule Analysis）全球第一名并刷新世界纪录；2017 年 10 月，国际自动驾驶领域最权威评测集（Cityscapes）全球第一名并刷新世界纪录；第四，机器翻译技术：在中英翻译国际领先的基础上，2017 年，中英互译技术达到大学六级口语水平，在全球首次实现离线翻译能力，并推出全球首个达到实用的汉维、汉藏翻译系统。第五，机器阅读理解技术：2017 年 7 月和 10 月，两次获得机器阅读理解挑战赛（Stanford Question Answering Dataset）全球第一名并刷新世界纪录。

三、坚持"平台 + 赛道"的产业发展战略

科大讯飞坚持"平台 + 赛道"的产业发展战略："平台"，即为全行业提供人工智能能力，整合后台内容和服务，构建持续闭环迭代的生态体系；"赛道"，即人工智能核心技术 + 应用数据 + 领域支持，构建垂直入口或行业的刚需 + 代差优势。基于讯飞核心技术的人工智能开放平台，截至 2017 年底，讯飞开放平台合作伙伴达到 51.8 万家，用户数（终端设备数）达 17.6 亿，日服务量达 40 亿人次，以科大讯飞为中心的人工智能产业生态持续构建。人工智能的发展，应用才是硬道理，产业发展的关键是

在应用过程中形成数据驱动的快速自我迭代。在教育、司法、医疗、智慧城市、智能服务、智能车载等赛道上，科大讯飞聚焦行业需求持续迭代，形成了广大用户可实实在在感知的人工智能应用成果。

第一，在教育领域，公司坚持"人工智能助力教育，因材施教成就梦想"的理念，积极推动教育教学模式创新，针对教育全场景全面布局，形成了"智考、智学、智课、智校"等一系列智慧教育产品，实现了教与学主业务流程的场景全覆盖、终端全覆盖、数据全贯通。目前，科大讯飞智慧教育产品已经覆盖全国 15 000 余所学校，深度用户超过 1 500 万。

第二，在司法领域，持续布局智慧公安、智慧法院、智慧检务等领域，与公安部、最高人民检察院、最高人民法院签订战略合作共建联合实验室。在智能语音庭审系统全国大范围应用的基础上，面向"以审判为中心的刑事诉讼制度改革"的需要，研发了全球首个刑事案件智能辅助办案系统，将人工智能技术应用到侦查、批捕、审查起诉到审判的各个办案环节，提升办案质效，为审判体系和审判能力的现代化提供技术支撑。"AI + 政法"产品与解决方案已广泛应用于政法委、法院、检察院、司法行政机关、公安机关等各条司法线，应用成效显著。

第三，在医疗领域，公司面向医疗行业积极布局智能语音、医学影像、基于认知计算的辅助诊疗系统三大领域。通过智能语音交互技术对医院临床业务进行流程再造，减轻医生文书压力，提高医生工作效率；利用智能影像识别技术辅助医生阅片，提高放射科医生的工作效率，降低阅片的漏诊率；通过构建人工智能辅助诊疗系统，深度切入医生临床诊断流程，在医生诊断过程中给予医生辅助诊断建议与相关知识推送，从而提升医生特别是基层医生的诊疗能力和服务水平，助力国家分级诊疗、双向转诊等重大医改政策的落地。

第四，在智能汽车及车联网领域，公司推出了面向未来的新一代整体解决方案。基于科大讯飞智能语音、人工智能核心技术，集成了业界一流的麦克风阵列降噪、多语种识别、AIUI 对话交互、多语种合成、生物识别及认证、机器视觉处理及音频处理、大数据及云计算等技术，围绕汽车智能化、网联化提供了一套完整的、模块化的产品及服务体系，赋予汽车能听会说、能理解会思考的"汽车大脑"。

第五，在智能服务领域，面向呼叫中心自助语音服务渠道及行业信息化系统，应用智能语音及人工智能技术，提供智能自助服务解决方案，增强自助服务的用户体验；应用语音分析及商业智能，提供智能运营支撑解决方案，提升运营管理水平，增加企业收益。公司持续保持在运营商、金融行业智能客服的领导者地位。

第六，在智慧城市领域，基于人工智能＋数据驱动的城市智慧化发展模型，以城市超脑为核心，打造集基础信息接入、城市大数据和信息模型、行业超脑应用为一体的智慧城市整体解决方案。提供从底层的智能感知终端、到设计运维一体化的智能建筑以及基于语音和图像识别的平安城市等基础服务；基于"人工智能"核心算法的海量数据处理、分析的大数据平台服务；以及通过构建"城市超脑"，结合城市管理各领域专家经验，打造行业领先的"互联网＋政务服务""智慧交通""智慧旅游""智慧园区""智慧管廊"等应用服务，实现真正的"城市发展智慧化"。

四、结论与启示

科大讯飞自诞生之初便早早开始布局人工智能，经过十多年的积累，早已经在人工智能核心技术上领先全球，这几年更是在国际各项人工智能大赛中大放异彩，夺得了多项世界冠军。

第一，科大讯飞推动对于人工智能的三个力：鉴赏力、理解力、应用能力。未来，AI 将无所不在，像水和电一样进入到每一个行业、每一个家庭。科大认为最重要、最核心的是，要牢牢把握最能代表中国取得全球话语权的领域。同时还要在很多领域整合全球力量，要成为有鉴赏力、理解力和应用力的更大胸怀的 AI 公司。就像苹果手机的传奇，并不是所有技术都是它做的，它是全球最顶尖的关键技术整合者。

第二，科大讯飞将人工智能作为重要的发展战略，由感知智能的基础上，坚信认知智能才是人类努力的方向，在各个领域引入人工智能，逐步开展产业发展蓝图；科大讯飞通过"讯飞超脑"开始将认知智能与感知智能、计算智能相结合应用到各个不同的行业。

（资料来源：作者根据多方资料整理而成）

当世界围棋第一人的柯洁与人工智能阿尔法围棋（AlphaGo）对垒，三战皆败，当智能教育机器人 AI – MATHS 和 Aidam 走上考场开始高考，人工智能越发地成为人们不可忽视的一个部分在影响着我们的学习和生活。机器人的发展尤为迅猛，很多机器人已经实现落地，工业机器人、服务机器人可谓遍地开花。可以说，人工智能时代已来。百度董事长兼 CEO 李彦宏表示移动互联网时代已经过去，人工智能时代已经全面来到。

2.1 人机大战：从阿尔法围棋到国产星阵

近年来，人机大战好戏，一场赛罢，又接一场，2016 年，阿尔法围棋对战韩国棋手李世石，2017 年阿尔法围棋再战中国棋手柯洁。2018 年，柯洁再战国产 AI 星阵。阿尔法围棋（AlphaGo）是一款围棋人工智能程序，由谷歌（Google）旗下 DeepMind 公司开发，其主要工作原理是"深度学习"。

2016 年 3 月，该程序与围棋世界冠军、职业九段选手李世石进行人机大战，并以 4∶1 的总比分获胜。第一局，李世石在阿尔法围棋的凶猛逆转下投子认输；在第二场的较量中，双方很长时间势均力敌，但到最后的时候，李世石首先进入了读秒的状态，处于不利地位。最后，双方均进入读秒状态，机器算法越来越精准，李世石最后认输；第三局，李世石被阿尔法围棋完全击溃；第四局，人类代表李世石终于战胜了 Google AlphaGo，比分扳为 1∶3；最后一局，终是以李世石认输收尾（见图 2 – 3）。

图 2 – 3　阿尔法围棋 VS 李世石

2017 年 5 月 23 日，5 月 25 日和 5 月 27 日三天，阿尔法围棋与世界围棋第一人柯洁进行了人机大战"第二季"的三局比赛。第一局中，在历时大约4个半小时后，柯洁以四分之一子的微弱劣势负于"阿尔法围棋"，阿尔法围棋取得了首战的胜利。在这盘对局中，阿尔法围棋下出了很多令人类选手难以理解的招法，仿佛是用来自不同维度的视角去理解围棋。第二局，柯洁执白迎战阿尔法围棋，弈至155手，柯洁认负，阿尔法围棋再赢中盘。第三局，下至209盘，柯洁再次认输于阿尔法围棋。至此，人机大战"第二季"的结局被定格在了0∶3（见图2-4）。

图2-4 柯洁与AlphaGo对决

阿尔法围棋对战柯洁是人机大战的"第二季"，人们已不再向2016年李世石对战阿尔法围棋（人机大战"第一季"）时，对机器和人孰胜孰负还抱有强烈的兴趣，而是更多地倾向于认为阿尔法围棋会胜，结果是阿尔法围棋不仅胜了，而且三局全胜。这标志着人类在人工智能领域的研究，又实现了一次飞跃。而作为这项古老东方智力运动杰出代表的柯洁，见证也验证了人类智慧又一次战胜自我、攀上新高峰。

无数历史已证明，技术革新带来冲击的同时，往往也带会来新的发展机遇。阿尔法狗的主要工作原理是"深度学习"，它的胜利意味着人类人工智能研究获得突破性胜利。作为目前认知型人工智能最成熟的应用之一，阿尔法围棋对古老又复杂围棋的理解，将预演未来人工智能对人类生活的影响。人与人工智能的默契配合，将是本次"人机大战"最大的亮点。

阿尔法围棋（AlphaGo）之父杰米斯·哈萨比斯却说，"我们发明阿尔法狗，并不是为了赢取围棋比赛。"他想通过这条"狗"，从围棋的真理过渡到科学的真理。承认人工智能的先进不难，难在创新所带来的观念冲击。阿尔法狗的出现，改变了传统的认识，并让人看到了人工智能"人脑化"的前景。阿尔法狗之所以强大，就在于解决了决策与数据的融合，让自己变得更聪明和更具智慧。

或许在人机大战赛前我们对机器和人孰胜孰负还抱有强烈的兴趣，但观罢八轮咫尺见方棋枰上的高强度对抗，我们对人机大战的认识更加理性：所谓人机大战无外乎是人类假借工具（机器）向人类自身发起的又一次挑战。这一过程，从古至今从没有间断过。现在阿尔法围棋胜了，这标志着人类在人工智能领域的研究，又实现了一次飞跃。而作为这项古老东方智力运动杰出代表的李世石和柯洁，见证并验证了人类智慧又一次战胜自我、攀上新高峰。通过今天这样一场荡气回肠、吸引全球眼球的人机大战，势必将拥有更多的爱好者。

作为新一代人工智能的代表，"阿尔法围棋"的目标是发展具有深度学习能力的人工智能，人机大战的目的也是验证人工智能目前能够达到怎样的深度学习能力。未来，这种人工智能会深入人类社会各个领域。如果以"阿尔法"为新一代人工智能的"符号"，那么未来的某一天，我们会发现，阿尔法医疗、阿尔法交通、阿尔法环保、阿尔法保健等也出现在我们的生活里（见图2-5）。

图2-5 阿尔法围棋

也许我们依稀还记得柯洁当年对阵"阿尔法围棋"时立下誓言：此后不再对战人工智能。不过，他又要食言了。2018年4月27日，柯洁再次挑战由我国研制的围棋人工智能"星阵"。经过了145手较量之后，结果仍然是柯洁投子认输。本次"人机大战"严格意义上讲只是一场表演赛，且只有一局比赛。比赛规则按照中国围棋规则，用时为每方2小时基本时限，5次1分钟读秒。比赛从下午14：24分开始，执白的柯洁选择了"宇宙流"开局，黑棋打入之后，双方展开了惊心动魄的"短兵相接"。将近30手时，柯洁丝毫不落下风，甚至局面稍微领先。经过145手较量，在下午16：44分，柯洁见强杀无望，投子认输。

虽然再次输给了围棋人工智能，但柯洁并不遗憾，他说："跟AI（人工智能）下棋总有一种无力感，因为它的计算和对大局的判断确实都在我之上，所以也不知道自己表现得是好还是坏，因为真的很难下。AlphaGo刚在玩公测的时候，对它的招法人类还是措手不及，因为真的从来没有见过，但现在其实都有心理预期的，所以就布局而言，我并没有落后很多，但到中盘真的要拼计算力的时候，发现自己还是感觉力不从心，算路没有AI的远，很无奈"。

据了解，这次和柯洁对战的围棋人工智能"星阵"，其前身是清华大学由小川团队开发的"神算子"。"星阵围棋"负责人由小川博士说，"星阵"学习借鉴了大家熟知的"阿尔法围棋"，并在特征体系、模型结构和算法架构等方面取得了一定突破。由小川表示，与人类的最高水平进行比赛，是对人工智能发展水平的检验而非对抗。"星阵"的不同之处在于，它主要根据人类棋谱进行数据学习，棋风更像人类、能够被人类理解，但水平也相当厉害。"星阵"团队成员表示，它用不到AlphaGo 1%的算力资源，达到了接近AlphaGo的围棋技术水平，标志着国产人工智能算法有了突破性进展。

人工智能专栏1

优必选：机器人界"网红"

图片来源：www.ubtrobot.com。

2018年5月3日，机器人独角兽优必选（UBTECH）宣布完成8.2亿美元 C 轮融资，刷新 AI 领域单轮融资纪录，由腾讯领投，工商银行、海尔、民生证券等跟投。优必选本轮估值为 50 亿美元，较 B 轮估值 10 亿美元增长 4 倍。

一、公司介绍

优必选成立于 2012 年，是一家集人工智能和人形机器人研发、平台软件开发运用及产品销售为一体的全球性高科技企业。2008 年，优必选从人形机器人的核心源动力伺服舵机研发起步，逐步推出了消费级人形机器人 Alpha 系列、STEM 教育智能编程机器人 Jimu 和智能云平台商用服务机器人 Cruzr 等多款产品。优必选还与清华大学成立了智能服务机器人联合实验室，与悉尼大学成立了人工智能研究院，与华中科技大学成立了机器人联合实验室，在人形机器人驱动伺服、步态运动控制算法、机器视觉、语音/语义理解、情感识别、U－SLAM（即时定位与地图构建）等领域深度布局。

二、智能服务机器人领导者

优必选，这个机器人公司名字在许多人看来并不陌生。许多人对它的第一印象可追溯到 2016 年的春节联欢晚会。540 台优必选阿尔法 Alpha 1 机器人与歌手孙楠同台表演《心中的英雄》。540 台机器人共舞的场景十分令观众叹为观止。除此之外，优必选的阿尔法 Alpha 2 则与主持人在台上进行互动交流。阿尔法 Alpha 2 机器人能与人互动，是因其在阿尔法 Alpha 1 的基础上增加了由科大讯飞提供语音交互技术的语音交互模块。亮相春晚并完美零失误地表演完一个节目，令优必选机器人一夜之间成了机器人界"网红"。

如今优必选机器人已经历了几次更新迭代。优必选机器人目前除了上春晚的人形消费级机器人阿尔法以外，还有 STEM 教育智能编程机器人 Jimu、智能云平台商用服务机器人 Cruzr、与迪士尼合作的星球大战第一军团冲锋队员机器人、双足机器人 Walker 等多款产品。2016 年 10 月，优必选与曼彻斯特城足球俱乐部达成了合作协议，成功将阿尔法和 Jimu 系列机器人带到曼城官网。而至于教育领域，优必选从去年起为 Apple Store 定制了几款只供苹果商店的 Jimu 机器人。在 2017 年 10 月，优必选还与迪士尼联手推出大 IP 产品——第一军团冲锋队员机器人"白兵"，它具备增强现实（AR）、语音控制、面部识别、警戒巡逻等功能。在完成 C 轮融资后，优必选 CEO 周剑表示，2018 年将会推出一款反恐机器人，其用户群体面向军队和政府（见图 2-6）。

图 2-6 星球大战"白兵"机器人

亮相 2016 年春晚令优必选机器人成为"网红"。公司在人形机器人伺服舵机与步态运动控制算法的技术研发领域领先于行业，其深耕自然语言理解、图像识别等人工智能领域，致力于打造"内容＋硬件技术＋生产成本＋品牌优势"的多重壁垒。战略方面，公司产品线多样化，遍布娱乐、教育、家庭陪伴、新零售、政府部门等细分领域。

（资料来源：作者根据多方资料整理而成）

2.2 让机器人真正智能起来

近 20 年来，人工智能通过更强大的硬件实现了更快的运算，能够在更短的时间处理更多的信息。更重要的是，随着计算机由单机时代进入互联网时代，整个互联网都能够为人工智能决策提供支撑。从坚持逻辑思维的路线跳出来，借鉴大数据的非结构分析云计算和神经网络系统，科学家不再一味追求没有缺陷的逻辑运算，而是为计算机链接更多的信息，这是当前人工智能发展的重要趋势。某种意义上说，人工智能的发展就是让机器人更加智能起来。

2.2.1 机器人：人工智能的终极载体

最近以来，人工智能仿佛一夜之间成为科技圈新"风向标"，获得资本追捧，带动新一轮创业热潮，包括 BAT 都已开始力推在人工智能领域的动作。2018 年 4 月，国际机器人联合会（IFR）发布的数据显示，在全球范围内，工业自动化的步伐正在稳步加快，2016 年全球每万名人类员工中平均配有工业机器人 77 个，世界上自动化程度最高的 10 个国家和地区分别是韩国、新加坡、德国、日本、瑞典、丹麦、美国、意大利、比利时以及中国台湾，而中国大陆的机器人密度增长则是最快的。麦肯锡预测，到 2030 年，中国被机器人取代的劳动力比率是 16%，制造业从业者岗位需求将下降 4%。美国甚至有研究报告指出，美国有 47% 的工作在未来 20 年被自动化技术淘汰。人工智能的热潮已起，这场技术与创新的"大戏"，也渐渐进入白热化。

人在社会进步的过程中，不断发明与创造新的工具去服务自己，从而让自己能够节省更多的时间去开拓与创新，继续去研究下一项"工具"。对于任何企业家而言，产品的打磨与商业的结合运用最终都是为了获利以及带来巨大的社会效益用于回馈，巨大投入与研究换来对未知市场的探路。而人工智能也同是如此，无论是对于巨头企业还是普通创业者，都在不断寻找人工智能的突破口，寻找涵盖巨大市场价值与规模的垂直领域，用 AI 技术快速介入，从而抢占市场。

理论上，只要给予足够多的数据量，人工智能能够完成很多之前根本无法碰触的工作。当然，若想胜任这些工作，人工智能必然需要一个载体，机器人便是它的"完美搭档"。具有人工智能是新一代机器人区别于上一代机器人的重要特征，人工智能进入应用阶段也将是新一轮"机器革命"的重要表现。

对于普通用户而言，提及人工智能，想起更多是科幻大片中的机器人，家庭机器人管家等等。人工智能领域运用的场景与行业有很多，但任何行业所运用的人工智能都聚焦在技术、数据与场景。人工智能自出生开始，终极目标即帮助人或者替代人去做一些事情，从而带来超越现有的一些状态。而机器人是诠释人工智能最好的输入利器，也代表了科学技术达到完美的释放。

就目前而言，AI技术的商业机器人应用在整个人工智能领域占据巨大的份额，也成为整个人工智能技术最值得期待的一种形态。据《中国服务机器人行业发展前景与投资分析报告》显示，目前，全球商业机器人市场总值正以每年20%～30%速度增长，预计到2017年规模将达到461.8亿美元，其中，在中国商业机器人的市场，2017年的规模也将达到240亿元人民币。

人工智能专栏2

小 i 机器人：开放赋能，打造生态

图片来源：www.xiaoi.com。

在中国智能客服市场，小机器人是企业客服中心智能化改革的首选合作伙伴。不仅为客户提供最先进、成熟的智能机器人技术和产品，还要为客户提供持续、专业、贴心的后期服务，这是小 i 机器人能够获得智能客服市场90%以上份额的简单"套路"。

一、公司介绍

小i机器人是全球领先的人工智能技术和产业化平台供应商,提供包括自然语言处理、深度语义交互、语音识别、图像识别、机器学习和大数据技术等在内的人工智能核心技术及将技术与通信、金融、政务、法务、医疗、制造等行业深度结合的解决方案和服务体系,为超过上千家的大中型客户、数十万开发者及中小企业提供服务,全球用户超过8亿,实现AI的大规模商用落地。中国建行官方数据显示,由小i机器人提供技术支持的"小微"服务能力已经相当于9 000个人工坐席的工作量,远超95533、400人工坐席的服务量总和。在招行,每天上百万次的交互量,大约需要2 000~3 000人来服务,因为有了小i机器人,现在只需要10个左右的人。

二、小i机器人:开放赋能,打造生态

作为小i机器人重要分公司落户贵阳的贵州小爱是当地人工智能的代表同时也是数博会高级合作伙伴之一。2016年数博会上,小i机器人与贵阳市政府联手发布的"人工智能大数据云服务平台",充分发挥贵阳大型数据集基础优势,提供精准的AI云平台服务,并通过大量真实用户的使用可进一步提高AI输出结果的精准度,基于该平台的多个政用、商用、民用项目在国际上属于首创。2018年,小i机器人为数博会带来了25位机器人"志愿者",现场为观众提供服务,同时还发布了"交互式大屏智能交互机器人"。该机器人能看、能听、会说、会思考,可以通过语音或者触屏的方式与用户自然沟通,可以应用到商场、展馆、酒店、机场、服务大堂(如景区、银行、营业厅、政务办证大厅)等场所,完成智能导购、服务咨询、政务协助等功能。这款机器人作为虚拟志愿者,在数博会期间,会出现在数博会展馆、贵宾下榻酒店、机场、高铁等处。参展的观众可以向"她"了解大会资讯、贵州贵阳特色了解、大数据产业和新闻信息、热门话题,或者浏览会场地图、会场路径规划等。

此外,小i机器人为家居、家电、可穿戴设备、车载、监控器、门禁、

玩具等终端设备植入全球领先的中文智能操作系统 iBot OS，将本地计算能力与云端思考与交互能力无缝融合在一起，实现万物互联。小 i 与 Pepper、Ina、Nao 等来自全球的领先实体机器人合作，将植入小 i 大脑的智能机器人应用在商业服务、教育、医疗、陪伴互动和娱乐等领域，这些应用观众在现场也可以亲自操作体验。据了解，小 i 机器人开创的智能客服，是目前全球人工智能应用最为成熟的领域之一，在客服中心已经被广泛接受，通过打造高智商、高情商的虚拟助理，帮助完成对内对外的服务，同时帮助企业以客服中心为基础，打造数据融合中心，收集企业信息、数据，为决策、管理提供智力支持。

2018 年 4 月 26 日，小 i 机器人 2018 全球合作伙伴大会在上海举办。围绕"共商、共建、共享、共赢"主题，小 i 机器人 2018 全球合作伙伴大会聚焦 AI 产业化、AI 投融资等内容，并面向市场和合作伙伴发布了 7 个系列的"AI +"创新解决方案群和最新的合作伙伴计划及实施方法论，通过开放 AI 能力赋能伙伴与客户，以及生态体系打造，全方位支持合作伙伴共享、共赢"AI +"时代。小 i 机器人已成熟落地的解决方案全景图，包括智能虚拟机器人、智能硬件机器人、智能知识库、智能语音、数据智能、智能云、增值运营等多种 AI 应用类型，覆盖通信、金融、政务、医疗、办公等多个行业。目前，小 i 机器人已经面向众多垂直领域推出了包括智能客服、智慧金融、智慧城市、智能办公、智慧医疗、智能机器人、智能制造、智能硬件等在内的一系列成熟的 AI + 行业应用，为上千家大型客户提供全栈式的人工智能技术和解决方案，形成了成熟的商业模式。

（资料来源：作者根据多方资料整理而成）

2.2.2 机械思维向左，智能思维向右

工业革命指资本主义工业化的早期历程，即资本主义生产完成了从工场手工业向机器大工业过渡的阶段。是以机器取代人力，以大规模工厂化生产取代个体工场手工生产的一场生产与科技革命。18 世纪中叶，英国人瓦特改良蒸汽机之后，由一系列技术革命引起了从手工劳动向动力机器生

产转变的重大飞跃，这是工业革命开始的标志。

机械思维通常是指人的头脑根据机械论的基本原则，对我们的认识对象运用相对固定的程序、路线、形式和方法进行反映和思考。比如，第二次世界大战时期，德国纳粹投入了大量的人力物力研发 V–1，V–2 导弹，试图以此攻击英国本土，决定战场进程。导弹发射前，根据设定的目标，以及自重的变化、风速、湿度等已知参数，算出发射的角度和方位。按照牛顿力学的原理，如果能精准的考虑所有因素，导弹的落点应该就在目标点上，这就是典型的机械思维方式。然而，实际情况是，在第二次世界大战中，德国人发射的导弹虽然大致方位都瞄准了英国，但导弹的落点偏差极大，并未对英国人造成预期的伤害。思考其中的原因，也不难理解。毕竟，在发射之前，有太多的因素无法考虑到，有太多的变数可能发生，而且导弹飞行过程中，许多因素都是在实时变化的，难以精准分析每个变量对最终落点的影响。工业革命是机器取代人力的结果，由此可见，工业革命正是机械思维的结果。

在瓦特改进蒸汽机之前，整个生产所需动力依靠人力和畜力。伴随蒸汽机的发明和改进，工厂不再依河或溪流而建，很多以前依赖人力与手工完成的工作自蒸汽机发明后被机械化生产取代。工业革命是一般政治革命不可比拟的巨大变革，其影响涉及人类社会生活的各个方面，使人类社会发生了巨大的变革，对人类的现代化进程推动起到不可替代的作用。18世纪后期到19世纪前期英国从手工生产转向大机器生产的技术以及经济变革，后来逐渐扩散到世界各国。工业革命是资本主义发展史上的一个重要阶段，它实现了从传统农业社会转向现代工业社会的重要变革。工业革命是生产技术的变革，同时也是一场深刻的社会关系的变革。从生产技术方面来说，它使机器代替了手工劳动；工厂代替了手工工场……这些，都是机械思维的内容。

随着欧美发达国家自动化生产技术这几年飞速发展，工业机器人的应用需求越来越大，我们单靠人口红利优势保持经济发展时代已经一去不复返了，企业面对人力成本的提高唯一方法是提高有效劳动生产力，也就是提高生产自动化的程度。目前，我国正处于产业转型升级的关键时刻，越来越多的企业在生产制造过程中引入工业机器人。单从 AGV 机器人（搬运机器人 AGV 小车）行业数据来分析，2016 年中国 AGV 新增销量 3 150 台，同比增长 29.15%；其中，汽车领域是 AGV 最大的市场，销量占比超过 40%。2017 年，随着汽车领域需求继续快速增长以及电子电气、仓储物流快速起量，高工产研机器人研究所预计全年中国 AGV 新增销量将超过 4 000 台。

工业机器人的大量引用，体现了社会发展对新的智能思维，也即大数据思维的需求。机械思维最主要的特点是确定性及其因果关系，但是在信息技术迅速发展的年代，我们发现世界本身其实是存在着很大的不确定性的，为了消灭不确定性，我们采用了大数据的形式，让数据中包含的信息以及数据之间的相关性来取代机械思维下的因果关系，这正是大数据思维的核心所在。

2.2.3　云计算：机器人的智能大脑

机器人在练习准备早餐时被难倒，什么是牛奶蛋饼呢？那些装谷物的盒子为什么大大小小？而即使是铺个桌面，也花了它好多时间，对人说来最简单不过的事，对它们说来却是千变万化的新情况。有了专门为计算机准备的一朵"云"，它是个基于网络的远程云计算平台，让它们在完成复杂任务时能容易一点。这里的云计算平台好比给机器人安装了一个智能大脑似的。

说起机器人的智能大脑，就不得不提及一个机器人项目。2009 年以来，来自欧洲 5 个独立实验室的研究人员协同开展了机器人地球项目 RoboEarth，这个"为机器人的因特网"旨在将机器人感知人类世界的方法标准化。机器人可以通过访问，借助云端存储的数据，加快复杂的计算过程，当然也能将自己的信息上传。现在他们已开启了 RoboEarth 的云引擎 Rapyuta。当专用于机器人的开放式云计算平台最终建成时，机器人能将自己的大容量计算转移到云端，从而降低本机的计算需求，当然也能利用云端发展出更高级的智能。

这里有对各种状况和对象的描述，列成目录，如从地上爬起来、在房间内导航、折叠衣服和被单、听懂人说的话，让机器人分享套用，而不需要自行摸索。举个例子说，医院机器人将自己所处房间的地图上传，最佳的现场工作路径就能提供给吸尘机器人。对机器人来说，就是左右动一下，也需要占用大量的计算能力。项目负责人、苏黎世瑞士联邦技术研究所的技术主管莫哈那拉加·嘎加莫汉说，因此 Rapyuta 可能对无人飞机、自动驾驶汽车或其他移动机器人特别有用。将计算移动到云端，避开大量的计算，就能让机器人更便宜，运行时间更长，移动性也更好。

人工智能专栏 3

东方网力：布局 AI 领域

图片来源：www.netposa.com。

2017 年 3 月 29 日，东方网力发布公告称，公司将签署《关于设立万象科云人工智能产业发展合伙企业（有限合伙）之意向书》。各方拟合资设立万象科云，主要发展安防、医疗、工业机器人、无人驾驶等行业和业务中拥有相关先进算法技术和核心产品，并围绕人工智能产业开展相关孵化投资。

一、公司介绍

东方网力是全球视频监控管理平台的领导厂商，用创新科技推动全球 AI 城市的涌现与发展。东方网力成立于 2000 年 9 月，总部位于中国北京，2014 年 1 月在深交所创业板上市，股票代码：300367。公司在中国境内 21

个区域及美国、东南亚等设有分公司或办事处，全球员工约 1 400 人，其中技术人员超过 800 人，分布于国内五大研发中心和美国硅谷。公司拥有自主研发专利 60 个，软件著作权 111 项，研发投入保持在年销售收入的 10% 以上。公司连续多年保持 30% 左右的快速增长，2017 年总收入约 18 亿元，归母净利润约 3.8 亿元，期末总资产超过 60 亿元。

二、以 AI 技术助力智慧安全社区建设

作为国内第一批专注于大规模城市级视频联网、并持续在安防领域视频数据深度应用方面开拓创新的厂商，东方网力对于城市安防有着非常透彻的理解。社区是城市安防主战场之一。但是，当前社区管理面临着人口流动性大、综合治理难度大、基础数据治理不够、安全和便利性难以兼顾这四重挑战。为了应对这些挑战，东方网力创新性地提出了两大思路：一是依托深度学习等技术实现智慧精细化管理；二是通过多元信息感知和数据综合分析技术来解决社区治理问题。基于这一思路，东方网力推出了一套包含感知、数据管理和存储、应用的完整技术框架。万定锐介绍，东方网力的这套框架具备四大特点：多元感知、广泛互联；技术先进、场景化应用；实时准确，直观展现；面向多用户、服务易得。

在 2018 年警博会上，东方网力就推出了最新的智能安防社区解决方案、雪亮工程联网解决方案、视频图像解析系统、视频侦查 2.0 解决方案以及"万象天智"系列 AI 摄像机等最新产品与解决方案参展。其中，视频图像解析系统部署到东方网力参与的"公安部视频图像信息综合应用平台"项目中；智能安防社区解决方案已经在上海试点成功并得到推广。

视频结构化只是东方网力体现技术优势的一个具体维度，在城市安防所能触及的多个点与面上，东方网力都凭借其技术优势和对用户需求的理解，在全盘"ALL IN AI"之下全面发力。从 AI 到 IoT，从视频结构化到更多维度的技术赋能，实际上，东方网力并不只是在做技术的创新和实现，还通过以物联网的技术、设备、数据，去攻克城市安防的另一个"最后一公里"——从街头到社区安防的推进。

东方网力推出的智能安防社区解决方案，是将人脸识别、视频结构化、大数据等自研技术与社区场景应用完美结合的产品落地，在很好地解决了安防最后一公里的难题的同时，实现1+1>2的融合价值。基础数据的汇聚，大大提高了基于社区的城市公共安防、公共管理、公共服务和基层建设的效率。

在智能化浪潮中，东方网力依托自身技术积累、对行业的发展洞察等，确定了"N科技AI城市用创新科技推动全球AI城市的涌现与发展"的使命。围绕城市这个产业互联网最大的应用场景进行布局，积极在公安、综治、智能社区、轨道交通、医疗、教育等众多行业将前沿技术产品化落地，期待在下一个五年，成为全球安防人工智能平台的引领者。

（资料来源：作者根据多方资料整理而成）

2.2.4　物联网：机器人的智能感官

物联网是将现实世界与信息技术紧密结合的系统，通过信息技术源源不断地获取从摄像头等各种传感器采集的现实世界的数据。物联网将直接或间接地对机器人在现实世界中的活动产生影响。孙正义构想了他脑海中30年后物联网商业的轮廓："30年后，物联网将使全球网络化、智能机器人将渗透我们的日常生活、AI将超越人类智力。那个时候，世界会发生什么呢？我敢肯定的是人类寿命将延长到100岁以上，人类和机器人共生……我看着企业有效地利用物联网、智能机器人、人工智能等科技工作的同时，也深刻感受到一个全新的世界正将到来。"对于机器人来说，物联网就好比它们的智能感官一样。

比起数据量、处理量等量上的复杂度，在社会系统中还要求许多跨领域的质的复杂度。例如，对于机器人，它们必须要感知环境数据，结合经验数据，形成智能决策，才能自律操作。搭载ARM技术微处理器将在今后的20年内链接1万亿个物联网的底层数据。在物联网时代，从手机、汽车到日常用品，将全部与之链接，并产生大量数据。信息革命中最重要资源是数据。得数据者得天下。

各类用于构建机器人系统的开源软件的出现（如 RT 中间件和 ROS）急剧降低了以往机器人开发中存在的额外负担。除此之外，云机器人正在成为一门向复杂环境中（例如，我们的家庭中）导入机器人时不可或缺的技术。同时机器人如何在复杂环境中工作，是当下机器人发展的重点，也是物联网技术所擅长的。前面讲述的物联网技术在机器人领域同样存在，因此想玩好机器人一定少不了物联网技术。

2.2.5　大数据：让机器人智能决策

机器人如何自我学习？在大数据时代，这一问题迎刃而解。大数据能够告诉机器人人类以往的经验和其他机器人的经验。机器人可以用大数据挖掘的算法，判断哪种行为成功率更高，从而采取有效的行动。对于未来的机器人而言，一旦大数据的量足够多，就会使机器人的行为响应发生"质"的变化。因此，大数据是人工智能以及机器人的重要支撑。通过大数据，机器人可以更好地智能决策。

通常认为，人工智能主要有 3 大分支，包括基于规则的人工智能、无规则（计算机读取大量数据并根据数据的统计、概率分析等方法进行智能处理）的人工智能以及基于神经元网络的一种深度学习。基于规则的人工智能是指，在计算机内根据规定的语法结构录入规则，再基于这些规则进行智能处理。这种人工智能缺乏灵活性，不具实用性。因此，人工智能实际上的主流分支是后两者。而后两者都是通过"计算机读取大量数据，提升人工智能本身的能力/精准度"。如今，大量数据产生之后，有低成本的存储器将其存储，有高速的 CPU 对其进行处理，所以人工智能后两个分支的理论才得以实践。由此，人工智能就能做出接近人类的处理或者判断，提升精准度。同时，采用人工智能的服务作为高附加值服务，这成为获取更多用户的主要因素，而不断增加的用户可产生更多的数据，使得人工智能进一步优化。

机器人要实现的机器学习是指一类自动分析数据而获得规律，并利用规律对未知数据进行预测的技术，是使机器人具有智能的根本途径。正因为有了大数据，才能让机器人可以智能决策，使得机器人可以从现实世界的海量数据里面提炼出有价值的知识、规则和模式，进行自律操作。

人工智能专栏 4

梅泰诺：打造"大数据+人工智能"产业链

图片来源：www.miteno.com。

梅泰诺仅用了6年时间，不仅从一家传统的信息基础设施投资运营公司蜕变为一家以大数据和人工智能为核心业务的新兴公司，而且通过投资设立、并购等途径建立了"大数据+人工智能"产业链。

一、公司介绍

北京梅泰诺通信技术股份有限公司（以下简称"梅泰诺"）成立于2004年9月，2010年1月在深交所创业板成功上市，股票代码300038。公司聚焦于"信息基础设施投资运营"和"大数据+人工智能"两大新兴产业领域，为客户提供优质、高效的产品及服务。历经多年高速发展，已实现在信息基础设施、物联网、移动互联网及大数据等新一代信息技术领域的战略布局。2017年，梅泰诺实现营业收入27.5亿元，同比增长179.54%，实现营业利润5.5亿元，同比增长329.65%，实现归属于母公司所有者净利润4.87亿元，同比增长350.74%。

二、打造"大数据+人工智能"产业链

作为国内通信基础设施行业领先的民营上市公司，梅泰诺已经深耕该

领域多年，公司着力将企业累积的经验及资源转型大数据+人工智能业务。2015年公司完成并购国内数字营销行业领先企业日月同行，公司转型初显成效；2017年公司完成全球广告技术龙头企业BBHI的收购，数字营销业务是公司布局互联网的第一站，将在一定时期内成为公司收入和利润的重要组成部分。从产业链的角度看，梅泰诺全资子公司日月同行属于互联网营销领域的DSP+SSP平台，而BBHI集团属于SSP平台，两者形成战略协同与业务互补。日月同行和BBHI集团虽然均从事互联网营销业务，但两者业务层面各有侧重。其中，日月同行的优势在于高效的资源整合和运营能力，更注重作为商业变现渠道；而BBHI集团可以为广告主提供精准的广告投放，并实现媒体广告位价值最大化，优势在于通过先进的广告技术提升广告投放效果。

梅泰诺转型聚焦"大数据+人工智能"，公司由国内领先的传统通信基础设施供应商，转型数字营销领域，聚焦"大数据+人工智能"，实力国内领先，并深入拓展"大数据+AI"产业。2017年，公司集中优势资源拓展数字营销行业，深度布局大数据+人工智能产业，逐渐形成"大数据+人工智能"为主的业务格局。在大数据产业快速发展的背景下，梅泰诺通过外延式发展深化战略转型，立足"大数据基础+智能云技术支撑"，逐步打造为一家以技术和数据作为驱动的大数据科技公司。2018年1月23日，梅泰诺与华坤道威签署股权收购意向协议，华坤道威产品涵盖企业数据营销自动化平台、房产数据营销云平台、DMP以及DSP，并拥有多年的金融、房产、家居、教育等行业经验。此次并购是公司继并购BBHI之后在AI+营销领域的进一步纵深布局，同时实现了在程序化交易数据、算法和应用场景方面的延展，有望助力BBHI国内平台的落地和商业变现，以及大数据团队的市场拓展，实现对产业链延伸的一次新拓展。

不仅如此，2017年5月，梅泰诺成立大数据与人工智能研究院。通过引进优秀的人才引领公司逐步落实"大数据+人工智能"战略。2017年8月，公司用自有资金5 000万元参与设立人工智能产业投资基金"广州天目人工智能产业投资基金合伙企业（有限合伙），公司本次参与设立人工智能产业投资基金，该基金本次计划募集规模人民币 50 000 万元，本次投资全部完成后，公司占该基金的出资比例为 10%。2017 年 12 月，公司使用自有资金投资设立海外并购基金，并购基金投资总额不超过 2 970 万美元，首期出资金额为 500 万美元，基于大数据及人工智能的广告科技、金融科技、企业服务等项目为主要投资方向。

经过过去三年的稳步发展和成功转型，数字营销业务占比已超过公司利润的 90%，公司主营业务正式变更为移动互联网及相关服务，实现了 2015~2017 年三年投资战略规划目标，转型后，公司将聚焦主业，传统通信铁塔业务比例持续降低，战略布局侧重大数据+人工智能领域及海外市场的战略和业务布局。到 2020 年底，在移动互联网、大数据和人工智能领域的 2~3 个细分行业，初步迈入行业龙头。梅泰诺通过成功转型，实现"互联网大数据+信息基础"转型聚焦"大数据+人工智能"，而非一家典型的数字营销公司。新业务领域，持续聚焦"大数据+人工智能"，借助研发投入和外延并购实现长期战略布局。

（资料来源：作者根据多方资料整理而成）

2.3　人工智能算法：深度学习

早期的深度学习受到了神经科学的启发，它们之间有着非常密切的联系。科学家们在神经科学上的发现使得我们相信深度学习可以胜任很多人工智能的任务。神经科学家发现，如果将小白鼠的视觉神经连接到听觉中枢，一段时间之后小鼠可以习得使用听觉中枢"看"世界。这说明虽然哺乳动物大脑分为了很多区域，但这些区域的学习机制却是相似的。在这一假想得到验证之前，机器学习的研究者们通常会为不同的任务设计不同的算法。而且直到今天，学术机构的机器学习领域也被分为了自然语言处理、计算机视觉和语音识别等不同的实验室。因为深度学习的通用性，深度学习的研究者往往可以跨越多个研究方向甚至同时活跃于所有的研究方向。

2.3.1 人工智能技术：从深蓝到阿尔法围棋

人工智能是计算机科学的一个分支，它企图了解人类智能的实质，并生产出一种新的、能以与人类智能相似的方式做出反应的智能机器。人工智能是对人的意识、思维的信息过程的模拟，使得机器能像人那样思考，甚至超过人的智能。自 1956 年这个概念被提出并确立以来，这个领域就被视为人类最高的梦想之一。

1997 年 IBM 的超级计算机"深蓝"（Deep Blue）以 2 胜 1 负 3 平的成绩战胜了当时世界排名第一的国际象棋大师加里·卡斯帕罗夫，一时间全球轰动，而"深蓝"的设计者们当时就畅想："何时计算机也能下围棋呢？"而现在无疑又是一个人工智能历史上最重要的时刻。围棋和国际象棋在复杂程度上不属于一个量级，围棋是一种变数极多、充满不确定的竞技，每一步棋的可能性都是一个几乎无法穷尽的量级，一回合有 250 种可能，而一盘棋可以长达 150 回合。也就是说，阿尔法围棋是无法以"深蓝"的方式获胜的，以蛮力"强记"，或以"固定"程序逻辑决策，或穷极所有可能性进行筛选，这些在围棋中都是不可能的。

围棋问题与现实生活中的问题是相通的，国人甚至将"博弈"围棋视为洞悉人性、参悟人生的过程。然而，现在下围棋的却是一个机器，意味着这个机器除了拥有超强的记忆能力、逻辑思维能力，还要拥有创造力甚至个性。"感觉就像一个有血有肉的人在下棋一样，该弃的地方也会弃，该退出的地方也会退出，非常均衡的一个棋风，真是看不出出自程序之手。"柯洁说，阿尔法围棋有好几次落子极其"非常规"，许多专业棋手都表示"看不懂"。而聂卫平（九段）甚至表示自己想要对阿尔法围棋的"惊人一手"脱帽致敬，因为它"用不可思议的下法辟立了围棋常识之外的新天地"。也就是说，这不是阿尔法围棋从既往棋局中"复制"过来的，而是自己"创造"的战术打法。实际上，阿尔法围棋的最主要工作原理就是近几年人工智能领域最为热门的"深度学习"（Deep Learning），也就是通过模仿人类大脑神经网络，让机器模拟人脑的机制进行记忆、学习、分析、思维、创造。

2.3.2 机器学习与人工智能

1956 年，几个计算机科学家相聚在美国达特茅斯举行会议，提出了"人工智能"的概念，梦想着用当时刚刚出现的计算机来构造复杂的、拥有与人类智慧同样本质特性的机器。其后，人工智能就一直萦绕于人们的脑海之中，并在科研实验室中慢慢孵化。之后的几十年，人工智能一直在两极反转，或被称作人类文明耀眼未来的预言，或被当成技术疯子的狂想扔到垃圾堆里。直到 2012 年之前，这两种声音还在同时存在。但目前的科研工作都集中在弱人工智能这部分，并很有希望在近期取得重大突破，电影里的人工智能多半都是在描绘强人工智能，而这部分在目前的现实世界里难以真正实现（通常将人工智能分为弱人工智能和强人工智能，前者让机器具备观察和感知的能力，可以做到一定程度的理解和推理，而强人工智能让机器获得自适应能力，解决一些之前没有遇到过的问题）。弱人工智能有希望取得突破，是如何实现的，"智能"又是从何而来呢？这主要归功于一种实现人工智能的方法——机器学习。

机器学习最基本的做法，是使用算法来解析数据、从中学习，然后对真实世界中的事件做出决策和预测。与传统的为解决特定任务、硬编码的软件程序不同，机器学习是用大量的数据来"训练"，通过各种算法从数据中学习如何完成任务。举个简单的例子，当我们浏览网上商城时，经常会出现商品推荐的信息。这是商城根据你往期的购物记录和冗长的收藏清单，识别出这其中哪些是你真正感兴趣，并且愿意购买的产品。这样的决策模型，可以帮助商城为客户提供建议并鼓励产品消费。机器学习直接来源于早期的人工智能领域，传统的算法包括决策树、聚类、贝叶斯分类、支持向量机、EM、Adaboost 等。从学习方法上来分，机器学习算法可以分为监督学习（如分类问题）、无监督学习（如聚类问题）、半监督学习、集成学习、深度学习和强化学习。

人工智能专栏 5

康力优蓝：打造智能服务机器人产业巨擘

图片来源：www.uurobot.com。

2017 年 CCTV 网络春晚，撒贝宁身旁的"主持搭档"，正是稳定且出色的新一代 U05 机器人。虽然它的"主持经验"不如央视名嘴那样丰富，但其在演播现场的互动表现、语言逻辑乃至独特的"亲和力"却足以征服大众。国内第一款可模块化量产的大型服务机器人优友 U05，便是由康力优蓝出品。

一、公司介绍

北京康力优蓝机器人科技有限公司（以下简称"康力优蓝"）是由康力电梯、紫光股份、神思电子等上市公司或上市公司控股股东产业基金以及盛世景投融资机构共同投资的高科技智能服务机器人企业。康力优蓝是全球领先的服务型机器人研发制造及机器人应用解决方案提供商，致力于为个人和企业用户提供最具创新价值的民用机器人产品及应用方案。公司核心团队 2008 年进入智能机器人研发领域，并与中科院、英特尔、IBM、华为、英伟达等顶级科研机构形成战略合作。在世界顶尖工程技术研发团队支持下，康力优蓝的机器人产品线完整覆盖至类人型商用服务机器人、伙伴型家庭智能机器人、教育娱乐型机器人、桌面型萌宠机器人等全线智能服务型机器人产品。

二、推出商用服务机器人

康力优蓝公司旗舰产品爱乐优智能机器人，堪称服务机器人行业经典，拥有迄今为止最为广泛的智能服务机器人家庭应用案例；2015年，优友类人型智能服务机器人的震撼推出，更被行业誉为划时代的标杆性事件。商业模式的跨界整合，人工智能的精深研发，创造出一个又一个令人难以置信的智能服务机器人产业奇迹；领先的商业模式、完美的产品创意，顶尖的研发团队和经验丰富的营销实战网络，共同将康力优蓝打造成智能服务机器人产业巨擘。

2017年6月8日，康力优蓝在2017年北京科博会上正式宣布旗下商用服务机器人优友U05量产下线，已投放满足首批用户的大规模订单需求，开始为博物馆游客导览、充当商场导购员、餐厅服务生或是银行大堂经理，甚至可以在学校里提供自助教学服务。优友U05凭借语音交互、人脸识别、运动控制、自动避障等方面的技术性突破，如今在酒店、商场、4S店、法院、医院、银行等商业服务行业带来全新体验。

由北京康力优蓝机器人科技有限公司（CANBOT）研发制造的优友U05机器人，是继日本Pepper机器人之后，全球第二款能够真正投入商用的机器人。它的出现和量产普及将"轻易"改变观众和消费者在线下全商业场景中的服务体验。而这些体验恰恰是百年商业管理学和企业文化制度所依然无法挑战的人类极限：在你去过或者根本未曾路过的商场里，优友U05能够一眼认出"你是谁"，并根据身份识别和你的消费习惯从海量商品中为你推荐你真正需要的"爆款"精品；在博物馆深邃的长廊里，优友将为你讲解每一件展品的历史渊源、匠心工艺乃至互联网上流传的经典传奇；在银行里排长队？优友身为大堂经理不会如此怠慢它所服务的每一位客户，在它的引导下，你在银行"走流程"的时间锐减大半。

优友身上集合了当前机器人领域的尖端科技，其USense机器人感知系统包括2个红外、6个声呐、2个人体感应、1个电子罗盘、雷达、摄像头等内外传感器。USee智能视觉系统可实现手势控制、头部控制、人脸识别、表情识别、3D扫描、景深识别等功能。UTalk自然语言系统可定位跟踪声源，识别中外语言及24种方言。Uknow深度语义系统支持100多个场景的多重对话，并可语义定制。UMove运动控制系统可实现20个维度自由运动，更好的跟踪性能、抗扰动性能、稳健性能。UDecision 行为决策系统可实现室内地图构建、目标点导航、语音交互、深度语义交互、视觉识别、逻辑运算等功能。UEmotion 情绪情感系统可表达几百种类情感语言、几十套基础表情动作，并支持自定义开发。

与此同时，优友的操作系统、研发设计、高度整合来自康力优蓝，但还有很多高精尖的技术供应链合作伙伴，包括 INTEL 的 RealSense 技术模块，与国内顶尖的定位导航技术、语音交互技术、视觉识别模块等知名公司。

不仅如此，2018 年 4 月，首次亮相的模块化智能教育机器人优友·小智 U05E，也引发了广泛关注。这款机器人可通过可视化编程教育平台实现一百多种人工智能创意编程以及模块与机体结合方案，可以让学生真正的学习人工智能的原理，使学生掌握智能机器人及人工智能的实战级场景化应用。

（资料来源：作者根据多方资料整理而成）

2.3.3　人工神经网络

机器学习指的是计算机无须遵照显式的程序指令，而只依靠数据来提升自身性能的能力。自 20 世纪 50 年代以来，我国机器学习的研究大概经历了 4 个阶段。第一阶段是在 20 世纪 50 年代中叶～60 年代中叶，属于热烈时期。在这个时期，所研究的是"没有知识"的学习，即"无知"学习；其研究目标是各类自组织系统和自适应系统；指导本阶段研究的理论基础是从 40 年代开始研究的神经网络模型。第二阶段在 20 世纪 60 年代中叶～70 年代中叶，被称为机器学习的冷静时期。该阶段的研究目标是模拟人类的概念学习过程，并采用逻辑结构或图结构作为机器内部描述。第三阶段从 20 世纪 70 年代中叶～80 年代中叶，被称为复兴时期。在这个时期，人们从学习单个概念扩展到学习多个概念，探索不同的学习策略和各种学习方法。该阶段已开始把学习系统与各种应用结合起来，中国科学院自动化研究所进行质谱分析和模式文法推断研究，表明我国的机器学习研究得到恢复。1980年西蒙来华传播机器学习的火种后，我国的机器学习研究出现了新局面。机器学习的最新阶段（即第四阶段）始于1986年。一方面，由于神经网络研究的重新兴起，另一方面，对实验研究和应用研究得到前所未有的重视，我国的机器学习研究开始进入稳步发展和逐渐繁荣的新时期（见表2-1）。

表2-1　　　　　　　　　　机器学习的4个阶段

阶段	名称	时间
第一阶段	机器学习热烈时期	20世纪50~60年代
第二阶段	机器学习冷静时期	20世纪60年代中叶50~70年代中叶
第三阶段	机器学习复兴时期	20世纪70年代中叶~80年代中叶
第四阶段	机器学习发展、繁荣	20世纪80年代中叶-

资料来源：作者根据相关资料整理。

机器学习按照实现途径划分可分为符号学习、连接学习、遗传算法学习等。符号学习采用符号表达的机制，使用相关的知识表示方法及学习策略来实施机器学习，主要有记忆学习、类比学习、演绎学习、示例学习、发现学习、解释学习（见图2-7）。记忆学习即把新的知识储存起来，供需要时检索调用，无须计算推理。比如考虑一个确定受损汽车修理费用的汽车保险程序，只需记忆计算的输出输入，忽略计算过程，从而可以把计算问题简化成存取问题。类比学习即寻找和利用事物间的可类比关系，从已有知识推出未知知识的过程。演绎学习即由给定的知识进行演绎的保真推理，并存储有用的结论。示例学习即从若干实例中归纳出一般的概念或规则的学习方法。解释学习只用一个实例，运用领域知识，经过对实例的详细分析，构造解释结构，然后对解释进行推广得到的一般性解释。连接学习是神经网络通过典型实例的训练，识别输入模式的不同类别。典型模型有感知机、反向传播BP网络算法等。遗传算法学习模拟了生物的遗传机制和生物进化的自然选择，把概念的各种变体当作物种的个体，根据客观功能测试概念的诱发变化和重组合并，决定哪种情况应在基因组合中予以保留。

图 2-7　机器学习的主要方法

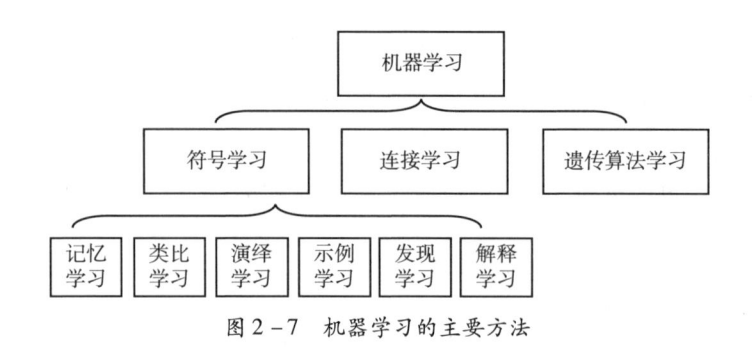

机器学习的应用范围非常广阔，针对那些产生庞大数据的活动，机器学习几乎拥有改进一切性能的潜力。同时，机器学习技术在其他的认知技术领域也扮演着重要角色，比如计算机视觉，它能在海量的图像中通过不断训练和改进视觉模型来提高其识别对象的能力。

人工神经网络（Artificial Neural Network，ANN）是基于生物学中神经网络的基本原理，在理解和抽象了人脑结构和外界刺激响应机制后，以网络拓扑知识为理论基础，模拟人脑的神经系统对复杂信息进行处理的一种数学模型。作为一种运算模型，人工神经网络由大量的节点（或称神经元）相互连接构成，每个节点代表一种特定的输出函数，称为激活函数。每两个节点间的连接都代表一个对于通过该连接信号的加权值，称之为权重，人工神经网络就是通过这种方式来模拟人类的记忆，见图 2-8。人工神经网络实际上是一个有大量简单元件相互连接而成的复杂网络，具有高度的非线性，能够进行复杂的逻辑操作和非线性关系实现。

在人工智能的人工感知领域，我们通过数学统计学的方法，使人工神经网络能够具备类似于人的决定能力和简单的判断能力。人工神经网络的实质就是通过网络的变换和动力学行为得到一种并行分布式的信息处理功能，并在不同程度和层次上模仿人脑神经系统的信息处理功能。人工神经网络在各个领域中的运用包括模式识别、信号处理、知识工程、机器人控制等。

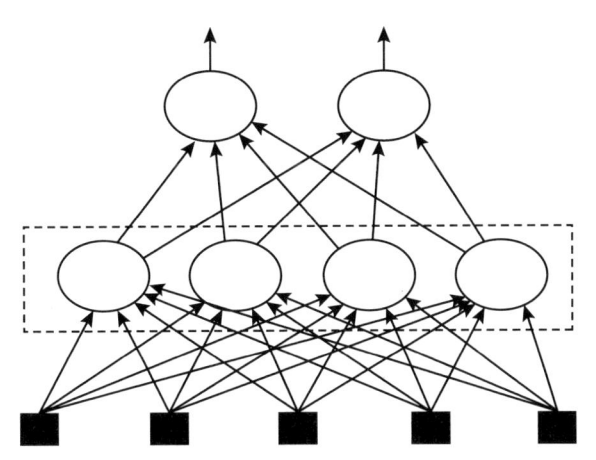

图 2-8　人工神经网络的一个神经细胞层

第一，模式识别。神经网络模式识别首先用已知样本训练神经网络，使之对不同类别的已知样本给出所希望的不同输出，然后用该网络识别未知的样本，根据各样本所对应的网络输出情况来划分未知样本的类别，其基本构成见图 2-9。模式识别技术已广泛用于文字识别、语音识别、图像识别、指纹识别等领域。手写阿拉伯数字的识别在邮政信函分拣上起到重要作用；语音识别在身份鉴定中起到重要作用；图像识别在医疗上起到重要作用；指纹识别在安防上起到重要作用。

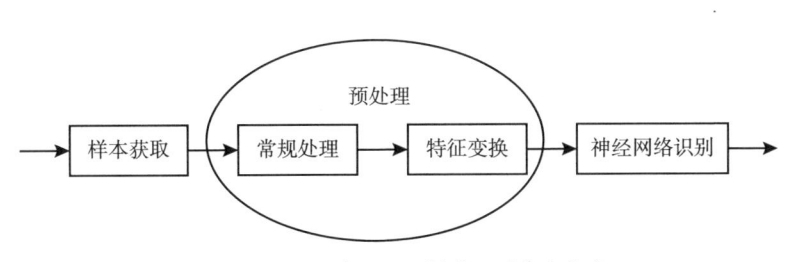

图 2-9　人工神经网络模式识别基本构成

第二，信号处理。现代信息处理要解决的问题是很复杂的，人工神经网络则具有模仿或代替与人的思维有关的功能，可以实现自动诊断、问题求解以及解决传统方法所不能或难以解决的问题。人工神经网络系统的极高的容错性、鲁棒性及自组织性，即使连接线遭到很高程度的破坏，仍能处在优化工作状态,这点在军事系统电子设备中得到广泛的应用。现有的人工神经网络用于信号处理主要有智能仪器、自动跟踪监测仪器系统、自动控制制导系统、自动故障诊断和报警系统等。

第三,知识工程。人工智能专家戴汝为 20 世纪 80 年代中期开展了人工神经网络在知识工程中应用的研究,用人工神经网络通过学习进行模式识别、联想记忆和形象思维,提供了模式描述与知识表达的统一模型,并进一步提出了用物理符号处理、定性物理、可视知识及人工神经网络等综合各种模型的知识系统设计,并在技术上实现。

第四,机器人控制。人工神经网络由于其独特的模型结构和固有的非线性模拟能力,以及高度的自适应和容错特性等突出特征,在机器人控制系统中获得了广泛的应用,主要用于运动学、动力学、手眼协调、观测器等方面。运动学问题包含正运动学和逆运动学,是机器人控制的有机组成部分。动力学是机器人关节位置与作用于机器人每个关节上的力矩的一种非线性映射,这种映射关系一旦被找到,就可实现机器人动态控制。手眼协调指学习过程中由随机运动发生器产生动作信号,以供学习。实际运行时则去掉此发生器,以视觉信号作为输入,马达的驱动信号作为输出,形成传感器感知的环境信息到控制信号的一种映射关系。观测器方面,则是在对机器人自适应控制进行负载估计时,使神经网络承担观测器的任务,由传感器所获外部信息构造系统的状态量,以便在负载变化的情况下,跟踪系统非重复的高速运动轨迹。

人工智能专栏 6

安徽埃夫特:国产工业机器人的崛起之路

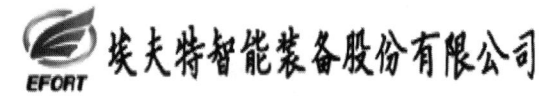

图片来源:www.efort.com.cn。

2018 年 6 月 14 日消息,京东集团与埃夫特智能装备股份有限公司近日签订战略合作协议。双方表示，将在智慧化无人仓 AGV、工业机器人等技术创新和定制化生产展开合作。共同拓展电商、3C、快速消费品、医药等行业的物流自动化和智能制造市场，加速推动智慧物流装备的研发、生产和应用。

一、公司介绍

埃夫特智能装备股份有限公司（以下简称：埃夫特）是国内产销规模较大的工业机器人厂商之一，能为客户提供全系列工业机器人产品以及跨行业智能制造解决方案。埃夫特公司自 2007 年 8 月成立以来，依托"自主创新"和"海外并购"双轮驱动，继成功收购意大利喷涂机器人企业 CMA、意大利金属加工和表面处理领域系统集成商 EVOLUT 和投资意大利运动控制领域机器人核心部件生产商 ROBOX 之后，又成功收购业内领先的意大利汽车装备和机器人系统集成商 W.F.C 集团。通过兼并引进和吸收国际工业自动化领域的先进技术和经验，埃夫特已经形成从机器人核心零部件到机器人整机再到机器人高端系统集成领域的全产业链协同发展格局。

二、国产工业机器人崛起之路

十年前，在有着"机器人黄埔军校"之称的哈尔滨工业大学里，奇瑞汽车旗下一支名为"埃夫特"的智能机器人团队正如火如荼忙碌着。依托哈工大在机器人研发领域的技术积累，埃夫特团队与哈工大形成在机器人制造领域开展全面的产学研合作。

2008 年，经过反复试验，埃夫特团队研发的第一台制造机器人样机正式诞生；当年 9 月 20 日，埃夫特自主研发的国内首台重载 165 公斤机器人也宣告试制成功。彼时，初出茅庐的埃夫特团队如孩子蹒跚学步般在机器人制造业领域里努力摸索着。

过去，奇瑞汽车生产线上的机器人全部依赖进口。"进口机器人精贵着呢，不光维修费用高昂，还耽误时间……"奇瑞汽车生产车间的工人说道。而在 2009 年，埃夫特机器人的试制成功改变了这一现状。在反复调试后，奇瑞的生产车间正式迎来了埃夫特团队的第一台机器人。

如今，走进奇瑞汽车公司的生产车间，装配线上已不见工人们忙碌的身影，取而代之的是工业机器人们在卖力地工作着。埃夫特工作人员介绍，目前奇瑞汽车生产线 90% 以上的工业机器人都由埃夫特制造，一举打破了国外机器人在中国汽车制造领域长达 30 年的垄断。

眼下，埃夫特已从奇瑞旗下一家全资子公司转型为混合所有制公司，不断在机器人领域"大展身手"。2010 年，公司 QH-165 工业点焊机器人荣获 2009 年度全国机械工业职工技术创新成果二等奖；2012 年，公司获得了中国国际工业博览会银奖；2013 年，公司设立了蔡鹤皋院士工作站、省级企业技术中心、工程技术研究中心等多个研发平台，进一步夯实了研发基础，成为中国机器人产业联盟副理事长单位并牵头成立了安徽省机器人产业创新战略联盟；2014~2015 年是公司市场迅速扩展的两年，公司连续两年获得了最畅销国内机器人品牌奖，在各大展会上崭露头角……

不仅如此，为进一步提升公司核心竞争力，埃夫特在 2015 年和 2016 年分别收购了两家意大利公司：专注喷涂机器人领域人的 CMA 喷涂机器人公司，和聚焦金属高端加工领域的 EVOLUT 打磨机器人公司，不仅填补了埃夫特的技术空白，使公司产品迅速抢占卫浴、家具、钢铁等行业市场。

(资料来源：作者根据多方资料整理而成)

2.3.4 深度学习

深度学习是人工智能中发展迅速的领域之一，可帮助计算机理解大量图像、声音和文本形式的数据。深度学习的概念源于人工神经网络的研究，由欣顿（Hinton）等人在 2006 年提出，主要机理是通过深层神经网络算法来模拟人的大脑学习过程，希望借鉴人脑的多层抽象机制来实现对现实对象或数据的机器化语言表达。深度学习由大量的简单神经元组成，每层的神经元接收更低层神经元的输入，通过输入与输出的非线性关系将低层特征组合成更高层的抽象表示，直至完成输出，见图 2-10。具体来讲，深度学习包含多个隐藏层的神经网络，利用现在的高性能计算机和人工标注的海量数据，通过迭代得到超过浅层模型的效果。深度学习带来了模式识别和机器学习方面的革命。而深度学习的实质，就是通过构建具有很多隐层的机器学习模型和海量的训练数据，来学习更有用的特征，从而最终提升分类或预测的准确性。

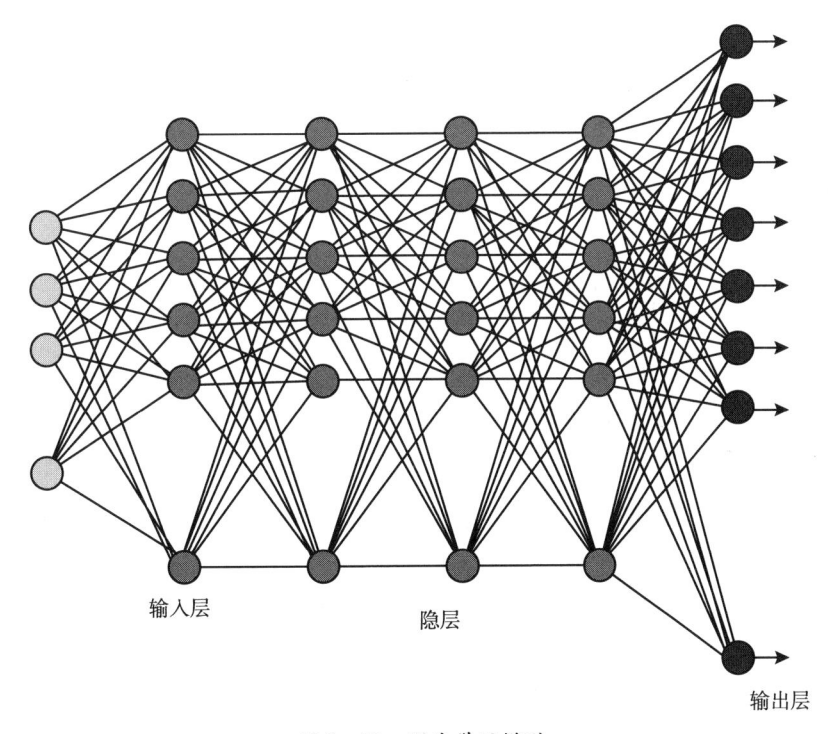

图 2-10 深度学习模型

我们知道传统机器学习为了进行某种模式的识别，通常的做法首先是以某种方式来提取这个模式中的特征。在传统机器模型中，良好的特征表达，对最终算法的准确性起了非常关键的作用，且识别系统的计算和测试工作耗时主要集中在特征提取部分，特征的提取方式有时候是人工设计或指定的，主要依靠人工提取。与传统机器学习不同的是，深度学习提出了一种让计算机自动学习出模式特征的方法,并将特征学习融入建立模型的过程中,从而减少人为设计特征造成的不完备性。而目前以深度学习为核心的某些机器学习应用,在满足特定条件的应用场景下,已经达到了超越现有算法的识别或分类性能(见图 2 - 11)。深度学习的发展也经历了三个阶段(见表 2 - 2):

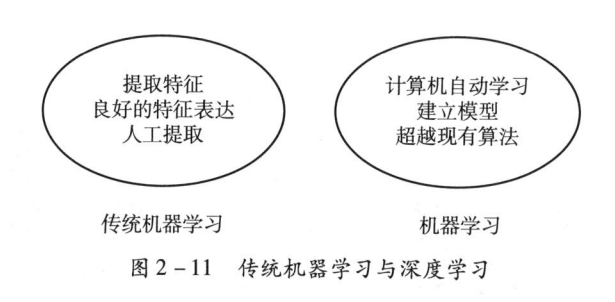

```
       提取特征              计算机自动学习
     良好的特征表达            建立模型
       人工提取              超越现有算法

      传统机器学习              机器学习
```

图 2 - 11　传统机器学习与深度学习

第一,模型初步。2006 年前后,深度学习模型初见端倪,这个阶段主要的挑战是如何有效训练更大更深层次的神经网络。2006 年,Geoffery Hinton 提出了深度信念网络,一种深层网络模型。使用一种贪心无监督训练方法来解决问题并取得良好结果。该训练方法降低了学习隐藏层参数的难度且训练时间和网络的大小和深度近乎线性关系。这被认为是深度学习的开端,Hinton 也被称为"深度学习之父"。

第二,大规模尝试。2011 年底,大公司逐步开始进行大规模深度学习的设计和部署。"Google 大脑"项目启动,由时任斯坦福大学教授的吴恩达和 Google 首席架构师 Jeff Dean 主导,专注于发展最先进的神经网络。初期重点是使用大数据集以及海量计算,尽可能拓展计算机的感知和语言理解能力。该项目最终采用了 16 000 个 GPU 搭建并行计算平台,以 Youtube 视频中的猫脸作为数据对网络进行训练和识别,引起业界轰动,此后在语音识别和图像识别等领域均有所斩获。

第三,遍地开花。2012 年,Hinton 带领的研究团队赢得 ILSVRC - 2012 ImageNet,计算机视觉的识别率一跃升至 80%,标志了人工特征工程正逐步被深度模型所取代。此外,强化学习技术的发展也取得了卓越的进展。2016 年 Google 子公司 DeepMind 研发的基于深度强化学习网络的 AlphaGo，在与人类顶尖棋手李世石进行了的"世纪对决"种最终赢得比赛，被认为是深度学习具有里程碑意义的事件。

表 2-2　　　　　　　　　深度学习发展阶段

阶段	时间	发展状况
第一阶段	2006~2011	模型初步
第二阶段	2011~2012	大规模尝试
第三阶段	2012 以后	遍地开花

资料来源：作者根据相关资料整理。

人工智能近年来不断突破新的极限，部署新的应用，获得快速和普遍的发展，与深度学习技术的进步密不可分。深度学习直接尝试解决抽象认知的难题，并取得了突破性的进展。深度学习的提出、应用与发展，无论从学术界还是从产业界来说均将人工智能带上了一个新的台阶，将人工智能产业带入了一个全新的发展阶段。如今，深度学习俨然成为国外研究人工智能的最热门领域。

人工智能专栏 7

川大智胜：布局空管飞行器

图片来源：www.wisesoft.com.cn。

2018 年 4 月 26 日，川大智胜（002253）举行 2017 年投资者接待日活动。根据市场形势变化和公司新产品投入使用的情况，川大智胜对主要业务进行适度的梳理和调整，集中为三个主要业务领域：航空与空管业务、虚拟现实（VR）和增强现实（AR）和人工智能业务。

一、公司介绍

四川川大智胜软件股份有限公司（以下简称：川大智胜）是我国空中交通领域主要的技术、系统和服务供应商。公司成立于 2000 年 11 月，2008 年 6 月在深圳证券交易所中小板上市（股票代码 002253）。公司以"产学研深度融合"和"军民融合"为特色，长期坚持自主创新，将图形图像技术应用到航空与空中交通管理、飞行模拟、三维测量与人脸识别、通用航空、智慧城市和文化科技等领域，以自主研制的大型实时软件为核心，形成系列重大装备和系统。空管产品市场占有率位居国内厂商首位。

公司经营业务主要集中在航空与空管业务、虚拟现实（VR）和增强现实（AR）和人工智能三块。公司自上市以来，业绩持续增长。2017 年，公司实现营业收入 2.67 亿元，较 2016 年度减少 4 939.78 万元，同比下降 15.63%。归属于母公司的净利润 4 544.48 万元，较上年增加 655.38 万元，增长 16.85%。

二、人工智能业务增长迅猛

从川大智胜主营业务来看，人工智能业务可圈可点。人工智能业务是报告期内全球发展最快的业务，也是川大智胜核心竞争力领先的业务。2017 年公司的人工智能业务除原有的"基于车辆自动识别的城市智能交通"产品外，已经开发成功一批具有较高技术门槛和成本价格优势，并有一定规模应用示范的新产品，其中 2018 年内将获得批量订单的新产品已经达到 5 种，包括：（1）基于物联网+和人工智能的大型园区（如高校校园车辆自动管控系统）智能管理系统；（2）基于半三维识别的高校学生宿舍刷脸门禁；（3）铁路"人、证、票"自助查验通道；（4）基于高精准度"地－空通话语音识别"和空中态势感知的空管指挥安全监控机器人；（5）空管训练产品中的机器人机长。

2015年11月公司定向增发4.5亿元，主要投向D级飞行模拟机增购及模拟训练中心建设和高精度三维全脸照相机与三维人脸识别系统产业化两个项目。目前，计划购置的两台A 320D级飞行模拟机，都于2016年通过中国民用航空局验收颁证并投入培训服务。同时，公司已有四台A 320D级飞行模拟机投入培训服务。高精度三维人脸识别和人脸自动识别产品仍按计划处于工程样机和产品样机开发阶段。值得注意的是，公司基于人工智能的高端自动化空管系统取得突破性进展。2016年公司开始布局人工智能在空管方面的应用，成立了专门团队开发"自动化空管指挥"关键技术"管制通话的实时识别理解、决策和应答"，已取得了突破性进展，经人工整理100万条通话数据，识别正确率由70%上升到95.20%，预计训练数据再增加10倍，到1 000万条。下一步，公司表示，将辅助欧洲公司在国内推进AMAN、DMAN、协同流量管理等决策支持系统的同时，自主开发新一代基于大数据和深度学习的智能决策系统，开发"管制教员机器人"，为开发空管机器人做准备。

对于自动空管系统和空管机器人，川大智胜董事长游志胜认为发展前景广阔："现在飞行日益繁忙，管制员容易忙中出错，自动空管系统能自动判断和生成正确指令，识别错误指挥风险。此外，实现自动空管，让机器人代替管制员指挥，大大缩小空中间隔，解决军民航空域紧张难题，减小航班延误。"

在空管自动化领域川大智胜有着领先的优势，"空管自动化需要大数据的积累，川大智胜二十多年开发应用民航、军航'地—空通话'和雷达数据同步记录设备的积淀，占有率40%，积累了近百万小时上亿次通话的地—空通话真实数据。"游志胜说，"这是国外厂家拿不到的数据。"

由于公司多年的技术积淀，人工智能业务相关新产品逐步推向市场，该领域新签合同较2016年增长迅速，其中新产品新签合同金额近3 000万元，主要包括：高校校园车辆智能管理系统、基于半三维识别的高校学生宿舍刷脸门禁（四川、北京两所高校）、铁路"人、证、票"自助查验通道（成都东站、重庆北站等60个通道）。同时，该业务领域的发展，也得到了国家发改委和国家科技部的支持，公司申报的国家发改委 2018 年"互联网＋"、人工智能创新发展和数字经济试点重大工程项目"基于三维人脸库的超高准确度人脸识别产业化及应用"已获批准，国家将给予经费支持 3 000 万元；公司参与申请的 2018 年度国家重点安保项目已获批准，国家将给予经费支持 300 万元。

（资料来源：作者根据多方资料整理而成）

高乐股份：推出智能服务机器人

图片来源：www.goldlok.com。

2017年7月，高乐股份与科大讯飞在智能服务机器人的人工控制、自动导航、多语种支持、生物识别等技术领域开展合作，开发智能服务机器人，主要应用于税务及金融服务领域，目前首批订单已经部分交付。

一、公司介绍

广东高乐玩具股份有限公司（以下简称"高乐股份"）成立于1989年，原名普宁市振兴制造厂有限公司，2001年改为股份有限公司。2005年认定为广东省高新技术企业。公司主要从事玩具的研发、生产和销售，主要产品包括电动火车、机器人、电动车、线控仿真飞机、女仔玩具、磁性学习写字板等，产品规格品种达1 000余种。高乐股份业务主要包括玩具和互联网教育两大业务板块。公司是玩具行业中拥有自主品牌、研发能力强、销售网络广泛、生产技术处于行业领先地位的企业之一，为国内电子电动塑胶玩具出口龙头企业，公司自有的"GOLDLOK"品牌享有较高市场知名度。近年来，公司在原有业务基础上实施战略转型，通过全资收购并增资高乐教育、控股收购并增资异度信息，以K12教育信息化系统集成和运营服务业务为突破口，深入布局互联网教育业务，形成"玩具+互联网教育"双主营业务协同发展新格局。2017年，公司实现营业收入6.6亿元，同比增长63.85%；实现归属于上市公司股东的净利润0.55亿元，同比增长29.48%（见图2-12）。

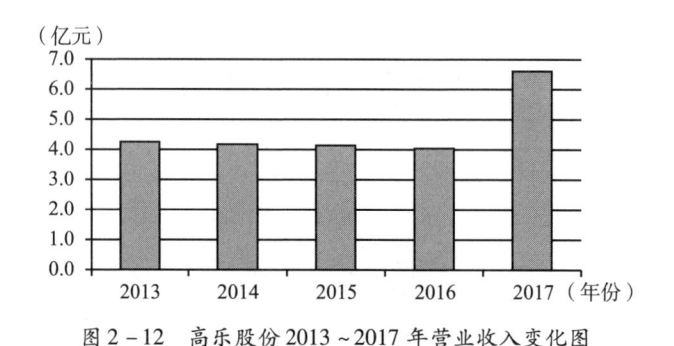

图 2-12　高乐股份 2013～2017 年营业收入变化图

二、打造"玩具+互联网教育"产业集团

公司致力于通过内生增长与外延扩张双轮驱动，不断巩固玩具行业竞争优势，力争成为智慧教育领跑者，持续促进双主业稳健发展，打造一个以"玩具+互联网教育"为核心的可持续发展的产业集团。

第一，玩具及相关业务。公司的玩具业务，以"创意无限，欢乐童年"为核心理念，集休闲娱乐与益智教育等功能为一体，助力少年儿童快乐成长。公司拥有独立自主的"GOLDLOK"品牌和涵盖研发、设计、模具制造、生产、销售的完整产业体系，主要产品包括电动火车、互动对打机器人、电动车、线控仿真飞机、智能女仔、环保磁性学习写字板等，品类覆盖电子电动玩具、塑胶玩具、毛绒玩具、益智玩具、智能互动玩具、知名 IP 形象授权玩具、礼品等。公司通过 ICTI 认证，拥有广东省省级企业技术中心和广东省电子玩具及模具工程研究开发中心，凭借先进技术实力、过硬产品品质、优质服务体系，在国内外获得了良好的用户口碑，知名度及品牌影响力不断提升。

第二，教育信息化业务。公司的互联网教育业务，立足广东、面向全国，围绕国家教育政策导向及各级教育部门、学校、教师、学生、家长等群体需求，提供 K12 智慧教育一站式解决方案，助力教育精准扶贫和教育现代化征程，力争成为业内领先的教育信息化系统集成与运营服务商。业务上以云计算、大数据、智能硬件、物联网、VR、人工智能等核心技术为支撑，以市、区县级教育信息化系统集成项目和智慧教育硬件软件产品销售为主要市场切入点,以教育部门、学校购买服务及面向家长、教师、学生的增值业务为核心构建可持续发展模式,提供云、网、端一体化的智慧教育系统性解决方案。

高乐教育是公司的全资子公司,以互联网+智慧教育技术和产品研发运营为核心,为区域及学校的教育信息化建设提供整体规划及实施服务,拥有自主知识产权的"孝信智云教育"平台。以提升"三通两平台"的建设、管理、应用水平为抓手,通过"硬件+软件+平台+运营"相结合的方式,提供智慧教育一揽子解决方案,服务范围覆盖云基础设施、教育云平台、智能软/硬件、数字校园、智慧教研、智慧学习、智慧管理、智慧互联、增值服务等方面,全面打造互联网+智慧教育服务生态环境。

高乐教育以云计算、大数据、智能硬件、物联网、VR、人工智能等核心技术为依托,配套各类智能硬件设施设备,汇聚教、学、管、评各类教育应用及教学资源,构建云、网、端一体化互联网+智慧教育云平台(见图2-13),实现"教研、课堂、校园、学习与互联"五位一体的教育信息化应用和服务体系。

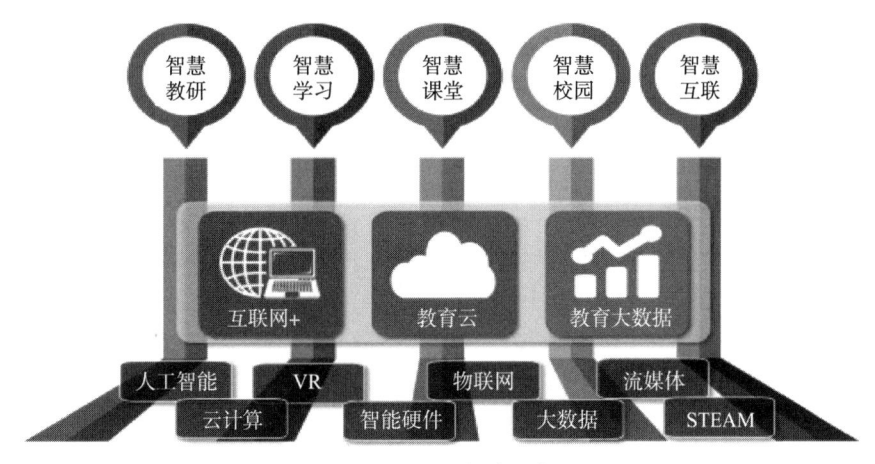

图2-13 互联网+智慧教育云平台

三、推出智能服务型机器人

第一,切入人工智能领域。2015年10月公司宣布与幽联科技共同出资设立子公司,专注语音智能玩具的研发。公司此次与幽联技术的合作,实现了真正意义上对人工智能领域的切入，是公司在"玩具智能化"与"教育智能化"两条发展路径上的必经之路，对公司未来"玩具＋教育"两大布局的意义深远。

幽联技术是由世界五百强公司微软（中国）前战略合作总监暨南中国区首席技术官吴荣华先生和全球计算机语义领域的权威科学家吴长林先生等精英共同创办的高科技企业。该公司掌握了人工智能机器人的全部核心技术，拥有"48项专有技术"，预计领先全球机器人人工智能领域至少10年以上时间。幽联技术攻破了人工智能的技术难题，彻底摆脱了对问题库的编程依赖，彻底摆脱了一直以来人工智能领域"答非所问，胡说八道"的困境。幽联技术实现了智能机器人能100%感知和理解顾客的话语，"世界上第一台可工程化的人工智能机器人"宣告在幽联技术公司诞生。

幽联技术不仅掌握了机器人人工智能的全部核心技术，还掌握了世界上最领先的知识地图技术。"知识点"模式将彻底颠覆现有的"题库"模式，机器人将自动诊断孩子的知识点掌握能力并引导孩子掌握相关知识点成为可能。这将带来全球的在线教育革新。另外，幽联技术还储备了世界上最先进的信息推荐引擎，纯语音语义操作系统等强大的杀手级产品。

通过与幽联的人工智能技术全面合作，让玩具横跨传统玩具和教育娱乐两大领域。而且，因为教育和娱乐的年龄覆盖广度，这样，玩具行业可以通过内容的不断更新和创新，成为全部人的商品。这样，市场的容量大大扩大。人工智能玩具，无论在硬件端，还是后端的在线教育和娱乐方面，都可以极大的延伸。子公司将在三年内打造出世界上独一无二基于感知层的玩具操作系统（HTOS）。这样，可以为高乐创造持久的、全面的、全球级别玩具产业的竞争优势。

第二，推出智能服务型机器人。2017年3月29日，高乐股份表示，目前公司首款人工智能项目属于服务型机器人领域，其目的是替代税务、银行、工商等部门大堂部分业务；该人工智能机器人具有多种模式咨询和服务、语音向导、双语音模式、自动定位等功能。采用语音对话及信息显示的方式，指引客户完成一些简单的业务操作，如：办税指南、语音导税、身份验证、二维码扫描、税务表格、语音取号、友情链接、智能遥控等功能。该款机器人样机计划于 2017 年 4 月底完成。

2017 年 7 月 27 日，高乐股份公告称，公司与科大讯飞签订合作协议，双方在智能客服机器人领域开展技术合作。双方将在智能服务机器人的人工控制、自动导航、多语种支持、生物识别等技术领域开展合作，探索完善服务机器人对终端采集信息的感知、认知并决策的服务功能。截至目前该智能服务机器人产品样机调试已经完成，各项性能指标完全达到设计目标，能够满足客户使用需求，并已具备小批量生产条件。同时，公司已于近期接到客户第一笔智能服务机器人订单。据公告，公司本次研发的智能服务机器人，主要应用于税务及金融服务领域。

公司称，通过与科大讯飞在智能机器人方面的技术合作，能够弥补公司在人工智能方面的技术短板，缩短产品开发周期。

2018 年 5 月 14 日，高乐股份在互动平台表示，公司与科大讯飞在智能服务机器人的人工控制、自动导航、多语种支持、生物识别等技术领域开展合作，开发智能服务机器人，主要应用于税务及金融服务领域，目前首批订单已经部分交付。除首批订单外，目前公司与科大讯飞合作的新的智能服务机器人产品也处于技术研发与市场测试阶段，研发成功预计将会较大幅度降低生产成本，提升市场竞争力。

四、打造教育信息化应用服务生态圈

近年来，高乐股份已确立"玩具 + 教育"双主业战略，2016 年以来通过投资收购方式，以教育信息化业务为突破口，转型进入互联网教育领域。此前已通过并购泛爱众切入教育领域，并更名为高乐教育。公司在交易领域发力主要基于对教育信息化市场的高度看好。在并购异度信息后，高乐教育将负责工程总包，渠道能力和整合能力强；异度信息则具备较高的技术壁垒和产品优势，二者形成"渠道 + 产品"的较强协同效应，同时采用稳健的业务扩张模式，既有助于保证现阶段的业绩增长，也有利于在

未来的发展中占领先机。

未来高乐股份还将围绕教育产业继续深入布局，不断完善巩固教育业务体系。在玩具业务方面，公司新厂房已于上半年正式投产，产能是老厂的3倍。公司积极推进产品IP化战略，与知名IP品牌合作开发的新品预计下半年即将推出。在前期渠道拓展的基础上，随着新产能释放和新品推出，公司主业有望结束增长停滞状态，重回增长轨道。此外，公司近期还与科大讯飞在智能服务机器人的人工控制、自动导航、多语种支持、生物识别等技术领域开展合作，积极探索完善服务机器人对终端采集信息的感知、认知并决策的服务功能。通过这项合作，能弥补公司在人工智能方面的技术短板，缩短产品开发周期。公司将致力于研发先进的智能服务机器人技术，向市场推出服务智能机器人产品。高乐股份紧紧围绕其战略发展与转型规划，坚持内生增长与外延扩张双轮驱动发展模式，玩具业务业绩提升幅度较大，教育信息化业务快速布局，整体经营情况符合预期，内部治理机制不断规范完善，长期可持续发展的能力明显提升，打造教育信息化应用服务生态圈。

五、结论与启示

新的人工智能技术带来的新一轮技术革命大潮势不可当，高乐股份作为国内玩具界数一数二的头目，在这次浪潮中，也抓住了机会，不仅在玩具领域布局领先，而且积极结合人工智能发展教育信息化业务，努力打造教育信息化应用服务生态圈。

第一，在玩具领域，公司拥有广东省省级企业技术中心、广东省电子玩具及模具工程研究开发中心，拥有高素质的生产团队和先进的生产设备，持续加大对生产线自动化改造及升级的技术投入，持续推动生产设备自动化与信息化相融合。报告期内，公司IPO募投项目电子电动玩具生产项目正式投产，也完成了注塑车间的注塑生产线智能化改造，生产设备智能化、自动化水平得到明显提升，为进一步加强精益生产、提高生产效率、提升利润空间创造有利条件。

第二，在教育信息化领域，公司依托高乐教育和异度信息，打造了一支以技术和业务人员为核心、结构合理、素质优良的教育业务队伍，已经积累了云计算、大数据、智能硬件、流媒体等与互联网智慧教育相关的核心技术与资源，在教育信息化云计算、数据交换、传输、大数据分析、综合集成等方面，拥有较强的技术优势，在智慧校园云平台开发、建设、运营有完全自主的研发、实施能力及技术安全保障。技术与研发优势有利于降低产品生产成本和高效实施多种功能的高度集成，为项目开拓和投资运营提供有力支撑，增强公司整体竞争实力。

面向未来，公司将紧跟全球市场形势、国家政策趋势和产业发展态势，结合市场需求和自身优势，通过内生增长与外延扩张双轮驱动，不断巩固电子电动塑胶玩具出口龙头企业地位，保持玩具行业竞争优势，力争成为业内领先的教育信息化系统集成与运营服务商，做智慧教育领跑者，持续促进双主业稳健发展，持续优化集团内部治理与子公司控股赋能机制，打造一个以"玩具＋互联网教育"为核心的长期可持续发展的产业集团，为助力中国新生代美好生活而奋斗。

（资料来源：作者根据多方资料整理而成）

第3章
超级计算

数字化最突出的特征就是用数据说话。数字化技术最重要的是芯片，这是国之重器。没有芯片，没有连接，没有云计算，数字中国就是无源之本。

——紫光股份董事长　于英涛

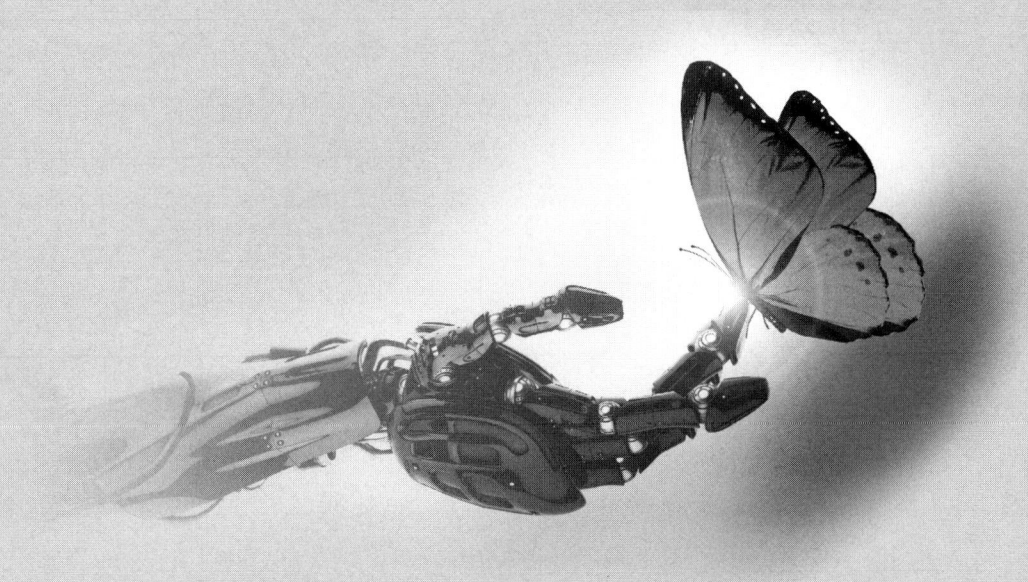

紫光股份:"从芯到云"战略助力数字中国

UNIS 紫光

图片来源:www.thunis.com。

芯片是一个国家的"工业粮食",是所有整机设备的"心脏",而云则是产业信息化的基础。近年来,通过收购展讯、锐迪科,入股华三等一系列动作,紫光可以说已经完成了从"芯"到"云"的全产业链布局。目前,紫光集团已经成为中国最大的综合性半导体的企业、世界第三大手机芯片设计企业以及全国第一全球第二的私有云企业。

一、公司介绍

紫光股份有限公司(以下简称"紫光股份")是清华紫光(集团)总公司1999年发起设立的一家高科技A股上市公司。紫光股份结合全球信息产业的发展趋势及自身优势业务的特点,将公司战略聚焦于IT服务领域,致力于打造一条完整而强大的"云—网—端"产业链,向云计算、移动互联网和大数据处理等信息技术的行业应用领域全面深入,并成为集现代信息系统研发、建设、运营、维护于一体的全产业链服务提供商。目前,紫光股份的核心业务基本覆盖IT服务的重要领域:硬件方面提供智能网络设备、存储系统、全系列服务器等为主的面向未来计算架构的先进装备。软件方面提供从桌面端到移动端的各重点行业的应用软件解决方案。技术服务方面涵盖技术咨询、基础设施解决方案和支持服务。近年来,紫光股份营业收入大幅增长。2017年,公司营业收入390.71亿元,比上年增长41.0%,实现同期行业平均归母公司所有者净利润1.67亿元,同比增长23.95%。2015年133.50亿元,比上年增长19.78%,2016年277.10亿元,同比增长107.56%(见图3-1)。

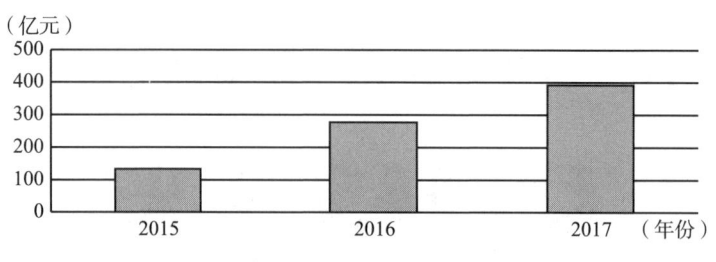

```
（亿元）
500
400
300
200
100
  0
     2015        2016        2017  （年份）
```

图 3-1　紫光股份近三年的营业收入趋势

二、布局全产业链：从"芯"到"云"

　　清华紫光为了实现从"芯"到"云"的全产业链布局，制定了"一二三"的战略。其中，"一"是企业的一个定位，要做从芯到云的世界级的高科技产业集团。"二"是两条路径，指自主创新加国际合作，这二者就像一个硬币的两面缺一不可。没有自主创新能力，很难去进行国际合作、协作创新。但是光靠自主创新，在现在全球化科技、经济的环境中，也不可能走得通。紫光集团全球执行副总裁，紫光展锐 CEO 曾学忠表示："芯产业是紫光集团的核心产业之一。我们在自主嵌入式 CPU 研发、5G 芯片、物联网领域研发都取得了多项技术突破，并将逐步向中高端发展。我们致力于通过自主创新，打造成为世界领先中国最大的泛芯片供应商，助力紫光芯云战略的发展。"

　　"三"是三个结合，也是我们紫光特色，包括企业战略一定要和国家战略结合在一起、科技理想要和商业现实更好的结合以及本土的雄心和跨国经营的结合。在这个链条里，前端设计方面，紫光有紫光展锐、紫光国微。其中，紫光国微主要提供安全芯片，比如中国人身份证的 1/4 用的是紫光国微的芯片。另外还有存储芯片等。而在芯片制造环节，紫光旗下的长江存储去年年底研发出了 32 层的 64G 的 NAND Flash，达到了全球高端芯片的水准。而后端，则有新华三提供的 IT 与网络通信系统、数据中心、云服务等全面的数字化解决方案。新华三集团联席总裁、中国区总裁王景颇透露，"新华三在国内的企业级市场已经多年位居第一。现今，新华三已经成为国内少数拥有计算、存储、网络等数字化基础设施提供能力，以及云计算、大数据、大互联、大安全在内的一站式、全方位数字化平台的解决方案提供商。"

三、"从芯到云"支撑数字中国

紫光集团积极响应建设"数字中国"的发展战略,积极部署并推进战略性重科技,实现核心技术成果产业化,为大数据、互联网产业发展提供持续生命力,助力国家信息产业发展。目前,紫光集团的芯片业务板块正处飞速发展的阶段,已全面涵盖包括移动通讯、物联网、存储器、智能安全、可重构系统芯片(FPGA)、半导体功率器等多个领域,积极打造集成电路产业集群,为"数字中国"构筑"芯"未来。

在芯片板块,紫光集团已经集合了芯片设计、生产、制造、封测、销售全产业链,成为位列全球前十、中国出货量最大的综合性集成电路企业。紫光展锐在 5G 研发上积极响应国家战略,通过自主创新、强强联手的方式持续深耕 5G 市场,致力于打造领先的 5G 高端芯片中国品牌。同时,我们坚信做技术最重要的任务就是要把技术带给每个人,将核心技术与商业现实深度融合,既能实现技术本身的商业价值,也能为每一位消费者带来便利。

紫光集团正在利用重大历史机遇,在战略上加速人工智能、5G 布局,其中,紫光集团的 5G 研发已迈入全球第一梯队。紫光展锐的 5G 原型机 Pivlot–V2 平台,为 5G 试验及验证提供终端样机的解决方案,同时支撑展锐 5G 芯片的研发和验证。此前,紫光展锐与英特尔也已经达成在全球 5G 战略上的合作,将面向中国市场联合开发基于安卓生态及主流架构的高端 5G 智能手机平台。紫光同时还拥有中国自主知识产权的 32 层三维 NAND 闪存芯片。该款芯片是我国目前在制造工艺上最接近国际高端水平的主流芯片,将有望使中国进入全球存储芯片第一梯队,有力提升"中国芯"在国际市场上的地位。

此外,紫光集团还展出了芯片领域的其他核心产品,包括首家应用了 Flash 技术的 SIM 卡芯片,首款通过国际 CC EAL5+认证的金融 IC 卡芯片

THD88 双界面模块，首张 PBOC3.0 国密多应用金融 IC 卡，首款获得 PCI PTS 5.0 认证的量产芯片 POS 机安全芯片 THM3100 模块，中国唯一的国产自主产权千万门级高性能 FPGA 紫光同创 PGT180H、全球 40nm 工艺下集成度最高的 FPGA 产品紫光同创 PGL22G、使用自研 TAI 控制器紫光存储 P8160 PCIe SSD，以及多款移动通讯和物联网等芯片。

不仅如此，紫光股份还在布局"云"战略。紫光集团旗下以新华三为首的云网板块企业在云领域积累了丰富的经验和实践。紫光集团具备企业级市场的营销能力和完整的交付能力，是国内少数可以提供从产品到咨询、设计、建设和运营的全产业链云网服务企业。紫光云专注于企业级市场，聚焦城市云和行业云，以线下带动线上，为企业级用户提供无缝扩展的云服务，服务解决方案是一朵"芯云"一体、场景驱动、混合交付、授信安全的云。就在前不久，紫光集团宣布投资 120 亿元，开始进军公有云市场。紫光集团在企业级 IT 领域有着非常领先的市场地位，也在积极拓展云计算领域的全新布局。数字化对推动供给侧改革的重要性毋庸置疑，紫光集团致力于推进"从芯到云"的优势整合，通过对外提供全面的芯片创新产品与技术和云网体系建设与服务能力，助力社会治理、民生幸福和产业升级。

在"云"板块，紫光集团展示了多项前瞻性的产品技术和方案，包括旗下新华三新近推出的物联网平台"绿洲平台 2.0"、全面云化的超融合系统"UIS6.0"，以及网络、安全领域的多款旗舰产品。新华三"绿洲平台 2.0"新增加了 AIP（应用智能平台），通过提供业务识别精准化、运营成本合理化、应用管控智能化三个特性，帮助企业实现数字化转型。新华三"UIS6.0"定位于全新一代的超融合系统，在企业上云、边缘计算以及中小型数据中心等场景中，提供与公有云、私有云完全一致的体验并实现资源相互备份，资源分钟级部署，业务小时级上线。2018 年 3 月 30 日，在成都举行的"Navigate 2018 领航者"峰会上，紫光集团宣布投资 120 亿加速公有云。这是公司针对市场的需求经过一年多深思熟虑后做出的重大战略决策。公有云是一个热门的命题也是一个"烧钱"的领域。于英涛表示，未来还将通过自身发展或者以融资等方式来加大投入。他透露，根据计划，紫光集团公有云产品会将于今年6月底正式上线，年内完成全国布局及云数据中心的建设，提供基本的服务，推出完整的产品。

紫光集团"从芯到云"战略从数字信息发展的核心技术入手，在构筑国家信息计算和存储安全保障的同时，集合全集团优势资源助力实体经济与互联网＋的深度融合，搭建全产业链生态。未来，紫光集团将继续以"世界级的芯云高科技产业集团"战略应对未来的机遇与挑战，以核心信息技术驱动新产业新业态新模式，有效推动中国集成电路产业在全球市场的强力升级，助力中国数字经济的快速发展。

四、结论与启示

紫光股份助力数字中国建设，致力于成为一家世界级的"芯云"高科技公司，为整个新IT互联网提供基础性技术和产品。主要启示有：

第一，紫光股份通过内生和外延建立的四大版图——新华三、紫光软件、紫光数码、紫光西数，逐渐完善"云—网—端"的全产业链布局，并成为集现代信息系统研发、建设、运营、维护于一体的全产业链服务提供商，基本覆盖IT服务和营销的重要领域，助力数字中国。

第二，紫光公有云的技术班底主要来自新华三，拥有丰富的云计算技术和解决方案能力。我们做云不是在沙地里盖大楼，是基于新华三的领先技术，在私有云的基础上，向公有云进攻，形成市场的良性竞争。同时，有助于协调资源，协力发展。

第三，紫光集团长期服务于企业客户，具备典型的toB基因。紫光公有云不会与BATJ"硬刚"，而是着力于自身在行业市场的优势，错位竞争。一些行业也有公有云市场，相对来说是比较狭义的公有云，这是紫光云的发力方向。此外新华三作为IT领域领导者，拥有大量存量客户，紫光云最直接的诉求就是满足存量客户的公有云需求。

数字中国的建设，离不开从芯到云的核心技术产品支撑。紫光集团秉承自主创新＋国际合作的企业创新驱动战略，将企业的发展重心与国家战略实现相结合；致力于为企业及互联网应用提供所需要的芯片、计算、网络、存储等核心技术，以及云计算解决方案及能力。我们希望能通过聚合全产业链能力，积极推动数字中国建设。

（资料来源：作者根据多方资料整理而成）

当前，我国正深化供给侧结构性改革，把提高供给体系质量作为改革主攻方向，深入推动以"互联网+"、大数据、人工智能为代表的数字技术进步，深度拓展这些先进技术的场景应用，必将成为撬动我国经济高质量发展的重要抓手，也将引领世界数字经济大潮。

3.1 数字经济：经济发展新引擎

数字经济是指以使用数字化的知识和信息作为关键生产要素、以现代信息网络作为重要载体、以信息通信技术的有效使用作为效率提升和经济结构优化的重要推动力的一系列经济活动。对于中国来说，数字经济既是经济提质增效的新变量，也是经济转型增长的新蓝海。在中国，数字经济已然渗透到人们生产和生活中的方方面面。数字经济的快速发展，将帮助中国经济更大范围地融入全球经济发展当中。目前，数字化转型进入加速期，全球进入数字经济时代。

3.1.1 何为数字经济

数字经济指一个经济系统，在这个系统中，数字技术被广泛使用并由此带来了整个经济环境和经济活动的根本变化。数字经济也是一个信息和商务活动都数字化的全新的社会政治和经济系统。企业、消费者和政府之间通过网络进行的交易迅速增长。数字经济主要研究生产、分销和销售都依赖数字技术的商品和服务。数字经济的商业模式本身运转良好，因为它创建了一个企业和消费者双赢的环境。数字经济的发展给包括竞争战略、组织结构和文化在内的管理实践带来了巨大的冲击。随着先进的网络技术被应用于实践，我们原来的关于时间和空间的观念受到了真正的挑战。企业组织正在努力想办法整合与顾客、供应商、合作伙伴在数据、信息系统、工作流程和工作实务等方面的业务，而他们又都有各自不同的标准、协议、传统、需要、激励和工作流程。

20世纪90年代以来，美国抓住了数字革命的机遇，创造了10多年的经济繁荣。欧洲、日本等国家和地区，也紧紧追随着美国，积极推进数字革命，产生了巨大的成效。对于发展中国家来说，数字革命更是"千载难逢"的良机。在数字时代中，发展中国家可以充分利用数字经济中的后发性优势，缩小与发达国家的数字鸿沟。印度就是利用数字经济的后发性优势，使其信息技术在世界范围内具有强大竞争力，从而推动本国经济快速发展的典型案例。数字经济的优势如下：

第一，边际报酬递增的后发性优势。数字经济的特征表明，在知识的创新阶段，知识应用的范围越广泛，涉及的客户越多，就能创造越多的价值。在知识的普及阶段和模仿阶段，由于时效性问题，知识在发达国家的边际报酬下降。在发展中国家却能维持很高的边际报酬。因为对于发展中国家来说，这些知识仍然是最新的、最具时间价值的。信息技术目前正处于普及和模仿阶段，向发展中国家扩散符合发达国家的最高利益，这可以大大提高发展中国家的信息化速度。

第二，工业化方面的后发性优势。西方国家经历了漫长的工业化过程之后，才进入信息化发展阶段。目前，向发展中国家转移制造业生产，已成为很多发达国家提升产业结构、重点发展数字经济主导产业的重大战略举措。对于发展中国家来说。这会带来三重利益：一是发展中国家可以充分利用发达国家的工业化成就。包括技术上的成就和制度上的成就，大大缩短工业化进程，加速本国的经济发展；二是发展中国家可以将工业化与信息化结合起来，以信息化和高科技促进工业化发展，彻底改造传统产业，重塑自己的比较优势与竞争优势；三是发展中国家可以通过大规模利用信息技术，在全社会范围内降低生产成本和交易成本，加速培育市场关系，逐步形成强大的物流、资金流和信息流，推动市场经济走向繁荣。

第三，客户资源方面的后发性优势。一些发展中国家人口众多、经济增长迅速，有着丰富的客户资源，其市场潜力远非发达国家所能比拟，这就形成了发展中国家第一层次的网络比较优势。如果考虑到发展趋势，几乎所有的发展中国家都是一个有待开发的市场。发展中国家丰富的客户资源与发达国家丰富的知识、网络资源相结合,将会大大推动世界经济的发展。发展中国家市场潜力的强大吸引力,会促使发达国家的技术、资本源源不断地流入,促使发展中国家的产业结构、技术水平和人力资源都出现根本性的变化,从而缩小数字鸿沟,提高发展中国家的收入水平和生产力水平。

第四,知识能力方面的后发性优势。一些发展中国家大力推进教育和科学技术,使得知识要素的禀赋在增加,尤其是获取知识、传递知识和运用知识的能力提高得格外迅速,这就形成了发展中国家第二层次的网络比较优势,使之在国际分工中占据了一个比较有利的地位,带动本国的数字经济出现跨越式的发展。例如,印度软件业的"离岸开发",已经成为带动全国经济转型的重要手段。

第五,信息技术方面的后发性优势。一是信息化的特点:对于发展中国家来说,信息化比工业化更容易追赶,这是由于信息化有一些非常显著的特点:与制造业相比较,设备投资成本较小;技术已经标准化,学习成本很低;知识的共享性和外溢性等等。二是信息技术的潜力:信息技术本身的巨大潜力和无穷无尽的机会,也为发展中国家数字经济的发展开辟了广阔的道路。信息技术和信息基础设施较落后,意味着发展中国家的转换成本较小,就有可能瞄准技术前沿实现跨越式发展。由于有大量现成的技术可以利用,发展中国家可以把研究与开发的重点转向有原创性、突破性的技术上,如塑料芯片技术、生物芯片技术等。一旦出现突破,技术、经济和产业格局就有可能出现重大改观,就有可能带动一国经济走向兴旺发达,甚至萌生出一场新的产业革命。在数字经济时代,网络和信息技术是一种工具,是能够提高一切领域工作效率的强有力的工具。只要发展中国家善于学习、善于利用这个工具,就能使之成为缩短数字鸿沟和贫富差距、提高生产力水平和综合国力的强有力手段。

超级计算专栏 1

综艺股份：超级计算芯片生产商

图片来源：www.600770.com。

由于芯片技术属于世界顶尖垄断技术，一直都被英特尔、AMD 等国外厂家垄断，而公司"龙芯三号"的即将面世将完全改变当前芯片的世界格局，一场伟大的自主创新革命刚刚拉开序幕。而作为唯一承担该项重任的综艺股份，其股价将伴随着"龙芯三号"的震撼出世，在世界科技领域一鸣惊人！

一、公司介绍

综艺集团，1987 年以 21 台旧缝纫机从黄金村起步，30 多年来，在中国十大杰出青年、党的十六大代表、全国劳动模范、第十二届全国人大代表——昝圣达董事长的带领下，历经三次前瞻性的产业转型和产业升级，从传统的服装加工企业发展为以清洁能源、先进科技和综合金融三位一体的国际化高科技投资控股集团。成为中国改革开放辉煌历程的见证者和实践者。目前，综艺集团是多家上市公司的主要股东，包括 1996 年于上海证券交易所上市的江苏省乡镇企业第一股——综艺股份（600770.SH，控股股东）、国药上市公司——精华制药（002349.SZ）、多元业务集团——黑牡丹（600510.SH）、"十里南京路，一个新世界"——新世界股份（000628.SH）、"星光中国芯工程"承办方——中星微电子、洋河股份（002304.SZ）。

江苏综艺股份有限公司（以下简称"综艺股份"），综艺集团核心企业，成立 20 多年来，综艺股份制订了超越竞争的蓝海发展战略，以股权投资为桥梁，迅速切入具有自主知识产权和核心竞争力的高新技术产业，布局研发超级计算相关芯片的生产，公司以股权投资为桥梁，迅速切入具有自主知识产权和核心竞争力的高新技术产业，成功打造了以信息科技产业为主线的高科技产业链。

二、布局超级计算芯片

公司旗下拥有多家国家级高新技术企业，分属于芯片开发、设计、应用等不同细分领域，并在各自领域内保持了不同程度的技术领先优势和竞争力；同时，业务的紧密关联，资源的共享合作，亦有利于下属企业间的协同发展，互利共赢。

综艺股份旗下的集成电路设计企业主要有天一集成和神州龙芯。天一集成作为信息安全领域的集成电路企业，具有信息安全芯片的开发技术和成功经验，和独立知识产权的以 32 位 CPU 为核心的 SOC 开发平台，无须向第三方支付授权使用费，并可依据应用，调整 CPU 及指令系统。该公司可依据市场需求，采用全定制电路设计方法，快速定制产品，设计的产品在功耗、成本等方面较国内同行具有竞争力。助听器芯片作为天一集成 2017 年的重点研发项目，已完成开发及试流片，进入性能测试阶段，该项目也是该公司未来盈利的关键项目。未来其将逐步调整经营战略，向消费电子和医疗电子领域转型。天一集成作为国家密码管理局认定的密码产品开发、生产和销售单位，长期致力于高科技密码算法产品的研发、生产和销售。该公司 2017 年持续加大产品研发及市场开拓力度，扩大产品应用领域，提升服务质量，其 A980 产品主动退出竞争激烈的 USBKEY 领域，在 POS、ATM、轧机、自行车、打印机等领域得以应用并实现销售；放弃恶性竞争的动态令牌市场，转攻密码箱、保险柜市场，目前，相关芯片的开发工作已经基本完成，并开展了部分市场工作；高附加值的 SM2 高速密码芯片销售呈上升态势，未来计划进一步开发客户资源，提高市场份额；与国内大型耳机方案供应商共同合作开发的无线通信芯片，因芯片的连续工作时长未达预期，未能如期通过客户验收；按期完成了助听器芯片的开发及试流片，目前，该芯片已流片封装，初步测试情况良好，完全达到设计目标，进入性能测试阶段。

神州龙芯的龙芯 CPU 是完全自主知识产权的高端通用处理器，打破了国外多年的技术垄断格局，在国家战略性信息安全领域具有优势。神州龙芯拥有自主知识产权和过硬的技术实力，为其持续发展和产品推广奠定了良好基础。该公司秉承自主创新的理念，充分发挥核心优势，在产品研发上严格把关，致力于为客户提供品质优良、技术过硬的产品，且受到了越来越多客户的认可。神州龙芯在研发过程中持续将新技术转化为自主知识产权，申请及获授权多件发明专利、外观专利、布图设计、实用新型、软件著作权，进一步增强了技术积累。2017 年度，依托国家对自主可控 CPU 产品的日益重视，神州龙芯积极推进研发和市场化进程，在集成电路领域、安全产品领域持续、稳步发展。集成电路领域，其研发的基于神州龙芯自有知识产权龙芯 CPU IP 核的嵌入式处理器 GSC328X 系列，具有高可靠性与宽温域工作范围等优点，可在零下 65 度低温环境至零上 95 度的高温环境下工作，该处理器系列可应用于工控、电力、军工等领域；安全产品领域，除坚持完善成熟产品外，依靠技术积累及市场渠道，在金融、税务领域开展了一系列新产品研发，其中，蓝牙刷卡器、MPOS 已实现销售，但毛利率较低，票易宝、高拍仪也实现了少量出货，尤其高拍仪产品在本年度首次出货。神州龙芯未来将继续加大产品开发力度，开拓应用领域，同时注重应用量的突破，提高企业经营效益。

（资料来源：作者根据多方资料整理而成）

3.1.2　数字经济的特征

数字经济受到三大定律的支配。第一个定律是梅特卡夫法则：网络的价值等于其节点数的平方。所以网络上联网的计算机越多，每台电脑的价值就越大，"增值"以指数关系不断变大。第二个定律是摩尔定律：计算机硅芯片的处理能力每 18 个月就翻一翻，而价格以减半数下降。第三个定律是达维多定律：进入市场的第一代产品能够自动获得 50% 的市场份额，所以任何企业在本产业中必须第一个淘汰自己的产品。实际上达维多定律体现的是网络经济中的马太效应。这三大定律决定了数字经济具有以下的基本特征。

第一，快捷性。首先，互联网突破了传统的国家、地区界限，被网络连为一体，使整个世界紧密联系起来，把地球变成为一个"村落"。其次，突破了时间的约束，使人们的信息传输、经济往来可以在更小的时间跨度上进行。再次，数字经济是一种速度型经济。现代信息网络可用光速传输信息，数字经济以接近于实时的速度收集、处理和应用信息，节奏大大加快了。

第二，高渗透性。迅速发展的信息技术、网络技术，具有极高的渗透性功能，使得信息服务业迅速地向第一、第二产业扩张，使三大产业之间的界限模糊，出现了第一、第二和第三产业相互融合的趋势。

第三，自我膨胀性。数字经济的价值等于网络节点数的平方，这说明网络产生和带来的效益将随着网络用户的增加而呈指数形式增长。在数字经济中，由于人们的心理反应和行为惯性，在一定条件下，优势或劣势一旦出现并达到一定程度，就会导致不断加剧而自行强化，出现"强者更强，弱者更弱"的"赢家通吃"的垄断局面。

第四，边际效益递增性。主要表现为：一是数字经济边际成本递减；二是数字经济具有累积增值性。

第五，外部经济性。网络的外部性是指，每个用户从使用某产品中得到的效用与用户的总数量有关。用户人数越多，每个用户得到的效用就越高。

第六，可持续性。数字经济在很大程度上能有效杜绝传统工业生产对有形资源、能源的过度消耗，造成环境污染、生态恶化等危害，实现了社会经济的可持续发展

第七，直接性。由于网络的发展，经济组织结构趋向扁平化，处于网络端点的生产者与消费者可直接联系，而降低了传统的中间商层次存在的必要性，从而显著降低了交易成本，提高了经济效益。

超级计算专栏 2

华芯通：引领数字经济"芯"未来

图片来源：www.hxt-semitech.com。

2016年1月17日，贵州省人民政府与美国高通公司双方签署战略合作协议并为合资企业贵州华芯通半导体技术有限公司揭牌。公司将专注于设计、开发并销售供中国境内使用的先进服务器芯片。

一、公司介绍

贵州华芯通半导体技术有限公司（以下简称"华芯通半导体"）是由贵州省及美国高通公司共同成立，合资企业首期注册资本18.5亿人民币（约2.8亿美元），贵州方面占股55％，美国高通公司方面占股45％。贵州华芯通半导体技术有限公司注册地为贵州贵安新区，目前已在贵州、北京、上海设立运营和研发中心。华芯通半导体专注于设计、开发并销售先进的服务器芯片。美国高通公司将向合资公司提供其服务器芯片的先进技术，支持华芯通半导体在未来的发展。

二、大力推进 ARM 服务器产业生态建设

成立2年来，华芯通已建立起一支结构完整的技术团队，通过与高通的合作，研发团队的能力得到锻炼，研制了一款有竞争力的服务器芯片。接下来，在坚定发展 ARM 服务器芯片产品的战略方向下，华芯通将与业界伙伴共同推进服务器芯片生态体系建设，努力成为世界一流的半导体设计企业。华芯通将加快打造核心技术实力，推动建立和完善 ARM 服务器产业生态，从着力中国市场逐步转变为面向全球市场。

2017年5月27日，数博会上，贵州华芯通半导体全面展示自成立以来的各项发展进程，并在现场展示其在大数据计算、高性能计算、云架构、云存储以及国产操作系统等方面的应用。贵州华芯通半导体携手中科曙光、中标麒麟等合作伙伴共同推动大数据和芯片生态系统的"成果"也向公众展示。贵州华芯通半导体还为客户提供服务器芯片验证平台和多种参考设计平台，以支持客户方案的验证及服务器产品的开发。

据介绍，为满足服务器芯片"自主可控、安全可信、高效可用"要求，贵州华芯通半导体开发的基于ARMv8架构的服务器芯片平台，已与中标麒麟开展紧密合作并结出硕果，中标麒麟国产操作系统及关键应用已运行于此平台。贵州华芯通半导体将以此为契机，与合作伙伴一道，为中国开发自主、安全、可控的高性能服务器芯片奠定坚实基础。

2017年10月13日，华芯通半导体"ARM架构云平台"发布会在贵阳举行。贵州华芯通半导体技术有限公司与云上贵州大数据产业发展有限公司签署战略合作协议，双方将共同开发"ARM架构云平台"，加快基于华芯通半导体开发的具有独立自主知识产权的ARM架构服务器芯片在云上贵州系统平台上的部署。

"ARM架构云平台"是国内首个完全基于ARM商业架构的云平台。这一平台的建立基于华芯通半导体的ARM架构中央处理器，充分利用该服务器CPU的高性能、低功耗和低成本的优势，通过与云服务提供商——云上贵州大数据产业发展有限公司合作，实现典型的云服务应用。平台的推出，旨在吸引和集成ARM阵营在芯片、硬件、软件平台的上下游产业链，推动国产服务器芯片领域的应用开发，完善和融合产业生态系统。

根据合作协议，华芯通半导体与云上贵州将共同开发"ARM架构云平台"，共同打造基于ARM架构的服务器生态系统，包括服务器芯片设计、服务器制造、Linux操作系统、云平台解决方案、云上应用等完整的国产自主可控的生态产业链。未来，将进一步实现基于华芯通半导体ARM芯片的服务器在云上贵州系统平台的大规模商用。

发布会上，"ARM 超融合（工程中心）实验室"宣布成立并揭牌。实验室将开展研发工作，支持"ARM 架构云平台"的建设和运转。华芯通半导体与云上贵州共同发起倡议，号召产业链合作伙伴积极参与和共同建设"ARM 超融合（工程中心）实验室"，践行国家大数据战略行动纲要，响应国家面向信息安全提出的"自主，安全，可控"的战略部署。

（资料来源：作者根据多方资料整理而成）

3.1.3 数字经济：发展新动能

我国数字经济起步较晚，我国数字经济占国民经济的比重大致在30%左右，明显低于一些发达国家，如美国达到59.2%、英国达到54.5%、日本为45.9%。数字经济已成为中国经济发展的新动能，其发展模式也为世界提供了"中国样板"。目前，我国已经出台了信息化发展战略纲要、"宽带中国"战略、"互联网＋"行动等一系列重大政策和措施，并积极布局了大数据、云计算、物联网、5G、人工智能、机器人等产业，同时完善和宽松的政策环境和产业生态还培育了一大批具有国际竞争力的互联网和科技企业，这些都为我国数字经济的持续健康发展奠定了基础。IDC 预计，到2021年，至少50%的全球 GDP 将会是数字化的，中国数字经济的比重将超过55%。数字化产品、数字化服务、数字化运营、数字化生态将推动各行业持续创新转型，实现稳步增长。

根据《中国互联网发展报告2017》和《世界互联网发展报告2017》显示，2016年中国数字经济规模总量达22.58万亿元，跃居全球第二，占 GDP 比重达30.3%。每天50亿次百度搜索点击、每天1.75亿次支付宝交易……这些海量数据的时时刷新，背后是线上线下数字经济的真实脉动。不仅如此，在2018中国"互联网＋"数字经济峰会上，腾讯研究院正式发布了《中国"互联网＋"指数报告（2018）》。报告显示，2017年全国数字经济体量为26.7万亿元，同比增长17.24%。同时，数字经济占 GDP 的比重由30.61%上升至32.28%，中国的数字经济正处于持续快速发展阶段。但各产业之间的数字化发展差异较大，医疗、教育增速分别达到 372%、226%，而商业服务则出现负增长的状况。

根据数据显示，2017 年数字经济对中国 GDP 的贡献已达到 32.9%，创造的就业机会会超过总数的 20%。2017 年由于阿里巴巴产生消费增量带动的上下游税收贡献，初步估计超过 2 900 亿元，其中包括上游制造业的 2 600 亿元新增税收。这些钱从哪里来？通过电商渠道，越来越多的中西部商家和农村商家得以触达全国乃至全球客户，"数字鸿沟"被不断打破。更重要的是，大数据挖掘和定制化生产已经成为现实。通过消费者洞察和反向定制，海尔、美的等家电巨头不断孵化新品，特别是一系列针对年轻用户的定制化新品，如一个人的洗碗机、10 公斤大容量洗衣机等。再比如，五芳斋等大批传统品牌则通过打通网购平台与后端供应链，实现了从包装、食材到个性化祝福的私人定制，重构了生产流程。借由数字经济，制造业不断转型升级。这些都将为未来经济的高质量发展打下坚实基础。

在技术变革的时代大潮之下，发展数字经济已经成为社会各界的共识。在新一轮全球竞争中，各国发展和驾驭数字经济的能力和数字经济赋能实体经济的能力，将发挥出越来越关键的作用。

超级计算专栏3

京东云：为数字经济"赋能"

图片来源：www.jdcloud.com。

数字经济发展势头良好，新的经济增长点不断涌现。作为一家以技术驱动的互联网电商巨头，京东紧跟时代发展需要，配合国家新经济战略，从 2017 年开始做数字技术转型，一直秉持着"一体化的开放"战略，在数字经济中是一个非常重要的入局者。

一、公司介绍

京东云（JDCloud.com）是京东集团旗下的云计算综合服务提供商，拥有全球领先的云计算技术和完整的服务平台。伴随着"互联网＋"的迅速发展，京东云形成了从基础平台搭建、业务咨询规划，到业务平台建设及运营等全产业链的云生态格局。同时，京东云依托京东集团在云计算、大数据、物联网和移动互联网应用等多方面的长期业务实践和技术积淀，打造社会化的云服务平台，向全社会提供安全、专业、稳定、便捷的云计算专业服务。京东云旨在携手企业同步发展，创造全新的"互联网＋"解决方案，帮助企业实现"互联网＋"业务转型升级。

二、布局物联网领域

京东云作为京东集团各项技术能力和服务的重要输出窗口，以全新的开放视角为客户提供了一个开放、赋能的平台，提供可信赖的基础服务和一站式的云数据服务。在物联网领域京东云结合京东在 AI、大数据、云计算等方面的能力，在底层技术、数据、应用、智能硬件四个层面均有布局。

在最底层，云计算将成为水电煤一样的基础设施，以公有云、私有云、混合云等灵活的形式提供基础支撑。而京东云内部，有专门的团队在负责支撑 IoT 的云计算服务项目的研究。数据层面，依托集团的技术实力和影响力，京东云积极推动行业标准的建立与实施，助力实现真正意义上的互联互通，并通过丰富的数据管理能力深挖数据的商业价值。在完善的基础设施和广泛认可的行业标准下，应用/服务的开发将朝着统一化和标准化方向发展，通过开放可扩展的架构实现广泛连接。而智能硬件则愈发精巧，并以统一的数据集成协议完成数据传输。

三、为数字经济赋能

据2017年京东集团董事局主席兼首席执行官刘强东强调，未来12年京东只有三样东西——技术！技术！技术！2017年叫作技术元年。2018年实现技术的开放，可称为赋能元年，即通过大量大数据分析，在生产环节等方面，为生态合作伙伴提出一些指导意见。京东是中国使用云计算最彻底的企业之一，京东云是京东资源、技术、服务能力对外开放赋能的重要窗口。

2016年11月，京东集团与江苏省人民政府签署"互联网＋"战略合作协议，合作涉及互联网与现代物流、智能制造业、数据服务、"三农"、商贸流通、创业创新、医药、金融等诸多领域。2017年9月20日，京东集团与常州天宁经开区签署"互联网＋"新经济发展合作项目合同，京东云苏南运营中心也同时落户于此。2018年1月26日，天宁区·京东云"互联网＋"新经济生态合作企业签约仪式在常州圆满成功。2018年2月28日，京东云助力"常州智造"亮相2018年上海经贸活动周。2018年3月23日，在常州区域内正式启动"千家万铺上京东"活动，助力本地企业电商化。京东云充分发挥龙头效应，凭借云计算、大数据等领域技术优势与经验积累，形成产业集聚，为加快常州经济转型发展赋能。2018年5月25日上午，大同市人民政府与京东集团战略合作签约仪式在北京举行，大同市经济技术开发区与京东云、京东金融等板块签订了具体合作协议。次合作，将使京东集团在"互联网＋"领域的先进资源与大同市在环境、区位和产业方面的优势深度融合，共同培育大同市云计算大数据、先进制造业和互联网＋"旅游、农业、金融、医药"等新兴产业，促进大同现代农业、文化旅游、信息服务业、高端装备制造等产业聚集，推动大同市传统产业升级，助力大同数字经济发展，打造转型发展新动能。京东云技术赋能大同，为大同资源转型升级装上了"云驱动"，推动大同步入科技创新发展的快车道。

未来，京东将技术继续做深做实，同时也在积极引入重量级合作伙伴，拓展应用场景，为物联网行业发展带来更多期待。

（资料来源：作者根据多方资料整理而成）

3.1.4 数字经济革命：数字化图景

随着技术不断拓展，商业边界带来巨大创新，第一次工业革命蒸汽机发明到电力发明，再到20世纪50年代，数字经济革命和今天看到由数字基础互联网技术所驱动的一场新的第四次工业革命。第四次工业革命最大一个变化，就是带来平台经济。上一次产业革命诞生是公司或者产业价值链，整个产业组织、经济组织发生非常大的变化。原来国际贸易靠大企业主导，转向以中小企业贸易为主体的发展方向，消费和生产制造转向C2B的方向。这件事情的背后，我们看到数字经济的发展有非常强大的动力，这个动力来自信息技术的变化，过去20年已经构成一个强大的经济社会的信息基础。这个信息基础设施后面30年不断的应用扩展，带来全社会全方位的变化，这个数字会变成市场基本要素。数字进一步智能化，会产生大量的新的人工智能、AR、VR各种产业变迁。革命刚刚开始，还没有进入到革命的最深处，这是我们要做好充分思想准备。

在人工智能发展方面，正在重新洗牌，由于计算不断地降低成本，算法在变成产业，变成生态，把数据当作一个基本生产要素，构成新的人工智能。数据会越来越多，数据会变成在算法引导下产品化，产品化进而产业化，构成未来新的数字信息的基础，这是我们可以想象或者已经在现实当中发生的一些情况。

产业和生态发生变化的时候，经济社会结构也在发生非常重要的变化。这个变化就是已经把原有的按照垂直行业产业分工体系打破掉。我们底层构成一个信息基础设施或者信息基础结构，经济社会行业各个方面都在基础设施上面运行。一个新的经济体系以互联网、云计算、大数据、移动互联网、人工智能为基础平台，而不是一个简单的由技术在原有行业和原有工业经济结构下的应用。基于这样认识，我想它的监管，它的规则建立也会全方位打破。会基于今天的小微企业，普惠金融，大量的碎片化的应用，构筑一个新的应用体系，一个产业基本流程，当然也会带来监管。

超级计算专栏 4

神州数码：布局数字中国生态

图片来源：www.digitalchina.com。

支持数字经济发展的新技术不断涌现，掌握并应用最新技术就是打开数字经济未来的钥匙。神州数码为数字中国助力，正在多个垂直行业领域发力，以大数据为基，以云服务赋能，帮助传统企业转型升级，为行业创造全新价值。

一、公司介绍

神州数码集团股份有限公司（以下简称：神州数码），其名字源于 Digital China，数字化中国。20 年来，神州数码业务已完成了从边缘到主流，从主流到前沿的战略转型，成为一家整合 IT 服务商。未来，神州数码将以整合云服务、自有品牌产品及服务为切入点，打造融合服务平台，为合作伙伴注入新动能，与合作伙伴共同成长。根据神州数码年报显示，2017 年，企业实现营业收入 622.16 亿元，同比增长 54%，归属于上市公司股东的净利润为 7.23 亿元，同比增加 79%。

二、传统分销加速云计算转型

神州数码集团自 2016 年 4 月回归 A 股上市之后，就开始逐步启动其云计算战略。今年开始，神州数码集团重新整合旗下云计算业务，统归到神州云计算这一子公司中，聚合云基础资源、云应用、云专业化服务三大类产业链资源，在构建企业云服务平台的同时，协同云生态体系，提供整合云解决方案及增值服务，助力企业级客户的数字化转型。而神州数码集团整体，也在互联网＋和电商不断发展的今天，启动了平台化转型的战略，启动神州商桥 B2B 在线销售平台和信息化融合服务平台。而在神州云计算业务单元的企业信息化融合服务平台上，目前已经上线的 150 余项云服务汇集了主流公有云资源、私有云技术及 SaaS 服务，不仅面向零售、制造、地产、新兴服务业、互联网提供数字化行业方案，还围绕咨询培训、架构设计、实施迁移、托管运维及客户成功服务，联合 500 余家云生态合作伙伴，构建起面向中国企业级客户的整合云服务能力。

聚合资源，卡位云增值服务。对于云角来说，这是一家自 2012 成立以来就一直专注于公有云和混合云平台的迁移、运维和软件开发，同时为上百家世界五百强公司和创业企业提供了专业的云计算相关的技术咨询、培训、云运维以及云优化服务的公司。比如云角自主开发的云舶（CMP）平台，能够提供跨各种公有云及私有云的监控、计费和资源管理 SaaS 服务。借助这些自主的平台能力，云角在过去 5 年通过为客户提供迁移、部署等服务实现了快速成长，成为中国领先的云计算增值服务提供商。

目前云角是微软、AWS、阿里云、青云、腾讯云、华为云、百度云、UCloud、Oracle、IBM Bluemix 等全球和国内顶尖云基础架构提供商的合作伙伴。值得一提的是，云角与神州数码已在混合云运维平台开发、标准化增值服务流程等技术领域开始对接，预计双方还将在云计算领域的营销网络建设、广度资源对接、行业应用场景深化等方面进一步协同。

在云角创始人兼总裁朱珠看来，云角与神州数码的合作可谓水到渠成。朱珠表示，"我们希望云角的加入也能为神州数码增加新鲜的血液，为双方未来的成功提供催化剂和动力。我们也相信和神州数码合作以后，必会令云角进入指数级发展的快车道，成为中国领先的云计算服务公司。"

很明显，神州数码与云角的合作，将在云资源聚合和云增值服务上展开紧密协同，不仅可以强化云角在云增值服务领域的卡位优势，还有望在云增值服务相关领域形成规模效应。

另外，此次合作也表明神州数码希望通过投资在云服务市场上已经得到广泛验证的成熟的企业和品牌，加速自身的云计算转型战略。而对于企业级客户来说，未来有望在神州数码企业信息化融合服务平台上，享受到更全面、更优质的融合服务。

三、布局数字中国生态

围绕数据，全开放的企业信息化融合服务平台就是神州数码数字中国生态的载体，也是面向未来的云服务生态的载体。据郭为介绍，神州数码成立的时候就以"数字中国"为名（神州数码英文名称：Digital China），上市17年来只有一个使命，就是为中国的腾飞和数字化转型赋能。目前，神州数码正在多个垂直行业领域发力，以大数据为基，以云服务赋能，帮助传统企业转型升级，为行业创造全新价值。

据神州数码集团副总裁、神州云计算公司总经理阎璐透露，如今神州数码旗下神州云计算的 Marketplace 上，生态伙伴已经从去年的 50 多家，上升了一个数量级达到今天的 500 多家。这里面不仅有阿里云、AWS、华为云、青云、中国移动等这样的 IaaS 提供商，也有 Oracle、微软这样的 IaaS、PaaS、SaaS 云计算提供商，当然还有 SalesForce CRM、IBM Verse 协同办公、dashDB 云数据仓库、Avaya 智慧云视频、Veritas 云备份等 SaaS 提供商。共同构筑开放协同的融合生态。

（资料来源：作者根据多方资料整理而成）

3.2 解密超级计算

超级计算是解决国家经济建设、社会发展、科学进步、国家安全和国防建设等领域一系列重大挑战性问题的重要手段，是国家综合国力、科技竞争力和信息化建设能力的重要体现，是国家创新体系的重要组成部分，已经成为世界各国特别是大国争夺的战略制高点。那么，到底什么才是超级计算呢？

3.2.1 何为超级计算

在计算机领域，超级计算泛指设计、制造和应用超级计算机的各类活动；在其他行业领域，超级计算通常指在超级计算机上进行的大规模科学和工程计算、海量数据处理和信息服务等应用活动。超级计算机在全球已经取得举世瞩目的成就，而世界超级计算机500强榜单自然成为人们关注的焦点。

中国的超级计算能力排名世界前列，表明了中国的计算机事业正在突飞猛进的发展，正在逐渐成为我们综合国力的重要体现。随着超级计算机运算速度的迅猛发展，它也被越来越多的应用在工业、科研和学术等领域。就拥有量和运算速度而言，我国在世界上处于领先地位，但就超级计算机的应用领域来说我们和发达国家美国、德国等国家还有较大差距。如何利用超级计算机来为我们的工业、科研和学术等领域服务已经成为我们今后研究发展的一个重要课题。

高性能计算机已进入国际的新一轮竞争，目前处于各种新思想与新方法产生的活跃期，学术界争论很大。企业界在沿用过去学术成果不断推出低成本的Cluster系统，不断参与尝试用新的构成部件建立的并行计算系统，同时对目前系统的可用性、耗电性、可管理性等进行持续性的改进与改良。设立高性能计算机专项，抓住创新期，从计算模型与算法、部件技术与体系结构三个层次及其相互联系研究新一代的高性能计算机系统，其收获与意义将巨大。

机遇和挑战同时存在，未来5～10年也将是中国高性能计算机技术和产业发展至关重要的时期。我国在高性能计算机方面的研究与产业化已有相当的基础，已具备进行重大技术创新的条件。目前，我国高性能计算机的市场已进入高速发展期，需求牵引将逐渐表现出对技术创新的拉动作用。中科院计算所、国防科大及江南所已有相当的技术储备与人力资源。

不仅如此，中科曙光、联想集团、浪潮集团也已建立有一定规模的产业化基础。国家设立新的高性能计算机发展专项的时机已然成熟。

3.2.2 超级计算机及其应用

超级计算机是能够执行一般个人电脑无法处理的大量资料与高速运算的电脑。其基本组成组件与个人电脑的概念无太大差异，但规格与性能则强大许多，是一种超大型电子计算机。具有很强的计算和处理数据的能力，主要特点表现为高速度和大容量，配有多种外部和外围设备及丰富的、高功能的软件系统。现有的超级计算机运算速度大都可以达到每秒一太（Trillion，万亿）次以上。超级计算机是计算机中功能最强、运算速度最快、存储容量最大的一类计算机，多用于国家高科技领域和尖端技术研究，是一个国家科研实力的体现，它对国家安全，经济和社会发展具有举足轻重的意义。是国家科技发展水平和综合国力的重要标志。

在我国，以慈云桂教授为代表的第一代科研人员，经过5年的奋战，于1983年成功研制出我国第一台1亿次巨型计算机"银河-1"。毫不夸张地说，银河-1号是我国的"争气机"——它打破了国际超级计算机的高技术封锁，使我国成为继美国、日本之后世界上第3个能够自主研制巨型计算机的国家。1986年，千万亿次高性能超级计算机进入国家"863计划"。在国家和政府的大力支持下，中国超级计算机如沐春风，"银河"系列、"天河"系列、"曙光"系列、"神威"系列、"深腾"系列成为中国超级计算机发展的一道风景线，性能不断跃升，根本停不下来。2005年，中国超级计算机运算速度突破10万亿次/秒。

中国近年来在超级计算机领域的连续突破引起了美国的强烈关注。超级计算机领域的大国竞争是双方经济实力、计算机领域科研能力、高性能计算机保有量及其应用水平的综合较量。美国一些高性能计算学术研究机构估计中国在超级计算机领域和美国的差距是10年以上，这是对中国使用商用和国产技术的公开信息评估的结果，但科技创新的发展有时会是指数性的，很难预料。张云泉研究员分析，经过多年的赶超，中国与美国在超级计算机的发展水平上，综合差距应该还在10年以上。其中超级计算机硬件系统的研制水平双方互有伯仲，差距不大甚至中国能够偶尔赶超，但在软件系统设计和应用软件的研制及推广方面的差距则在10年以上。此外，欧洲在超级计算机的应用方面水平很高，但缺乏制造超级计算机设备的竞争力。日本在超级计算机大国竞赛方面的竞争优势主要体现在应用方面，其超级计算机硬件系统的研制水平在逐渐被中国赶超。

2005年，中国超级计算机运算速度突破10万亿次/秒。此时，新一轮超级计算机竞赛在中国、美国和日本之间展开，拉开了超级计算机的"三国时代"。超级计算机常用于需要大量运算的工作。譬如气候模拟和天气预报、石油勘探、药品研制、自然灾害预测、物理模拟、密码分析等。

第一，在天气预报方面。中短期天气预报主要是根据气象卫星等观测的大气实况资料，通过求解描述天气演变过程的动力学方程组实现的，这种大规模的数值计算必须由超级计算机完成。例如，在2008年北京奥运会举办时，北京市气象局所购置的IBM Systemp575超级计算机的计算能力是原有系统的10倍，基于IBM Systemp575更高的计算性能，新的天气预报系统可覆盖4.4万平方公里的区域，且能为每平方公里按小时提供天气和空气质量预报等。

第二，在石油勘探方面。在地面进行爆破后，用探测仪器检测和采集震动反射波的大量数据，利用对这些数据计算、处理和分析结果确定地下储油位置。石油勘探中大量数值的快速计算、处理和分析，必须由高性能的超级计算机完成。例如，2007年曙光4000L超级计算机就曾在发现储量高达10亿吨的渤海湾冀东南堡油田的过程中发挥了关键作用，而其后的曙光5000A超级计算机的应用，则进一步达到了地下数千米的勘探深度。

第三，在药品研制方面。利用超级计算机可以对药物研制、治疗效果和不良反应等进行模拟试验，从而将新药的研发周期缩短3~5年且可显著降低研发成本。例如，美国基因工程技术公司的研究团队曾将超级计算机应用于一种致活酶类药物的研发，在 14 个月之内从 50 多万个化学分子中筛选出两个候选药物进行最终合成和临床试验，整个过程中真正在实验室里合成的分子只有 2 000 个，其余均用超级计算机模拟完成，仅此就节省了上百倍的时间和成本。

第四，身体器官检测等方面，未来要不要做手术也是电脑说了算。据悉，欧洲和日本等国的科研人员还开始将超级计算机应用到医疗领域，通过超级计算机来模拟血流、心脏，甚至任何人体器官的工作。英国医学杂志《柳叶刀》认为，目前医疗研究已经进入分子层面，通过超级计算机的大量运算，可以有效地模拟人体器官对各类药物的反应，这样做能够大大缩短新药物的研发时间，让各类新药物尽快为患者服务；更为重要的是，这样大大节省了新药物的前期研发成本，可以使制药公司以较为低廉的价格为患者提供更有效的药物。

超级计算专栏 5

东软熙康：云医院

XIKANG 熙康 | 云医院

图片来源：www.xikang.com。

超级计算机在生活各个方面都发挥着越来越重要的作用，数据能够为医生和科学家们提供帮助，而且相对来说，更准确。熙康云医院和医疗机构共建移动医院拥有 6 大价值，享有丰富的运营模式、患者为中心的互联网服务、提升服务标准、扩大服务半径、拥有大数据及最高级安全保障、改变传统。

一、公司简介

东软熙康健康科技有限公司（以下简称"熙康"），于 2011 年在国外、中国香港、北京同步注册成立，是东软旗下专注于健康管理与服务的独立品牌。熙康作为东软集团在健康服务领域的标志性品牌，是一个基于物联网、云计算及大数据等智能技术，纵向整合区域医疗中心和基层医疗机构的优质服务资源，为个人和家庭提供包括慢性病预防生态系统在内的，全生命周期健康关爱服务平台。其中，熙康云医院是熙康公司核心产品。熙康云医院通过多渠道实时采集用户健康数据，整合专业医疗资源，为消费者与医生搭建健康医疗服务提供高质量的意料服务。同时，云医院依托个性化健康数据，与合作者共同构建运营城市与医联体云医院，打造城市医疗体系改革平台，为患者和医生提供健康管理服务的，旨在打造一个更公平、更高效及更美好的城市医疗服务系统。据了解，2017年，实现营收2.57亿元，净利润实际增长27%（见图3-2）。

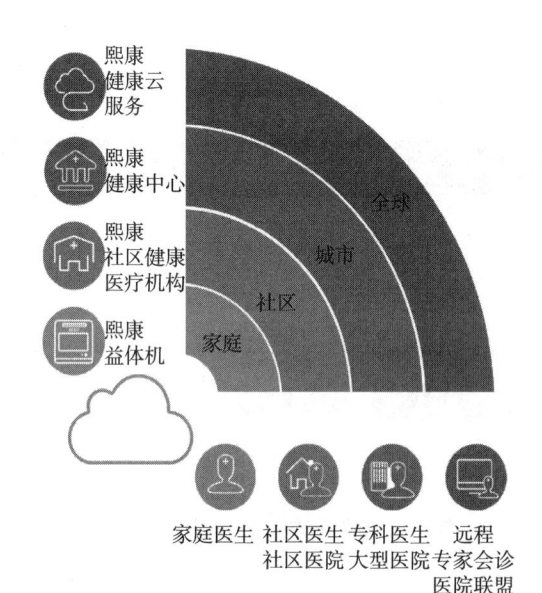

图3-2 熙康云医院智能云平台

二、熙康云医院智能云平台——以第一家宁波云医院为例

云医院采用公私合作的模式（Public-Private Partnership，PPP）运营，其中政府作为主导监管和规范看病流程，东软和熙康则提供云医院的运行系统和线下医院里的医疗设备。

过去看到互联网医疗帮助病人找医生、挂号，但很少有针对一个城市的健康医疗体系的基础设施建设。熙康云医院介绍，熙康云医院所做的是为基层医生和患者之间搭建平台。一方面，像社区医生这样的基层医生可以在平台上同大医院的医生沟通交流，从而提升看病水平；另一方面，随着把大医院医生的经验和规范流程引入基层医疗部门，患者如有小病也可以就近就医，不必每次生病都去大医院看。

除了线上平台外，线下平台也是云医院的组成部分，东软称之为"'宁波云医院'健康管理中心"。基层医生可使用中心的医疗设备对患者进行检测和治疗，同时也可以在中心平台上远程会诊。为了把大医院的流程搬过来，只有硬件还不够。云医院的线下实体还包括云端的健康管理信息系统、医院信息系统（HIS），未来还会有运营核算管理。

对患者来说，每次去云医院看病的记录，还有智能穿戴设备数据，都会汇总到"掌上云医院"的手机客户端，病人可在手机上随时查看。目前宁波的云医院已经初具规模。据介绍，首批接入医院平台的基层医疗机构共100家，专科医生、家庭医生共226名，届时都接入线上；云医院现在4个诊室，分别是高血压、糖尿病、心理咨询和全科医生诊室。此外，云医院已经与宁波本地68家药店实现了互联，云医院开的电子处方可直接发给药店，患者可以就近取药或享受配送服务。

宁波智慧城市第一期建设，政府投入1.3亿元，基本建成了医疗信息的互联互通。这可以打造全市的云医院，而不是某个云医院。据宁波卫计委主任王仁元介绍，打造云医院的原因主要有两点。第一是通过互联网医疗缩小城乡医院之间的差距，推动分级诊疗，患者不用每次生病都去大医院看，去基层医院就可以。云医院能提升基层医疗的服务质量，患者也不用太花钱。第二也是推动医生多点执业。

不过东软熙康的云医院从启动到像大医院一样运营尚需时日，因为目前的政策大多都是针对传统医院，在医保和民政方面还没有完善的对接机制。熙康CEO卢朝霞说，现在云医院主要是通过线下实体和医保对接，因为这些医疗机构也是定点的医保结构，下一步，如网上居家护理和网上诊疗，政策上仍需要政府支持。

（资料来源：作者根据多方资料整理而成）

3.3 超级计算管理

超级计算，离不开强大的科学计算、事务处理和信息服务能力，需要有对数据进行收集、存储、处理，并保证数据安全的管理过程，也就是超级计算管理（以下简称"超管"），见图3-3。

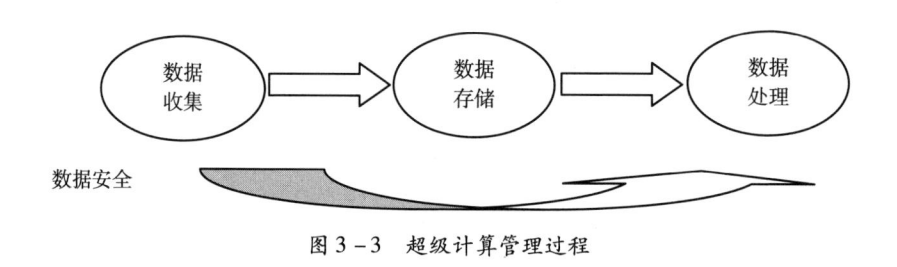

图3-3 超级计算管理过程

3.3.1 数据收集——"超管"的"核基础"

在数字经济时代，未来每个企业都可能是数字企业。数字企业则必须有自己完整的大数据体系。数据采集是一切有效分析的前提。例如，数据接入；数据传输；数据建模/存储；数据查询；数据可视化等。总体上可以将企业大数据体系分成：采集与存储平台：主要职责是对企业的相关大数据进行收集，并将收集到的数据进行存储。以便与企业管理及运用，同时也是未来数字企业的最重要资产之一。分析与挖掘平台：主要职责是对企业采集到的数据进行专门的分析、BI等，以及在此基础上进一步的数据挖掘、人工智能等。洞察与决策平台：主要职责是利用大数据分析的结果，通过自动加人工双重决策，更高效的运用到产品、业务、商业等环节以及相应的行动等。覆盖全局数据安全平台：主要职责是负责确保数据的安全性，保证企业的数据资产不受到损害，例如数据不丢失、不损坏、不被窃、不被改等。数据采集与存储平台将占据非常重要的位置。将来自各种数据源的原始大数据采集、分析、存储等。通常中小企业也可以不用自己拥有专门的大数据分析与挖掘平台，选择与相对专业的企业合作。

面对来源各异、以结构化/半结构化为主的数据，拍拍信使用 linkedin 开源的 camus 来采集消息类数据，使用 kettle 来采集 RMDB 的数据，具有以下优势：第一，提高采集效率，降低工程成本；第二，支持 Web、iOS、Android、HTML 等多种平台；第三，采集全面属性、维度、指标等，使数据资源更优质；第四，建立预测模型，实时智能监控、分析、预测用户行为；第五，支持代码埋点，和全（无）埋点，按需选择，灵活运用。采集方案：客户端（前端）、服务器日志、业务数据库、历史数据、第三方数据等。

数据采集与存储平台一般也可以分为三个层次，即数据采集层、预处理层和存储层。同时，大数据采集平台还需要一个覆盖全局的数据安全体系。采集层负责采集企业各种来源的大数据；预处理层负责对采集回来的数据进行一些规范化的处理；存储层则是将预处理后的大数据进行存储，将企业大数据资产用一种方式保存起来。数据安全体系即数据安全平台。值得注意的是，当存储技术足够好、存储设备成本足够低容量足够大时，预处理层或可以选择忽略。

在做调研或者某项考察时，如果样本量太少，难免因此会出现调查结果的误差和随机性，数据结果的精确性也会大打折扣。但是，当有了成千上万的数据采集点，也就有了大数据做支撑，精准性肯定会大大提高。而大数据就是海量数据、巨量资料，指的是所涉及的数据量、资料量规模巨大到无法透过目前主流软件工具，在合理时间内达到撷取、管理、处理、并整理成为特定目的服务的资讯。比如空气雾霾的问题，如果智能检测设备的用户数量达到一定程度，再上传到终端服务器进行超级计算，就可以获得空气质量更详细的数据指标和动态的趋势。通过数据挖掘和分析，最终肯定会找到答案。因此，我们可以看到超级计算需要收集的数据量是巨大的，而且是非常基础、至关重要的一项工作，直接影响后续工作的科学性、有效性，直接影响着各项经济投入是否有产出。

3.3.2 数据存储——"超管"之"核聚变"

传统的超级计算机在解决它们的中央存储器无法存储的大问题时，通常需要把这些问题分解成若干较小的子问题，然后再把各个子问题分别得出的结果综合起来。这一综合过程是一项相当繁重且费时的工作。目前，新的超级计算机系统采用了先进的16兆位动态随机存取存储器技术，其总存储带宽最高可达每秒17.1千兆字节，而总的系统输入/输出带宽最高可达每秒11.7千兆字节。如北德超级计算联盟（HLRN）正着手购置容量超过1PB的分层式克雷（Cray）存储设备，旨在保存其科学研究归档数据。

HLRN作为联合项目，其成员包括柏林、勃兰登堡、不来梅、汉堡、梅克伦堡-前波莫瑞、下萨克森以及石勒苏益格—荷尔斯泰因这七个地处德国北部的州。该项目所使用的分布式超级计算机系统由柏林楚泽研究所（简称ZIB）以及莱布尼兹汉诺威大学的下萨克森州区域计算中心（简称RRZN）负责托管。此次克雷TAS（即分层式自适应存储）设备所要打理的数据是由RRZN计算中心在环境、气候及海洋建模、物理、化学、生物信息、工程以及流体力学等领域的研究过程中所产生。此次安装的TAS设备方案提供超过1PB数据存储容量，其最高扩展能力可达到75PB以上。

互联网产业的快速发展将推动IT产业发生颠覆性变革，传统以PC为核心的应用模式很可能将不复存在，未来一切应用软件和数据存储都将依赖超算中心。超级中心在一个国家的发展中，特别是一些尖端科技的发展中，发挥着不可替代的使用。生物科技、石油勘探、气象预报、国防技术、工业设计、城市规划等经济、社会发展的关键领域都离不开超级计算，数据存储更离不开超级计算。

超级计算专栏 6

太极股份：政务云和"大数据+行业"

TAIJI 太极
创新融合 让我们的世界更智慧

图片来源：www.taiji.com.cn。

2017年7月27日，雄安新区与中国电子科技集团举行对接会，双方将在建设大数据中心、推动智慧城市建设、建设军民融合产业基地等方面展开合作，推动雄安新区高端高新产业发展。太极股份总裁刘淮松表示，公司将围绕中国电科相关部署，积极支持和参与到雄安新区的规划中来。

一、公司介绍

1987年，为推动民族计算机产业发展，原电子工业部第十五研究所（现中国电子科技集团公司第十五研究所）创建太极计算机公司。2002年，经国家有关部门批准，太极整体改制为股份公司。2010年，太极计算机股份有限公司在深圳证券交易所中小板上市。20多年来，太极以振兴民族IT产业为己任，成功地实现了从小型机研制生产向行业信息技术应用与服务提供的转型，为国民经济和社会信息化发展做出了重要贡献。

公司所处行业为软件与信息服务业，是国内电子政务、智慧城市和关键行业信息化的领先企业。公司主营业务为面向党政、公共安全、国防军工、能源、交通等行业提供安全可靠信息系统建设和云计算、大数据等相关服务，涵盖信息基础设施、业务应用、数据运营、网络信息安全等综合信息技术服务。近年来，随着业务转型，公司逐步形成了新的业务结构，主要包括：云服务、网络安全服务、智慧应用与服务和系统集成服务。2017年，公司实现营业收入529 959万元，同比上年度增长1.54%；实现归属于上市公司股东的净利润为29 194万元，比去年同期下降3.22%。

二、向云计算和大数据业务转型

近年来，随着业务转型，公司逐步形成了新的业务结构，主要包括：云服务、网络安全服务、智慧应用与服务和系统集成服务。云计算和大数据业务是公司未来的重要业务方向，2017年公司云服务业务发展进入快车道。

在政务云方面，太极政务云已承载北京市超过60家委办局的180个业务系统，继续保持在北京市政务云市场的领先地位。新签约陕西省秦云工程数据交换共享平台、榆林市政务云平台、山西省政务云平台、海南省政务大数据公共服务平台（二期）、环保部生态环境大数据等政务数据服务项目。公司中标海口市电子政务云服务，将持续为海口市党政机关提供云计算服务。

在警务云和警务大数据方面，公司与多个地方公安局签署战略合作协议，双方就警务云、警务大数据和相关信息化建设形成战略合作关系，共同推进新时代、新形势下，利用大数据和人工智能技术，多警种协同作战打击违法犯罪活动。

在司法大数据方面，公司研发的智慧法院解决方案利用"云大物移"新技术实现了人民法院全业务网上办理、全流程依法公开、全方位智能服务，目前已在深圳市中级人民法院、深圳市盐田区人民法院及河北省多家中级人民法院得到推广使用。

三、一站式政务大数据服务

政务大数据平台旨在将数据管理部门由数据共享交换的"中介"转换为数据的"蓄水池"，为政务数据"一次汇聚、多次共享"机制的实现提供技术支撑，为政务大数据应用建设提供数据及共性技术能力支撑。太极政务大数据平台解决方案主要实现"六个中心"服务，即政务大数据汇聚中心、政务大数据调度中心、政务大数据治理中心、政务大数据融合中心、政务大数据服务中心、政务大数据运营中心。太极政务大数据平台构建于政务云平台之上，包括大数据基础支撑平台、数据管理平台、应用支撑平台、数据分析平台、数据管理门户和数据开放门户六部分内容（见图3-4）。

图3-4 一站式政务大数据服务

第一，大数据基础支撑平台。大数据基础支撑平台提供数据存储、数据计算、数据采集等服务。数据存储提供关系型数据库、分布式数据仓库MPP、大数据存储Hadoop等存储服务能力；计算服务作为大数据平台的关键服务，用来支撑对异构、多源、体量巨大的数据进行的查询、统计、分析等计算；数据采集服务可提供共享交换、物联设备实时采集、移动端采集、网络爬虫等多种采集手段。

第二，数据管理平台。数据管理平台提供数据入库、处理、质量分析、应用等的"一站式"数据管理。实现数据资源编目，数据治理（清洗、抽取、比对、关联、质量管控等）和数据使用的监控、统计、服务等。

第三，应用支撑平台。应用支撑平台实现平台自身各系统间以及与其他业务系统间的统一用户管理、统一身份认证、统一消息服务、应用服务协同，为系统间数据畅通、业务协同提供支撑。

第四，数据分析平台。数据分析平台主要提供通用的数据挖掘服务、通用的人工智能服务、多维查询分析服务、专业模型管理等服务。大数据应用建设单位可直接调用数据分析平台完成业务建模、可视化展现。

第五，数据管理门户。数据管理门户是政务大数据平台进行数据采集、数据管理、数据查看、数据使用、数据分析等相关功能和服务的统一入口，是对数据基础支撑平台、数据管理平台、数据分析平台、应用支撑平台等平台服务能力的全面集成，为平台运维、运营人员、部门数据管理人员等提供权限内的差异化功能服务。

第六，数据开放门户。数据开放门户依托政务大数据平台的数据采集、数据存储、管理等服务能力，实现对政府可公开数据的汇聚、处理和发布。社会公众和企业可通过数据开放门户浏览并下载开放数据资源，从而推动政府数据的开发利用，支持"大众创新、万众创业"。具体可参考"政务数据开放平台解决方案"。

（资料来源：作者根据多方资料整理而成）

3.3.3 数据处理——"超管"之"核爆炸"

超级计算机是践行超级计算理论的载体，所以有必要对其处理系统做一定的分析。高速互联的难点在于超级计算的计算节点之间传输的数据量巨大，延迟要求严格，当互联效率不足，就会导致数据拥堵，大幅降低超级计算整机系统效率。超级计算系统可以分为硬件系统和软件系统两部分。

第一，硬件系统。主要由高速运算系统、高速互连通信网络系统、存储系统、维护监控系统、电源系统、冷却系统和结构组装设计等部分组成。高速运算系统负责逻辑复杂的调度以及串行任务和并行度高的任务，可以是采用同构计算（纯 CPU 组成计算节点），也可以采用异构计算（CPU + 加速器组成计算节点）；高速互连通信网络由 infiniband、高速以太网、自定制互联机制构成，将所有计算节点连接起来，使其成为一个整体；存储系统由内存和外存组成，负责数据交换和储存；维护监控系统保障超级计算不死机、不出错，毕竟每隔几秒出一次错，死一次机，这种足以让超级计算机的使用者精神崩溃；电源系统包装能源供应；冷却系统帮助超级计算机降温，防止出现超级计算过热而造成的不良后果；结构组装设计是将上述系统装载到一起，在保障性能的基础上，实现机柜体积最小。

第二，软件系统。主要包括操作系统、编译系统、并行程序开发环境、科学计算可视化系统四个重要组成部分。操作系统主要包括对同构技术或异构协同支持，高效能支撑扩张，基础服务内核，全局并行文件系统；编译系统的功能是支持 C、C++、Fortran77/90/95 等编程语言，支持 OpenCL、OpenMP、MPI 等并行编程语言，支持编译优化；并行程序开发环境的功能是提供一体化图形用户界面，支持应用程序的调试和性能分析；科学计算可视化系统由海量数据服务模块、并行绘制与显示模块和可视化映射与操作模块组成。因此，运算系统、存储系统、互联系统、操作系统、基础库、应用软件，以及监系统控、冷却自提及电源系统等都是超级计算的重要组成部分，将 CPU 等同于超级计算的全部技术的说法显然是非常不科学的。

2016 年，国际团队开发了整套系统将对遥远恒星及星系的原始观测数据进行处理，转化为全球天文学家都能分析的模式。来自国际射电天文学研究中心（ICRAR）天文数据处理中心的 Andreas Wicenec 教授表示，这套系统被称为 SKA 科学数据处理器，也就是望远镜的"大脑"。科学数据处理器执行系统框架原型在天河二号超级计算机上的成功运行，是由上海天文台的科学家和西澳大利亚的 Wicenec 教授所带领的国际研究团队共同完成的。执行系统框架能够监视并控制环境，执行上百万个任务，在几千台电脑上同时处理百万组数据。这是要在 6~12 小时内处理每条 SKA 观测到的数据所需要的执行规模。Wicenec 教授表示，新型的科学数据处理器执行系统框架是由"数据激活"的，也就是说每一条被软件接收到的数据会自动运行相应的程序。无论数据什么时候加载完毕，都能自动激发下一个程序，系统不会一直空转运行。科学家表示，最初软件原型只需要运行超级计算机的 500 个计算节点，接着扩增到 1 000 个。下一步我们要增加分配的数据量，并增加 SKA 计算机的计算节点，大约增加到 8 500 个。目前系统能够运行 66 000 条数据，下一阶段要增加到几千万条，大约在 8 500～10 000 个计算节点上能处理 5 000 万～6 000 万条数据。

3.3.4 数据安全——"超管"之"核安全"

超级计算主要对未授权用户隐藏网络服务、利用双因素认证机制强化用户身份识别、加密数据传输通道、借助新兴计算模式约束用户行为等方式来保障超级计算的安全。

第一，对未授权用户隐藏网络服务。多数攻击以网络扫描为开端，收集目标主机的特征，寻找可突破的薄弱点或漏洞，然后有针对地发起攻击。因此，在超级计算集群的前端机上，除为用户服务所必需的 SSH 和 Portal 服务端口外，其余的服务端口均可关闭，以减少被攻击者发现漏洞的机会。而对于必须开放的服务，可以利用防火墙或 VPN 等设备限定其被允许访问的范围，并对来访者先认证授权后再开放访问权限，增加攻击者扫描的难度。

第二，利用双因素认证机制强化用户身份识别。根据密码学原理，身份认证有三个要素：用户知道的内容、拥有的物品和具备的特征。双因素认证机制同时使用第一和第二个要素，如一次性口令、数字证书、硬件令牌等，避免了密码被猜测、破解、窃取所导致的安全问题，提高了用户身份识别的可靠性，保障超级计算集群只能由得到授权的合法用户使用，减少入侵者闯入集群并由内部发起攻击的机会。

第三，加密数据传输通道。远程登录和传输数据是超级计算集群使用过程中不可避免的操作行为，而 TCP/IP 协议采用明文方式在 Internet 上传送报文，无法避免网络嗅探、中间人欺诈等攻击风险。因此，采用 IPsec、SSL 等加密协议，将用户的信息、操作指令及数据以密文的形式在互联网络上传输，可以增加网络报文破解的难度。

第四，借助新兴计算模式。利用中间件技术约束用户的操作行为。在传统的 Command – Line 方式下，用户能够登入超级计算集群与底层操作系统直接交互。尽管有些复杂，但操作可以很灵活和随意，增加了防止误操作和恶意指令执行的难度。而以网格、云计算为代表的新兴计算模式采用网络服务的形式响应用户计算需求，利用中间件技术代理用户对底层系统的操作，可以将用户的行为约束在特定的范围内，降低其不确定性带来的安全风险。

超级计算专栏7

天翼云：构建网信安全体系

图片来源：www.ctyun.cn。

2018年5月，中国电信天翼云、深信服、启明星辰、360、安恒等共同发起成立"天翼云安全生态联盟"，旨在通过构建云安全联盟，进一步提高云服务网络安全水平，推动云服务产业健康发展。

一、公司介绍

中国电信股份有限公司云计算分公司（以下简称：天翼云）是中国电信旗下直属专业公司，集市场营销、运营服务、产品研发于一体，致力于成为亚太领先的云计算基础服务提供商。依托覆盖全国、互为备份的全网云资源布局，依托自主研发的云平台和电信级安全体系，依托运营商央企底蕴与互联网创新机制，天翼云为用户提供"云网融合，安全可信、专项定制"的服务。不仅为用户提供云主机、云存储、桌面云、专属云、混合云、CDN、大数据、云专线、云间高速等全线产品，同时为政府、医疗、教育、金融等行业打造定制化云解决方案，是政府、企业客户上云的首选云服务商。同时，还为小微及初创企业提供扶持，为"互联网+"在各行业落地以及"大众创业、万众创新"提供坚实可靠的承载。

二、"三步走"构建网信安全体系

对于网信安全，中国电信云公司徐守峰副总经理认为，"信息化时代给我们的网信安全带来了新的挑战，没有网信安全就没有企业发展，网信安全是中国电信的立企之本，2016年，中国电信开始第三次转型，业务生态化、网络智能化、运营智慧化是转型的核心，云是业务生态化的组成部分，是网络智能化的载体，是运营智慧化的支撑平台，所以云安全和数据安全是中国电信非常重要的环节"。

中国电信的网信安全体系主要包括三个部分，第一部分是制度和能力建设，安全工作最重要的工作是管理，制定合理的规则并确保可以有效执行规则是网络信息安全工作的关键，这也是中国电信在安全领域的优势。第二部分就是结合运营商网络资源的优势，为客户提供一个安全可信的基础网络安全服务；第三部分就是云和大数据结合专业特点提供云安全服务，同时保障数据的安全。

从云安全产品角度看，目前天翼云已经为客户提供从网络到平台到应用的全系列安全产品，基本覆盖了政企客户对云安全Top 6的需求，结合电信的网络优势，在安全产品特色方面，中国电信的DDos服务，不仅可以提供5G的免费服务能力，同时还可以提供TB级的防护能力，此外，中国电信WAF防护可以实现秒级刷新能力。针对不同的行业客户，中国电信将根据客户需求定制渗透测试方案、漏洞扫描方案等。考虑到云安全的复杂性，很多行业合规性主管部门针对云环境下的安全都做了规定，在政企客户上云的过程中，为了满足合规性要求，能够协助客户满足认证的条件显得尤为重要。

随着云计算成熟度越来越高，越来越多企业选择上云，云安全成为企业管理者和黑客最关心问题，当下数据泄露、勒索软件劫持等安全事件频发，促使各行企业在业务上云过程中，越来越重视云安全问题。很多企业只是在做 PaaS、SaaS 层的安全产品和服务，未能从整体安全防护的角度去考量，导致很多安全漏洞的产生。中国电信运用平台优势，通过自研的 DDoS、态势安全感知等安全产品，结合安全领域的合作伙伴优势，共同打造一个端到端的安全生态圈，携手推进国家网络强国建设。

三、发起成立"天翼云安全生态联盟"

2018 年 5 月 29 日，"云网融合，安全可信——2018 上海天翼云安全峰会"召开，此次峰会是中国电信天翼云首次以"安全"为主题完整展示天翼云安全实力的大会。现场中国电信天翼云携手深信服、启明星辰、360、安恒等众多合作伙伴，共同发起成立"天翼云安全生态联盟"，联盟将基于中国电信的云平台，打造更具规模、更体系化的安全生态圈，为各类用户提供个性化的一站式云安全解决方案。

天翼云安全生态联盟将围绕中国电信天翼云，为最终用户打造更多基于 SDN 或 NFV 和多租户技术的、可以个性化配置的云安全服务，服务范围逐步覆盖安全态势感知、移动端安全、接入认证安全（4A 认证、堡垒机、SSLVPN、CA 认证等）、云网络安全、应用安全、虚拟化安全、主机安全、数据安全、物理安全、安全咨询和培训、第三方众测、一站式等保评测、漏洞扫描等方面。

据悉，中国电信天翼云在网络和 IDC 基础设施层面，已全面实现了自主化。在云计算虚拟化、平台化层面，中国电信是云平台 Open stack 开源社区黄金会员。在安全方面，通过自主研发的 DDoS、安全态势感知等安全产品，并结合安全联盟的合作伙伴优势，共同打造一个端到端的完整安全生态圈。中国电信在设计云资源池布局时，坚持高标准、严要求、同感受的安全服务保障设计理念。产生的数据量每年能达到 10PB 量级，长期的数据预计将超过 EB 量级。云主机和云数据库服务可用性达到了 99.95%。根据专业机构评估，天翼云的数据存储可靠性能够达到 13 个 9，可以理解为客户存在云端的万亿条数据,年丢失可能性不会超过1条。天翼云将为政企管理者分忧,从整体安全防护的角度去设计云安全防护体系,坚持资质合规与服务能力并重。

(资料来源:作者根据多方资料整理而成)

阿里云：布局量子云计算

图片来源：www.aliyun.com。

超级计算在我们的生活中扮演着越来越重要的作用，量子计算更具有划时代的意义，量子计算又被称作"自然赋予人类的终极计算能力"，量子计算云平台是提供量子计算服务的云计算平台。2017年，中国科学院量子信息与量子科技创新研究院（上海）联合阿里云共同宣布"量子计算云平台"上线。

一、公司介绍

阿里巴巴网络技术有限公司（以下简称"阿里巴巴"）是以马云为首的18人于1999年在浙江杭州创立。阿里巴巴集团经营多项业务，另外也从关联公司的业务和服务中取得经营商业生态系统上的支援。创立于2009年的阿里云是阿里巴巴集团旗下云计算品牌，全球卓越的云计算技术和服务提供商，在杭州、北京、硅谷等地设有研发中心和运营机构，致力于以在线公共服务的方式，提供安全、可靠的计算和数据处理能力，让计算和人工智能成为普惠科技。阿里云服务着制造、金融、政务、交通、医疗、电信、能源等众多领域的领军企业，包括中国联通、12306、中石化、中石油、飞利浦、华大基因等大型企业客户，以及微博、知乎、锤子科技等明星互联网公司。在天猫双11全球狂欢节、12306春运购票等极富挑战的应用场景中，阿里云保持着良好的运行纪录。

二、阿里云：开始布局量子云计算

近年来，互联网巨头阿里巴巴布局量子云计算。2015年7月，中国科学院与阿里云在上海宣布，共同成立"中国科学院—阿里巴巴量子计算实验室"，这是中国科技公司首次参与到量子计算研究。2017年3月，阿里巴巴公布了面向未来的NASA计划——建立"研发导弹"的机制，面向未来20年组建强大的独立研发部门，为服务20亿人的新经济体储备核心科技。其中，量子技术是NASA计划要重点突破的领域之一。量子通信被业界公认是对未来世界科学产生重大影响的革命性技术，中美等大国均投入巨大资源参与到这场未来之战。2017年5月，中科院团队研发了世界上第一台超越早期经典计算机的光量子计算机。阿里云成为全世界第一家可以提供专有云上量子加密信息传送服务的云计算公司，网商银行使用了这一服务。2018年2月22日，中科院量子信息与量子科技创新研究院与阿里云宣布，11量子比特超导量子计算服务在量子计算云平台上线。这是继IBM后全球第二家向公众提供10比特以上量子计算云服务的系统。

不仅如此，2017年9月11日，阿里云方面确认了世界知名量子计算科学家、密西根大学终身教授施尧耘入职的消息。施尧耘将担任阿里云首席量子技术科学家，成为阿里巴巴集团量子信息技术的学科带头人。这是阿里云在量子技术领域取得的又一重大进展，也是阿里巴巴NASA计划的一部分。施尧耘是世界顶级量子科学家，师从计算机科学最高奖"图灵奖"得主姚期智院士进行量子计算相关研究，后赴密西根大学任教。2018年1月17日，世界顶级科学家马里奥·塞格德（Mario Szegedy）入职阿里巴巴达摩院的消息席卷各大媒体头条。马里奥·塞格德曾于2001年和2005年两度获得理论计算机领域的最高奖哥德尔奖，研究领域包括量子计算和计算复杂性理论等。据公告，阿里云量子实验室旨在发掘量子信息技术的革命性潜能，计划在未来几年建立一个世界领先的项目。

阿里云量子实验室开放的职位为量子科学家，分为理论研究和工程研究两个方向。研究的领域包括但不限于计算材料科学、计算量子化学、计算物理学，量子算法，量子程序设计语言，量子电路合成，量子体系结构，量子计算机的计算机辅助设计，量子控制，量子计算，量子黑客攻击，量子密码学（理论），后量子密码学（理论与实现），理论凝聚态物理和引力量子信息。

三、阿里云：携手中科院推出量子计算云平台

量子计算云平台由中科院量子信息与量子科技创新研究院（上海）与阿里云共同研制，并在2017杭州云栖大会上正式对外发布，用户可以登录阿里云官网使用。在全球范围内，阿里云构建了17个地域34个可用区的云计算全球网络，同时为技术的长远发展培育当地社区与人才。在全球市场上Gartner数据表明阿里云在全球仅次于亚马逊AWS和微软Azure排第三位阿里云的相关人士介绍说，在阿里云最早走向海外市场时，有欧美用户曾对阿里云技术人员表示，这是他们第一次看到中国人不是来卖货，也不是来买东西，而是来提供高科技服务。从一个侧面，以阿里云为代表的科技企业走向海外也正在改写国际社会对中国的认知。到今年，聚集全球政商领袖的瑞士达沃斯论坛上，国际社会已经将目光投入到中国科技带来的数字化转型上，科技领域的"中国方案"受到关注。

在全球范围内，阿里云与新加坡电信、迪拜Meraas控股集团、电讯盈科PCCW、LINKBYNET、SAP、埃森哲、沃达丰等国际知名科技公司共同建立了全球合作伙伴网络，为阿里云遍布在全球各个区域市场的用户提供市场服务支持。此外，阿里云还建立了全球化的人才资源储备。在新加坡、马来西亚、迪拜、德国、法国、英国、美国、日本、马来西亚、印度尼西亚等地建立了技术和市场服务团队。在阿里云，不同肤色、不同语言、不同国籍的同事在全球各地跨时差协同已经成为日常。中国的太阳刚刚升起，美国的同事才刚刚放下手中的电脑，欧洲的同事还在睡梦中，东南亚的团队已经在去拜访客户的路上。领先的产品技术和Glocal的技术和市场服务团队，让阿里云赢得了亚洲航空、国泰航空、飞利浦、施耐德、雀巢、新加坡公交卡EZ–Link、香港理工、新加坡最大直播平台Mozat、香港帝国金融集团、资生堂、中东最大私有银行Mashreq、Khalifa大学等诸多国际大型企业的信任。

2018年2月25日，中国科学院量子信息与量子科技创新研究院与阿里云宣布：在超导量子计算方向发布了11比特的云接入超导量子计算服务，这是全球第二家向公众提供10比特以上量子计算机云服务的系统。该服务已在量子计算云平台上线，在云端实现了经典计算仿真环境与真实量子处理器的完整后端体验。通过量子计算云平台，用户可以在云端的超导量子处理器上运行自定义的各种量子线路代码，下载相关运行结果。吸引更多人在云上运行量子算法，完成初步试验，不仅能用于了解处理器的性能、技术瓶颈等重要特性，还将帮助到下一代处理器开发，为优化应用积累经验。而在云端提供量子计算的创新服务方式，也能从中知悉面临的技术挑战和机会。阿里云首席量子技术科学家施尧耘表示，此次上线意味着阿里云量子团队可以更方便地基于真实处理器进行实验，帮助深入理解硬件，进而引领量子工具软件和应用软件开发，同时从量子云服务的用户端体验中获取经验，不断完善平台建设。

阿里巴巴是首个大力投入量子信息科学的中国科技公司，致力于将量子计算从学术带到现实世界。量子计算具有划时代意义，全球都已将量子计算研究作为争夺"人类终极计算能力"的关键入口。仅2017年，量子计算能力的竞争在谷歌和IBM几大科技公司间渐趋白热化。2018年将是云计算人工智能与产业深度结合的元年。各国的基础设施越来越紧密地和云计算结合起来，更多的城市、企业和公共管理机构将更多采用云计算人工智能来提高自身的效率。

四、做物联网基础设施的搭建者

过去20年的互联网是人联网，未来20年的互联网是物联网。互联网的上半场是将人类活动数字化，比如电商、社交、文化娱乐等，催生了今天蓬勃发展的互联网市场，背后是全球40亿网民。互联网的下半场是将整个物理世界数字化，道路、汽车、森林……甚至一个垃圾桶都会被抽象到数字世界，连到互联网上，实现"物""物"交流，"人""物"交互，"这会是一场更加深刻的技术变革，一场全新的生产力革命"。

在这样的愿景之下，阿里云打算做物联网基础设施的搭建者，未来5年内连接100亿台设备。阿里云宣布，将解决三个问题：提供开放、普惠的物联网连接平台；提供人工智能能力；实现云、边、端一体的协同计算。阿里巴巴介绍到，物联网整个发展进程当中确实有很多问题、困难，实际上是因为缺少一些基础设施的发展，从而阻碍了行业的发展。所以我对我们阿里的优势在于数据资源和提前在物联网、人工智能和云计算领域布局。对阿里而言，它们有庞大的数据，连接很多企业，专业数据方面无与伦比。其次，阿里云在云计算方面是国内目前数一数二的，重点发展ET人工智能大脑，它们也希望未来能够在物联网的世界里有更大的想象空间。阿里云的定位很清楚，就是做一个物联网基础设施的搭建者，促进行业的发展。

现在，物联网正加速向城市管理、新能源、医疗、制造等其他领域渗透。越来越多的可穿戴设备、智能传感器、智能硬件产品的面世，智能交通、智能家居、智能医疗等细分市场也将开始快速成长。市场调研机构IDC预测，到2020年将拥有超过500亿的终端与设备联网。而阿里云计划在未来5年内连接100亿台设备，物联网将成为阿里继电商、金融、物流、云计算之后一条新的主赛道。

五、结论与启示

阿里云量子计算从实验室成立到量子计算云平台上线仅用了两年多时间，可见量子计算的发展进程比我们想象的要快得多。

第一，在量子云计算平台的前瞻布局。在刚刚过去的2017年，量子计算能力的竞争在Google和IBM几大科技公司间已渐趋白热化。所幸的是，阿里在这一布局上并未落后，成为继IBM后全球第二家向公众提供10比特以上量子计算云服务的系统。希望到2018年底，能实现50个量子比特的操作；未来十年能实现数百个量子比特的操作，在特定领域的计算能力达到目前全世界计算能力的100万倍。

第二，做一个物联网基础设施的搭建者，促进行业的发展。面向未来，阿里云打算做物联网基础设施的搭建者。未来5年内连接100亿台设备。阿里云宣布，将解决三个问题：提供开放、普惠的物联网连接平台；提供人工智能能力；实现云、边、端一体的协同计算。

（资料来源：作者根据多方资料整理而成）

第4章
云端服务

腾讯多年来一直专注于做连接，我们希望能够连接人与人、人与物以及人与服务，在云时代分别对应着人联网、物联网和智联网，这要求我们做好全平台的用户的连接、物理世界和数字世界的连接、做好云到端的智慧连接。

——腾讯董事会主席　马化腾

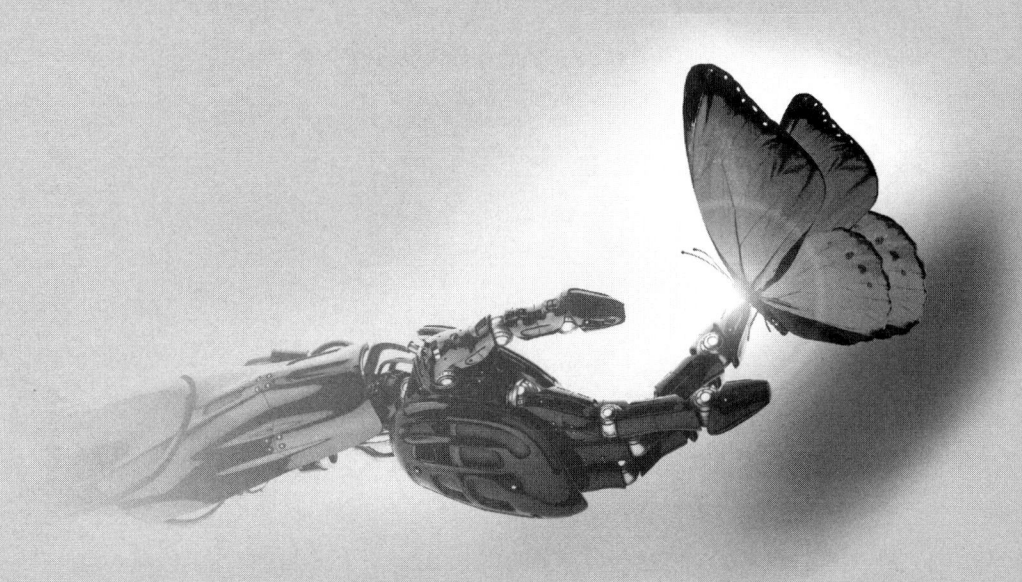

第4章 云端服务

开章案例

百度的云天智：基于百度大脑的智能云服务平台

图片来源：www.baidu.com。

在 2016 年百度云智峰会上，百度云重磅发布了最新的人工智能平台——天智。这也是继"天算""天像""天工"三大平台后，百度云发布的第四大平台级解决方案。至此，百度云实现了人工智能、智能大数据、智能多媒体和智能物联网全方位的智能平台服务。

一、公司介绍

百度，全球最大的中文搜索引擎、最大的中文网站。从创立之初，百度便将"让人们最平等便捷地获取信息，找到所求"作为自己的使命，成立以来，公司秉承"用户至上"的理念，不断坚持技术创新，致力于为用户提供"简单可依赖"的互联网搜索产品及服务，其中包括：以网络搜索为主的功能性搜索；以贴吧为主的社区搜索，针对各区域、行业所需的垂直搜索；以及门户频道、IM 等，全面覆盖了中文网络世界所有的搜索需求。根据第三方权威数据，在中国，百度 PC 端和移动端市场份额总量达 73.5%，覆盖了中国 97.5% 的网民，拥有 6 亿用户，日均响应搜索 60 亿次。2017 财年百度营收达 848 亿元人民币，同比增长 20%，净利润为人民币 183 亿元。百度近五年的营收变化（见图 4-1）。

图 4-1　百度近五年收入趋势图

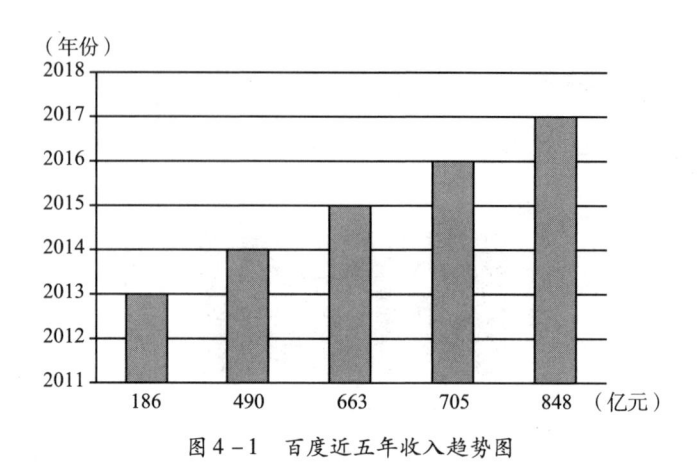

二、百度三位一体战略：云计算＋大数据＋人工智能

2008 年百度基于 Hadoop 的分布式计算系统上线；2009 年分布式网页库可实现存储网页规模超过 1 000 亿；2011 年实时计算系统支持毫秒级时延、准实时计算系统严格不丢不重复；2012 年新一代分布式计算系统上线，实现单集群规模达到 10 000；2013 年不仅实现了业内最大规模自研万兆交换机全球首个 ARM 构架服务器规范化应用，同时百度深度实验室正式成立。

"云计算已经不是简单的云存储和对计算能力的需求，它越来越是大数据、云计算和人工智能三位一体的融合。"李彦宏认为，"百度有人工智能技术的创新，有大规模处理数据的能力，有非常精准的用户画像能力，有非常好的定位能力，所有这些能力结合起来，可以在各个行业发挥出非常独特作用。"百度云计算正式发布智数大数据平台——天算、智能多媒体云平台——天像，以及智能物联网平台——天工，其中包含众多全新上线的行业解决方案和产品。三大智能平台，连同已有的云服务，共同构成了百度开放云成熟、完整的产品矩阵。

而在这些产品和服务的背后，作为重要的支撑技术，百度人工智能技术非常吸睛。据了解，天算平台整合百度大数据服务和人工智能技术，提供从数据收集、存储、处理分析到应用场景的一站式服务。其中，深度学习平台 Paddle，可以帮助企业和创业者轻松使用深度学习技术，打造智能应用和服务；百度天像智能多媒体云平台通过人工智能、大数据的技术，增加互动时的用户体验。天像平台依托百度海量资源，提供了包括从文档到视频的多媒体处理服务，同时基于百度人工智能技术，开放百度在图像、语音处理的智能服务。除此之外，百度天工平台提供从设备端的 SDK 到接入、协议解析、设备管理、存储、数据等全栈产品，让企业和合作伙伴可以快速搭建一个满足行业诉求的物联网应用。同时，得益于百度天算平台的大数据和人工智能技术，在设备维保领域，天工平台帮助用户实时、存储设备数据，通过机器学习和深度学习等方式，可以大大提高设备故障预测的准确率。

三、百度云的智能平台：四大天王

2016 百度云智峰会（ABC Summit）上，百度以"智能，计算无限可能"为主题，聚焦云计算、人工智能和大数据三大产业。继 2016 年 7 月发布天算、天像、天工三大智能平台之后，百度又发布人工智能平台级解决方案"天智"。至此，百度云实现了人工智能、智能大数据、智能多媒体和智能物联网全方位的智能平台服务。百度总裁张亚勤说，百度云拥有百度大脑的支持，是百度云最独特、最重要的优势。百度大脑是百度云的核心引擎，而百度云是百度大脑的云化，为前者提供了神经元和数据训练源。通过深度学习和机器学习技术，百度在语音、图像、自然语言处理等方面取得重要成果。截至目前，百度已经和超过三万家企业展开合作，百度云也陆续渗透到物流、医疗、教育、营销、金融等关系到百姓生活的各个行业中，让服务开始真正智能化。

第一，天算——智能大数据。天算平台是开源开放的智能大数据平台。主要业务为数据仓储、数字营销、日志分析、智能推荐、大数据舆情及生命科学。企业为了分析数据进而获取洞察力的努力，是商务智能的主要环节。在大数据时代，百度云提供了云端的数据仓储解决方案，为企业搭建现代数据仓库提供指南。数字营销主要集中于从搜索推广到实时竞价广告，从大数据收集存储到数据分析，营销云依托百度对数字营销服务市场多年的运营经验和技术积累，为客户提供全场景解决方案。

同时，依托百度云的大数据分析产品，百度云提供日志分析托管服务，省去开发、部署以及运维的成本，可以聚焦于如何利用日志分析结果做出更好的决策，实现商业目标。百度云智能推荐解决方案依托百度在多种推荐场景上的技术积累和丰富的用户画像数据，为广大企业提供有效、易用的智能推荐服务，快速提升业务目标。

第二，天像——智能多媒体。天像平台是百度云提供的音视频、图像和文档等智能多媒体服务平台，全面整合百度在视觉领域的人工智能优势，开放百度内容生态（见图4-2），助力企业轻松搭建智能多媒体应用。平台特色即ABC Inspire媒体行业，其中，A是基于世界领先的百度大脑打造的视频AI能力，B是百度视频大数据能力，C是百度视频基础云能力。ABC+百度视频内容生态强力整合，帮助合作伙伴提升生产效率、增强用户黏性和获取用户流量。天像提供业内领先的智能视频云服务，以理解视频内容，挖掘视频价值。

天像电影的客户案例有国家发改委，基于百度LSS搭建了一套完备的高清视频会议直播系统。直播过程中，对视频流进行全流程加密，满足稳定、清晰、流畅的直播体验和机密性需求。

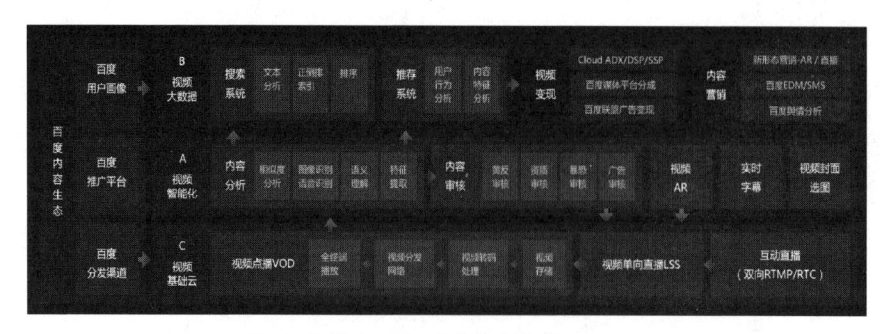

图4-2 百度内容生态

第三，天工——智能互联网。天工平台是融合了百度ABC（AI、Big

Data、Cloud）的"一站式、全托管"智能物联网平台。赋能物联网应用开发商和生态合作伙伴从"连接""理解"到"唤醒"的各项关键能力，从而轻松构建各类智能物联网应用，促进行业变革。

天工的产品和服务主要以物联基础套件、物联数据存储、物联安全套件以及物联边缘计算四个方面为主。其中物联基础套件以物管理为核心的开发模型致力于成为云端描述真实世界的载体，提供设备管理、数据接入、协议解析等基础功能，更方便对接时序数据库、物可视等产品服务（见图4-3）。

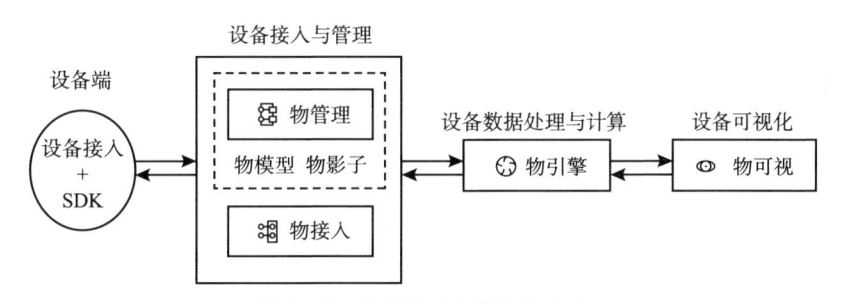

图4-3 物联基础套件相关产品

物联数据存储是物联网时序数据存储的最佳选择，基于时序数据做到超高性能读写和计算优化，并且可以与端上时序数据库无缝实时协同。物联安全套件则是百度在安全领域的最新成果，全面保护客户的物联网设备，包含面向设备的密钥和证书管理服务，设备端与云端双向认证与传输加密，以及实时审查并获悉客户的物联网设备的安全状况，确保设备遵循安全最佳实践。物联边缘计算则是以智能边缘计算为主，将云计算能力拓展至用户现场，可以提供临时离线、低延时的计算服务，包括消息规则、函数计算、AI推断。智能边缘配合百度智能云，形成"云管理，端计算"的端云一体解决方案（见图4-4）。

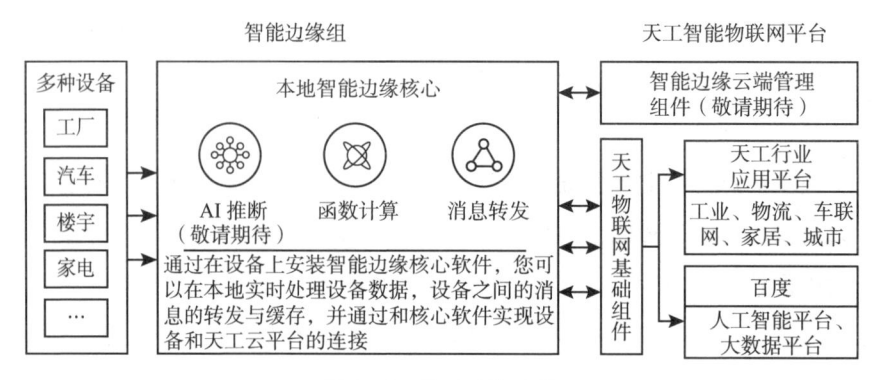

图 4-4 物联边缘计算

百度云平台服务为网站及部署提供解决方案，基于百度云丰富类型的基础云产品，打通网站流量与价值变现闭环，提供从域名/DNS 服务、网站设计开发、网站部署发布、ICP 备案，到网站运维、网站优化、推广与变现等全栈服务，让您的网站收录更快、运行更稳定。同时，基于百度海量的数据积累与强大的技术能力，为政府、广电媒体、舆情服务商、企业提供实时的舆情信息订阅、分析服务，帮助客户实现个性化深度定制的舆情系统，及时准确把握时事脉搏。

除此之外，百度云平台服务布局不仅局限于互联网行业，依托百度云基础服务产品以及"百度文库"的生态内容，为您构建百度独有的"基础云技术+教育云平台+教育大数据"解决方案，推进教育行业的数字化和智能化，促进行业的转型升级。百度大数据零售行业解决方案为商业地产（mall/商超）、品牌连锁、展会、汽车、房产行业以及 SI/ISV 服务商提供科学的客流分析、选址决策及精准营销等整体解决方案。

第四，百度云天智——人工智能平台。2016 百度云智峰会上百度云重磅发布了最新的人工智能平台——天智。天智是基于世界领先的百度大脑打造的人工智能平台，提供了语音技术、视觉技术、人脸识别能力、深度学习平台和自然语言 NLP 等一系列人工智能产品及解决方案，帮助各行各业的客户打造智能化业务系统。天智底层为百度云计算，由感知平台、机器学习平台和深度学习平台三部分组成，为不同需求的客户提供全面的人工智能服务。

人工智能应用是提供开放全球领先、易用的人工智能服务，一站式提供语音、文字识别、人脸识别、自然语言处理、视频分析与理解等基础服务，以及人脸闸机、智能语音助理、图像审核等丰富的解决方案，助力各行各业快速接入顶尖的人工智能技术，改进产品体验，提升业务效率。

深度学习平台适用于大公司科技创新部门、深度学习开发者，为深度学习开发者提供完整的开发环境，不但为企业解决大规模使用过程中数据存储、训练调试、监控运维等问题，同时支持个人开发者灵活使用资源的需求。

底层运算资源适用于所有用户，是基于百度多年积累的虚拟化、分布式集群等技术构建的云端计算服务。支持 GPU、FPGA、计算优化、存储优化云主机等多种底层运算资源，满足不同阶段用户的资源需要。同时提供分钟级的计费模式，搭配镜像、快照、云安全等增值服务，为用户提供业界最佳效费比的运算资源。这也是继"天算""天像""天工"三大平台后，百度云发布的第四大平台级解决方案。至此，百度云实现了人工智能、智能大数据、智能多媒体和智能物联网全方位的智能平台服务。借助天智平台，企业和开发者可以便捷地获得百度的人工智能技术能力，实现业务创新、提升用户体验等。百度天智将持续保持开放，推动各个行业的转型，进入 ABC 时代。

四、结论与启示

随着云计算技术的不断发展和改进，互联网环境也及时更新各项技术为客户提供更好的使用平台，其中百度公司推出的百度云平台更是云计算发展历程的里程碑。百度公司的百度云事业的发展也给现代云端服务公司提供了三大启示：

第一，夯实"移动基础，决胜 AI 时代"的新战略。对公司未来的云端服务发展，百度公司有着明确的目标与战略，并在基础技术发展上不断创新求进步。公司持续提升百度核心产品的用户参与度，并通过 AI 技术提升客户在百度上的广告投放效率。AI 业务上，Apollo 2.0 与 DuerOS 2.0 在 2017CES（国际消费类电子产品博览会）和百度世界大会上的发布引发海内外广泛关注。

第二，注重人工智能技术的发展。百度股份有限公司一直致力于人工智能行业的发展，不管是公司的核心搜索业务，还是正在开发的新业务，其驱动力都是人工智能技术，在未来的 5~10 年里，相关的搜索技术和现在所使用的技术将会产生很大的不同。

第三，推进云计算在社会日常生活中的运用。百度公司本着"用科技让复杂的世界更简单"的理念推进互联网事业和技术的不断发展更新，百度云持续为企业提供领先的云服务，并以峰会为创新合作平台，以人工智能为核心，进一步夯实自身"云智数"融合发展的战略和特色优势，驱动各个行业的智能升级，进而加速整个社会的智能化进程，让智能，计算无限可能。

（资料来源：作者根据多方资料整理而成）

如今，云计算继在社交、电商、游戏、视频等领域的应用后，正朝着政务、金融、制造、医疗等纵深行业蔓延。各类行业、企业云平台的搭建，加速了产业信息化变革。云计算将作为未来网络经济社会重要的基础设施。云时代已经向我们走来。

4.1 云端时代：无处不在的云

云计算是做与大数据相关的事，大数据来自企业运营以及用户各种行为，所有的大数据只有连接互联网才能收集整理，因此云计算离不开连接。这意味着，有云计算的地方就有连接。不夸张地说，中国大部分人每天所接触的从衣食住行工作交互再到企业的运营管理，身边处处都有云计算的身影，因为大家所用的大部分工具与设备都只是一个客户终端，其服务端都在云上。所以，云计算已经是无处不在了。

4.1.1 步入"云"时代

随着云技术的快速发展和迭代更新，各行各业都在"云"中快速成长，甚至有人断言，全面云化的时代已悄然来袭。在技术层面，互联网将为整个信息处理、资源采集和数据运算提供环境。在行业应用，软件有云，硬件有云，生产有云，设备有云，产业有云，行政有云，更多产业正在上云，互联网＋离不开云。用一句话表述，云计算无处不在。

"云＋端"改变了人们的生活和工作方式，提供了无限多的可能。构建在云计算之上的应用给人们带来了诸多方便，开启了云生活时代。在许多家庭，通过智能设备可远程控制家庭终端。离开家上班的时候，通过智能监控照顾家中的宠物；下班回家，提前将家里的暖气打开，等到了家中，已是最合适的温度。这些智能生活的场景，正是云时代中的真实生活。在许多公司，工作人员不再需要固定的电脑，只需要连上互联网，通过终端访问云平台，就能打开自己的应用软件。所有的工作资料都放在了云平台上，不仅节约办公空间，也减少了公司整体的办公设备资源消耗。

在许多城市，通过市县统筹云端建设，政务服务实现了"一张网"全覆盖，推出各类网上预约、网上查询、网上办理、网上支付等在线服务，方方面面服务市民生活。未来，云应用将为人们生活带来更大变化，云端将成为和水、电一样的公共资源。人们可以按需付费，随时随地自由地使用。

腾讯集团董事局主席马化腾指出，未来云时代有三个趋势：第一，云是产业革新原动力。"就像电力带来的变革一样，接入云会带来数字化升级"。有了电之后就产生大量发明，比如电灯、电报、电器等。云出现之后会发明什么，还不知道，现在还是云应用初级阶段。但马化腾推测人工智能就是这样的发明。第二，云是新型管理的主平台。包括政府的交通、安全等都越来越依靠云这一基础设施，现在政法管理、交通管理方面有很大挑战，但如果积极拥抱新技术，用云技术就不用担心。第三，云是人工智能的强载体。传统企业的未来就是在云端用人工智能处理大数据。云、大数据、人工智能是不可分割的。腾讯的一个团队最近告诉他，人工智能可以辅助医生做肺癌早期筛查，目前初步成绩是查出肺癌准确率超过63%，这个数据还可以再提升。

4.1.2 云端革命："云"畅想

云时代的到来，让人们可以尽情地享受云生活。云生活概念是由酷晒网提出的一种互联网虚拟社会应用模式。云生活的核心思想就是将大量的社会闲置资源统一管理和调度，构成一个资源池向用户按需提供服务。参与分享的用户越多，能够创造的新价值就越大。

云端的未来是一幅美好的愿景，把生活交给云端，以智能手机和可穿戴移动设备为中心，把信息辐射到周围所有的人与物，我们与周围融为一体，这就是物联网、云计算和大数据三者结合所代表的未来方向。

现在我们正处在一个关键的过渡时期，云计算正在加速改变传统的互联网格局，计算和存储资源正在迅速廉价化，市场重心不断地向云端的在线应用服务转移，平台入口的地位越来越凸显。大量的传感器正在被迅速部署到世界的各个角落，数据爆炸式增长，让计算机对自然的感知能力不断增强，这些又是建立在云计算和大数据技术的基础上。

在物物互联的世界里，人和移动设备都是物联网的信息节点，许多信息对我们来说其实非常有用，只是没有被有效地利用和分享，云端的未来这些都会改变。

云计算不仅仅属于大公司，化云为雨可以滋润万物。通过智能手机和可穿戴移动设备把云端无穷无尽的应用服务带到每个人的面前，云计算终将会降落到每个人的身边，未来每个人都会有属于自己的一片云。

信息时代我们的生活与周围的信息联系越来越紧密，各种各样的屏幕正迅速将我们包围起来。我想我们迫切需要用某种方式把这所有的东西用一种直觉化的方式无缝互联起来，让它们与人更加和谐相处，让它们能够听懂人们的话语，能够看懂自然万物，把信息用一种自然而且美妙的方式呈现在我们眼前。

云端服务专栏 1

华为云："一朵云"助推企业云转型

图片来源：www.huawei.com。

2017年9月，华为副董事长、轮值CEO郭平表示，华为致力成为未来全球五朵云之一。这实际上也要求华为将私有云和公有云解决方案连接成一体，成为整体的解决方案，进而提升华为云的整体竞争力。

一、公司介绍

华为是全球领先的ICT（信息与通信）基础设施和智能终端提供商，致力于把数字世界带入每个人、每个家庭、每个组织，构建万物互联的智能世界。我们在通信网络、IT、智能终端和云服务等领域为客户提供有竞争力、安全可信赖的产品、解决方案与服务，与生态伙伴开放合作，持续为客户创造价值，释放个人潜能，丰富家庭生活，激发组织创新。华为云是华为倾力打造的云服务品牌，为客户提供稳定可靠、安全可信、可持续演进的云服务，是真正为企业而生的云，连接企业现在与未来。

华为云致力于将华为公司 30 年所有的技术积累和能力，用云服务的方式提供给客户。华为云加强投入，将公有云和私有云并列发展，为客户提供混合云解决方案，希望在运营、运维系统上来满足客户的需求，帮助企业完成数字化转型。华为云的公有云和私有云具备统一的 API、统一的服务、统一的生态、统一的架构，企业的业务可以高效且自由的部署在公有云或私有云平台之上，相互之间可以迁移和扩容。截至 2018 年 2 月，华为云已发布 14 大类共 100＋云服务，以及制造、医疗、电商、车联网、SAP、HPC、IoT 等 60 多个解决方案，服务于全球众多知名企业。

二、华为云：私有云与公有云融合

早在 2007 年，华为就成立了聚焦云计算的虚拟化研究部，开始投入云计算相关研究。2017 年 3 月，华为轮值 CEO 徐直军宣布华为将成立 Cloud BU，与合作伙伴一起强力推出公有云。2017 年 9 月，华为轮值 CEO 郭平表示华为将致力于成为未来全球"五朵云"之一。华为表示，华为云将继续加强投入，将公有云和私有云并列发展，为客户提供云解决方案，希望在运营、运维系统上来满足客户需求，帮助企业完成数字化转型。

据华为 IT 云计算与大数据平台产品线总裁马力表示："华为云是一朵云，不管私有云，还是公有云，其都采用了统一的架构、统一的服务、统一的 API、统一的生态。由此，不管用户是先私后公，还是先公后私，或是公私兼顾，皆可以平滑选择。客户可以将应用数据部署在私有云，也可以部署在公有云，形成线下、线上协同。"

第一，私有云在中国市场夺得多项第一。作为华为云的重要组成部分，华为云私有云解决方案在全球表现优异，并且已经成为中国市场的领路者。根据市场研究机构 IDC 的报告显示，华为云 FusionCloud 私有云解决方案在中国市场取得多项第一。其中，据 IDC、Gartner、GlobalData 等第三方研究机构的报告显示，华为云政务云解决方案、华为云 FusionInsight 大数据解决方案和华为云 FusionAccess 桌面云解决方案在中国市场均取得第一，华为云 FusionSphere 虚拟化解决方案在中国厂商中排名第一、Fusion-Insight 进入 Gartner 大数据 DMSA 魔力四象限，而华为云 NFVI 解决方案被 GlobalData 评为全球 NFVI 解决方案综合实力领导者。

据了解，华为云 FusionCloud 私有云解决方案，是华为基于不同客户私有云和大数据建设要求所提供的私有云解决方案系列，包括通用解决方案和行业解决方案。通用解决方案方面，包括 FusionCloud 私有云解决方案、FusionSphere 虚拟化解决方案、FusionInsight 大数据解决方案和 FusionAccess 桌面云解决方案。行业解决方案方面，针对运营商行业的融合资源池解决方案、NFVI 解决方案、政企托管云解决方案；针对政府行业的政务云解决方案、政务大数据解决方案；针对公共安全行业的视频云解决方案、警务云大数据解决方案和智慧交通解决方案；针对金融、医疗、制造、大企业等其他行业的解决方案。

目前，华为云 FusionCloud 私有云解决方案已经服务于全球 144 个国家和地区超过 4 000 家客户，覆盖政府及公共事业、运营商、能源、金融等多个行业。

第二，华为推出"云联盟"策略。2015 年，华为发布面向中国市场的企业云服务，正式进入公有云领域，但此时更多是聚焦行业用户。此外，华为也在推进全国云数据中心节点的建设。直到 2017 年，华为终于坚定喊出要做公有云的战略。年初 Cloud BU 的成立，被外界看作华为正式进军公有云的信号。

华为轮值 CEO 郭平介绍，华为云有两种模式。第一种是华为自建的公有云服务以及帮助企业客户建设的私有云。私有云中，华为提供技术和服务，帮助用户做数据变现。第二种是合作公有云。华为提供技术协助运营伙伴，比如国内的天翼云 3.0 和国外的德电、西班牙电信等合作建立的云。

郭平还提出"云联盟"的概念,"航空公司在全球有三大航空联盟,天合联盟、星空联盟和寰宇一家,我们希望(像航空联盟一样),将来客户接入到华为云,即可通达全球。"在商业模式上,华为强调"靠技术和服务变现,不靠用户数据变现",这也是华为和传统互联网公司的最大区别。

目前来看,华为的目光主要放在大企业和政府身上。郭平介绍,在设计上,华为致力打造的是一朵特别适合政府、企业的混合云。"当前,所有的政府和大企业云都采用混合云的建设模式。华为致力打造面向实际业务场景的云,使得客户可以在华为的私有云、公有云之间灵活配置,轻松把第三方云纳入管理。"

"虽然既做公有云,也做私有云,但其实华为只有一朵云。"马力强调,公有云和私有云解决方案将共享华为云这个品牌,并且形成合力,对外提供更具竞争力的云服务。华为云的公有云和私有云具备统一架构、统一服务、统一 API、统一生态,企业的业务可以高效且自由的部署在公有云或私有云平台上,相互之间可以迁移和扩容,为客户提供一致的云体验。

(资料来源:作者根据多方资料整理而成)

4.2 解密云计算

云计算(Cloud Computing),不仅仅是一次技术革新,更是一场商业模式革命。云计算实质上是一种新的 IT 运营业务模式,即以服务的方式提供或消费 IT。很多专家认为,未来主要的计算、存储等工作将再次离开个人计算机,转而由远端的计算中心来完成,人们不再需要 U 盘等移动存储设备,甚至只需要一个手机,就可以完成所有的信息搜索、处理和数据运算等任务。那么云计算究竟是什么,云计算从哪里来,未来又会怎样呢?

4.2.1 何为云计算

2007 年,谷歌首次提出云计算的理念,随后,IBM 也推出了"蓝云计划"并成功将其推向市场。那么云计算究竟是什么呢？

对此，阿里巴巴集团首席架构师王坚打了这个比方，"小时候很多地方喝水需要在门口打一口井，从想要喝水到挖井到喝上水，过程坎坷费时费力。但是现在家里用水只要跟水务公司打个电话，甚至买到房子的时候就已经有水了，过程大大简化，这都是水厂的功劳。在互联网中，云计算就相当于自来水厂，随用随取，不用自己建服务器，而且一开始就用上安全、干净的水。"王坚的比喻非常恰当，云计算就是用户不需要搞清楚计算所必要的硬件、软件，但是又可以让这些硬件、软件为自身服务，并且这些硬件、软件能够和网络一起构成拥有极强计算能力的系统，即云计算是一种通过 Internet 以服务的方式提供动态可伸缩的虚拟化的资源的计算模式。云计算的特点见图 4-5。

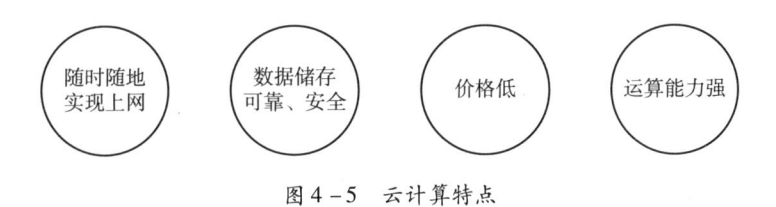

图 4-5 云计算特点

第一，云计算可实现随时随地上网。云计算支持用户在任意位置、任意时间、使用各种终端获取应用服务。只需一台电脑或者一部手机，就可以通过网络服务来实现我们所需要的一切。

第二，数据存储更可靠、安全。云计算提供了可靠安全的数据存储中心，使用了数据多副本容错、计算节点同构可互换等措施来保障服务的高可靠性，使用云计算比使用本地计算机可靠，避免了用户将数据存放在个人电脑上可能造成的数据丢失或病毒入侵等问题。同时，其还通过严格的权限管理策略支持数据的共享。

第三，价格更低。传统的 IT 企业，为了存储数据，需要不断买服务器，但是大部分 IT 设备作为自营的时候，平均使用率不到 30%，而且随着数据的与日俱增，扩容周期长、门槛高、投资大，只会不断增加企业成本。云计算恰好可以轻松解决这些困扰。云端瞬间扩容，不用为空置去付额外的代价。云计算能够智能化地处理许多重复性的管理任务，可有效降低劳动力成本。一个系统管理员在传统企业里可以管理约100多台服务器，但在云数据中心则可管理数千台服务器。同时，电力成本在企业运营总体成本中所占比例通常在15%~20%之间，云服务提供商通过将数据中心部署于低电价和有清洁供电能力的区域，并通过批量采购的形式能使电费降低25%。

第四，强大的运算能力。云是一个计算机群，每一群包括几十万上百万台计算机，它是数据存储和应用服务的中心，用来完成用户的各种业务要求。云计算所进行的超级运算能力在普通计算环境下是难以达到的。

云计算的主要服务形式：SaaS（软件即服务），PaaS（平台即服务），IaaS（基础设施即服务）是云计算的主要服务形式（见图4-6）。

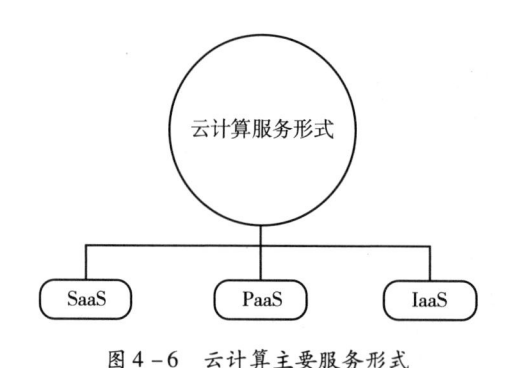

图4-6 云计算主要服务形式

第一，SaaS服务提供商将应用软件统一部署在自己的服务器上，用户根据需求通过互联网向厂商订购应用软件服务，服务提供商根据客户所定软件的数量、时间的长短等因素收费，并且通过浏览器向客户提供软件的模式。这种服务模式的优势是，由服务提供商维护和管理软件、提供软件运行的硬件设施，用户只需拥有能够接入互联网的终端，即可随时随地使用软件。这种模式下，客户不再像传统模式那样花费大量资金在硬件、软件、维护人员，只需要支出一定的租赁服务费用，通过互联网就可以享受到相应的硬件、软件和维护服务，这是网络应用最具效益的营运模式。Salesforce.com，和 Google Apps 都属于这类服务。

第二，PaaS 是一种分布式平台服务，厂商提供开发环境、服务器平台、硬件资源等服务给客户，用户在其平台基础上定制开发自己的应用程序并通过其服务器和互联网传递给其他客户。PaaS 能够给企业或个人提供研发的中间件平台，提供应用程序开发、数据库、应用服务器、试验、托管及应用服务。Google App Engine 平台，八百客的 800APP 是 PaaS 的代表产品。

第三，IaaS 把厂商的由多台服务器组成的"云端"基础设施，作为计量服务提供给客户。它将内存、I/O 设备、存储和计算能力整合成一个虚拟的资源池为整个业界提供所需要的存储资源和虚拟化服务器等服务。这是一种托管型硬件方式，用户付费使用厂商的硬件设施。IaaS 的优点是用户只需低成本硬件，按需租用相应计算能力和存储能力，大大降低了用户在硬件上的开销。Amazon Web 服务（AWS），IBM 的 BlueCloud 等均是将基础设施作为服务出租。

云端服务专栏 2

光环新网：IDC 和云计算行业综合服务商

图片来源：www.sinnet.com.cn。

光环新网是业界领先的互联网综合服务提供商。光环新网作为国内数据中心的行业龙头，IDC 资源储备丰厚，未来业绩高速增长确定性强。伴随 AWS 云计算和无双科技 SAAS 的业务加速发展，光环新网的成长空间将进一步打开。

一、公司介绍

北京光环新网科技股份有限公司（以下简称"光环新网"）成立于1999年1月，是业界领先的互联网综合服务提供商。公司主营业务为互联网数据中心服务（IDC及其增值服务）、云计算服务、互联网宽带接入服务（ISP）等互联网综合服务。光环新网致力于以先进技术、优质资源和高品质服务推动互联网创新发展，为用户提供更加高速、稳定、安全的互联网环境。光环新网早期从事IDC（Internet Data Center）业务，即互联网数据中心业务，主要包括服务器托管、租用、运维以及网络接入服务的业务。后利用上市公司的资源和平台优势，通过收购兼并，切入云计算领域。公司2017年全年实现营收40.77亿元，归母净利润4.36亿元，扣非归母净利润4.32亿元。2018Q1实现营收13.37亿元，归母净利润1.38亿元。

二、坚持IDC和云计算业务双轮驱动发展

在IDC业务上，光环新网IDC业务已经具有十几年的运营经验，时刻紧跟互联网技术发展趋势，保持技术优势，服务能力已达到国际先进水平。2014年以来公司先后完成明月光学、科信盛彩（15%股权）、德信致远、中金云网、亚逊新网等并购，在上海嘉定（机柜数量4 500个）、北京太和桥（机柜数量一期6 500个，二期2 500个）、北京燕郊（机柜数量2 600个）、北京东直门（机柜数量600个）、北京房山（机柜数量一期6 000个，二期6 000个）、北京亦庄（机柜数量3 000个）、北京酒仙桥（运营机柜4 000个）等区域完成了IDC地块储备，现有机柜储备数量达到35 700个。北京、上海等区域数据中心地块资源稀缺，在数据流量快速提升背景下IDC供不应求，优质的资源储备也为公司长远发展奠定了坚实基础。后续相关区域的机柜数量将逐步提升，我们预计每年新增约7 000个机柜，到2020年公司有望运营超过50 000个机柜，充分满足用户的各层次需求。

2018年2月1日，光环新网发布公告称，拟向北京科信盛彩云计算有限公司（以下简称"科信盛彩"）除公司之外的全体股东发行股份及支付现金购买科信盛彩85%股权。本次交易，科信盛彩85%股权作价暂定为11.48亿元。此前光环新网曾在2015年与控股股东北京百汇达投资管理有限公司共同投资科信盛彩，其中公司投资人民币6 870万元持有其15%的股权，百汇达投资人民币16 488万元持有其36%的股权。光环新网通过《一致行动协议》实际控制科信盛彩51%股权，不过本次交易完成后，光环新网所持科信盛彩股权比例将由15%增加至100%。本次交易完成后，随着科信盛彩优质资产的注入，将增加上市公司可供出租机柜规模，增强IDC业务及其增值服务业务的竞争力。上市公司原有数据中心业务地位将得到进一步巩固，上市公司的持续盈利能力和抗风险能力将得以提升。

在云计算方面，收购亚马逊资产，云计算业务有望加速成长。光环新网与亚马逊通署了《分期资产出售主协议》，拟以不超过人民币20亿元向亚马逊通购买基于亚马逊云技术的云服务相关的特定经营性资产。截至2017年底公司已首批采购8.46亿元（不含税）设备，从而确保公司可以持续稳定地提供并运营基于AWS技术的云服务，进一步夯实了公司在云计算业务领域的行业地位。未来AWS业务运营模式明晰，收入来源将包括云计算销售分成、资产投入部分利润回报、IDC机柜出租及运营。AWS作为全球最大的公有云公司，技术实力突出，将助力公司完善云计算业务体系，扩大市场份额。不仅如此，2017年年末拿到了云服务牌照，获得云服务业务经营许可。通过光环云和由光环新网运营的AWS云两大平台，公司可满足不同层次客户对云计算产品组合和配套服务的需求。

光环新网紧跟互联网发展趋势，大力加强云计算投入及云计算应用，2017年，公司营业收入预计达40亿元，较上年同期增长约75%；其中，云计算服务收入占比预计达到全年总收入的70%，较上年同期增长约130%。预计未来公司AWS相关业务有望保持较快增长，2018～2020年公司AWS云计算业务收入复合增速有望达到60%。到2020年公司云计算收入（含无双科技）有望超过100亿元，从而推动云计算成为公司业务新增长极。

经过近二十年积累与深耕,光环新网的几大业务板块涵盖互联网数据通信全服务领域,累计服务企业客户逾万家,树立了优秀的行业口碑,在市场上享有领先的市场占有率和较高的品牌知名度。

(资料来源:作者根据多方资料整理而成)

4.2.2 云技术

云技术(Cloud technology)是基于云计算商业模式应用的网络技术、信息技术、整合技术、管理平台技术、应用技术等的总称,可以组成资源池,按需所用,灵活便利。云计算技术将变成重要支撑。计算网络系统的后台服务需要大量的计算、存储资源,如视频网站、图片类网站和更多的门户网站。伴随着互联网行业的高度发展和应用,将来每个物品都有可能存在自己的识别标志,都需要传输到后台系统进行逻辑处理,不同程度级别的数据将会分开处理,各类行业数据皆需要强大的系统后盾支撑,只能通过云计算来实现。

云技术的一个发展方向是将实验室中的云计算理论与半成熟的理论,如软件即服务,或面向服务架构等结合起来,将企业应用和功能置于云中。比如,与其将一些已经成熟的服务,比如电邮服务加入云应用中,不如想象一下,将企业的供应链系统加入云应用中,实现与供应商的实时链接。从逻辑上讲,企业可以将业务流程和功能分割成小的功能块,并将其与云技术结合,从而创造出个性化的业务功能,同时将原先一两年才能完成的架构搭建工作缩短到数周或数月完成。

虽然这还只是个梦想,但是企业的 CEO 们应该从今天就着手进行相应的准备工作了。而这个准备工作并不复杂:理解企业的 IT 内容和业务流程,确保这些内容都被很好地归档和记录下来,并且是小规模便携式的。

有很多方法和理论可以帮助我们捕获和记录业务流程,如果你曾经留意过去十年的管理课程,会发现 Six Sigma、Lean 或其他方法论中有很多关于业务流程捕获和重新建模的内容。而对我们的目标来说,结果的重要性要远大于采用什么方法进行业务流程的存档和记录。

从IT的角度看，确认业务过程被正确记录，是一件很简单的事情。由于IT部门的人员可能并不熟悉业务部门的运作流程，因此当一个业务发生时，全程跟踪下来并将流程绘制成流程图，可以帮助IT人员快速进入状态。在这中间，尤其要注意的是业务部门之间的交接，数据单元进入IT系统时，以及系统间的数据接口。

便携式业务流程的关键就在于理解这些交接过程并将其进行简化。从宏观角度，完美的便携式流程扮演着神秘黑盒子的角色：你将一个定义完整的数据单元放入黑盒子，另一端会出来一个同样定义完整的数据单元。当你在这个层面理解了业务和IT过程，考虑其他问题就简单多了。

当某个黑盒子的功能无法满足企业需求时，可以很方便地将其更换。与以往大杂烩似的业务架构相比，新的方法就好像一个可以自由拆卸的自行车，哪个零件坏了，拆下来换上新的就可以了。

在基于便携式业务流程的企业架构中，你不再需要与某个外包商签订协议，而是可以随时将多个"黑盒子"灵活调整，满足企业现有的业务需求，财务状况以及战略方向等。简单讲，你已经是一个交响乐队的指挥，而不仅仅是个吹圆号的乐队成员了。

当今可能你企业中的很多业务组件都不具备云计算的功能，不过没有关系，一旦你理解了这个层面上的业务是如何运作的，你就可以自己优化一套"黑盒子"，并在时机成熟时将其与云相结合。深入理解这个概念，你的企业将能更加灵活的适应商业环境的变化。

和很多值得一做的努力一样，收集企业的业务流程并确保将其转换为便携式的业务流程是一个说起来容易做起来费时的工作。但是，如果你真的希望云技术能给你的企业带来改变，便携式的业务流程是不可缺少的一个前提。

当你意识到全球用户和各地的系统功能都需要云技术相互连接起来时，你才能真正发现云技术的实用价值。

4.2.3　云安全：云加密

"云安全"（Cloud Security）技术是网络时代信息安全的最新体现，它融合了并行处理、网格计算、未知病毒行为判断等新兴技术和概念，通过网状的大量客户端对网络中软件行为的异常监测，获取互联网中木马、恶意程序的最新信息，推送到 Server 端进行自动分析和处理，再把病毒和木马的解决方案分发到每一个客户端。云安全技术是 P2P 技术、网格技术、云计算技术等分布式计算技术混合发展、自然演化的结果。

值得一提的是，云安全的核心思想，与刘鹏早在 2003 年就提出的反垃圾邮件网格非常接近。刘鹏当时认为，垃圾邮件泛滥而无法用技术手段很好地自动过滤，是因为所依赖的人工智能方法不是成熟技术。垃圾邮件的最大的特征是：它会将相同的内容发送给数以百万计的接收者。为此，可以建立一个分布式统计和学习平台，以大规模用户的协同计算来过滤垃圾邮件：首先，用户安装客户端，为收到的每一封邮件计算出一个唯一的"指纹"，通过比对"指纹"可以统计相似邮件的副本数，当副本数达到一定数量，就可以判定邮件是垃圾邮件；其次，由于互联网上多台计算机比一台计算机掌握的信息更多，因而可以采用分布式贝叶斯学习算法，在成百上千的客户端机器上实现协同学习过程，收集、分析并共享最新的信息。反垃圾邮件网格体现了真正的网格思想，每个加入系统的用户既是服务的对象，也是完成分布式统计功能的一个信息节点，随着系统规模的不断扩大，系统过滤垃圾邮件的准确性也会随之提高。用大规模统计方法来过滤垃圾邮件的做法比用人工智能的方法更成熟，不容易出现误判假阳性的情况，实用性很强。反垃圾邮件网格就是利用分布互联网里的千百万台主机的协同工作，来构建一道拦截垃圾邮件的"天网"。反垃圾邮件网格思想提出后，被 IEEE Cluster 2003 国际会议选为杰出网格项目在香港作了现场演示，在 2004 年网格计算国际研讨会上作了专题报告和现场演示，引起较为广泛的关注，受到了中国最大邮件服务提供商网易公司创办人丁磊等的重视。既然垃圾邮件可以如此处理，病毒、木马等亦然，这与云安全的思想就相去不远了。

云安全从性质上可以分为两大类,一类是用户的数据隐私保护,另一类是针对传统互联网和硬件设备的安全。

在云安全技术方面,首先是多租户带来的安全问题。不同用户之间相互隔离,避免相互影响。云时代,需要通过一些技术防止用户有意或无意识地"串门"。其次,采用第三方平台带来的安全风险问题。提供云服务的厂商不是全部拥有自己的数据中心,一旦租用第三方的云平台,那么这里面就存在服务提供商管理人员权限的问题。

4.3 云服务:让云落地

云服务是基于互联网的相关服务的增加、使用和交互模式,通常涉及通过互联网来提供动态易扩展且经常是虚拟化的资源。云是网络、互联网的一种比喻说法。过去在图中往往用云来表示电信网,后来也用来表示互联网和底层基础设施的抽象。云服务指通过网络以按需、易扩展的方式获得所需服务。这种服务可以是IT和软件、互联网相关,也可是其他服务。它意味着计算能力也可作为一种商品通过互联网进行流通。好比是从古老的单台发电机模式转向了电厂集中供电的模式。它意味着计算能力也可以作为一种商品进行流通,就像煤气、水、电一样,取用方便,费用低廉。最大的不同在于,它是通过互联网进行传输的。

4.3.1 基础设施即服务(IaaS)

基础设施即服务(Infrastructure as a Service, IaaS),消费者通过Internet可以从完善的计算机基础设施获得服务。这类服务称为基础设施即服务。基于Internet的服务(如存储和数据库)是IaaS的一部分。Internet上其他类型的服务包括平台即服务(Platform as a Service, PaaS)和软件即服务(Software as a Service, SaaS)。PaaS提供了用户可以访问的完整或部分的应用程序开发,SaaS则提供了完整的可直接使用的应用程序,比如通过

Internet 管理企业资源。

作为 IaaS 在实际应用中的一个例子，The New York Times 使用成百上千台 Amazon EC2 虚拟机实例在 36 小时内处理 TB 级的文档数据。如果没有 EC2，The New York Times 处理这些数据将要花费数天或者数月的时间。

IaaS 通常分为三种用法：公有云、私有云和混合云。AmazonEC2 在基础设施云中使用公共服务器池（公有云）。更加私有化的服务会使用企业内部数据中心的一组公用或私有服务器池（私有云）。如果在企业数据中心环境中开发软件，那么这两种类型公有云、私有云、混合云都能使用，而且使用 EC2 临时扩展资源的成本也很低，如——比方说开发和测试，混合云。结合使用两者可以更快地开发应用程序和服务，缩短开发和测试周期。

同时，IaaS 也存在安全漏洞，例如服务商提供的是一个共享的基础设施，也就是说一些组件或功能，例如 CPU 缓存、GPU 等对于该系统的使用者而言并不是完全隔离的，这样就会产生一个后果，即当一个攻击者得逞时，全部服务器都向攻击者敞开了大门，即使使用了 hypervisor，有些客户机操作系统也能够获得基础平台不受控制的访问权。解决办法：开发一个强大的分区和防御策略，IaaS 供应商必须监控环境是否有未经授权的修改和活动。

云端服务专栏3

华胜天成：推进"一个核心+四朵云"

图片来源：www.teamsun.com.cn。

近年来华胜天成在云计算、大数据领域积极开拓市场，开发先进的传统与方案，为客户提供数据时代到来所需的技术与服务，为客户提供"自主可控"的软硬件产品。华胜天成云平台服务，提供全面 IaaS + 及 PaaS 层功能管理及全套业务运营能力，通过统一 API 层提供与主流云厂商兼容能力，实现构建公有云连接及管理能力满足多层次、全方位的需求。

一、公司介绍

北京华胜天成科技股份有限公司（以下简称"华胜天成"）是中国 IT 综合服务提供商，是服务网络覆盖大中华地区、东南亚及北美、东欧的跨国 IT 服务集团。旗下拥有两家主板上市公司：华胜天成（上海证券交易所上市公司：600410），香港 ASL 公司（香港联合交易所上市公司：00771）；三家新三板挂牌公司：兰德网络（新三板：834505），和润科技（新三板：837746），沃趣科技（新三板：839849）。华胜天成的业务方向涉及云计算、大数据、移动互联网、物联网、信息安全等领域，业务领域涵盖 IT 产品化服务、应用软件开发、系统集成及增值分销等多种 IT 服务业务。公司在电信、邮政、金融、政府、旅游、教育、制造、能源、交通、军队等领域拥有大量成功案例。2017 年，公司总营业收入 54.31 亿元，较上年增长 13.15%。在收入增长的带动下，毛利额较上年增长 9.43%，2017 年归属于母公司所有者的净利润较上年增长 536.96%。

二、推进"一个核心 + 四朵云"战略

2017 年，华胜天成提出了"一个核心 + 四朵云"的业务发展战略。公司围绕"连接 + 平台 + 智能"布局全链核心技术和产品，聚焦工业安监、物流、旅游、零售，深耕行业云应用，为实现"一站式"行业云龙头的战略目标打下坚实基础。为此，华胜天成对云计算相关业务进行了整合和提升，形成智慧安监、智慧物流、智慧旅游、智慧零售四朵行业云，打造了新的业务增长点和利润点，更好地体现了公司业务发展方向和发展重点。

2017 年，公司通过内生式发展与外延式并购相结合的方式，围绕"连接 + 平台 + 智能"相关环节进行核心自主产品布局，形成了以云计算平台为核心，物联网进行数据感知、采集和传输上云，人工智能大数据技术进

行数据学习和分析的产业闭环，为全链交付创造良好基础。

第一，连接层面。投资布局物联网芯片，形成芯片＋传感器的连接"端"优势。2017 年，公司通过发起设立的物联网并购基金战略投资泰凌微电子。泰凌微电子是全球范围内领先的物联网短距离通信芯片设计公司，拥有多项先进技术和专利，在中美两个重要市场的智能家居、消费电子领域享有盛名。2017 年，泰凌微电子物联网芯片在零售、物流等行业的解决方案中得到使用，公司物联网"连接"端的核心布局落地。

第二，平台层面。云计算平台是华胜天成多年打造的核心竞争力。公司在云计算基础软硬件方面进一步加大自主品牌产品的研发和市场推广。公司 Power 服务器得到业界高度认可，荣获"2017 年度自主可控高性能计算服务器优秀产品奖""2017 年度 OpenPOWER 杰出贡献奖"等多个奖项，已经累计获得重要行业客户 200 多家，实现年度销售约两亿元。2017 年，公司与成员企业联合推出国产芯片服务器，继续夯实云计算基础架构产品层面"自主、安全、可控"的根基。公司"华胜新云异构混合云管理平台""HyperX 融合云解决方案"等云平台管理软件已经广泛应用于工业制造企业、政务、金融等行业的云计算管理中。此类云软件将传统数据中心的计算、网络、存储、安全、应用等资源作为云资源来整体使用，支持私有云及公有云融合的混合云管理方式，拥有更加易用和丰富的基础云管理功能，不仅能有效提升客户 IT 设施效能，而且能整体降低客户 IT 采购成本。

第三，智能层面。报告期内，公司并购了美国 GD 公司，GD 公司在北美市场拥有完善的销售网络，其客户覆盖零售、金融、互联网科技等行业的核心企业，在东欧建立了专业的研发交付团队，能够熟练应用各种开源软件，为客户提供全渠道第三方电子平台核心流程的开发和维护、云端应用以及大数据实时分析等服务。GD 公司的并入，不仅为公司储备了大量智能应用方面国际化高端人才，提升公司整体竞争实力，同时也为公司实现零售行业的数字化、智能化提供了国际领先的实践经验。

经过战略前瞻布局，公司目前已经拥有物联网芯片、云计算基础软硬件和云管平台、大数据实时分析等核心技术产品。公司业务划分为主导产业板块和战略新兴产业板块。主导产业板块主要为信息系统和解决方案服务，战略新兴产业板块主要为云计算相关的全线云产品、云方案和云服务。

（资料来源：作者根据多方资料整理而成）

4.3.2 平台即服务（PaaS）

PaaS 是 Platform-as-a-Service 的缩写，意思是平台即服务。把服务器平台作为一种服务提供的商业模式。通过网络进行程序提供的服务称之为 SaaS，而云计算时代相应的服务器平台或者开发环境作为服务进行提供就成为 PaaS。

所谓 PaaS 实际上是指将软件研发的平台（计世资讯定义为业务基础平台）作为一种服务，以 SaaS 的模式提交给用户。因此，PaaS 也是 SaaS 模式的一种应用。但是，PaaS 的出现可以加快 SaaS 的发展，尤其是加快 SaaS 应用的开发速度。在 2007 年国内外 SaaS 厂商先后推出自己的 PaaS 平台。

PaaS 之所以能够推进 SaaS 的发展，主要在于它能够提供企业进行定制化研发的中间件平台，同时涵盖数据库和应用服务器等。PaaS 可以提高在 Web 平台上利用的资源数量。例如，可通过远程 Web 服务使用数据即服务（Data-as-a-Service：数据即服务），还可以使用可视化的 API，甚至像 800App 的 PaaS 平台还允许你混合并匹配适合你应用的其他平台。用户或者厂商基于 PaaS 平台可以快速开发自己所需要的应用和产品。同时，PaaS 平台开发的应用能更好地搭建基于 SOA 架构的企业应用。

此外，PaaS 对于 SaaS 运营商来说，可以帮助他进行产品多元化和产品定制化。例如 Salesforce 的 PaaS 平台让更多的 ISV 成为其平台的客户，从而开发出基于他们平台的多种 SaaS 应用，使其成为多元化软件服务供货商（Multi Application Vendor），而不再只是一家 CRM 随选服务提供商。而国内的 SaaS 厂商 800App 通过 PaaS 平台，改变了仅是 CRM 供应商的市场定位，实现了 BTO（Built to order：按订单生产），和在线交付流程。使用 800App 的 PAAS 开发平台，用户不再需要任何编程即可开发包括 CRM、OA、HR、SCM、进销存管理等任何企业管理软件，而且不需要使用其他软件开发工具并立即在线运行。

PaaS 能将现有各种业务能力进行整合，具体可以归类为应用服务器、业务能力接入、业务引擎、业务开放平台，向下根据业务能力需要测算基础服务能力，通过 IaaS 提供的 API 调用硬件资源，向上提供业务调度中心服务，实时监控平台的各种资源，并将这些资源通过 API 开放给 SaaS 用户。

云端服务专栏 4

深信服：做"安全 + 云"领军企业

图片来源：www.sangfor.com.cn。

2018 年 5 月 16 日，网络安全与云计算厂商深信服于深圳证券交易所上市。现如今已发展成为年收入近 25 亿元，员工 3 300 余人的科技公司，全国区域及城市渠道数千家，长期位列"中国网络安全企业 50 强"第一梯队。

一、公司介绍

深信服科技股份有限公司（以下简称"深信服"）于 2000 年 12 月 25 日成立。深信服是安全与云计算解决方案供应商，致力于让用户的 IT 更简单，更安全，更有价值。公司专注于向企业级客户提供信息安全、云计算、企业级无线等相关产品与解决方案，主营业务涵盖信息安全、云计算与企业级无线三大板块。近年来业绩持续高速增长，信息安全是公司的第一大业务，云计算业务正在成长为全新引擎。经过 18 年的发展，公司

97%渠道覆盖，快速覆盖全行业中小客户，每款产品均为市场领军，平均3年即成为每个细分市场第一。公司超融合超越行业两倍增长亮眼，竞争力强劲。2017年，公司实现营业收入24.72亿元，实现归母净利润5.74亿元。从营收结构来看，信息安全业务占比仍然超过6成。过去三年高增长，主要源于信息安全稳定增长和云计算在内新业务进入收获期。

二、深信服：起于安全，而不止安全

深信服实际起家于安全，而不止安全的"安全+云"领军企业。经过18年的发展形成信息安全、云计算、企业级无线三大产品线。一方面，公司做"减法"在前沿细分领域深入，再"加法"扩大业务领域，实现整体增长。公司97%渠道覆盖，快速覆盖全行业中小客户，每款产品均为市场领军，平均3年即成为每个细分市场第一。另一方面，超融合已成为云基础设施设大趋势，公司超融合超越行业两倍增长亮眼，竞争力强劲，预计未来将进一步扩大市占率。超融合未来发展是企业云，深信服现已提供企业云、桌面云、分支云"三朵云"整体解决方案。从2017年的财报看，深信服在2017年营收额达24.7亿元，其中安全业务占一半以上的比重。从公布的营收和净利润情况看，在上市的安全企业当中排第一。

深信服发家于网络安全，国内网络安全领域竞争激烈，深信服从一开始就选择另辟蹊径，通过寻找和洞察用户未被满足及满足不够好的IT业务痛点，用创新的方式不断满足客户需求，来打下属于自己的一片天。2004年，深信服创造性地将IPSec和SSL VPN合二为一，发布第一款二合一VPN网关，从此二合一VPN网关成为行业主流；2005年，深信服推出上网行为管理产品，成为该品类市场的定义者；2009年推出应用交付产品，成为唯一入围Gartner ADC全球魔力象限的中国厂商；深信服还发布了下一代防火墙，推动业界将防火墙向下一代演进。

深信服是一家做安全发家的企业，在安全行业有深厚的技术积累和口碑沉淀。凭借着对安全市场和用户的独到理解和洞见，深信服不断推陈出新，创造了一款又一款火爆的产品。多款产品处于业界领先地位。根据

IDC、Frost&Sullivan 的研究报告，深信服的上网行为管理连续 8 年国内市场占有率第一；SSL VPN 从 2008 年至 2014 年保持中国市场占有率第一；VPN 2015 年、2016 年保持国内市场占有率第一；应用交付 2014～2016 年连续三年国内市场占有率第二，国产份额第一；下一代防火墙在 2016 年统一威胁管理类别中国内市场占有率第二等。深信服在 2010 年就开始了云业务的布局，凭借自己在企业级 IT 十余年的技术积累和人才积累，迅速攻克了服务器虚拟化技术，随后扩展到网络虚拟化、存储虚拟化和安全虚拟化，2011 年开始相继推出桌面云、服务器虚拟化、网络虚拟化等产品。2015 年，深信服发布了基于超融合架构的企业级云产品，两年内深信服的云计算业务收入就快速超过 5 亿元，在超融合构建的企业级云领域挺进市场前三，实现了云赛道上的喷射式暴走（见图 4-7）。经过 8 年的探索与积淀，公司云计算业务厚积薄发，营收持续高增长且已成规模，从 2015 年的 0.72 亿元增加到 2017 年的 5.45 亿元，年均复合增长率 175%，整体营收占比也由 2015 年的 5% 上升至 2017 年的 22%。

图 4-7　深信服的融合云 IT

深信服的云计算业务实现爆发式增长，公司 2016 年、2017 年云计算业务增速分别是 208% 及 146%，持续爆发式增长。根据 IDC 发布的报告，深信服在国内超融合架构的市场份额是 7.30%，排在华为、华三之后国内公司的第三位。公司依托网络安全业务，特别是终端管控产品，大力投入研发，以虚拟化为核心技术的云管平台，超融合架构等产品前景广阔。云计算正在成为公司全新的增长引擎，布局上逐渐形成以网络安全技术为基因，超融合架构为基石的企业云＋桌面云的两大业务子板块。公司的企业云基于高可扩展性的超融合架构，使软件定义数据中心变得更简易，作为政府及广大企事业单位上云的优选方案，市场前景广阔；桌面云的方案安全高效，已成功交付超过 30 万云终端。

（资料来源：作者根据多方资料整理而成）

4.3.3 软件即服务（SaaS）

SaaS 是软件即服务（Software-as-a-Service）的简称，随着互联网技术的发展和应用软件的成熟，在 21 世纪开始兴起的一种完全创新的软件应用模式。它与按需软件（on-demand software），应用服务提供商（the application service provider, ASP），托管软件（hosted software）所具有相似的含义。它是一种通过互联网提供软件的模式，厂商将应用软件统一部署在自己的服务器上，客户可以根据自己实际需求，通过互联网向厂商定购所需的应用软件服务，按定购的服务多少和时间长短向厂商支付费用，并通过互联网获得厂商提供的服务。用户不用再购买软件，而改用向提供商租用基于 Web 的软件，来管理企业经营活动，且无须对软件进行维护，服务提供商会全权管理和维护软件，软件厂商在向客户提供互联网应用的同时，也提供软件的离线操作和本地数据存储，让用户随时随地都可以使用其定购的软件和服务。对于许多小型企业来说，SaaS 是采用先进技术的最好途径，它消除了企业购买、构建和维护基础设施和应用程序的需要。

SaaS 应用软件的价格通常为"全包"费用，囊括了通常的应用软件许可证费、软件维护费以及技术支持费，将其统一为每个用户的月度租用费。对于广大中小型企业来说，SaaS 是采用先进技术实施信息化的最好途径。但 SaaS 绝不仅仅适用于中小型企业，所有规模的企业都可以从 SaaS 中获利。

SaaS 有什么特别之处呢？其实在云计算还没有盛行的时代，我们已经接触到了一些 SaaS 的应用，通过浏览器我们可以使用 Google、百度等搜索系统，可以使用 E-mail，我们不需要在自己的电脑中安装搜索系统或者邮箱系统。典型的例子，我们在电脑上使用的 Word、Excel、PowerPoint 等办公软件，这些都是需要在本地安装才能使用的；而在 GoogleDocs（DOC、XLS、ODT、ODS、RTF、CSV 和 PPT 等）、Microsoft Office Online（Word Online、Excel Online、PowerPoint Online 和 OneNote Online）网站上，无须在本机安装，打开浏览器，注册账号，可以随时随地通过网络来使用这些软件编辑、保存、阅读自己的文档。对于用户只需要自由自在地使用，不需要自己去升级软件、维护软件等操作。

SaaS 提供商通过有效的技术措施，可以保证每家企业数据的安全性和保密性。SaaS 采用灵活租赁的收费方式。一方面，企业可以按需增减使用账号；另一方面，企业按实际使用账户和实际使用时间（以月/年计）付费。由于降低了成本，SaaS 的租赁费用较之传统软件许可模式更加低廉。企业采用 SaaS 模式在效果上与企业自建信息系统基本没有区别，但节省了大量资金，从而大幅度降低了企业信息化的门槛与风险。

云端服务专栏 5

蓝盾股份：做智慧安全领导者

图片来源：www.bluedon.com。

2018 年，蓝盾股份在国内首先推出云等保 All In 1 高密度安全虚机，成为国内首个以高密度方式"集成全安全能力"的厂商。蓝盾已经形成涵盖 IaaS、PaaS、SaaS 三个层面整体解决方案服务能力，成为云计算安全产品与业务模式最完善的安全企业之一。

一、公司介绍

蓝盾股份是中国信息安全行业的领军企业，公司成立于 1999 年，并于

2012年3月15日在深交所创业板上市。公司一直专注于网络信息安全领域，以"国际一流的信息安全企业"为战略远景，致力于成为我国智慧安全的领导者。公司构建了以安全产品为基础，覆盖安全方案、安全服务、安全运营的完整业务生态，为各大行业客户提供一站式的信息安全整体解决方案。同时，公司也瞄准了信息安全外延不断扩大的趋势，通过"自主研发+投资并购"双轮驱动的方式，持续推进"大安全"产业发展战略，并以"技术升级""空间拓展""IT层级突破"三个维度为主线进行布局，构建了完整的"大安全"产业生态版图。2017年，公司实现营业收入22.1亿元，同比增长40.86%；实现归属于上市公司股东的净利润4.1亿元，同比增长28.16%。

二、提出"大安全"产业发展战略

公司近年提出"大安全"产业发展战略，紧抓信息安全产业外延不断扩大的机遇，围绕"技术升级""空间拓展""IT层级突破"三个维度为主线进行布局，构建了完整的"大安全"产业生态版图（见图4-8），业务方向、业务区域及市场空间得以迅速扩大。

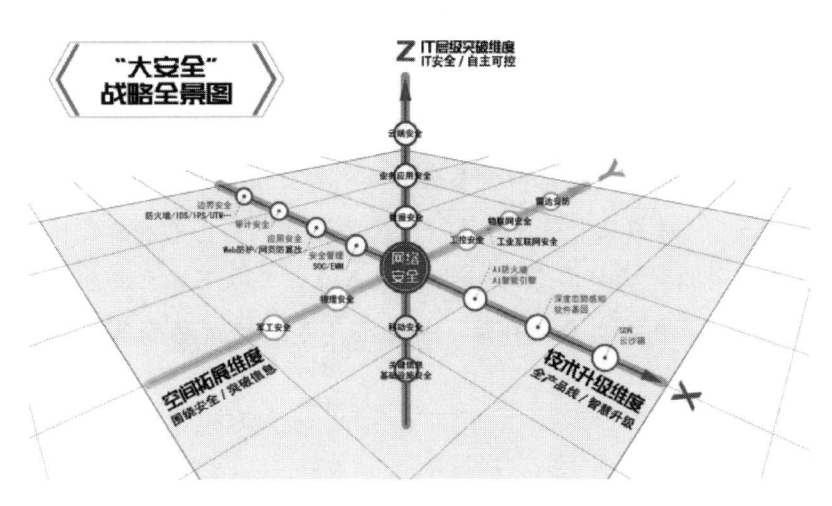

图4-8 蓝盾股份的大安全战略全景

第一，技术升级维度。公司主要通过自主研发和引入前沿技术团队等方式，打造完整的智慧安全产品体系，不但覆盖了传统的边界安全、审计安全、应用安全、安全管理等完整的产品线，还将人工智能、软件基因、大数据分析、虚拟化等前沿技术应用至安全领域，使传统产品实现全面的技术升级（如将人工智能引擎与防火墙相结合，在业内率先推出人工智能防火墙），并持续研发出虚拟安全器件、深度态势感知等一系列下一代网络安全技术产品。

第二，空间拓展维度。公司瞄准信息安全外延不断扩展的契机，以"围绕安全，突破信息"为思路，通过自主研发、合作研发以及投资并购等方式，初步实现了空间安全拓展。如公司通过收购华炜科技，拓展至电磁安防等物理安全、军工安全领域；通过收购满泰科技，以行业化的方式切入至工控安全及工业互联网安全领域；通过合资设立蓝盾新微，研发出VTS雷达、视频监控雷达，应用于海事、桥梁、港口、机场、边防、核电站、智慧城市安防等领域；通过自主研发和技术合作，渗透至视频监控接入安全、车辆信息安全检测等物联网安全领域。

第三，IT层级突破维度。公司以国家倡导的"自主可控"为思路，在夯实网络安全、数据安全等能力的同时，通过自主研发以及参股并购等方式，覆盖至移动安全及业务应用安全等业务层级；此外，在云计算技术全面应用的背景下，公司提出"云战略"，全面布局云端安全，通过自主研发、业务合作以及增资参股云海麒麟、精灵云等方式，快速推进"云安全"（虚拟安全器件）及"安全云"等产品形态和业务模式创新，未来还将以"云计算IT安全"为切入点，逐步下沉至安全路由交换、安全可信服务器、安全存储、安全芯片等关键信息基础设施安全领域。

三、做智慧安全领导者

公司将"智慧安全"的理念融入产品的研发设计中，将人工智能引擎应用到传统安全产品中，实现了全线产品的人工智能化，提升了安全检测能力和响应速度。目前公司将人工智能与安全应用相融合的产品或场景主要如下：

第一，蓝盾"智核"边界网关。包括蓝盾人工智能防火墙、蓝盾人工智能入侵检测防御等网关产品。公司是业界首家在网关位置使用人工智能技术识别威胁的厂商，通过云端机器学习威胁模型训练与内置在网关设备上的 AI 智能引擎联动的模式，解决了 AI 技术在网关应用的性能瓶颈，为客户带来人工智能的高效威胁检测能力。

第二，蓝盾深度态势感知平台。公司利用大数据技术进行海量数据的融合，利用人工智能识别各种安全攻击，配合业内顶尖的软件基因技术，可实现深度溯源和调查取证，从而支撑业务应用的连续性，保护敏感信息的安全。

第三，蓝盾漏洞扫描与挖掘平台。公司基于庞大、精良的漏洞库，创新性地应用了智能任务调度算法、深度扫描、智能登录扫描等技术，全方位发掘网络中各类主机、设备、应用及系统的深层次脆弱点，让用户更准确地了解安全态势，快速精准修补漏洞，在网络攻击和威胁发生前做好坚实的防护。

第四，蓝盾工控安全平台。平台的核心是蓝盾工业态势感知平台，通过采集工控平台各类数据，结合人工智能分析、大数据存储，能从全局视角提升对各种安全威胁的发现识别、理解分析、响应处置能力，保障工业互联网络的安全。

第五，蓝盾安全卫士。公司的移动终端安全产品蓝盾安全卫士成功应用了人工智能技术对 APP 行为进行威胁分析，可有效检测出恶意 APP，分析哪些 APP 存在侵犯用户个人隐私的行为，使客户放心使用手机上的 APP。

第六，蓝盾 AI 安全云。公司开放 AI 安全能力所打造的一个智能、专业的威胁分析平台，以云的方式提供基于人工智能的可疑文件、高危应用检测分析服务，为传统网络、IoT 网络的终端设备提供基于云的安全大脑。

未来，蓝盾股份将继续秉承"智慧安全领导者"的理念与使命，长期专注于信息安全领域，深化安全技术内涵，提升品牌影响力，力争成为国内龙头、国际一流的信息安全企业。未来，蓝盾股份还将继续以"技术升级"（全产品线、智慧升级）、"空间拓展"（围绕安全、突破信息）、"IT层级突破"（IT安全、自主可控）三个维度为主线，持续完善"大安全"产业发展战略。

（资料来源：作者根据多方资料整理而成）

4.4 云部署模型

简单来说，云服务可以将企业所需的软硬件、资料都放到网络上，在任何时间、地点，使用不同的IT设备互相连接，实现数据存取、运算等目的。当前，常见的云服务有公共云（Public Cloud）与私有云（Private Cloud）和混合云三种。

4.4.1 公有云

当你想知道淘宝"双十一"的销量是多少，是不是可以通过浏览器就能搜到？你是不是也爱在朋友圈和微博里分享一些漂亮的照片和有思想的文字？你是不是在想联系朋友时不再通过电话而是聊天工具的语音视频？你不会知道的是，它们有一个共同的名字——公有云。

公有云是指在互联网上将云服务公开给一般大众来使用，最典型的例子就是Google搜索服务与网络地图、百度云盘或社交网站Facebook等。公有云也是一般网络大众所认知且每日使用的云计算系统，包括上文提到的网络搜索数据、分享照片、分享文章、上传视频、与朋友联机聊天等日常网络行为，都是属于公有云。它们的共同特色就是将个人数据从私人计算机移动到公开式的云计算系统上，且免费开放给任何人使用。这些网络数据由提供公有云的供应商负责维护与保护，让网络客户可以随时随地使用计算机、手机、笔记本或PDA等上网工具，方便地取得与分享数据。越来越多的中小企业开始选择公有云了，这主要得益于公有云的几大优点：

第一，免费、方便访问且与硬件装置无关。作为普通用户可能最熟悉的就是百度云吧，在这一云盘里，用户可以找到很多由其他用户分享的免费资源，而且，无须进行其他专业的操作，就能轻易获取。用户无论是在手机、还是PC、平板端，都能享受同样服务。

第二，具备弹性与伸缩性，可依照自己所需使用不同的应用程序。比如网易云就深度整合了Iaas、Paas及容器技术，为客户提供高可用、高性能、弹性伸缩的计算服务，同时在线扩容，能够快速响应业务变化，提升交付效率，让客户省心。

第三，不浪费资源，仅支付你所使用的时间所需的费用。也即公有云的假设费用、管理费用等都由提供公有云服务的第三方企业承担，对于用户而言，只需要花费使用费用，事实上，也就相当于用户在租赁第三方供应商提供的服务。比如，当企业客户需要使用阿里云的协同办公云服务时，仅需支付此一项的费用，一般按时间计算。

在《国务院关于促进云计算创新发展培育信息产业新业态的意见》《关于积极推进"互联网+"行动的指导意见》《云计算综合标准化体系建设指南》等利好政策作用下，近年我国云计算产业得以迅速发展，产业已经走过培育与成长阶段，现已进入成熟发展期，产业格局基本稳定。

国内公共云也逐步成熟。2016年，公共云市场继续高速增长，行业竞争进一步加剧。2016年，中国公共云市场整体规模达到170.1亿元，比2015年增长66.0%。其中，IaaS市场规模为87.4亿元，相比2015年增长108.1%；PaaS市场规模为7.6亿元，相比2015年增长46.2%；SaaS市场规模为75.1亿元，相比2015年增长35.8%。

从中国信息通信研究院开展的2016～2017年度中国公共云发展状况的调查中，我们可以发现，在公共云的选择中，服务安全性、服务价格以及服务稳定性是企业选择云服务商的重要考虑因素。被调查者中，其中选择服务安全性的企业最多（64.1%）；其次是产品/服务的价格（56.0%）；再者由于宕机事件的发生，企业对服务的稳定性也比较关注（39.2%）。与此同时，信息安全得不到保障是企业应用公共云面临的最主要问题。50.8%的企业认为应用公共云存在的问题是信息安全得不到保障，占比最高；其次是产品/服务种类不丰富（38.6%）。用户需求越来越多样化，企业希望云服务商能够提供更丰富的产品/服务。

无锡云谷是国内典型公有云基地。2008年，无锡实现了全球首个商业云计算中心的落地，该项目作为无锡市政府和IBM在云计算项目合作的开始，也是云计算在中国乃至亚太地区部署的一个范例，吸引了全球的目光。2009年10月17日，江苏太湖云计算信息技术股份有限公司总经理陆建豪与IBM全球副总裁兼中国开发中心总经理王阳博士代表双方签订了关于无锡云计算中心二期建设的合作协议。在此项目中，IBM助力无锡云计算中心加强其云计算基础设施建设，并搭建基于IBM云计算基础架构的三大云计算服务平台，即：商务云平台（Commerce as a Service）、开发云平台（Development as a Service）、政务云平台（Government Services Cloud Platform），着力打造全球领先的"云谷"，从而推动无锡科技外包服务蓬勃发展，加速无锡缔造中国高科技产业城的步伐。IBM全球发布的云计算容量预算解决方案，也应用于这三大云计算服务平台。该合作所提及的三大云计算服务平台中，各司其职。商务云为无锡乃至江南一带的众多中小企业提供特为中国企业定制的电子商务平台，从而帮助他们提升企业核心竞争力；开发云提供世界一流的软件开发和测试平台及培训咨询服务，从而提升无锡整体服务外包水平；政务云为无锡市政府提供一站式的电子政务服务，打造透明而便捷的服务平台，进一步加速政府服务的转型。

通过与IBM的两次深入合作，无锡云计算中心成为业内领先的云计算提供商。其技术架构主要由IBM的基础设施产品和相关服务组成，能够贯穿PaaS（平台即服务）、SaaS（软件即服务）和IaaS（基础架构即服务）三个层面。PaaS层面，能够提供政府云和电子商务云；SaaS层面，提供

IBM Rational 在线出租云计算服务、IBM Lotus、Tivoli、WebSphere、DB2 在线出租云计算服务；IaaS 层面，提供虚拟桌面系统、服务器、虚拟网络服务和邮箱服务。

云端服务专栏 6

用友云：云平台的四大利器

图片来源：www.yonyoucloud.com。

"2018 中国云计算技术应用大会"于 5 月 24 日在北京召开，大会主题为"云联万物数创未来"。用友网络助理总裁罗小江分享了用友云如何助力企业上云，快速实现数字化、智能化，以及用友云平台化解企业数字化四大挑战的利器。

一、公司介绍

用友网络科技股份有限公司（以下简称"用友"）诞生于 1988 年，始终坚持用户之友的核心价值观，领航企业服务 30 年，是领先的综合型、融合化、生态式的企业服务提供商。用友形成了以用友云为核心，云服务、软件、金融服务融合发展的新战略布局。用友云定位数字企业智能服务，服务企业的业务、金融和 IT"三位一体"的创新发展，为企业提供云计算、平台、应用、数据、业务、知识、信息服务等多态融合的全新企业服务。作为数字化商业应用基础设施，用友云已为超过 409 万家企业与公共组织客户提供企业云服务，覆盖大中型企业和小微企业。2017 年，公司营收同比增长 249.9%，付费企业客户数量同比增长 266%。2018 年第一季度，公司营收同比增长 158.3%，服务客户数量超过 409 万家,实现高速增长。

二、用友云平台的四大利器

用友云厚积薄发,跃居榜首。据赛迪顾问《2017～2018 年中国云计算市场研究年度报告》显示,用友云凭借 5.7% 的品牌市场占比,位列中国公有云 SaaS 市场占有率第一。就在 2016 年,用友提出了 3.0 的发展战略,全面转向公有云业务,并提出"三位一体"战略定位,融合多种资源,全力助推云业务的发展。

用友云包含 PaaS、SaaS、DaaS 和 BaaS 四类业务,提供面向社会化商业的社会级企业服务,为企业管理创新、商业模式变革、全球化发展提供"面向未来"的信息化平台。用友云平台(iuap)定位于社会化商业应用基础平台,为企业提供开放的 PaaS 平台服务,基于 iuap,用友云提供全面的 SaaS 应用服务、连接内外的 DaaS 数据服务及专业的 BaaS 运营服务,并适配多种 IaaS 服务平台。用友云支持与用友软件产品的整合应用,帮助企业顺利过渡到公有云时代。

数字化商业需要数字化应用服务基础平台来支撑,需要一个强健的 PaaS 平台。用友云平台正是用友云坚实的 PaaS 支撑平台。用友云平台(iuap),定位于数字化商业基础设施平台,基于新技术、新架构、新模式为现代企业数字化转型,提供数据服务、能力服务、平台服务、混合云服务、生态服务,并为大型企业混合云提供全新架构和支撑能力。当前企业数字化面临四大挑战:互联互通难题、技术及架构升级难题、移动化难题、智能运维难题。面对这四大挑战,用友云提供了四大利器:

第一,用友云 API 开放平台。开放,助力云产品和企业及伙伴接口对外开放能力,促进社会化商业生态。简单,与用友云服务治理平台无缝集成,一键发布对外服务接口能力。通过 REST API 无侵入性集成产品现有 API。稳定,完善的接口监控和安全防护能力,保证开放接口稳定性(见图 4-9)。

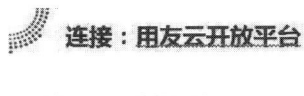

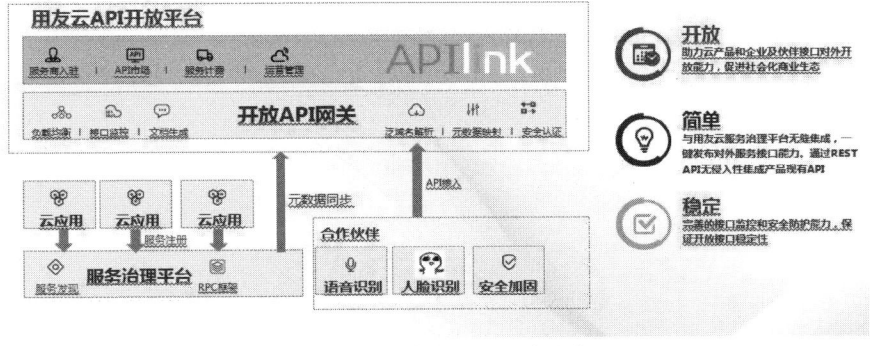

图 4-9　用友云 API 开放平台

第二，云平台技术栈，为企业技术架构升级提供最佳实践，全面赋能开发者。包括应用支撑、移动 IOT、大数据 AI、连接集成服务、开发运维支撑、运营市场、技术生态服务等。比如，用友云平台中有一个开发者中心，提供了完备的应用开发、运行、运维、运营支撑能力。基于开发者中心可以将"客户、产品、交付"的理念通过云的方式轻松的实践。ISV 开发的应用还可以通过云市场具备持续变现的能力（见图 4-10）。

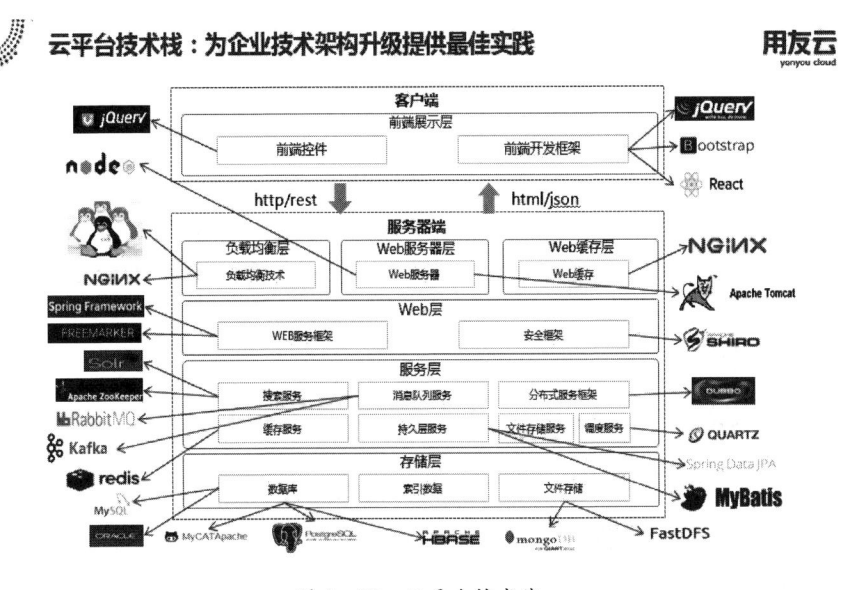

图 4-10　云平台技术线

第三，用友移动平台（Moli），作为下一代泛终端的一体化解决方案，是涵盖跨泛设备开发运、智能化、IoT 安全接入、用户行为分析、运维运营、管理监控等能力的基于新技术、新架构、新模式的技术平台，助力企业智能移动应用建设（见图 4-11）。

图 4-11　用友云移动平台（moli）

第四，智能运维服务。用友云平台是真正的云原生架构。它包含了三个层面的云原生技术：DevOps 平台、微服务治理平台、容器云平台，这也是用友云平台云架构的基础构成（见图 4-12）。

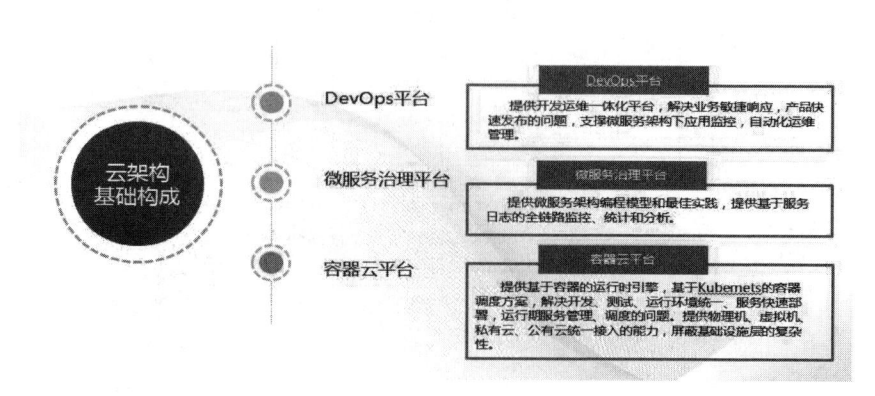

图 4-12　云平台云原生架构

DevOps 平台，提供开发运维一体化平台，解决业务敏捷响应，产品快速发布的问题，支撑微服务架构下应用监控，自动化运维管理。它能够让整个开发和运维过程变成连续的、自动化的过程，形成持续集成、持续交付、快速迭代。

微服务治理平台，提供微服务架构编程模型和最佳实践，提供基于服务日志的全链路监控、统计和分析。

容器云平台，提供基于容器的运行时引擎，基于 Kubernets 的容器调度方案，解决开发、测试、运行环境统一、服务快速部署，运行期服务管理、调度的问题。提供物理机、虚拟机、私有云、公有云统一接入的能力，屏蔽基础设施层的复杂性。

用友云平台除了为企业提供技术、能力与服务外，同时面向开发者、合作伙伴提供平台生态服务，打造产业共创共享平台！

（资料来源：作者根据多方资料整理而成）

4.4.2 私有云

QQ 接收的文件，换台电脑就找不到了；这是最新稿？我上次修改的内容怎么没有了；出差在外，如何把放在电脑里的秘密文件发给客户。当你还在为这些问题而烦恼时，私有云向你抛来了橄榄枝。

私有云（Private Clouds）是为单个客户独自使用而构建的云端服务。它可以部署在企业数据中心的防火墙内，也可以部署在一个安全的主机托管场所。为了部署私有云，第一件事便是相关人员、流程和技术方面的需求，对流程的重新设计，使得企业目标与 IT 部门的目标相匹配，并确保在相关重要岗位的合适的人员配备。私有云可分为三个部分：私有云平台，向用户提供各类私有云计算服务、资源和管理系统；私有云服务，提供以资源和计算能力为主的云服务，包括硬件虚拟化、集中管理、弹性资源调度等；私有云管理平台，负责私有云计算各种服务的运营，并对各类资源进行集中管理（见图 4 - 13）。和公有云相比，私有云有主要有以下特点（见表 4 - 1）：

图 4-13 私有云的三个组成部分

第一，在安全性上，由于私有云的数据所有权是归企业所有的，因此其是否安全取决于企业自身在安全管理上的措施。另一方面，私有云是在企业内部网络范围内使用，有管理和维护的 IT 人也都是内部员工，从这点来说是会相对更安全的。公有云服务下，企业数据托管于云服务商的数据中心，一旦数据中心因自然灾害、人为因素或法律规范等各方面因素导致数据丢失，将对企业形成致命伤害。

第二，在可控性上，相比于部署于公有云，部署到私有云基础设施上的业务在可控性方面会更高一些，因为这些业务是针对业务需求来设计的，而在公有云方面，则是第三方提供的标准化解决方案，有可能遇到兼容性的问题。云盒子就是一家专门为客户提供私有云服务的企业，它可以按照客户需求，制定个性功能与内部系统互通互联。当然企业也可以自主研发。

第三，在成本价格上，私有云搭建起来并不像公有云一样，私有云需要强大的实力支持，购买基础设施可能并不是一些企业能够负担得起的，但是公有云可以按需购买，可大大降低成本以及为业务提供了足够的灵活性。

表 4-1　　　　　　　　　　私有云和公有云的比较

	私有云	公有云
安全性	数据所有权归企业所有，靠企业自身管理	数据在第三方，其安全性取决于第三方的技术能力和专业性
可控性	可定制或从 0 开发	属第三方提供的标准解决方案，无法做任意修改
价格	比较昂贵	免费或廉价

2016 年，以政务云为代表的私有云在国家政策的大力支持下发展迅速。金融、医疗等传统行业云进程加快，私有云市场逐渐得到云服务商、系统集成商、IDC 服务商以及各行业用户的广泛关注。2016 年私有云硬件市场规模

247.2亿元，占比71.7%；软件市场规模53.1亿元，占比15.4%；服务市场规模44.5亿元，占比12.9%。同样，据中国信息通信研究院开展的2016~2017年度中国私有云发展状况的调查，出于安全性考虑而选择使用私有云的企业最多。调查发现，64.0%的企业出于安全性考虑而选择使用私有云，占比最高；其次，42.9%的企业出于可控性考虑而选择使用私有云。其他考虑因素还包括：如何利用原有IT资源（38.0%）、如何迁移（31.5%）以及IT成本（28.6%）。私有云的最大问题是其运维系统功能。在已经应用私有云的企业中，35.4%的企业认为运维系统功能不完备是目前应用私有云存在的主要问题，云服务商所提供的的运维系统仍有待优化；其中，29.5%的企业认为私有云存在基础功能不完备的问题；另外，还有部分企业认为云服务商在资源调配能力及效率、互操作性等方面还有待进一步加强。

云诺个人云存储是典型的私有云服务，由上海揆志网络科技有限公司推出，是一款类似Dropbox的中国本土在线存储服务，该服务通过云计算实现网上的文件同步和分享。云诺支持在多台电脑或移动设备间自动同步，在不同操作系统下有各自的客户端软件，并且有Web版。云诺采用Freemium模式，用户可以免费使用，也可以付费来扩展储存容量。云诺的主要特点包括：一、全面支持Windows、Mac、linux、iPhone、iPad以及Android手机；二、对于单个文件不限制大小，且具有超快的同步效率，支持云端"秒传"，支持局域网的同步；三、通过传输层加密和云端加密，分块储存，使得文件更安全。

云端服务专栏7

卫士通：打造信息安全"中国造"一流品牌

图片来源：www.westone.com.cn。

2018年5月12日，卫士通控股股东中国电子科技网络信息安全有限公司（以下简称"中国网安"）与阿里云签署战略合作协议。双方合作研制的"网安飞天"安全云平台将于2018年年底正式发布。

一、公司介绍

卫士通信息产业股份有限公司（以下简称"卫士通"），国内知名密码产品、网络安全产品、互联网安全运营、行业安全解决方案综合提供商，首批商密产品研发、生产、销售资质单位，首批涉密信息系统集成甲级资质单位，国内专业从事网络信息安全的上市公司，专注网络信息安全，致力打造从芯片到系统的全生命周期安全解决方案，为党政军用户、企业级用户和消费者提供专业自主的网络信息安全解决方案、产品和服务。

经过近二十年的奋斗，卫士通积累了大量密码及信息安全核心技术，能够满足用户从硬件到软件、从底层到应用层、从端到云的一体化安全需求，帮助用户有效解决基础设施防护、智慧城市、移动办公、安全应用、工业控制、商业秘密保护、云计算、信任服务等各类场景中面临的信息安全问题。2017年公司实现营业收入21.37亿元，同比增长18.80%；实现归属于上市公司股东的净利润1.69亿元，同比增长8.54%。

二、从产品提供商向综合的信息安全服务商转变

卫士通坚持质量第一、效益优先，努力实现国内卓越、世界知名信息安全领军企业的战略目标，致力于成为国内最大的网络与信息安全综合服务提供商、具有国际竞争力的商用密码龙头企业、移动互联网安全服务首选品牌、安全芯片知名品牌。卫士通在信息安全领域尤其是密码技术领域积累深厚，已形成从理论研究、芯片、板卡、设备、平台、系统、到方案、集成服务的完整产业链，并具备产业链各环节的设计、制造、营销、服务能力，目前公司正逐步从信息安全产品向安全信息系统转变、从产品提供商向综合的信息安全服务商转变。

公司将围绕强化能力、优化业务、深化管理、创新发展的总体思路，继续坚持以网络信息安全为核心领域，强化核心技术创新、安全解决方案、专

业服务保障等三大能力，做强产品、解决方案、服务三大业务，全力开拓政府、行业、企业、互联网、国际等市场，实现从密码和传统信息安全向安全引领的信息产业转变、从政策驱动向技术创新驱动转变、从项目研发为主导向产品研发为主导转变、从安全集成商和系统集成商向行业解决方案提供商转变。

2018年5月12日，公司控股股东中国网安与阿里云签署战略合作协议，携手国内一流的国产软硬件厂商，基于国家科技重大专项核高基项目，打造国际先进、国内领先的"网安飞天"安全云平台品牌，构建国产自主可控安全云平台生态链。"网安飞天"是基于阿里云基础运算平台，结合中国网安安全保密的整体优势，在身份认证、密码算法、通信加密、资源监控等方面进行改造构建的安全云平台品牌，具有软硬件自主可控、立体安全防护、高性能高可靠等特性，可满足政府、国防和重点行业高安全级用户的云平台建设需求。目前"网安飞天"安全云平台处于产品研制过程中，预计将于2018年底正式发布。

卫士通将主要承担"网安飞天"安全云平台产品的总体及应用研究，并作为该产品的市场运营负责单位开展"网安飞天"安全云平台在党政、国防和重点行业的应用推广。届时，卫士通将形成为各种用户提供安全云平台解决方案的服务能力。公司2017年年报显示，2017年，公司在探索和谋划新业务领域中，已经开展了云安全服务、物联网安全等方面的市场研究和业务策划。

未来，卫士通将持续致力网络信息安全领域，提升核心技术创新能力、安全解决方案能力、专业服务保障能力，应用"安全·智慧"思维理念，打造商用密码、移动互联网安全、云计算与大数据安全、工业控制安全、政务安全、智慧城市、物联网等"新动能"，为国家、社会和公众提供专业的安全解决方案、优质的安全产品、高效可信的安全工程和贴心的安全服务运维，切实肩负起"信息安全国家队"的重大责任，扛起民族网络信息安全大旗，打造信息安全"中国造"一流品牌。

（资料来源：作者根据多方资料整理而成）

4.4.3 混合云

在新的时代下，伴随用户对于效率提升的不断追求以及各种新兴工作负载层出不穷的双重夹击，混合云逐渐成为用户的新的选择。

混合云是公有云和私有云的混合，提供既在公共空间又在私有空间中的服务。一般来说，出于安全考虑，企业更愿意将数据存放在私有云中，但是同时又希望可以获得公有云的计算资源，在这种情况下混合云被越来越多地采用，它将公有云和私有云进行混合和匹配，以获得最佳的效果。这一个性化的解决方案，达到了既省钱又安全的目的。

由于混合云是公有云和私有云的混合，因此它兼具了公有云和私有云优势，主要体现在更完美、可扩展和更节省（见图 4-14）。

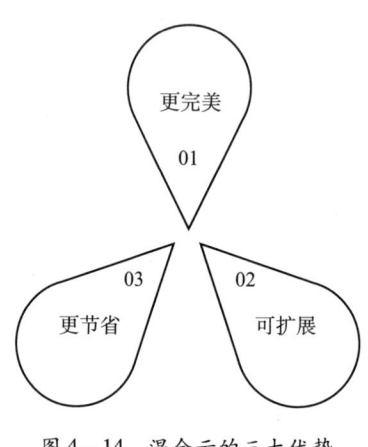

图 4-14 混合云的三大优势

第一，更完美。一般而言，私有云的安全性是超越公有云的，而公有云的计算资源又是私有云无法企及的。在这种矛与盾的情况下，混合云完美地解决了这个问题，它既可以利用私有云的安全，将内部重要数据保存在本地数据中心；同时也可以使用公有云的计算资源，更高效快捷地完成工作，相比私有云或是公有云都更完美。

第二，可扩展。混合云突破了私有云的硬件限制，利用公有云的可扩展性，可以随时获取更高的计算能力。企业通过把非机密功能移动到公有云区域，可以降低对内部私有云的压力和需求。

第三，更节省。混合云可以有效地降低成本。它既可以使用公有云又可以使用私有云，企业可以将应用程序和数据放在最适合的平台上，获得最佳的利益组合。

既然混合云有优点也有缺点，那么什么样的用户更倾向于采用混合云（见图4-15）？

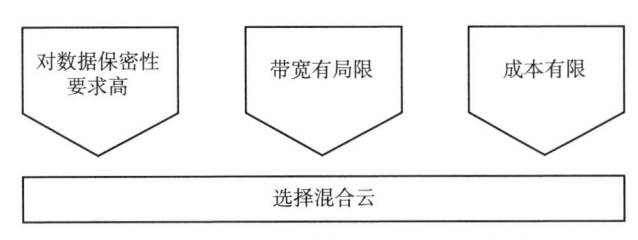

图4-15 倾向于选择混合云的企业类型

第一类，对数据保密性要求高的用户，私有云是他们必须考虑的部分。因为数据增长非常快，如果将数据全部放在私有云中，会大大增加成本支出，所以将低保密要求的数据放在公有云中，可以降低用户的成本。

第二类，那些带宽有局限性的用户，可以先将数据备份到私有云，在业务占用带宽比较小的期间，再将数据备份到云端。这样一来就可以实现数据的多份备份，私有云可起到备份和中转的作用。

第三类，成本有限的用户，混合云可以有效地降低其成本。混合云既可以使用公有云，又可以使用私有云，企业可以将应用程序和数据放在最适合的平台上，从而获得最佳的利益组合。

天翼云是中国电信旗下专业的云计算服务公司，也是中国混合云第一品牌。天翼云面向国内政企以及跨国企业（对数据保密要求性高），帮助企业用户快速、安全、平滑地将自身固有的IT环境延升至天翼云混合云的模式，并进行统一、高效的管理。用户可以根据自身应用特点，灵活选择使用天翼混合云的方式。同时，用户还可以根据自身环境的变化，将应用服务器和数据库服务器在两个数据中心之间灵活调整。

4.4.4 其他"云"（社区云）

"社区云"是大的"公有云"范畴内的一个组成部分，是指在一定的地域范围内，由云计算服务提供商统一提供计算资源、网络资源、软件和服务能力所形成的云计算形式。即基于社区内的网络互连优势和技术易于整合等特点，通过对区域内各种计算能力进行统一服务形式的整合，结合社区内的用户需求共性，实现面向区域用户需求的云计算服务模式。

社区云是一些由有着类似需求并打算共享基础设施的组织共同创立的云，社区云的目的是实现云计算的一些优势。由于共同费用的用户数比公有云少，这种选择往往比公有云贵，但隐私度、安全性和政策遵从都比公有云高。社区云会是大的云计算的互联世界里非常富有活力的组成部分，我们可以把它生动地理解为"云朵"。每一个云朵都基于云计算技术实现，实现了资源的共享，服务的统一，但同时每一个云朵都具有自己鲜明的特征，比如区域特色，也可能是行业特点。

"社区云"通过更大范围的互联，成为云计算世界里的组成部分。基于"社区云"的先进架构设计，结合下一代互联网的便利，我们会非常便利的提取出"云朵"的优势服务，为更大范围内的相似用户提供服务。这段由冉雨先生在 2011 年初的深圳 YOCSEF 研讨会上的发言，生动地描述了"社区云"的概念、特点和未来的发展方向。

"深圳大学城云计算公共服务平台"是国内是中国第一个依照"社区云"模式建立的云计算服务平台，已于 2011 年 9 月投入运行，服务对象为大学城园区内的各高校、研究单位、服务机构等单位以及教师、学生、各单位职工等个人。该平台第一期提供了 2 大类 10 种云计算服务，包括了云主机、云存储、云数据库 3 种面向科研需求的 IaaS 服务以及自助建站、视频点播、视频会议等 7 种具有鲜明大学城特色的 SaaS 服务。

中科曙光：AI 时代的芯片级云计算公司

中科曙光
SUGON

图片来源：www.sugon.com。

曙光天阔双路 I620-G30 服务器集群经过一个多月苛刻审核，在 TPC 官网大数据基准测试领域成功发布了一项一举打破性能和性价比双项世界纪录的成绩——TPCx-BB。该服务器集群在 30TB 的数据规模上以每分钟完成 3 383.95 次大数据查询的速度，每次查询的成本为 307.86 美元的优异成绩，成为全球大数据查询速度最快，性价比最高的服务器。

一、公司介绍

曙光信息产业股份有限公司（以下简称：中科曙光）是在中国科学院大力推动下，以国家"863"计划重大科研成果为基础组建的国家高新技术企业。2014 年，中科曙光成功在上海证券交易所上市。公司主要从事研究、开发、生产制造高性能计算机、通用服务器及存储产品，并围绕高端计算机提供软件开发、系统集成与技术服务。中科曙光是国内高性能计算领域的领军企业，亚洲第一大高性能计算机厂商，2009～2014 年连续 6 年蝉联中国高性能计算机 TOP100 排行榜市场份额第一。由曙光公司研发的"星云"高性能计算机在第 35 届全球超级计算机"TOP500"中以每秒系统峰值达三千万亿次（3PFlops）、每秒实测 Linpack 值达 1.271 千万亿次的速度，取得了全球第二的成绩，成为世界上第三台实测性能超千万亿次的超级计算机，再次向世界力证了"中国速度"。2017 年，公司实现营业收入 62.94 亿元，同比增长 44.36%；利润总额 3.71 亿元，同比增长 32.20%；归属于上市公司股东的净利润 3.09 亿元，同比增长 37.71%；扣非后归属于上市公司股东的净利润 2.06 亿元，同比增长 23.04%。

二、中科曙光：向云计算服务商转型

2015年，公司提出了"数据中国"战略，通过建设"百城百行"云数据中心，打造覆盖中国的云数据网络。以"让全社会共享数据价值"为愿景，推动公司快速向综合信息系统服务商进行转型。2016年，公司推出"数据中国加速计划"，明确提出"加速网络布局、加速数据汇集"的战略目标，并以"创新品牌云连锁，布局四个大数据"为抓手，积极推动"数据中国"战略落地。公司提出的"云合计划"，在业界创新性地提出了以品牌连锁模式发展城市云中心。

2016年4月13日，中国领先的信息系统服务商中科曙光与全球云基础架构和移动商务领导厂商VMware在重庆渝北区注册成立的合资公司——中科睿光软件技术有限公司（以下简称"中科睿光"），今日正式宣告成立。中科睿光将全球领先的云计算技术融入国产IT解决方案，从而加速本土企业通过IT推动创新、进而实现业务转型的进程。

2017年，公司发布"数据中国智能计划"，推出AI专用服务器和人工智能管理平台，联合产业链上下游企业进行协同研发和服务部署，进而促进人工智能在智慧城市、智能制造和数据密集型科学研究领域的深入应用。旨在通过先进、高效的智能计算，让数据变成智慧知识和智能服务能力，从而实现"让全社会共享数据价值"的愿景。2017年，中国科学院经管会批准公司牵头成立"中国科学院智慧城市产业联盟"。在中科院品牌和技术支撑下，联盟定位于创新链和产业链结合的纽带，为智慧城市建设中的"跨界"合作提供产品、技术、人才和实践经验支持，从而有效促进项目落地、科技创新及成果转化，推动智慧城市建设。目前联盟汇聚了顶层规划、物联网、云计算与大数据、地理信息、信息安全防护、特色应用等成员单位，能提供生态、医疗、建筑、交通、安防等多行业解决方案，打造了多层次、全链条、综合性成果转化的合作平台。

三、中科曙光：构建云计算生态圈

凭借十五年在高性能计算领域的研发与解决方案的积累，曙光公司已经掌握了包括云基础设施、云管理平台、云安全、云存储、云服务等一系列云计算核心技术与产品，可以为用户提供"端到端"云计算整体解决方案。中科曙光已建立完善的云计算生态圈，包括完备可靠云基础设施、智能高效云管理、统一快捷云存储和乐享无忧云安全四项主要服务业务（见图4-16）。

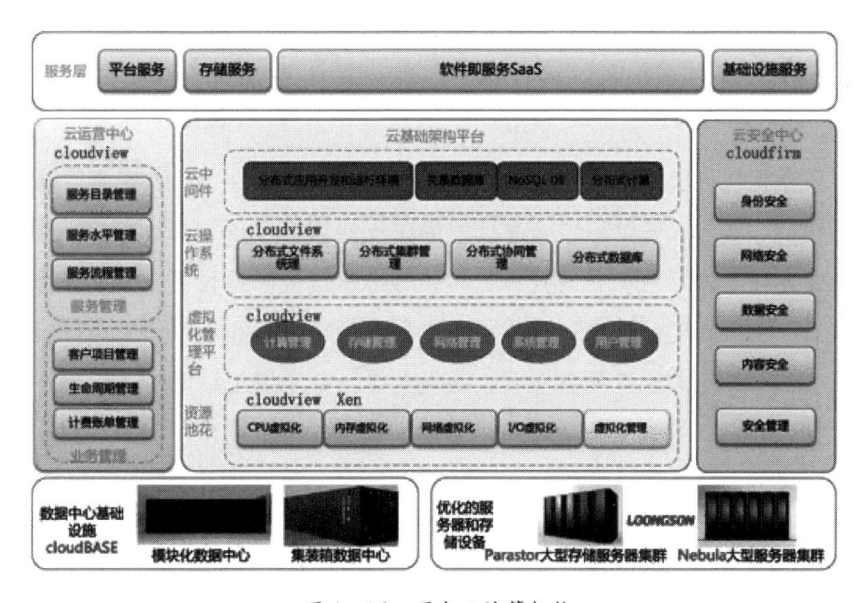

图4-16 曙光云计算架构

中科曙光建立了完备可靠的云基础设施-曙光cloudbase。随着信息中心设备数量的不断攀升，近年来，数据中心的能耗问题成为人们关注的重点，绿色节能越来越为人们所重视。CloudBASE是一项一体化的数据中心基础设施解决方案，包含多款基础设施产品和相关服务。通过Cloud-BASE解决方案，可以大大降低数据中心的能耗水平，获得降低数据中心的PUE指标。

智能高效云管理－曙光 cloudview 云计算操作系统。较之传统的数据中心，云计算中心的运营管理更为复杂，要求也更高。云计算中心的运营管理解决方案必须能够高效的、自动化的管理云中的资源，并完成服务的快速交付，并且必须有服务质量保证措施，因此，云平台的管理解决方案非常重要，云计算中心运营管理解决方案的好坏影响着云平台是否可按预定目标正常运转、是否可以取得预期的收益。

统一快捷云存储——曙光 ParaStor 云存储系统。CloudStor 是基于云存储推出的一款网盘服务产品和解决方案，将云概念引入到日常生活中，用户可直接体验到云存储的便利。本产品支持数据自动同步，安全备份以及共享功能，数据永不丢失。并且支持文件搜索与查找，非常便捷。只要有网络，可以在任何时间、任何地点、任何可用设备对文件进行管理及备份。

乐享无忧云安全——曙光 cloudfirm 云安全平管理中心。云安全管理中心对用户、资产、安全事件等进行集中统一的监控管理和审计分析，通过高效专业化支撑平台和先进监测工具及时进行安全事件预警，及时掌握安全状态，发现针对云计算环境的网络攻击、病毒传播和异常行为等安全事件，为预警、应急响应和事件调查提供支撑，并采取主动防护手段保护用户数据，能满足各种 IaaS、PaaS、SaaS 服务的安全需求，对云计算中心进行全面的安全保障。

近年来，一向嗅觉敏感的曙光也已开始向横向行业挺进拓展，通过整合云计算产业链上下游合作伙伴，构建融合、开放、安全、共赢的产业版图。在 2016 年的"数据中国加速计划"发布会上，曙光与新锐人工智能芯片研发公司"寒武纪"签约，就是曙光构建产业生态的重要落子；而不久前，由曙光参与共建的"大数据分析技术国家工程实验室"，也将开展一系列的数据分析技术研发和应用实践，把大数据技术和云服务生态深度融合，满足对基于云计算的大数据基础设施、大数据分析、深度学习等应用场景的更高要求。

四、结论与启示

通过 8 年的实践,曙光已经成长为云安全和云服务技术标准的先行者。作为首批从事云计算技术研发和业务推广的领军企业,曙光积极参与国家标准的制定与实施,并且率先通过了网信办和工信部的云服务安全审查、云服务能力增强级认证,其公司对云计算行业发展的启示如下:

第一,战略思路清晰,"服务器+云计算+大数据",三位一体进军政务云优势明显。新老经济交替背景下,政府投资模式发生变化,对云计算接受度日益增加。公司不断积累项目经验,已建成 20 多个城市云计算中心,针对政务信息化的痛点,已形成了成熟解决方案。未来将通过横向复制,建成覆盖全国的云计算网络,并大幅度放大数据价值。同时,曙光拥有"学院派"基因,技术过硬,安全可靠。作为服务器厂家,公司整合了云计算上下游,能够更直接的弹性应对客户需求,通过对产业链强有力的把控来降低成本,提供更加贴近客户需求的服务。

第二,与 VMware 深度合作,迅速获得领先技术以占领市场瞄准政务云进军万亿智慧城市市场。合作将使公司有能力将 Cloudview 系统建立在 VMware 的虚拟机上,使公司能够快速在各大城市和党政部门、重要国企等部署成熟产品。协议中明确合资公司产品在云服务安全上符合中国国家标准,随即打消党政部门顾虑。同时公司不忘自主研发,有望在合作中吸取 VMware 的领先技术。并且,国家需要能够汇集全国分散政务数据的云平台,曙光具备一系列得天独厚的条件,在政务云方面逼近政府"理想型"合作伙伴。未来会以收购并购、战略合作、产业联盟等形式打造从数据采集、技术研发到关键数据应用开发的完整生态圈,实现服务区域扩展与价值延伸,进入万亿级智慧城市市场。

第三,一系列行动布局海外,打开服务器业务增长天花板,且领先的 HPC 技术将受益于大数据、深度学习等应用的爆发。互联网技术将加速在中低收入国家渗透,服务器市场增长点将从存量较高的高收入国家,转移至存量较低但增长空间巨大的中等收入国家。公司在俄罗斯、东南亚、欧洲、南美和非洲开展了一系列布局，有望打开增长天花板。同时，大数据+HPC、人工智能、软件定义等潮流将引领HPC行业发展。公司是国内HPC龙头厂商，凭借20多年的深厚积淀，HPC业务在新的机遇下有望充分受益。

（资料来源：作者根据多方资料整理而成）

第5章
万物互联

物联网的本质，首先必须是一个智联网，没有智能的物联网，等同于是一个植物人。物联网的核心不是物，是连，更核心的是把这个连起来以后，能够把它变成智能化。

——阿里巴巴集团董事局主席　马　云

海康威视：共建 AI 产业生态体系

图片来源：www.hikvision.com。

在以视频为核心的物联网领域，海康威视是全球领先的解决方案提供商，它致力于不断提升视频处理技术和视频分析技术，面向全球提供领先的监控产品和技术解决方案，面向全球提供领先的安防产品、专业的行业解决方案与优质的务，为客户持续创造更大价值。

一、公司概况

杭州海康威视科技有限公司（以下简称"海康威视"）成立于2009年03月06日，是一家专业从事安防视频监控产品研发、生产和销售的高科技企业。公司是国内视频监控行业的龙头企业，销售规模连续数年居于国内全行业第一位。海康威视拥有业内领先的自主核心技术和可持续研发能力，提供摄像机/智能球机、光端机、DVR/DVS/板卡、BSV 液晶拼接屏、网络存储、视频综合平台、中心管理软件等安防产品，并针对金融、公安、电讯、交通、司法、教育、电力、水利、军队等众多行业提供合适的细分产品与专业的行业解决方案。近年来，海康威视营业收入稳步增长。2017 年，公司营业收入 419.05 亿元，比上年增长 31.22%，实现归属于上市公司股东的净利润 194.11 亿元，同比增长 27.77%。2013 年，公司实现营业收入 107.46 亿元；2014 年 172.33 亿元，比上年增长 60.37%；2015 年 252.71 亿元，比上年增长 46.64%，2016 年 319.24 亿元（见图 5-1）。

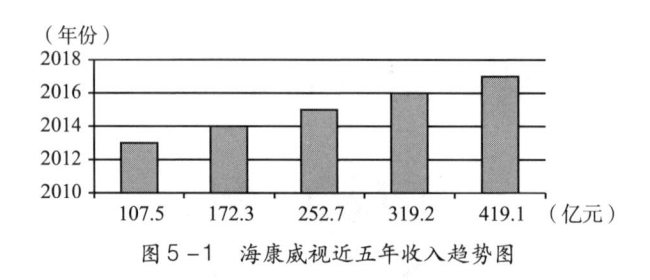

```
（年份）
2018
2016
2014
2012
2010
       107.5   172.3   252.7   319.2   419.1  （亿元）
```

图 5-1　海康威视近五年收入趋势图

二、"人工智能 + 安防"落地率先践行者

在人工智能大潮下，数据化程度比较高的行业可以率先将 AI 技术进行落地，实现跨越式发展。安防行业数据量比较大，数据的各种层次也很丰富，各种层次的人脸、车牌、形态、行为等各种数据，这就为安防行业的革新提供了基础。不过，安防的数据常规来说都是非结构化的数据，必须把数据结构化以后才真正有价值，但这也是海康威视最擅长的东西。海康威视利用 AI 相关技术解决现实的安防问题，比如，通过海康威视人脸识别系统协助南昌警方快速找到走失的老人，通过海康威视的"海康猎鹰"帮助山东淄博警方破获假基站的电信诈骗案，通过海康威视的人证对比，运用这个技术对身份证的验证等。借助人脸识别技术、指纹识别技术来实现摄像头、防盗锁等的快速识别功能，安防领域已经成为人工智能的主要应用场景之一。面对安防领域 99% 以上的非结构化数据，深度学习算法需要得到突破，无论是目标识别、物体检测、场景分割还是车辆属性分析，智能才是结构化处理时的核心，当智能安防产品的投入越来越大的时候，安防也将真正进入 SDT 时代。

在海康威视看来，安防市场未来会被人工智能革新，举个比较简单的例子，比如说现在警察破案有很多时候还是需要靠人力去做，比如说查监控，然后要把各个监控点连接起来，去查这个车在什么点，然后又要看下一个摄像头，靠人工去查，这个车到什么地方去了，未来肯定是不需要人去做。有了人工智能和结构化数据以后，肯定很快就可以把犯罪嫌疑的车辆或者行程轨迹快速的提取出来。说到海康威视在安防领域的技术优势，海康威视在前后端可以联动发力，在一个大场景下，如果用后端纯识别的算法，这个目标非常小的，但是通过我们的全局摄像机能够把镜头拉近，看到更多的细节，这样更有利于我们的智能分析。

海康威视从 2006 年开始组建算法团队，2013 年开始布局深度学习相关的技术，2015 年发布了深度智能的产品，2016 年，前端、后端基于深度智能的全系列产品发布，包含"海康深眸"系列摄像机，还有"海康猎鹰""海康刀锋"等。海康威视 AI 在各个行业中的应用，主要围绕着智慧城市，包括应急指挥中心，民生服务中心，城市运营管理中心等。通过传感技术加上人工智能的技术，将云计算和分析数据在智慧城市领域进行了大量的应用，像人工智能交通，包括交通的流量预测，短期流量预测、中期流量预测、长期流量预测道路，还有一些车辆大数据的研判，包括车辆的流量、车辆的视频，车速、行车轨迹的分析等。还有一块是商业决策的应用，比如商业上利用人脸的检测；人流量和商场人流密度的判断；人流的热点，哪个区人比较多，哪个区人比较少；或者大家是对这个产品关注的多还是那个产品关注的多。

三、全面开放 AI Cloud 架构

海康威视认为，物联网有三个很重要的阶段，第一是先连接，也就是万物互联；第二是软件定义系统；通过软件定义系统构成智能系统之后，进行第三步即数据挖掘和一些增值服务。视频完全是符合这一脉相承的演进路线，比如说摄像机前端后端要连接起来，首先是物联网的连接。第二是软件要实现智能化，不管是通过人工智能还是传统的算法，最终的目的是在里面挖掘增值服务，为客户带来价值。

基于上述对物联网的理解，海康威视宣布全面开放 AI Cloud 架构，与各方共建 AI 产业生态体系。海康威视高级副总裁毕会娟表示，"AI Cloud 是针对物联网产业智能化升级推出的全新架构，旨在解决当前物联网所面临的诸多问题。""由于物联网设备类型复杂多样、数量庞大且分布广泛，带来网络、计算存储、运维管理等诸多挑战，而云计算在物联网领域并非万能。边缘计算和云计算融合才能更好解决物联网的现实问题。"毕会娟

表示，以视频监控为例，既需要边缘设备的灵活响应，又需要就近汇聚边缘设备的数据、视频调看控制，还要管理复杂的采、存、算等设备。在 AI Cloud 架构中，边缘节点侧重多维感知数据采集和前端智能处理；边缘域侧重感知数据汇聚、存储、处理和智能应用；云中心侧重业务数据融合及大数据多维分析应用。数据从边缘节点到边缘域，实现"聚边到域"；从边缘域到云中心，实现"数据入云"。域和云中心可多级多类，根据不同应用，边缘域汇聚的数据和传到云端的数据在模型和内容上也会不同。边缘域所发挥的作用就像足球"中场"，负责决定在什么时候、将什么类型、处理到什么程度的数据发送到云中心，实现"按需汇聚"。

"海康威视 AI Cloud 的云边融合，不是简单的云＋边，更不是简单地分成若干个所谓的'小云'再汇聚到更大规模的云，而是切实解决从边到云所带来的应用、数据处理、管理等一系列问题。"毕会娟强调，海康威视 AI Cloud 遵循"边缘感知、按需汇聚、多层认知、分级应用"的核心理念，设计构建了一个立体化的智能服务架构。简言之，AI Cloud 不是 Cloud Computing，而是基础设施、数据资源、平台服务和应用软件的总和。

凭借对视频技术的行业应用经验以及产品和系统集成能力，海康威视将深度学习和视频大数据技术优势快速产品化。2015 年，公司推出基于 GPU 和深度学习技术的"猎鹰"视频结构化服务器和"刀锋"车辆图片结构化服务器。2016 年，公司推出了基于 GPU/VPU 和深度学习技术的"深眸"系列智能摄像机、"超脑"系列 NVR、"神捕"系列智能交通产品、"脸谱"人脸分析服务器，形成了全系列的智能产品家族，并在解决方案中整合应用这些产品。2017 年，公司发布海康威视 AI Cloud 架构，陆续提供可视化大屏系统，智能应用平台，综合应用平台，物联网数据资源平台，大数据资源平台，边缘域管理调度平台，云中心管理调度平台，运维服务平台，AI 能力开放平台等软件产品，构建智能物联网核心能力。

如今，海康威视又将共建 AI 产业生态付诸行动。海康威视携手 AI 产业知名企业微软、Intel、NVIDIA、滴滴出行、浪潮集团、新华三集团、西部数据、希捷科技、华尊科技、安恒信息十家企业率先启动了 AI Cloud 生态，开启共建、共享的生态圈建设。AlCloud 生态致力于为合作伙伴搭建合作共赢的舞台，将以开放的姿态迎接更多合作伙伴的加入，共享 AI 成果，携手推动 AI 的落地应用。

四、结论与启示

海康威视对人工智能的探索已经有十余年的积累，从成立之初就关注计算机视觉领域智能化技术的发展，专注于感知、智能分析、云存储、云计算及视频大数据研究。公司的最大启示主要有两点：

第一，17 年专注视频监控，铸就全球安防龙头企业，中国制造楷模。海康威视专注安防视频监控 17 年，造就全球安防领军企业。凭借对视频技术的行业应用经验以及产品和系统集成能力，公司将深度学习和视频大数据技术优势快速产品化。2017 年，公司发布海康威视 AI Cloud 架构，陆续提供可视化大屏系统，智能应用平台，综合应用平台，物联网数据资源平台，大数据资源平台，边缘域管理调度平台，云中心管理调度平台，运维服务平台，AI 能力开放平台等软件产品，构建智能物联网核心能力。

第二，全面布局人工智能，引领智能安防大时代。海康威视已经在人工智能领域深度布局，并应用于公共安全、智能家居、工业制造、汽车智能化等领域。在公共安全领域，人工智能助力打击犯罪，维护安定生活；在公共服务领域，人工智能服务公众出行、打造绿色和谐生态环境；在商业领域，人工智能帮助业主优化产品和服务，提升经营效率；在制造领域，人工智能帮助企业提高生产效率，节省劳动成本，提升产品质量。

（资料来源：作者根据多方资料整理而成）

我们所说的互联网，简单理解就是人与人之间的连接，而现在的物联网，即是人与人、人与物以及物与物之间的连接。特别是新的技术如人工智能、虚拟现实正引领互联网进入下一次革新，并改变人们工作、生活、娱乐和学习的方式，万物互联的世界已经到来，万物互联时代就此开启。

5.1 万物互联时代

2015 年，谷歌董事长埃里克·施密特在达沃斯经济论坛上提出未来互联网将会消失，我们将会迎接一个高度个性化、互动化的有趣世界——物联网。前面的时代是互联网时代，现在的时代是移动互联网时代，而下一个时代则被普遍认为是万物互联的智能时代。世界上主要的制造强国，都围绕着物联网做了政策布局。比如说美国提出了工业物联网的概念，德国提出了工业 4.0，中国提出来了中国制造 2025 或者说互联网＋，这些都是围绕着物联网的布局。那么什么是万物互联，什么是物联网，万物互联和物联网是什么关系，物联网和智能社会是什么关系，什么才是万物互联时代呢。

5.1.1 何为万物互联

万物互联，能够让人、物、数据和程序进行最优化集合，并智能连接，成为网络的一部分。目的是通过人对人，人对机器，机器对机器的互联，来强化各种活动和丰富我们的生活。

物物相连，万物相连。

智能交通：你一上车，车就会自动提醒你的 RFID 钥匙已经放在了车里。接着，智能社交地图软件，就会自动弹出来，根据你的选择，自动提供最新路况，并为你选择最佳路线。接着，汽车会以最安全并且最合适的速度带着你去目的地。一旦发生事故，车里的安全气囊，会自动弹出并自动报警，若有需求，还会自动通知你的家人及老板。

智能家居：在你起床的时候，热腾腾的饭就已经做好了，脸盆里的水也已经是最合适的温度，备忘录也已经出现在你的智能手环上。当你在餐桌上吃饭的时候，电视（或其他东西）会自动打开，为你播报今天的天气以及新闻。当你出门时鞋子与衣服会自动弹出。

智能城市：当某个地方发生事故或意外时，会自动报警，若是自然灾害类，则会自动提醒人群疏散。

现阶段，推动万物互联智能时代发展的因素比较多，主要因素包括：第一，强大的技术趋势使通过互联实现更大价值成为可能。在技术不发达的过去，人们甚至不敢想象人机互联，但是技术发展趋势让这些已经逐步成为现实，这些趋势包括：处理能力、存储和带宽的迅猛提高；云计算、社交媒体和移动计算快速增长；大数据分析能力等。第二，连接障碍持续降低。例如，IPv6（互联网协议）协议克服了 IPv4 协议的限制，可以让更多的人、流程、数据和事物联入互联网。4G 网络的普及，让移动互联的质量大大提升。第三，物理尺寸在不断减小。硬件设备的尺寸在不断缩小，盐粒大小的计算机包含了太阳能电池、薄膜蓄电池、存储器、压力传感器、无线射频和天线。盐粒大小的相机具有 250×250 的像素分辨率。尘埃大小的传感器能够检测并传送温度、压力和移动信息。第四，商业价值的创造转向连接能力。万物互联反映出的现实是，公司不再只依靠内部的核心能力和员工的知识，而是需要从更多的外部信息源获取智能。

这些都是推动万物互联智能时代的重要因素，具体见图 5-2。我们已经步入万物互联的智能时代。2000 年的时候，全球仅有 2 亿个事物接入互联网。受移动技术进步和自带设备趋势等因素驱动，在 2014 年就突破了 100 亿，将我们直接置入物联网时代。而市场研究机构 Gartner 也给出预测，到 2020 年，全球物联网设备接入量将会达到 260 亿，物联网产品和服务提供商们的收益预计会达到 3 000 亿美元量级。还是让我们先来看看国内 BAT 巨头们是怎么接入万物互联的。

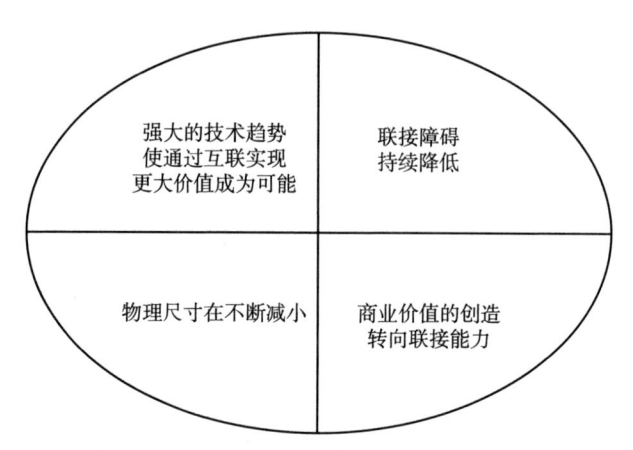

图 5-2 推动万物互联智能时代发展的因素

第一，百度物接入 IoT Hub。百度物接入 IoT Hub 是一项全托管的云服务，能够帮助建立设备与云端之间的双向通信，同时支撑海量设备的数据收集、监控、故障预测等五种物联网场景。可以利用物接入来作为搭建物联网应用的第一步，支持亿级并发连接和消息数，支持海量设备与云端安全可靠的双向连接，无缝对接天工平台和百度云的各项产品和服务（见图 5-3）。

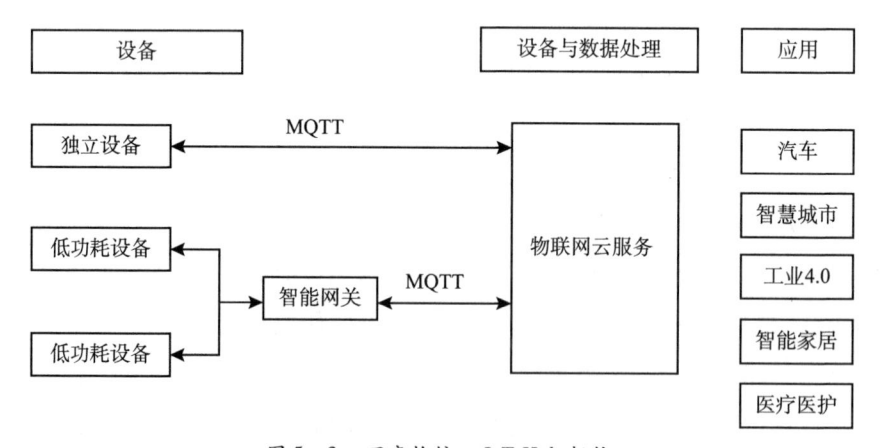

图 5-3 百度物接入 IoT Hub 架构

注：MQTT 是基于二进制消息的发布/订阅模式的协议。

第二，阿里云物联网套件。阿里云物联网套件是阿里云专门为物联网领域的开发人员推出的，其目的是帮助开发者搭建安全且性能强大的数据通道，方便终端（如传感器、执行器、嵌入式设备或智能家电等等）和云端的双向通信。全球多节点部署让海量设备在全球范围内都可以安全、低延时地接入阿里云 IoT Hub。在安全上，物联网套件提供多重防护，保障设备云端安全。在性能上，物联网套件能够支撑亿级设备长连接，百万消息并发。物联网套件还提供了一站式托管服务，从数据采集到计算到存储，用户无须购买服务器部署分布式架构，通过规则引擎只需在 Web 上配置规则即可实现采集＋计算＋存储等全栈服务（见图 5－4）。

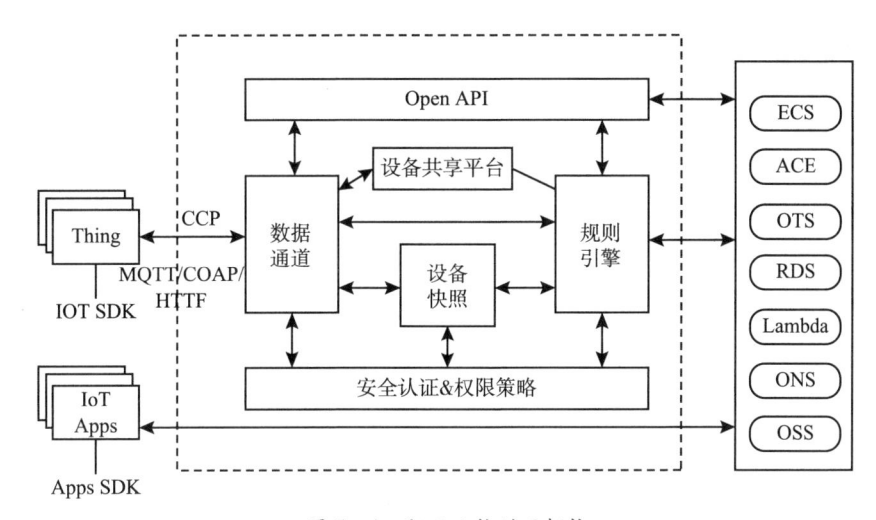

图 5－4　阿里云物联网架构

第三，QQ 物联。2014 年 10 月，"QQ 物联智能硬件开放平台"发布，将 QQ 账号体系及关系链、QQ 消息通道能力等核心能力，提供给可穿戴设备、智能家居、智能车载、传统硬件等领域合作伙伴，实现用户与设备及设备与设备之间的互联互通互动，充分利用和发挥腾讯 QQ 的亿万手机客户端及云服务的优势，更大范围帮助传统行业实现互联网化。QQ 物联将 QQ 账号体系、好友关系链、QQ 消息通道及音视频服务等核心能力提供给可穿戴设备、智能家居、智能车载、传统硬件等领域的合作伙伴，实现用户与设备、设备与设备、设备与服务之间的联动。其主要能力见图 5-5。

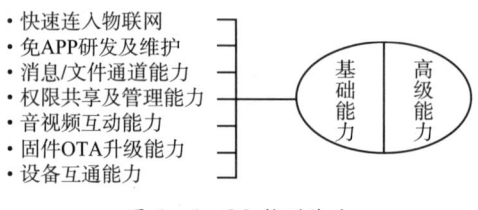

图 5-5　QQ 物联能力

具体来说，在 QQ 物联智能硬件开放平台上可以运用的产品案例包括音频类，沟通互动类，数据采集类和无线控制类。其中音频类可应用的产品包括网络摄像机（监控、看护）、行车记录仪、可视门铃；沟通互动类包括语音对讲手表、儿童早教机、社交电视、电子相框；数据采集类包括体重秤、温度计、空气检测器、手环；无线控制类包括音箱、空气净化器、灯泡、插座、门锁。

从巨头们的万物互联布局来看，不难发现人工智能技术其实在万物互联的过程中扮演者重要角色，实现万物互联也是我们大力发展人工智能的一个重要原因。万物互联的智能时代，通过万物互联使人更加多产高效、作出更佳决策、享受更好生活。

5.1.2　物联网革命：物物互联

物联网是互联网加上传感器，它使互联网"更上一层楼"，也可以把它说成是互联网的延伸，是它的一个高级形态。而连接在这个系统内的成千上万种物件便是"网联产品"。人们生活在一个由无数实质物件构建的环境里，对这个物理世界的管理，直接关系到社会的运转和发展，当然也牵涉到每个人的生活质量。正是出于这一理念，科技工作者在互联网的基础上，又创建起一个主要针对实物，以构成国民经济的各大实体为推动力的"物联网"。这些大企业生产、管理、销售着五花八门、各种各类具有"智能"的物品;而"物联网"则把它们纳入一个全新的运行机制中。

物联网的产业链由多个部分组成,可以细分为标识、感知、处理和信息传送四个环节;组成每一个环节的关键技术分别是:无线射频识别技术、传感器、智能芯片和电信运营商的无线传输网络。智能产品按照国际协约标准模式获得定格后,通过各类信息传感接上互联网,接受信息交换和计算处理,从而实现智能化的识别、定位、跟踪、监控和管理。由此,客观的物理世界得到有效的控制,可以科学管理起来。简言之,"物联网"将让人们一步步生活在一个变得更"聪明"的智能化世界里。物联网因而被称为继计算机、互联网之后,世界信息产业的第三次浪潮。

互联网着重信息的互联、互通和共享,解决的是人与人的信息沟通问题。用户通过服务器、台式机、笔记本电脑和移动终端上网获取资源,发送或接收电子邮件。在网上阅读新闻,读、写博客,使用网络电话交往,或者在网上买卖股票、订购机票、预订酒店。所有这些在互联网上传输的信息和文件,全都是由人输入的,即使是图形、图像文件,也都是在人的控制之下完成的。物联网则完全不同,它是通过人与人、人与物、物与物的相连,解决信息化的智能管理和决策控制问题。尤其重要的是它的"自动"功能,因为该系统采用传感器和无线射频识别通信技术,因此物联网感知的数据是传感器主动感知,或者是无线射频识别读写器自动读出的。借助于互联网、传统电信网等信息手段,物联网络让所有能够被独立寻址的普通物理品实现互联互通。在物联网上,每个人都可以运用电子标签将真实的物体连接上网,在网上可以查出它们的具体位置。通过物联网用中心计算机对机器、对设备、对人员进行集中管理和控制,当然也可以对家庭日常生活中的各类设备、汽车进行遥控,搜索其位置、防止物品被盗等。

由图 5-6 物联网的体系架构图可以看出,物联网的体系架构可分为三层,即感知层、网络层和应用层。

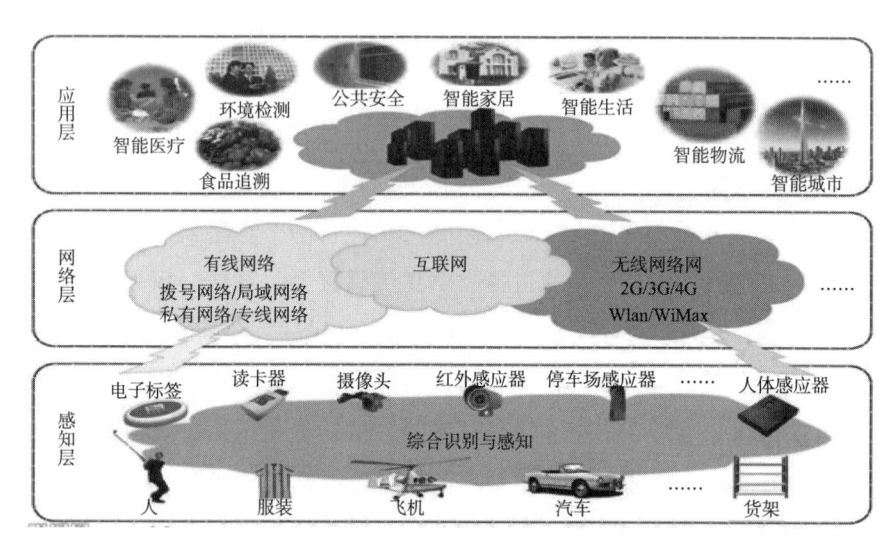

图 5-6 物联网的体系架构

第一，感知层。感知层是物联网的皮肤和五官。感知层包括二维码标签和识读器、RFID 标签和读写器、摄像头、GPS、传感器、终端和传感器网络等，主要用于识别物体和采集信息，与人体结构中的皮肤和五官的作用类似。

第二，网络层。网络层是物联网的神经中枢和大脑。网络层包括通信网与互联网的融合网络、网络管理中心、信息中心和智能处理中心等。网络层将感知层获取的信息进行传递和处理，其作用类似于人体结构中的神经中枢和大脑。

第三，应用层。应用层的作用是将物联网的"社会分工"与行业需求相结合，实现广泛的智能化。应用层通过物联网与行业专业技术深度融合，与行业需求相结合，实现行业智能化，其作用类似于人类的社会分工。

互联网实现了人与人之间的信息交流，而移动互联网则是提高了这种效率，可见，物体并没有被纳入进去。而我们生活的世界，我们所能够接触到的，并不是只有人类而已，除了人类，还有大量的物体，比如：窗户、空调、冰箱等。而这些和我们都是息息相关的，但一直以来，人类同它们的交互都只是单向的，物体并不会主动回应。而物联网的厉害之处就在这里，它实现了物物相连。未来几年内，物联网设备连接数量将会达数百亿，相比移动互联网，物联网市场规模是其数十倍的容量，能为全球带来数十万亿的经济价值，也被视作为全球经济增长的新引擎。

5.1.3 物联网与人工智能

物联网（IoT）和人工智能（AI）这两个概念之间有什么区别吗？让我们先来谈谈人工智能。在英文中，人工智能（Artificial Intelligence）简称 AI，AI 能根据大量的历史资料和实时观察（real-time observation）找出对于未来预测性的洞察（predictive insights）。由于同时分析过去的和实时的数据，AI 能容易注意到有哪些资料属于例外，并做出合理、合适的推断，而数据对于人工智能的重要性也就不言而喻了。因此，若要使 AI 引擎变得更聪明、更强大，方法及过程其实就如同在种植物（或甚至像是养小孩）。唯一的区别在于，AI 需要的是持续的数据流入，而不是水，肥料和食物。对于人工智能来说，它可以处理和从中学习的数据越多，其预测的准确率也会越高。

谈了以上的内容，乍看之下，我们好像只需要人工智能就可以了。然而，物联网（IoT）其实肩负了一个至关重要的任务：资料收集。概念上，物联网可连接大量不同的设备及装置，包括家用电器和穿戴式设备。嵌入在各个产品中的传感器（sensor）便会不断地将新数据上传至云端。这些新的数据以后可以被人工智能处理和分析，以生成所需要的信息并继续积累知识。

移动贝果（MoBagel）在 IoT 和 AI 的发展初期，便已经发现它们的庞大潜力。起初，向客户提供了仪表板，上面包含实时的信息，像是冷气机的使用情况，或灯泡的每日用电量。然而，设备监控只是移动贝果解决方案中的一小部分而已。还有物联网人工智能引擎 Decanter?，已经成功帮助许多的客户抓住重要的销售契机，并享受利润成长。透过 Decanter?，我们用各式各样的方法来强化公司的营运绩效，例如找出向消费者发送促销信息的最佳时机。

在了解了 AI 和 IoT 之间的关系以及相关的应用后，可以了解到其实不需要把人工智能（AI）和物联网（IoT）这两个概念完全区分开来。AI 可以最大化 IoT 带来的价值，而 IoT 能为 AI 提供所需的数据流。只有它们被同时使用时，才能同时实现 AI 和 IoT 的利益及优势。从数年前的概念、雏形，逐渐成熟起来，甚至替代移动互联网，开始成为消费者和厂商最关注的热点。

2016 年上半年的一则新闻可能已经逐渐被人淡忘，但却意味着一个新时代的开启，那就是 google 的人工智能 AlphaGo 在公认最难计算棋类比赛——围棋中，战胜了顶级职业选手。其实在这一新闻的背后，却是人工智能一次巨大的跨越，那就是人工智逐渐转向了机器学习，例如 AlphaGo 对围棋的了解，除了大量棋谱等传统数据外，就有之前模拟李世石棋路进行的对抗模拟及相应学习，而且其对阵中的学习能力，对手李世石和一些场外的讲解员和关注比赛的职业棋手也有所感受，甚至有人认为 AlphaGo 失败的一局棋，就是李世石利用了 AlphaGo 对自己棋路的学习和适应，引诱其走出败招。

正是在机器学习方面的顶尖厂商中，有一些是我们很熟悉的名字，例如 NVIDIA 和 Intel，而在未来，机器学习能力也会很快地反馈到我们熟悉的各种应用中，至少可以让 Siri 等智能助手更好地适应我们的需求和环境，进行更好的交互，并且提供更准确的信息。除了人工智能外，在 2016 年，原先可以看作是互联网或移动互联网衍生产品的物联网也愈加成熟，逐渐成为消费数码领域新的热点，并开始进入普通消费者的视野，智能家居、智慧城市、智慧交通等名词更是不再陌生。物联网的爆发式增长，除了借助更强大的网络和人工智能等技术之外，还有硬件及软件的进步，例如 Intel 的 Edison 套件及其开发程序，已经成为大学生软件大赛的平台，其最新版本的图形界面让开发难度大幅降低，仅需简单的培训，就可以掌握和使用。

作为智慧型物联网的另一个重要配置——传感器方面，更新的产品、更低的价格也带动了物联网消费级产品，从智能穿戴设备到智能家居，甚至智能汽车的普及。根据预测，到2020年，半导体传感器的使用量将达到3 000亿个，而产值会达到105亿美元，这既说明了传感器未来使用的广泛性，也说明了未来传感器将成为非常廉价的元件，其平均价格仅有0.35美元（约合2.4元人民币）。

仅以我们最常见的手机来说，随着一些新型传感器的成熟，我们的手机可以集成准确的生物感应器和光谱传感器、摄像头则将具有准确的色彩辨识能力。另外还有一些传感功能则会使用更好的新技术实现，让我们的新一代手机成为更智能的随身数据传感中心，成为智能物联网中的重要一环。

另外物联网的硬件发展，也在2016年促成了家用机器人的大规模爆发，随着原先成本高昂的处理和传感功能越来越廉价，数千元甚至更低的价格，就可以获得一台拥有比较全面的陪伴、学习、交流甚至是保安等能力的家用机器人。

万物互联专栏1

汉威科技：构建物联网产业生态圈

图片来源：www.hanwei.cn。

2018年4月9日，汉威科技表示，公司在市政、环保等领域的行业积淀与阿里巴巴的云计算能力形成互补，未来公司有望与阿里巴巴共同承接物联网类项目，公司提供行业领先的硬件产品及解决方案，阿里巴巴提供行业领先的云平台及大数据支持，为客户提供全面的物联网服务。

一、公司介绍

汉威科技集团股份有限公司（以下简称"汉威科技"）是一家值得信赖的创新型科技公司，国内领先的气体传感器及仪表制造商，创业板首批上市公司，致力于创造安全、环保、健康、智慧的工作、生活环境。汉威科技集团围绕物联网产业，将感知传感器、智能终端、通讯技术、云计算和地理信息等物联网技术紧密结合，打造汉威云，建立完整的物联网产业链，结合环保治理、节能技术，以客户价值为导向，为智慧城市、安全生产、环境保护、民生健康提供完善的解决方案。2017年，公司实现营业收入14.4亿元，同比增长30.37%；实现归属于上市公司股东的净利润1.1亿元，同比增长21.73%。

二、构建物联网产业生态圈

公司以成为"领先的物联网（IOT）解决方案提供商、服务商"为产业愿景，通过多年的内生外延发展，构建了相对完整的物联网（IOT）生态圈，主要是以传感器为核心，将传感技术、智能终端、通讯技术、云计算和地理信息等物联网技术紧密结合，形成了"传感器+监测终端+数据采集+空间信息技术+云应用"的系统解决方案，业务应用覆盖物联网综合解决方案及居家智能与健康等行业领域，在所涉及的产业领域中形成了相对领先的优势。

第一，传感器。在构成物联网的三层架构中，传感层处于最底层，是构成物联网的核心基础。在物联网运行中，传感器将感知获取到的物理、化学、生物等信息转化为易识别的数字信息传输至后端平台处理、分析、应用。传感器是公司旗下最具成长性和价值的核心业务板块之一，公司集传感器的研发、生产、销售为一体，产品覆盖气体、压力、流量、温度、湿度、加速度等门类。该业务板块主要由公司旗下子公司炜盛科技等组成。报告期内，传感器业务得益于环保、煤改气、安全、健康以及全社会智慧化理念带来的强劲需求，继续保持快速的发展势头。

第二，居家智能和健康业务。居家智能和健康业务通过物联网技术对家庭中的环境健康、人体健康、智能设备进行有机联通和管理，结合数据服务运营能力，夯实了空气质量、燃气安全类市场，拓展了水质安全类市场，为人们提供专业可靠的"监测+治理"居家智能和健康全方案服务。该业务板块主要由公司旗下子公司北京咸果等组成。

三、物联网综合解决方案

第一，物联网平台解决方案主要面向燃气、供水、供热、市政、产业园区、楼宇等领域，依靠"传感器+监测终端+数据采集+空间信息技术+云应用"系统，提供集管网GIS、信息采集、BIM、运营管理为一体的物联网解决方案，提高燃气、供水、供热、市政管理公司及园区、楼宇运营的效率和效益。该业务板块主要汉威科技集团股份有限公司2017年年度报告全文12由公司旗下子公司沈阳金建、畅威物联、智威宇讯、鞍山易兴及广东龙泉等公司组成。报告期内，该业务板块整体上得益于国家提倡"数字中国、智慧社会"及各地政府效率驱动的城市管理升级，保持良好的发展势头。

第二，智慧市政系统解决方案是公司利用先进的物联网技术通过投资、建设、运营供水及供热等市政公用设施，打造物联网应用行业标杆，为民众提供质优、经济、便捷公用产品的整体解决方案。该业务板块主要由公司旗下子公司汉威公用、汉威智源及汉威智能仪表等公司组成。随着城镇化水平的不断提升及智慧化运营、管理手段的加强，该行业保持良好的发展趋势。

第三，智慧环保系统解决方案致力为客户提供"第三方检测-在线监测-废气废水处理-智慧环保系统运维"闭环业务生态的环保系统解决方案，依靠"传感器+监测终端+数据采集+空间信息技术+云应用+治理+运维服务"的整体方案，为企业、政府提供大气监测、污水及垃圾渗滤液处理、有机废气治理等一体化的环保服务。该业务板块主要由公司旗下子公司嘉园环保、雪城软件及德析检测等组成。

第四，智慧安全系统解决方案主要面向石油、化工、冶金、电力、矿山、制药、食品等领域，致力于为各类工业客户提供安全管理监控一体化解决方案，由硬件监控设备和系统软件共同构成完整的安全管理监控平台。该业务板块主要由公司旗下子公司汉威智慧安全、上海中威、上海英吉森及吉地艾斯等公司组成。

（资料来源：作者根据多方资料整理而成）

5.2 解密物联网

物联网，物物相连，无线技术的迅速发展为物体之间的信息互通提供了技术支撑，在物联网的普及过程中，无线技术将扮演着越来越重要的角色。

5.2.1 何为物联

物联网的英文名称为"The Internet of Things"（IoT）。从英文字面理解，物联网就是"物物相连的互联网"。这里包含两层意思：一、互联网是物联网的核心和基础，物联网是在互联网基础之上延伸和扩展的一种网络；二、物联网的用户端延伸和扩展到了任何物品与物品之间，进行信息交换和通信。因此，物联网就是通过射频识别（RFID）、红外感应器、全球定位系统、激光扫描器等信息传感设备，按约定的协议，把任何物品与互联网相连接，进行信息交换和通信，以实现智能化识别、定位、跟踪、监控和管理的一种网络。

物联网的发展历史并不久。1991年，美国麻省理工学院的凯文·艾什顿（Kevin Ashton）教授首次提出了物联网的概念。1995年，比尔·盖茨在《未来之路》一书中提及了物联网。1999年，美国麻省理工学院建立"自动识别中心"，提出"万物皆可通过网络互联"，指出物联网主要依托射频识别技术。2005年，《国际ITU互联网报告2005：物联网》报告指出物联网通过一些关键技术，用互联网将世界上的物体都连接在一起，使世界万物都可以上网。

2009年，是世界各国政府开始重视物联网的元年。在美国，在奥巴马与美国工商业的"圆桌会议"上，IBM首席执行官彭明盛首次提出"智慧地球"概念，建议新政府投资新一代智慧型基础设施。同年，美国政府将物联网列为振兴经济的两大重点之一；在欧盟，欧盟执委会提出"E-Europe"物联网行动计划，欧洲物联网研究项目工作组在欧盟资助下制订了《物联网战略研究路线图》《RFID与物联网模型》等意见书，提出加快物联网产业发展的战略性举措；在日本，日本IT战略本部发布了日本心意点信息化"i-Japan战略"；在韩国，韩通信委员会通过了《物联网基础设施构建基本规划》，树立了到2012年"通过构建世界最先进的物联网基础设施，打造未来广播通信融合领域超一流ICT强国"的目标，并为实现这一目标，确定了构建物联网基础设施、发展物联网服务、研发物联网技术、营造物联网扩散环境等4大领域、12项详细课题；在中国，中国科学院发布2050技术发展路线图，提出传感网未来发展趋势预测。2009年8月，温家宝总理在视察中科院无锡物联网产业研究所时，提出建设"感知中国"中心，物联网被正式列为国家五大新兴战略性产业之一。2011年，我国工信部发布《物联网"十二五"发展规划》。2013年的国际消费类电子产品展览会展上，美国电信企业将物联网推向了高潮。美国高通在当年1月份就推出了物联网开发平台，全面支持开发者在AT&T的无线网络上进行相关应用的开发。2014年是物联网从无线射频设备进化到智能可穿戴和智能家居设备阶段的一年。2015年，中国政府发布《中国制造2025》行动纲领，推进互联网+、大数据、云计算、物联网应用、智能制造等产业发展，物联网的基础作用再次凸显。2016年，是物联网生态元年，物联网迈进物联网2.0阶段：小范围局部性应用向较大范围的规模化应用转变，垂直应用和闭环应用向跨界融合应用和开环应用转变（见表5-1）。

表5-1　　　　　　　　　　物联网发展历程

年份	发展状况
1991	美国麻省理工学院的Kevin Ashton教授首次提出了物联网的概念
1995	比尔·盖茨在《未来之路》一书中提及了物联网

续表

年份	发展状况
1999	美国麻省理工学院建立"自动识别中心",提出"万物皆可通过网络互联",指出物联网主要依托射频识别技术
2005	《国际ITU互联网报告2005:物联网》报告指出物联网通过一些关键技术,用互联网将世界上的物体都连接在一起,使世界万物都可以上网
2009	美国,在奥巴马与美国工商业的"圆桌会议"上,IBM首席执行官彭明盛首次提出"智慧地球"概念,建议新政府投资新一代智慧型基础设施。同年,美国政府将物联网列为振兴经济的两大重点之一
	欧盟,欧盟执委会提出"E-Europe"物联网行动计划,欧洲物联网研究项目工作组在欧盟资助下制订了《物联网战略研究路线图》《RFID与物联网模型》等意见书,提出加快物联网产业发展的战略性举措
	日本,日本IT战略本部发布了日本心意点信息化"i-Japan战略"
	韩国,韩通信委员会通过了《物联网基础设施构建基本规划》,树立了到2012年"通过构建世界最先进的物联网基础实施,打造未来广播通信融合领域超一流ICT强国"的目标,并为实现这一目标,确定了构建物联网基础设施、发展物联网服务、研发物联网技术、营造物联网扩散环境4大领域、12项详细课题
	中国,中国科学院发布2050技术发展路线图,提出传感网未来发展趋势预测。8月,温家宝总理在视察中科院无锡物联网产业研究所时,提出建设"感知中国"中心,物联网被正式列为国家五大新兴战略性产业之一
2011	我国工信部发布《物联网"十二五"发展规划》
2013	国际消费类电子产品展览会展上,美国电信企业将物联网推向了高潮。美国高通在当年1月份就推出了物联网开发平台,全面支持开发者在AT&T的无线网络上进行相关应用的开发
2014	物联网从无线射频设备进化到了智能可穿戴和智能家居设备阶段
2015	中国政府发布《中国制造2025》行动纲领,物联网的基础作用再次凸显
2016	物联网生态元年,迈进物联网2.0阶段:小范围局部性应用向较大范围的规模化应用转变,垂直应用和闭环应用向跨界融合应用和开环应用转变

资料来源:作者根据相关资料整理。

通过近30年的发展,物联网把新一代IT技术充分运用在各行各业之中,即把感应器嵌入和装备到电网、铁路、桥梁、隧道、公路、建筑、供水系统、大坝、油气管道等各种物体中,然后将"物联网"与现有的互联网整合起来，实现人类社会与物理系统的整合，在这个整合的网络当中，存在能力超级强大的中心计算机群，能够对整合网络内的人员、机器、设备和基础设施实施实时的管理和控制，在此基础上，人类以更加精细和动态的方式管理生产和生活，使其达到"智慧"状态，提高资源利用率和生产力水平。

物联网的用途遍及智能交通、智能家居、环境监控、维护服务、销售支付、电子医疗、远程测量、车辆管理等各个领域。智能交通领域，包括交通管理、超速检测、电子收费、交通信息传递等，典型企业包括四维图新、皖通科技等。智能家居包括电器监控和家庭防盗等，典型企业包括美的、海尔等。物联网环境监控包括环境监控、天气监控等，典型企业包括卓振智能、天安联合等。维护服务包括电梯服务、工业设备维护等，典型企业包括上海三菱、湖南中菱等。销售支付包括 RFID—SIM、POS 机、自动售卖机等，典型企业有蚂蚁金服、万物支付等。电子医疗包括远程诊断、远程监护，典型企业有湃睿科技、安家医健等。远程测量包括电、水、气抄表、停车收费抄表、遥感勘测等，典型企业有三川智慧、新天科技等。车辆管理包括车辆导航、车辆监控、物流管理等，典型企业有易华录、因为科技等（见图 5-7）。

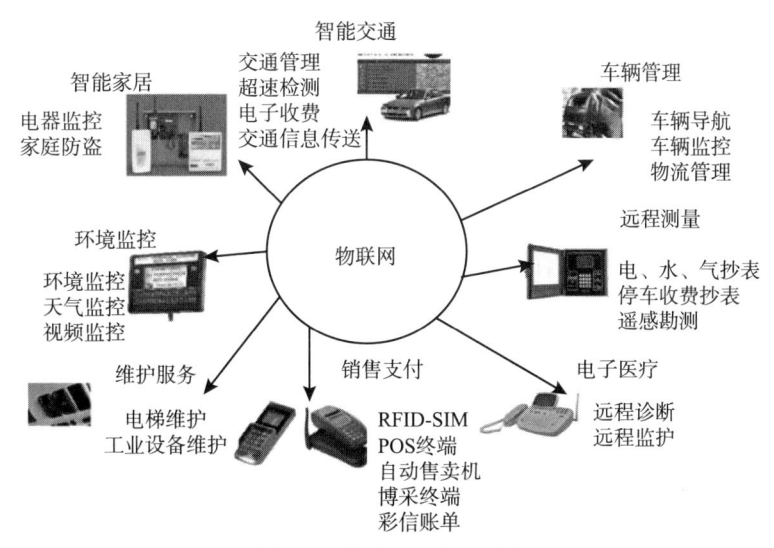

图 5-7 物联网的广泛用途

5.2.2 智能连接：物联网世界

互联网的本质就在于连通性。未来智能连接发展的方向就是万物互联。那么，真正要建立起万物互联，智能设备固然必不可少，智能技术也至关重要。智能连接下的社会我们可以期待什么呢？作为信息处理成本最低的基础设施，互联网的开放、平等、透明等特性使信息和数据动起来并转化成巨大生产力，成为社会财富增长的新源泉。如果说传统产业可以分为"原子层"和"比特层"，那么"互联网化转型"就是通过某种更有效率的方式对传统产业的"比特层"进行改造升级，甚至是从根源上进行颠覆式创新。但是随着技术的发展，互联网也出现了很多的弊端，信息化尚停留在一个相对落后的阶段。虽然信息、数据在PC、智能终端以及部分可穿戴设备上能够进行流通，但大多数的物品仍处于离线状态，即使已经建立连接的，往往也是浅层次的。如此，万物互联便呼之欲出，建立万物互联成为社会发展趋势，也就是我们追求的物联网。

物联网追求的不再仅仅是人与人、人与物之间的联网，而是物与物之间的联网，即如何让物体本身变得智能，如何让物体之间相互关联，如何实现智能连接，成为物联网的主要问题。当前物联网已经做出了一定的成就，但随着接入物联网的设备越多，我们的物联发展也变得越困难，这主要是因为物联网的碎片化特征。和传统互联网、移动互联网不同的是，物联网需要与具体行业需求相结合才有意义，如在制造、交通、电力、环保、家居等行业的应用，各垂直领域的应用在很大程度上是分散的。这一特征使传感器、控制器等相关设备以及面向特定行业的解决方案在很大程度上缺乏通用性，难以规模化复制，因此物联网产业往往面临的是多个行业不同的需求、小规模的细分市场。这种碎片化分布的特点使连接方案供应商无法采用统一标准化的连接方案实现互联互通。而对这一问题的解决可能需要弹性化解决方案吧，即一方面提供多样的解决方案来满足不同的场景需求，另一方面，采用开放合作的态度实现共赢。

万物互联专栏 2

启明星辰：网络信息安全龙头

图片来源：www.venustech.com.cn。

2018年3月23日，华为生态合作伙伴大会正式拉开帷幕。启明星辰集团常务副总裁张晓东应邀出席会议并与各产业领导企业、科研机构共同参加华为安全商业联盟揭牌。启明星辰加入华为安全商业联盟，协同打造健康网络安全空间。

一、公司介绍

启明星辰成立于1996年，并于2010年6月在深交所中小板挂牌上市。作为国内成立最早、最具实力并拥有完全自主知识产权的综合性信息网络安全企业，多年来，公司一直在为企业级用户提供网络安全软/硬件产品、可信安全管理平台、安全服务与解决方案。公司所属行业为信息网络安全，公司的用户覆盖政府、军队、电信、金融、制造业、能源、交通、传媒、教育等各个行业领域，主要产品大类为安全网关、安全检测、数据安全与平台、安全服务与工具、硬件及其他。2017年末，随着成都安全运营中心的成立，公司开始启动智慧城市数据与安全运维业务，将公司多年积累的高端专业安全服务向地方输出，以满足智慧城市安全运营的需求。

2017年，公司实现营业收入22.79亿元，营业利润3.58亿元、归属于上市公司股东的净利润为4.52亿元，分别比去年同期增长18.22%、168.75%和70.41%。同时，归属于上市公司股东的扣非净利润为3.21亿元，同比增长29.52%。通过20余年内生外延，积累了完整的信息安全产品线，覆盖60%的世界500强企业、在国内政府、军队市占率达到80%、银行覆盖率达到90%，目前是国内信息安全领域绝对龙头。

二、助力网络信息安全

凭借雄厚的技术研发实力，到目前为止，启明星辰用户遍及全国32个省、市、自治区。该公司已经发展成为以入侵检测系列化产品为核心，具有国际一流水平的中国网络安全产品研发与生产基地，并在此基础上推出了漏洞扫描、安全评测、安全审计、安全取证、恶意代码查杀、宏观监测、风险评估等安全产品和工具。同时，启明星辰研制开发了以入侵管理技术为核心的"入侵检测管理平台"，构筑了包括防火墙、入侵监测、漏洞扫描、入侵取证、物理隔离检查、主机保护、安全审计、防病毒、网管系统、灾难备份等安全设备在内的整体网络安全主动防御体系。雄厚的技术实力使得启明星辰成为国内信息安全领域承担国家级重点项目最多的企业，拥有国家级网络安全技术研发基地，获得近百项自主知识产权，遥遥领先于业界。

公司在传统信息安全产品上处于龙头地位，在入侵检测与防御（IDS/IPS）、统一威胁管理（UTM）、安全管理平台（SOC）、数据安全、数据库安全审计与防护、堡垒机、网闸等主要产品的市占率上继续保持第一。在VPN、漏洞扫描等不是全国第一的领域，公司今年在研发中心和销售团队中制定新的激励机制，冲击市占率第一，预期今年到明年将有明显成效。公司在信息安全领域的龙头地位得以持续巩固。

三、积极布局工业互联网安全和智慧城市安全

2017年8月17日，公司召开"网络安全产业展望及启明星辰战略说明会"，董事长王佳女士表示启明星辰进入新的"I^3"发展阶段：独立运营（Independence）、互联（Interconnect）、智能（Intelligence），同时各业务负责人就智慧城市安全运维、大数据与人工智能、态势感知、工业互联网安全等新兴领域介绍了公司的战略布局。

2017年2月，由北京市发改委批复的"面向互联网+工业及智能设备

信息安全北京市工程实验室"在公司正式落成，搭建了四大平台，包括工业控制系统信息安全防护技术研发平台、智能设备信息安全防护技术研发平台、包括石油炼化、先进制造、油气管道、电力系统在内的几大行业工业控制系统信息安全防护体系模拟环境测试平台，以及智能设备信息安全防护体系模拟环境测试实验室平台。通过多个行业的广泛应用和打磨，公司的工业防火墙、工控异常监测与审计、工控漏洞扫描、工控安全管理平台等多款产品已不断深度完善，基本夯实了已有技术的工业协议深度防护、异常流量自学习、关键设备运维审计、工控漏洞挖掘等多项核心技术，且与各行业应用场景无缝连接，产品能力在行业内处于第一梯队。

2017年12月8日，公司开启了国内首个智慧城市安全运营中心——成都安全运营中心，面向四川省提供智慧城市数据与安全运维服务，应对城市信息化带来的安全挑战。启明星辰战略布局智慧城市安全运营建设，率先提出"第三方独立安全运营"模式，并已经在成都市、杭州市、济南市、昆明市、郑州市等地开展安全运营中心业务，为智慧城市、城市云、大数据中心及其他城市关键信息基础设施建立网络安全监测、信息通报和应急处置机制，实现"全天候、全方位"的网络安全态势感知、运维服务、应急响应能力。

（资料来源：作者根据多方资料整理而成）

5.2.3 智能技术：构建物联网

物联网的顺利运行与工作，离不开智能技术的发展。物联网智能技术主要包括射频识别（RFID）、通信技术、无线传感器网络、智能嵌入式和纳米技术（见图5-8）。

物联网智能技术 { 射频识别 / 通信技术 / 无线传感器网络 / 智能嵌入式 / 纳米技术

图5-8 物联网智能技术

第一，射频识别。射频识别（RFID）是一种非接触式的自动识别技术，它通过射频信号自动识别目标对象并获取相关数据，识别工作无须人工干预，可工作于各种恶劣环境。RFID 技术可识别高速运动物体并可同时识别多个电子标签，操作也很快捷方便。一套完整的 RFID 系统，由读写器、电子标签和应用系统三个部分组成。其工作原理为：标签进入磁场后，接收解读器发出的射频信号，凭借感应电流所获得的能量发送出存储在芯片中的产品信息（无源标签或被动标签），或者主动发送某一频率的信号（有源标签或主动标签）；解读器读取信息并解码后，送至中央信息系统进行有关数据处理。RFID 的性能特点主要有扫描速度快、体积小而形状多样、抗污染和耐久性、可重复使用、极具穿透性、容量大、安全（见图 5-9）。

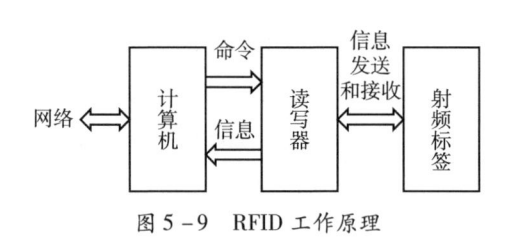

图 5-9 RFID 工作原理

物联网利用 RFID 技术，通过计算机互联网实现物品（商品）的自动识别和信息的互联与共享。这其中，RFID 扮演着让物品（商品）"开口说话"的角色。在物联网的构想中，RFID 标签存储着规范而具有互用性的信息，通过无线数据通信网络，把它们自动采集到中央信息系统，实现物品或者持有者的识别，进而通过开放性的计算机网络实现信息交换和共享，实现对物品或者持有者的"透明"管理。RFID 如同物联网的触角，使得自动识别物联网中的每一个物体成为可能。

第二，通信技术。物联网通信技术包括有线传输、近距离无线传输、传统互联网和移动空中网。有线传输即设备之间用物理线直接相连，主要有电线载波或载频、同轴线、开关量信号线、RS232 串口、RS485、USB 等。近距离无线传输即设备之间用无线信号传输信息。主要有无线 RF433/

315M、蓝牙、Zigbee、Z-ware、IPv6/6Lowpan 等。传统互联网主要指的是 WiFi 和以太网。随着通信资费下降以及 3G/4G 无线模块成本下降，移动终端可以直接接入到互联网世界。由于 3G/4G 可以很方便直接与互联网通信，越来越多的设备采用移动网技术。4G 是集 3G 与 WLAN 于一体，能够快速高质量地传输数据、图像、音频、视频等。4G 可以在有线网没有覆盖的地方部署，能够以 100Mbps 以上的速度下载，能够满足几乎所有用户对于无线服务的要求，具有不可比拟的优越性。而即将到来的 5G 势必又会对物联网产生巨大影响（见图 5-10）。

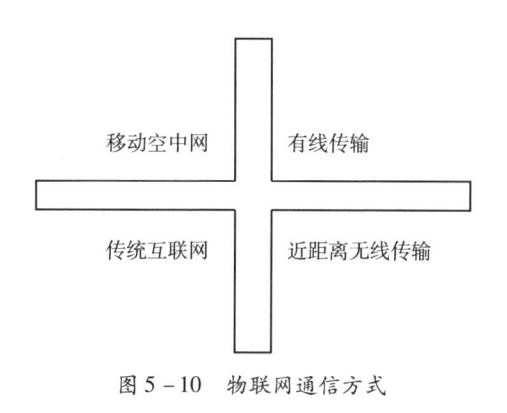

图 5-10　物联网通信方式

　　大量的信息收集的过程当中，把各终端进行有机的相连再把相关信息传回数据中心，必不可少的是通信技术。近距离无线传输和传统互联网已经逐渐不能满足要求，无线网络成为最佳选择。2G、3G 的通讯效率制约了物联网发展，4G 网络凭借高速率，低时延，大容量的技术优势打破了发展瓶颈，为市场化的普及起到强有力的推动作用。5G 则能够满足人们在人员密集、流量需求大的区域依然可以享受到极高网络速度的要求，可以在智慧城市、环境监测、智能农业、森林防火等以传感和数据采集为目标的应用场景中发挥作用，也能够应对车联网、无人驾驶、工业控制等对时延和可靠性具有极高要求的领域。

　　第三，无线传感器网络。无线传感器网络（WSN）是一种新型的信息获取系统，由部署在监测区域内的大量的廉价微型传感器节点组成，是通过无线通信方式形成的一个多跳的自组织的网络系统。无线传感器网络的目的在于协作地监测、感知和采集网络覆盖区域内各种感知对象的信息，并对这些信息进行处理，最终发送给观察者。作为一种低功耗、自组织网络，无线传感器网络一般由一个或多个基站（Sink 节点）和大量部署于监测区域、配有各类传感器的无线网络节点构成。每个节点成本低，功耗小，具有一定计算处理能力、通信能力。虽然单个节点采集数据并不精确，也不可靠，但是大量节点相互协作形成高度统一的网络结构，却提高了数据采集的准确度和运行的可靠性，具有其他网络无法比拟的特性。

作为物联网底层网络的重要感知技术之一，WSN 是物联网发展的重要条件。如果将互联网比作人体，那么 RFID 就好比是眼睛，而 WSN 则是皮肤，RFID 利用应答器识别功能，解决"Who"的问题，WSN 则利用传感器掌握物体状态，解决"How"的问题，通过探测不同对象物理状态的改变能力，并记录其在特定环境中的动态特征，WNS 可以有效缩小物理和虚拟世界之间的差距。

第四，智能嵌入式。智能嵌入式系统技术是综合了计算机软硬件、传感器技术、集成电路技术、电子应用技术为一体的复杂技术。智能嵌入式系统具有鲜明的特征：要有数据传输通路；要有一定的存储功能；要有 CPU；要有操作系统；要有专门的应用程序；遵循物联网的通信协议；在世界网络中有可被识别的唯一编号。如果说其他技术涉及的是物联网的某个特定方面，如感知、计算、通信等，嵌入式技术则是物联网中各种物品的表现形式，在这些嵌入式设备中综合运用了其他各项技术。

无论是智能传感器，无线网络还是计算机技术中信息显示和处理都包含了大量嵌入式系统技术和应用，因此我们说物联网的物联源头就是嵌入式系统，通过将物联网中各个独立节点植入嵌入式芯片，嵌入式技术使节点的数据处理与传输能力增强，增加了网络弹性。智能嵌入式可以提供多种物联方式，以传感器网为例，传感器不具有网络接入功能，只有通过嵌入式处理器，或嵌入式应用系统，将传统的传感器转化成智能传感器，才有可能通过相互通道的通信接口互联，或接入互联网，形成局域传感器网或广域传感器网。智能嵌入式应用系统还能实现物理对象的时空定位,保证物联网中物理对象具备完整的物理信息。在实现物联时,不仅可以提供物理对象的物理参数、物理状态信息,还可提供物理对象的时空定位信息。

第五,纳米技术。纳米传感器已经能够进入人体循环系统,或被植入到建筑材料中。纳米技术在物联网领域的应用,使得之前太多难以想象的事成为可能甚至现实。2020年,物联网预计将拥有三百亿个连接设备。一旦连接,纳米级别物联网将会对未来的医药、建筑、农业和药物制造产生巨大的影响。

虽然这一设想非常美好,但这其中也面临着一些挑战,其中一大技术障碍就是要将自供电纳米设备所需的所有组件集成,该设备用于检测变化和向网络发送信号。其他障碍包括一些关于隐私和安全的棘手问题。主要是因为纳米材料本身存在毒性,因此导入体内的任何纳米器件,都对人体有一定的毒性或可能会引发一系列的免疫反应。因此纳米物联网的发展一方面非常诱人一方面也对技术提出了很高的要求。

这些智能技术的应用发展,保障了物联网三层面工作的顺利进行,也使其全面感知、可靠传递、智能处理的特征得到了充分的发挥。智能技术是物联网工作得以推行的有力保障,也是推动物联网发展成熟的不竭动力。

万物互联专栏 3

宜通世纪:布局物联网、智慧医疗

图片来源:www.etonetech.com。

2017年11月16日,中国联通与宜通世纪在北京签署战略合作框架协议。根据协议，双方将在物联网、智慧医疗、基础通信业务等领域展开深入合作。

一、公司介绍

广东宜通世纪科技股份有限公司（以下简称：宜通世纪），是一家提供通信网络技术服务和系统解决方案的高新技术企业，是国内领先的通信技术服务商。宜通世纪于2001年10月9日成立，2012年4月25日在创业板上市。公司主营业务覆盖通信网络技术服务、系统解决方案、通信设备销售业务、物联网平台及解决方案以及健康产品销售和服务。2017年，公司实现营业收入25.8亿元，较上年同比增长41.82%；实现毛利额5.75亿元，较上年同比增长39.88%；实现利润总额2.6亿元，较上年同比增长30.10%。

二、积极布局物联网、智慧医疗

宜通世纪是国内领先的通信技术服务商，在通信产业转型升级和世界运营智能化发的时代背景下，公司提出了从"移动通信网络服务商"向"移动通信网络智慧运营服务商"升级的战略发展目标。近年来，公司通过内生和外延式相结合的方式，积极布局物联网和智慧医疗垂直应用等领域，推动企业顺利实现战略转型。2016年3月公司成功并购天河鸿城，与Jasper进行战略合作，为中国联通提供物联网CMP平台服务；2016年5月，公司投资成立"基本立子"并与Cumulocity进行合作打造物联网AEP平台。这使得公司在物联网领域抢占先机，顺利从"移动通信网络服务商"到"移动通信网络智慧运营服务商"的战略升级，为向下游物联网应用领域的拓展和延伸奠定基础。随着公司的物联网平台业务布局的日益完善，公司积极拓展物联网应用业务。公司通过与新华社合作，打造以广西、湖南为试点的联播网和掌上亿元，并以此为模板在全国推广，同时参股西部天使、并购倍泰健康，拓宽智慧医疗垂直领域业务，顺利实现物联网在智慧医疗领域的应用。

通过公司这几年的布局，逐步形成了以物联网、智慧医疗和大数据为核心的新业务发展战略。2017年，宜通世纪已初步塑造"立子云"领先的物联网平台品牌形象，主要聚焦工业物联、车联网、智慧医疗等六大行业端对端解决方案。在渠道上与中国联通广东分公司、山东分公司、北京分公司、上海分公司、陕西分公司开展合作运营物联网使能平台服务，借助运营商在渠道上的优势发展客户，截至2017年底，立子云已经服务了20多家工业企业、基础设施企业和智能设备企业。

在智慧医疗方面，完成并购深圳市倍泰健康测量分析技术有限公司。倍泰健康是一家能够提供成熟的智慧健康产品、服务、系统平台的整体解决方案的企业。收购完成后，公司完成倍泰健康产品和基本立子平台的对接，利用公司在运营商的渠道优势，对接倍泰健康在基层医疗的整体解决方案，与运营商合作一起推进分级诊疗方案的落地，目前已有多个项目在启动，有望在2018年进入实施阶段。

（资料来源：作者根据多方资料整理而成）

5.2.4　智能硬件：物联网载体

我们正在进入一个终端化的时代。我们生活工作中的各类设备，正在逐渐变成智能终端。智能硬件的爆发，见证者终端化时代的到来。截至2015年，全球智能硬件零售量为1.3亿部。随着连接技术的成熟，芯片价格的降低以及无线网络的不断完善，智能硬件市场规模成数倍增长，预计到2018年，中国智能硬件全球市场占有率超过30%，产业规模有望达到5 000亿元，智能硬件市场将迎来大发展。新工业革命方兴未艾，全球制造业正迈向数字化、智能化时代。为应对新工业革命下的国际竞争，发达国家不约而同地将智能制造作为制造业未来发展的重要方向。目前，我国制造业的规模已跃居世界第一，拥有世界上最为完整的工业体系，成为全球价值链的重要参与者。然而，智能制造不仅仅是单一技术和装备的突破与应用，而是依靠装备智能化、设计数字化、生产自动化、管理现代化、营销服务网格化等制造技术与信息技术的深度融合与集成，创造新的附加值。在物联网时代下，借助传感器、大数据、云计算等的运用，智能制造能够实现设备与设备、设备与工厂、各工厂之间以及供应链上下游企业间、企业与用户间的无缝对接，企业可以更加精准地预测用户需求，根据用户多样化、个性化的需求进行柔性生产，并实时监控整个生产过程，实现低成本的定制化服务。抓住新工业革命带来的战略机遇，以智能制造为突破口，引领中国制造向全球价值链高端攀升。随着互联网的迅猛发展，用户和数据的价值逐渐被放大，硬件作为用户和数据的载体也就不再是之前那个冷冰冰的制造业产品，而成为积累用户和数据的智能终端。硬件可以联网，且比从前更加智能，物联网产业带来的巨大市场潜力已经成为美国科技公司新的增长引擎，包括思科、AT&T、Axeda、亚马逊、苹果、通用电气、谷歌与IBM等在内的美国公司已在争相抢占物联网产业的主导地位，而作为全球垄断型硬件制造中心的中国，这无疑是中国制造的巨大机会。

　　在中国制造转型关键时期，体制内外全面倡导工匠精神，直接促使依靠成本及规模优势的传统制造企业直面行业短板，激发其高端制造新动能。行业专家分析，中国是世界第一制造大国，但并非制造强国。空有制造能力缺乏对高质量的追求一直是中国制造的短板，而质量是引领智能硬件发展的基石，也是一个企业、一座城市核心竞争力的重要体现。近几年来，我们也应充分认识到，在经济下行压力增大，相当一部分企业仍处于产业链低端，质量竞争力不强，标准总体水平不高。持续提高质量和品质，已经成为智能硬件行业发展的内生动力和主攻方向，当然也会特别注重产品的创新，但回归产品质量这个是核心因素。只有坚持以匠心精神为核心，全面提升制造业，使之由大变强，才能推动中国制造业向前发展。互联网的跨界竞争曾一度打得家电企业措手不及，"小米""乐视"模式的崛起似乎预示着新的竞争模式的到来。小米一向以低价策略占领市场，这种扰乱市场的策略也是受到其他友商甚至消费者的一致谴责。2015年小米推出699元的小米净化器2，依靠廉价牌和小米自身的品牌影响力以超高性价比的方式，把小米手机的营销模式成功复制到空气净化器市场。一机难求再次上演，不少普通用户跟风购买。单纯的模式复制并不适用与所有领域，缺少技术积淀的小米净化器在 2015 年上半年遭受到消费者最多的投诉。对于大部分普通用户来说，虽然对空气净化器也有需求，但购买力和产品认知要低一些，对于他们来说首先需要考虑的就是价格，其次才是净化效果和使用寿命。因此一些廉价的空气净化器成了他们的首选对象，而长期使用这类产品的副作用和缺点也在未来的生活中逐渐暴露，进而影响了个人健康甚至对空气净化器口碑上的传播。空气净化器看似简单的产品，其实背后是企业多年技术实力和经验的积累。

物联网是一个智能的网络，传感器采集的海量数据，只有通过智能分析和处理才能实现智能化。智能处理利用云计算、模糊识别等各种智能计算技术，对随时接收到的跨地域、跨行业、跨部门的海量数据和信息进行分析处理，提升对物理世界、经济社会各种活动和变化的洞察力，实现智能化的决策和控制。物联网通过感应芯片和 RFID 时时刻刻地获取人和物体的最新特征、位置、状态等信息，使网络变得更加的"无所不知"。更为重要的是，人们可以利用这些信息，开发出更高级的软件系统，使网络变得和人一样"聪明睿智"，具备和人相似的听觉、视觉甚至思维。

万物互联专栏 4

车网互联：用智慧交通为产业赋能

图片来源：www.carsmart.cn。

2017 年 10 月 28 日，荣之联全资子公司——北京车网互联科技有限公司与缅甸宝运集团旗下子公司 TRUSTY FAMILY、香港睿城天智科技有限公司合作签约仪式在缅甸仰光顺利举行，三方就仰光省智慧城市、智慧交通体系展开深度合作。

一、公司介绍

北京车网互联科技有限公司（以下简称"车网互联"）系上市公司荣之联的子公司，是一家以移动互联领域的多年积累和丰富的行业资源为基础，以前沿的移动、定位、云计算、数据采集融合技术为工具的车载信息服务平台运营商，也是国内较早进入车联网领域的国家高新技术企业。经过多年的蓬勃发展，已拥有多项发明专利和软件著作权，现已成为拥有丰富资源的车联网综合产品与服务运营商。车网互联聚合无线通信、移动互联网、云计算等技术优势，将物联网、位置服务和智能交通进行有效结合，为车辆信息服务（TSP）市场提供开放式服务平台和行业定制解决方案。2017年车网互联度实现净利润8 185万元，上年同期净利润为14 256万元，减少42.59%。

二、用智慧交通为产业赋能

车联网行业的发展大致分为以下几个阶段：第一阶段，车联网的发展围绕车厂展开，主要是为了满足以车厂为代表的企业需求，比如导航和行车安全服务。第二阶段，随着信息化的日益普及，不仅车厂有车联网需求，凡是跟车有关的行业都提出了车联网管理需求，比如车队管理、出租车调度、交通路况信息等，越来越多的行业与车联网发生关系。第三阶段，集中体现在最近四五年，随着移动互联网技术的崛起，大家意识到人、车和设备之间可以形成一个更立体的交互。为此，车联网领域提出了"新四化"发展方向，即电动化、网联化、共享化、智能化。首先，电动化是指发展新能源技术，现在全世界都在倡导新能源，我国也推出了有关促进新能源汽车发展的诸多政策。网联化是致力于建立起车载系统与互联网的连接交互，目前很多企业都搭建起了互联网汽车平台。共享化，目前滴滴专车、Uber、神州专车、首汽约车等已经开启了汽车共享化时代，分时租赁也正在兴起，未来汽车资源将最大限度地被合理配置。智能化是结合互联网思维，围绕自动驾驶的阶段性应用，包括探索车与车、车与交通基础设施间的通讯，更加聚焦智能出行。

无论是"新四化"的哪个方向，"数据"对于车联网企业来说都至关重要。车网互联截至2017年9月的统计，在全国有60亿公里的车联网数据，这是围绕数据应用工作的一个很好的金矿。在这个基础之上，车网互联做了非常丰富的工作。比如，围绕车主的驾驶行为分析和用户画像以及潜在故障风险预测等，并且在建立起一系列算法模型的基础上，车网互联还非常注意专利申请和保护。此外，基于对数据的战略考虑，还投资了英国一家优秀的数据分析公司，增强自己的竞争力。

不仅如此，车网互联的优势是以智慧交通和平安城市为主，2017年12月，车网互联与马来西亚SAFE CITY SDN BHD公司签署了谅解备忘录，针对"吉隆坡及布城智慧城市综合管理与智慧城市综合治安防控预防系统平台建设项目"，双方将结成联盟，共同合作，配合马来西亚政府项目组制定吉隆坡和布城智慧城市建设的顶层设计和实施方案。此次合作，双方将为马来西亚构建强大的智慧城市交通管理系统、城市数字化管理监控系统、城市安全防控高清视频监控系统，同时运用科学先进的技防手段针对不同的目标群体，提供视频、报警、联动等多种组合方式，将城市管理监测数据、远程可视图像、远程报警、报警智慧调度、车辆反劫防盗及地理信息系统（GIS）等有机地链接在一起，实现城市日常管理监控，为保障吉隆坡及布城城市公共安全、城市道路畅通、交通有序、惠民便民提供稳定安全的发展环境。

无论是对内的行业深挖还是走出去的产业赋能，车网互联都坚持要做一家专业、创新、敏锐的企业。车网互联以移动互联网技术创造用户新体验，以车联网技术服务于智能交通，致力于打造智能交通新秩序，开创智慧人车生活新体验，为推动智能交通信息化产业的发展而不懈努力，引领和主导车联网产业的创新发展。

（资料来源：作者根据多方资料整理而成）

5.3 万物互联：从物联到万联

物联网是我们在后互联网时代最为热议和憧憬的话题。未来物联网不仅要继续改变人与人的交互，更将彻底改变人与物、物与物的交互方式。人类社会正快速迈向一个分布式的、万物互联的新时代而这一时代的一个重要特征，就是去中心化。

5.3.1 智能物联

物联网——（The Internet Of Things，IOT）顾名思义是把所有物品通过网络连接起来，实现任何物体、任何人、任何时间、任何地点的智能化识别、信息交换与管理。而我们对于智能物联网的理解则为物的智能连接（Intelligent Interconnection Of Things，IIOT），体现出了"智慧"和"泛在网络"的含义。所以我们称之为"智能物联网"，简称"智能物联"。

智能物联的本质就是将 IT 基础设施融入物理基础设施中，也就是把感应器嵌入和装备到电网、铁路、桥梁、隧道、公路、建筑、供水系统、大坝、油气管道等各种物体中，并且被普遍连接，形成所谓"智能物联网"，实现实时的、智慧的、动态的管理和控制。智能物联是一个平台、一个应用、一个带有节点和内容的网络。

物联网是一个智能的网络，传感器采集的海量数据，只有通过智能分析和处理才能实现智能化。智能物联利用云计算、模糊识别等各种智能计算技术，对随时接收到的跨地域、跨行业、跨部门的海量数据和信息进行分析处理，提升对物理世界、经济社会各种活动和变化的洞察力，实现智能化的决策和控制。物联网通过感应芯片和 RFID 时时刻刻地获取人和物体的最新特征、位置、状态等信息，使网络变得更加的"无所不知"。更为重要的是，人们可以利用这些信息，开发出更高级的软件系统，使网络变得和人一样"聪明睿智"，具备和人相似的听觉、视觉甚至思维。

夏天的办公室，有人怕热有人怕冷，物联网通过智能化可以满足不同人群的不同需求。意大利建筑师、麻省理工学院感应城市实验室的主任 Carlo Ratti 所在的 CRA 团队设计了一款 3.0 办公系统。3.0 办公系统运用物联网技术，以及一系列通过 WiFi 连接的传感器来监测环境和收集数据。传感器会将指令发送给建筑物内的产品，从而使产品按照人们的指示，调控加热、照明和冷却系统，为用户提供相应服务。用户通过智能手机应用程序设定适宜个人的室内温度。当室内有人时，位于天花板的风机盘管将被激活，为不同区域的人提供不同的温度。并且，使用者在哪里，哪里的环境状况就会根据他的预设调节，像一个泡沫一样，将每个用户单独包围起来。当用户离开，房间会自动返回"待机模式"，从而节省能源（见图 5-11）。

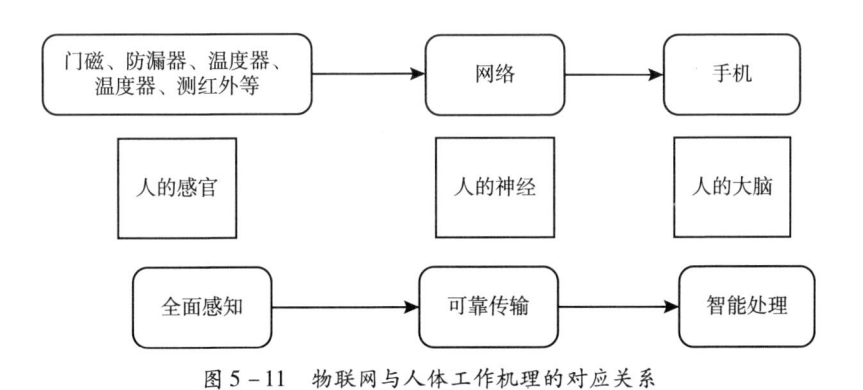

图 5-11　物联网与人体工作机理的对应关系

综上，对物联网的三大特征——全面感知、可靠传输、智能处理进行分析描绘后，我们发现它们正如人的感官、人的神经和人的大脑协同工作类似，为物联网提供服务。全面感知对应的是门磁、防漏器、温度器等，可靠传输依赖网络、智能处理主要通过手机。

智能物联前景非常广阔，它将极大地改变我们目前的生活方式，我们的未来将是一个智能化的世界。预计 10 年内智能物联就可能大规模普及，其产业要比互联网大 30 倍。将广泛运用于智能交通、环境保护、政府工作、公共安全、平安家居、智能消防、工业监测、老人护理、个人健康等多个领域，这一技术将会发展成为一个上万亿元规模的高科技市场。

万物互联专栏 5

三川智慧：构建物联网领域水世界

图片来源：www.ytsanchuan.com。

2018年4月22日，三川智慧 NB-IoT 水表惊现中央电视台新闻联播，一时间"一个老百姓家中毫不起眼的水表，是如何得到央视的青睐"引发广泛讨论与关注。加了物联网技术的水表，不仅更加智能，而且更加省钱。

一、公司简介

三川智慧科技股份有限公司（以下简称"三川智慧"）由江西三川集团有限公司发起设立，是国内首家以水表为主业的上市公司。公司主营业务是从事机械水表、智能水表、水表配件的研发、生产、销售业务。现有三大业务板块，分别为"水计量""水环境""水生活"。"水计量"板块主要是智能水表制造、水务大数据服务；"水环境"板块主要是水务投资运营、以水为主的环境监测与治理；"水生活"板块主要是智能水家电的研发和销售、家庭健康饮水服务等。这三大业务板块，既相对独立，又互为促进、协同发展。2017年，公司实现营业收入6.10亿元，同比下降12.19%；归属于上市公司股东的净利润7909万元，同比下降40.79%。

二、构建物联网领域水世界

据悉，由三川智慧自主研发、基于 NB-IoT 的智能水表目前已经大范围安装。作为国内产销量最大、综合实力最强的水表制造企业，三川智慧上市后一直在探索水表的智能化发展路径。2015年，公司同致力于推进

NB-IoT技术应用的华为实现了强强联手，共同探索NB-IoT的商业应用之路。如果说，计量是水表最基本的功能，那么，基于NB-IoT（窄带物联网）的水表，则如同给水表装上了充满智慧的"中枢神经"，不仅能解决传统水表的精准计量问题，还能够实现对城市输水管道监管控的智能性，极大地降低漏损率，方便居民日常生活，实现城市水务管理的智慧化。

2017年4月，第一批400块试用版本的NB-IoT水表走下三川智慧的生产线。此后，经过多次迭代，更适合应用场景的这种水表开始批量生产安装。鹰潭当前已完成近2万块NB-IoT智能水表的替换，到2017年底，这一数字将达到6.5万块。目前，三川智慧的"鹰潭样本"已围绕NB-IoT水表形成了一个完整的产业链——上游是芯片生产商，下游则是模组生产和水表生产企业，中国移动、中国电信等运营商则提供NB-IoT网络基础。2017年2月至今，短短几个月时间，中国移动和中国电信就已经在鹰潭建设了692个NB-IoT基站，实现了县域的全覆盖。

三川智慧NB-IoT水表在鹰潭应用的意义不仅在于产品更新和城镇节水，还为NB-IoT技术的商业应用做出了探索，并为物联网和智慧城市建设找到了一个切口和落地节点。商业应用安装超过1万台后，三川智慧NB-IoT智能水表的影响正在逐渐扩大到全国。

三川智慧一直致力于为人类科学用水、健康饮水而服务，而物联网水表便是承载这一服务的最重要的载体。然而，物联网水表的应用效果并非一蹴而就，而是经过了公司近三年的研发投入、设计、反复验证。2018年1月，三川智慧在鹰潭市委、市政府及相关部门的大力支持和推动下，与中国信通院、华为、中国电信、中国移动等通力合作，在鹰潭主城区成功部署NB-IoT智能水表近7万台，且上线率均保持在99%以上，打造了全球首个万量级智能水表应用示范城市。

（资料来源：作者根据多方资料整理而成）

5.3.2 万物互联

万物互联是时代发展的必然趋势，未来会产生更多的终端并不是需要用户去互动，而是实现自动地、智能地直接为人服务。物与物之间能交流、会通信是物联网的重要特征，这个过程应该不再有人参与其中，这就是物联网未来的思维模式。

1. 智能生活

第一，起床模式。早晨，在卧室的闹钟即将响起的时候，遮光窗帘向两边缓缓拉开，让清晨的阳光通过窗纱自然照射进来，当闹钟响起时让您丝毫没有从睡梦中惊醒的不快，同时，厨房内的饮水机、咖啡机和热水器定时开始工作。当您还在揉弄惺忪睡眼的时候，轻柔的背景音乐或收听新闻定时开始播报。在您进入卫生间之前，卫生间的灯光已自动打开，排风扇开始运转，当您离开卫生间时，灯光自动关闭。当你离开家门准备上班时，家里不使用的电器都同时断电，安防系统开始启动，解决你的安全忧患，移动探测器、煤气监控和火警检测报警装置开始工作。当您走到门口时，汽车自动打开车门，并响起您最喜欢的音乐；当你驶离车库的时候，大门电子锁自动关闭。

第二，上班模式。上班时，可以通过电脑上的智能看护系统，查看小孩或老人在家的情况，并可以对相应的设备进行控制，如开启或关闭一定的灯光、窗帘。当你和客户正在办公室内进行商谈时，手机铃声突然响起，原来你家的煤气发生泄漏了（CO 浓度超标），煤气监控装置开始响起警铃，室内应急灯亮起，排风扇开始工作，发送指令控制节点关闭煤气管道阀，同时报警装置不断给外界打电话通知您和物业。在你挂断电话，转身打开电脑，根据电脑上的显示情报确认室内煤气泄漏的情况，并通过摄像头确认早已等待在大门外的物业人员身份后，用手机控制打开电子门，让物业人员进入室内处理，当物业人员处理完毕离开后，你通过电脑或手机重新布防。应急灯、排风扇和窗户自动关闭，室内空调及空气调节设备开始调节室内空气，让下班的你不会感受到煤气的异味。

第三，智能安防模式。当你长期出门在外或者出门上班时，可以通过手机或电脑远程控制家中的安防系统，也可以对家中的灯光及窗帘进行定时控制，以营造家中有人的形象使小偷不敢进入。当陌生人靠近大门时，安防系统会产生预警信号，并自动进行声光警告督促"危险，请勿闯入"；当人员试图攀爬、翻越或者破门而入时，报警装置就会自动升级报警，并及时通知业主和物业，物业马上赶快去处理，业主可以通过电脑及摄像头查看入侵者的行踪。（此安防系统具备了对入侵目标和入侵行为的分类识别，能够识别出目标是什么？在干什么？可对人员的攀爬、破坏障碍物、无意碰触、动物经过、异物悬挂等进行区分）当有客人拜访时，你可以通过摄像头确认来者身份，并使用手机或者电脑远程控制电子门的开启或者安防系统的解除，让你的客人不必在外苦等。

万物互联专栏 6

海尔智能家居：做每一个定制化的智能家居

Haier

智能家居

图片来源：www.haier.com。

2017 年 10 月 28 日，中国智能家居行业高峰论坛暨品牌盛会颁奖盛典在深圳举行。海尔 U–home 凭借其颠覆性的智能家居解决方案，获得了"2017 年度十大智能家居控制品牌"。

一、公司介绍

海尔智能家居公司是海尔集团的子公司，企业注册资金为 1.8 亿。公司建立了强大的海尔 U–home 研究团队并拥有世界一流的实验室。海尔 U–home 除了给用户提供个性化产品外，还面向未来提供多种智能家居解决方案和增值服务。海尔 U-home 是海尔集团在物联网时代推出的美好住居生活解决方案，它采用有线网络与无线网络相结合的方式，把所有设备通过信息传感设备与网络连接，从而实现了"家庭小网""社区中网""世界大网"的物物互联，并通过物联网实现了3C 产品、智能家居系统、安防系统等的智能化识别、管理以及数字媒体信息的共享。

二、海尔 U-home 系统

海尔 U-home 基于 U+智慧生活平台，能够快速接入第三方设备，并通过定时设置、多场景应用、设备联动等方式智能控制智能门窗控制系统、智能灯光控制系统、智能家电控制系统、智能安防控制系统等，实现各产品与系统之间的互联互通，为用户创造出回家、离家、客厅、厨房、浴室等智能便捷的智能家居场景。海尔智能化家居系统 U-home 由智能客厅、智能书房、智能卧室、智能厨房、家庭影院等各种智慧家庭场景组成（见图 5-12、图 5-13）。

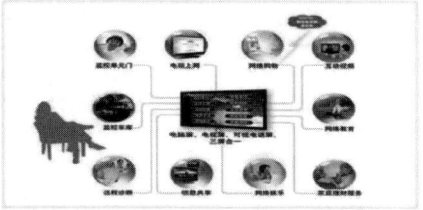

图 5-12　海尔 U-home 概念图　　图 5-13　海尔 U-home 功能模式

三、小网系统

海尔 U-home 将用户家庭的内部网络连接称之为小网。核心设备是 HR-6007 智能终端。小网系统主要负责的功能如图 5-14 所示，有对讲功能、安防功能、控制功能。

图 5-14　U-home 小网系统

第一，对讲功能。产品配置会在主卧、厨房、主卫及客厅内安装分机和普通电话。这些设备通过网线连接到智能终端。住户可以在室内与访客对讲，当住户开启外出模式时系统会提示访客留言、方便住户回家查看。住户也可以通过智能终端系统与社区其他住户通话，或者通过智能终端、室内分机对门口实现监视。

第二，安防功能。海尔 U-home 系统会在用户卧室、书房及客厅安装红外幕帘传感器；在卧室、卫生间等安装紧急按钮；在厨房安装燃气传感器，并根据情况设置属性和传感器的工作时间段。这样，在危急时刻用户可以通过紧急按钮发送警报，若用户不在家，警报系统还会通过短信通知用户已注册的手机上。

第三，控制功能。海尔 U-home 团队在卧室、客厅、书房、厨房安装智能开关及窗帘，空调系统、地暖系统、新风系统和海尔智能热水器。这些设备都能通过智能终端集中控制，用户可以在家庭任何地方通过手机、IPAD 等实现远程访问控制。

四、中网系统

海尔 U-home 把在居民家庭之外、社区大门之内的部分称为社区级的数字化信息网络即"中网系统"。该系统主要包含：单元门口机、小区服务器、物业管理机、社区停车场系统、大华 DVR 监控系统、电梯系统、社区服务器、定位系统、小区门口机（见图 5–15）。

图 5–15　U–home 中网系统

五、大网系统

海尔 U–home 把用户通过互联网、手机等智能终端设备来控制家里的现实设备、系统控制、视频监控、家人定位查看等功能称为大网系统。海尔 U–home 战略合作伙伴内容提供开发商可以为社区住户提供影音大片、新闻信息和其他外联网服务（见图 5–16）。

图 5–16　U–home 大网系统

海尔 U-home 团队专注于住宅科学、人文生活方式的研究，在物联网时代下的融合海尔 U-home 的住宅设计理念备受世人瞩目。

（资料来源：作者根据多方资料整理而成）

2. 智能出行

智能电子车牌是由普通车牌和电子车牌组成。电子车牌中存储了经过加密处理的车辆数据。其数据通过授权的无线识别器读取。各个交通干道架设检测基点（摄像机、射频读卡器和数据处理系统三部分组成）检测基站通过 GPRS 与中心服务器相连，通过 WLAN 和警用 PDA 相连。执法人员携带 PDA，站在检测基站前方，车辆经过监测基站，摄像机会拍摄车辆的物理车牌，经监测基站图像识别系统处理后，得到物理车牌的车牌号码；与此同时，射频读卡器读取电子车牌中加密的车辆信息，经监测基站解密后，得到电子车牌的车牌号码。

第一，智能停车。当车辆要进入停车场时，在压过入口处的第一个地面感应线圈时，阅读器开始工作，通过天线和电子车牌进行通信，阅读器接收到电子车牌发送的具有车牌数据信息的微波信号后经调解处理，得到车牌储存的 ID 号。通过计算机将 ID 号传输到本地数据服务器，并且记录车辆入场时间。通过网络将此 ID 号传送至交管部门的控制中心数据服务器并从中获取相符合车辆的卡内金额信息，自动启动栏杆放行，当车辆经过第二道感应圈后栏杆自动放行，若金额不足，则语音提示，栏杆不会自动开启。当有车辆要驶出停车场．在压过出口处的第一个地面感应线圈时，阅读器开始工作。通过天线与电子车牌进行通信，得到车牌存储的 ID 号以及车辆出场时间。系统根据该车辆的入场时间和出场时间自动计算出停车时间并扣除停车费用。通过网络将此 ID 号及扣除停车费用后的剩余金额传送到交管部门的控制中心数据服务器后，自动抬起栏杆放行，并语音提示停车时间和消费金额。当车辆压过出口处的第二个地面感应线圈后，栏杆自动放下。车辆驶出停车场。如果用户剩余金额不足，则语音提示用户充值。

第二，酒驾检测和管理，主要是判断车辆行驶是否异常，在确认酒驾后对该车辆记录档案，以后在道路上对该车辆进行重点盘查。

第三，利用遍布于道路路口的射频识别终端设备和信息中心的车牌证照信息数据库，当车辆经过时可以顺利读取车辆的证照信息，如果读取的车牌号发现该证件已经过期或未及时通过年检，电子车牌系统将自动显示对该车辆采取必要的对应措施。

3. 智能购物

第一，超市供应链管理。入仓—库房管理—上架—补货或存货不足，入仓：供应商在货物上贴上智能标签，以便提供此类货物的实时存货数据，跟踪产品的过期日期。当货物到达未来超市时，员工们将货物托盘从卡车上搬下来，通过超市后门的 RFID 进入超市。每个货物托盘和包装箱上存储的数据都被读取，所有货物会被登记为"收到"，然后超市员工将收到的货物与订单进行对比。库房管理：送来的货物被放置在商场后面的存货间里，每个存货间都装有一个"芯片"，能够智能扫描进入超市的商品管理系统。上架：超市员工拿着货物走出库房，往货架上补货时也要通过一个 RFID 读取器，商品包装盒上的芯片再一次被读取，然后数据被传输到商品管理系统中。（同样，退回来的货物经过存货间同样要被读取）补货或存货不足：当商品货存量不足时后，智能货架上的 RFID 读写器能够记录这些活动并将信息传输给商品管理系统，管理系统通过无线通信系统通知商店员工（PDA）进行补货（什么商品、在哪个货架、第几层、缺少数量等），当商品补货完毕后，读写器会自动通知商品管理系统货架已经更新。同时货架能够自动记录丢失或者放错位置的商品，有效避免货架空闲情况。商店员工也可以通过 PDA 了解库存情况，如果库存情况数量少，系统会自动生成订单，并通知该商品的供应商供货，供应商收到订单后，及时发货补充库存。

第二，智能购物。智能购物车—智能称重—信息终端—智能结账—智能去活化（智能购物车）走进商店，选择一辆智能购物车，车上装有液晶屏和智能读卡器，顾客随身携带一个装有 RFID 芯片的智能卡，你可以将智能卡放在智能购物车的读写区，它会自动读出你的个人信息、上次购物清单、商品信息及商品清单。当你家里的冰箱里缺少某种食物时，冰箱会自动做出识别并通过无线网络传到你的智能卡上，购物车在读取智能卡时，会显示冰箱里缺少的物品。同时，你可以输入商品名称，购物车会显示商品的位置并计划出最优路线，方便你能快速找到你所需要的商品。同时，购物车推荐给你性价比更高或者更营养的商品信息。（电子货架标签）货架上的商品价格是通过电子货架显示出来的。电子货架标签直接从商品管理那里获得必要的价格信息，价格的变动能够自动地以无线通信的形式发送到显示屏上。显示屏不仅可以显示商品价格并且能够为顾客提供促销和打折信息。当你选择好商品后，放入智能购物车内，购物车可以对商品进行智能扫描，商品名称、规格、价格、日期等信息就会直接显示出来，如果不想要了，直接拿出来放到货架上就可以了，显示屏上的商品信息会自动删除的，然后继续购物。（智能称重仪）顾客将所要称重的物品放在智能称重机上，智能称重机根据果蔬的特征、外观形状、大小及颜色等会自动识别果蔬的种类并按该商品对应的信息来计量、计价和打印标签（商品描述、重量、总价格及条形码）。当称重仪无法识别商品时，顾客才需要从智能称重仪显示屏提供的有限商品项中进行选择。（信息终端）在"未来超市"中，顾客从货架上取下一瓶白葡萄酒，当走到货架尽头时，只要把酒瓶上的 RFID 标签在自助销售终端上一扫，不但可以看到这瓶酒的品名、产地、年份、酒精度等常规信息，还会看到一份"厨师的建议"，告诉你适合与这瓶酒搭配的菜肴，并且这道菜的制作方法也会详细的在下边介绍。顾客可以打印这份菜单或者通过短信将其发送到自己的手机上，带回家去慢慢享受这美酒与美食，更享受这贴心的创意服务。（智能结账）智能购物车能够清晰地显示购物车里的商品信息，并算出这次购物的费用，可以在自助设备上直接完成付款，也可以手机支付、指纹支付等。

万物互联专栏 7

绿盟科技：智慧安全 2.0 战略

图片来源：www.nsfocus.com.cn。

2018 年 4 月 10 日，以 "云地协同智行合一" 为主题的 "绿盟科技智慧安全 2.0 创新成果发布暨战略签约仪式" 举行。绿盟科技首次全面展示了 "智慧安全 2.0" 战略的创新成果，并重磅发布了包括《2017 年度网络安全观察》在内的四份安全分析报告。

一、公司介绍

北京神州绿盟信息安全科技股份有限公司（以下简称 "绿盟科技"），成立于 2000 年 4 月，并于 2014 年 1 月 29 日在深圳证券交易所创业板上市交易。公司自创立以来专注于信息安全领域，主营业务为信息安全产品的研发、生产、销售及提供专业安全服务。基于多年的安全攻防研究，绿盟科技在检测防御类、安全评估类、安全平台类、远程安全运维服务、安全 SaaS 服务等领域，为客户提供入侵检测/防护、抗拒绝服务攻击、远程安全评估以及 Web 安全防护等产品以及安全运营等专业安全服务。2017 年，公司实现营业收入 12.55 亿元，同比增长 15.07%；利润总额 1.8 亿元，同比减少 29.41%；归属于上市公司股东的净利润 1.5 亿元，同比减少 30.78%；扣非后归属于上市公司股东的净利润 0.89 亿元，同比减少 54.77%。

二、布局云安全领域

2017 年公有云和私有云的建设迅猛，也带动了云安全的快速发展；绿盟科技传统的优势产品也完成了在云安全的布局，绿盟的 WAF 完成了

AWS、Azure、AliCloud、华为云、青云等国内外主流公有云平台的适配，可以提供云 WAF 检测能力，为最终客户提供平弹性、可扩展、按需的交付方案，同时通过战略合作，积极推进与云平台厂商以及运营商在产品、业务及面向客户的持续运营与增值服务等方面的合作。

公有云方面，公司重点深挖与亚马逊 AWS、微软 Azure、阿里云的商务和技术方面的深度合作，新增在华为云、腾讯云、UCloud 等更多公有云上为企业客户提供安全服务；行业云方面，加强与深证通金融云等行业云合作；除此之外，拓展了与海航科技的云服务分销渠道合作，目前已形成一套覆盖广泛、合作双赢的云安全业务生态圈。在 SaaS 产品方面，公司继续加强和优化已上市的云安全服务，新推出的云 WAF 服务完善了网站云安全解决方案，同时针对绿盟云的基础设施，进行了扩容与完善，提升了绿盟云安全服务的质量和效率。在私有云安全领域，通过安全资源池方式解决云内安全集中管理的问题，比如高校、城商行、企业内部云。在大型私有云和行业云安全领域，重点通过"运维门户＋日志分析中心＋控制器"方式解决大型私有云和行业云中租户的个性化安全运营问题，以及云平台集中式运维管理，比如运营商公有云、大型金融云、政务云。

云安全面临的另一个刚需就是针对 DDoS 攻击的防护和缓解，2017 年绿盟科技云清洗解决方案围绕智能、敏捷、可运营的智慧安全三大特性，在多地设计、交付大流量云清洗平台，为客户提供 DDoS 增值运营能力。同时，公司提供的黑洞云清洗服务，持续保障用户业务有效运行。2017 年公司发布绿盟云安全集中管理系统（简称 NCSS），为国内第一家获得了"云安全管理平台类产品"销售许可证的产品；公司"基于安全资源池的云安全服务平台"入选工信部安全试点示范项目，是此次工信部试点项目中，唯一一家云安全解决方案。

三、启动智慧安全 2.0 战略

2018 年 4 月 10 日，以"云地协同·智行合一"为主题的"绿盟科技智慧安全 2.0 创新成果发布暨战略签约仪式"在北京举行（见图 5-17）。

发布会上，绿盟科技展示了"智慧安全2.0"战略的创新成果，并发布包括《2017年度网络安全观察》在内的4份安全分析报告。在智慧安全2.0创新成果发布仪式中，绿盟科技集中展示其突破性技术与平台解决方案，其中包括绿盟威胁情报中心（NTI）、绿盟企业安全平台（ESP）、绿盟安全态势感知平台（TSA）和绿盟全流量威胁分析平台（TAM）。

图 5-17　绿盟科技智慧安全 2.0 创新成果发布暨战略签约仪式

面对日趋严峻的网络安全形势，绿盟科技启动智慧安全2.0战略，由传统产品模式向安全解决方案+安全运营模式转型，安全防御体系也从静态、被动、基于规则的防御，转变为主动、动态、自适应的弹性防御体系。"云地协同智行合一"正是"智慧安全2.0"战略的最佳实践。

近年来，绿盟科技以"云地人机"协同作战的整体安全战略为导向，将云端的威胁情报与本地的安全设备和安全平台相结合，使有效且智慧的"情报"指挥安全设备进行防御，配合安全平台进行安全分析和攻击溯源，实现立体化安全解决方案，使得最新威胁的响应时间缩短到小时级别，大幅度地降低了客户安全风险，从而真正做到"云地协同、智行合一"。

（资料来源：作者根据多方资料整理而成）

5.3.3 物联未来

过去的思路一直是将物理基础设施和 IT 基础设施分开：一方面是机场、公路、建筑物，而另一方面是数据中心、个人电脑、宽带等。而在"物联网"时代，钢筋混凝土、电缆将与芯片、宽带整合为统一的基础设施，在此意义上，基础设施更像是一块新的地球工地，世界的运转就在它上面进行，其中包括经济管理、生产运行、社会管理乃至个人生活。

物联网可以提高经济，大大降低成本，物联网将广泛用于智能交通、地防入侵、环境保护、政府工作、公共安全、智能电网、智能家居、智能消防、工业监测、老人护理、个人健康等多个领域。预计物联网是继计算机、互联网与移动通信网之后的又一次信息产业浪潮。

北京着手规划物联网用于公共安全、食品安全等领域。政府将围绕公共安全、城市交通、生态环境，对物、事、资源、人等对象进行信息采集、传输、处理、分析，实现全时段、全方位覆盖的可控运行管理。同时，还会在医疗卫生、教育文化、水电气热等公共服务领域和社区农村基层服务领域，开展智能医疗、电子交费、智能校园、智能社区、智能家居等建设，实行个性化服务。中国移动总裁王建宙多次提及，物联网将会成为中国移动未来的发展重点。在中国通信业发展高层论坛上，王建宙表示：物联网商机无限，中国移动将以开发的姿态与各方竭诚合作。《国家中长期科学与技术发展规划（2006—2020年）》和"新一代宽带移动无线通信网"重大专项中均将物联网列入重点研究领域。

物联网的雏形就像互联网早期的形态局域网一样，虽然发挥的作用有限，但昭示着远大前景已不容置疑。我国的物联网技术已逐步从实验室理论研究基础阶段迈入实践生活的应用，在国家电网、环境监测等领域已出现物联网身影，海尔集团目前也将其所有生产的家电产品安装传感器，成都无线龙环境监测系统采用了无线网络传感技术。

在未来，只用动动手指，顾客就能通过换上不同颜色、式样、大小的衣服，试衣镜还有个特点就是能记住顾客之前的试穿记录，供消费者对比选择。除此之外，它还具有增加配饰的功能，不用人转脖子就能360度浏览上身效果。只要放入漂亮衣服图纸，对着某个人照，就可以瞬间换上漂亮衣服，估计是喜欢赶时髦的少男少女最喜欢的一个道具。它的原理是分子重组技术。但如果没有放图纸去拍某个人。

大华股份：打造视频物联产业新生态

图片来源：www.dahuatech.com。

大华股份是一家领先的监控产品供应商和解决方案服务商，面向全球提供领先的视频存储、前端、显示控制和智能交通等系列化产品，产品广泛应用于公安、金融、交通、能源、通信等关键领域。

一、公司介绍

浙江大华技术股份有限公司（以下简称"大华股份"）成立于2002年6月18日，主营业务为计算机软件的开发、服务、销售，电子产品及通讯产品的设计、开发、生产、安装及销售，网络产品的开发、系统集成与销售，电子产品工程的设计、安装，经营进出口业务近年来，大华的营业收入总体处于稳健但略有下降。2014年，实现营业收入为73.32亿元；比上年增长32.52%；2015年，实现营业收入为100.77亿元，同比增长37.45%；2016年，实现营业收入为133.29亿元，比上年又下降32.26%。2017年，营业收入188.52亿元，较上年增长41.44%（见图5-18）。

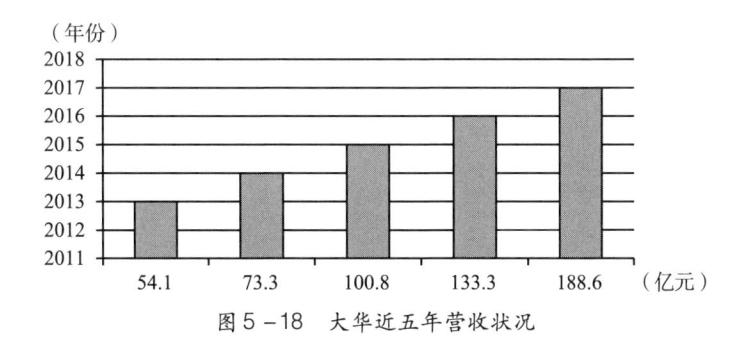

图5-18 大华近五年营收状况

二、智能安防龙头企业

大华股份是一家领先的监控产品供应商和解决方案服务商，面向全球提供领先的视频存储、前端、显示控制和智能交通等系列化产品。大华股份于2001年成立，主营安防DVR产品，之后公司开始涉足前端市场，2010年前端营收占比超过10%，开启前端超越后端进程，至2013年前后端营收占比相当。公司2014年转型解决方案销售并完成了内部组织结构、人员构架的调整，为后续解决方案持续放量打下基础。2015~2016年公司开始在既有视频技术和资源优势基础上，积极拓展视频新应用通过成立华橙、华睿、华飞、零跑、小华等多家子公司和控股公司，加强在机器人、机器视觉、无人机、汽车电子、视频会议等方面的布局。同时，公司从2015~2016年起开展安防PPP项目和安防运营，由"产品—解决方案—运营服务"发展路线清晰（见图5-19）。

图 5-19 大华监控镜头

第一，300亿授信资金充沛，布局未来三大核心战略。2016年至今，大华分别与国家开发银行股份有限公司浙江省分行、中国进出口银行浙江省分行和平安银行股份有限公司签订战略合作协议，已获得银行300亿授信，进一步推进公司经营（无人机、机器人、汽车电子等）、海外业务发展和PPP项目模式的拓展。PPP的市场参与方式将成为常态。三大发展战略：国内PPP、海外借力一带一路和视频新业务。公司在国内业务方面，将大力发展安防运营服务和 PPP 模式;海外方面借助国家一带一路政策,望与大型央企加强合作,拓展海外市场;视频新业务方面,多点布局视频会议、机器视觉、无人机、机器人和汽车电子等(见图 5-20)。

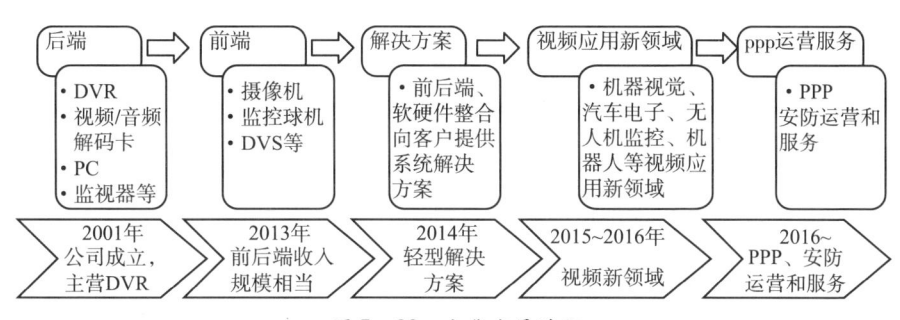

```
后端              前端         解决方案        视频应用新领域      ppp运营服务
• DVR            • 摄像机      • 前后端、        • 机器视觉、        • PPP
• 视频/音频       • 监控球机     软硬件整合       汽车电子、无       安防运营和
  解码卡         • DVS等       向客户提供       人机监控、机       服务
• PC                          系统解决         器人等视频应
• 监视器等                     方案            用新领域

2001年          2013年        2014年         2015~2016年       2016~
公司成立,       前后端收入     轻型解决        视频新领域        PPP、安防
主营DVR         规模相当       方案                            运营和服务
```

图 5-20 大华发展进程

第二、持续投入高研发费用,打磨核心领域产品。公司研发投入一直维持在较高水平,2017 年公司研发投入占比总收入 9.5%,持续高研发投入使得公司一直保持强大的技术创新领先优势。公司以视频技术为核心,围绕着人工智能、大数据和云计算、芯片等核心领域展开研发并加速应用到商用领域。

第三,AI+安防的发展现状。在刚刚过去的 2017 年,AI 是安防最火热的关键词,大联网、人脸识别、视图解析、物联网等技术对整个安防系统带来了效率提升与功能扩展,推动安防行业从 2.0 往 3.0 进发。不过也正因如此,AI 为安防带来的挑战是全流程的挑战。比如将 AI 芯片用于摄像机里,不仅要求这个摄像机需要拍得更清楚,还要求这块芯片在算力、功耗、成本间找到极好平衡,在算法上面能够应对复杂光线、快速移动等,并能要求芯片够承受极限高低温、干燥潮湿等恶劣环境。随着 AI 对于整个安防产业驱动转型的推进,各个环节的安防数据都要求能够全部打通,而且需要按照全计算的能力进行 AI 视频结构化处理,并将云计算与边缘计算数据高度融合大华股份的交通大数据平台已经可以精细化感知路口车道状态、分钟级自动识别交通事故、可预测未来 15 分钟的路况,并且准确率在 80% 以上。

三、立足大安防，布局物联网

大华公司定位由原先的数据运营服务商进一步明确为成为以视频为核心的智慧物联解决方案提供商及运营服务商。战略定位的明晰，凸显了公司在人工智能时代，以视频处理技术为核心，向外通过大华视频云、人工智能应用作产品延伸的智慧物联发展战略。

第一，"融合"成为新定位下产品的主要特征。公司推出的智能云储存打造了视频监控产品智能融合新体验，推动视频物联网发展。在安博会上，融合国内、海外、子公司产品、技术及解决方案成果，充分体现了大华"智能化"水平，全面展示公司在新的企业定位下，在城市级、行业级及民用级市场上的积极拓展和创新成就。

第二，巩固优势领域，打造智慧城市新阶段。针对智慧城市新阶段的需求特性，公司结合"技术＋产品＋应用＋数据"四大优势，发布视频结构化、人脸识别、车智能、人智能、深度学习等人工智能技术新产品。在智慧城市中，这些产品的更新迭代，对安防视频从传统的事后反查模式向事前预警模式转变，和金融、楼宇、司法等行业智能化建设都具有重要意义。

第三，发布新能源智能汽车，行业级新应用呈现。在汽车电动化和智能化的趋势中，汽车电子技术的应用程度，已经成为衡量整车水平的重要标志。零跑汽车基于大华股份在安防和交通出行领域的算法和经验，在自动刹车、ACC自适应巡航、车道偏离提醒等功能属性上，研发出零跑特有的仿生摄像技术实现。此外，零跑汽车的人脸识别系统也是基于大华首创的HDCVI专利技术。

第四，丰富智能产品线，进军民用物联网。物联网的演进逻辑实际上是技术、业务、市场闭环升级的演进逻辑，围绕消费者需求，重构人货场景，结合线上线下，提供服务与数据挖掘进行增值。构建物联网生态化，要求终端产品能切入居民生活各个场景，大华通过布局民用类终端产品，切入用户生活场景，满足市场需求。

四、全面布局 AI 领域

自 2016 年以来，大华整合了上百台高性能计算机，建设深度学习计算集群，现已完成了深度学习计算中心的建设。依托于 CPU、DSP、GPU 和 FGPA 等芯片平台上的软硬件研发能力，大华已经形成了一系列基于深度学习的智能产品，包括前后端的人脸识别、卡口电警、视频结构化、双目立体视觉和多目全景拼接产品。与此同时，大华于 2016 年成立芯片、大数据、人工智能和先进应用四大研究院，全面布局 AI 领域。2017 年 5 月，大华便牵手中科曙光打造人工智能联合实验室，共同开展在深度学习硬件、深度学习集群平台、深度学习算法等领域的合作。

大华拥有数据结构化方案和人脸识别、深度学习技术后，大华逐渐把人工智能应用到各行各业。目前，人工智能已融入大华的平安城市、智慧交管、司法监狱、智能楼宇、金融、交通、智慧城市等各行业应用中。在公安领域，大华已经构建出基于车辆、行人、信息轨迹三大情报系统；在制造业，大华旗下的机器视觉产品也投入使用；在交通行业，大华可提供实时的交通状况分析和判断；在农牧业，可以实现食品溯源；在森林，结合无人机做森林防火；在安监领域，进行生产过程可视化管理与灾难预警；在城市，在平安城市和智慧城市建设中建立全新的"数据大脑"。

五、结论与启示

大华股份基于全球视角，在安控领域取得了卓越的成绩，在物联网和人工智能的背景下，大华股份不断创新，保持安控全球领先地位。大华股份的启示主要有：

第一，坚持创新的发展战略。创新更是企业成长的灵魂，产业发展的源动力。创新也是大华股份的核心竞争力。大华坚持围绕一横一纵加以创新，横向上丰富和延伸以视频采集传输存储显示控制为核心的产品线，纵向上扩展和深化细分行业解决方案。

第二，实现全面技术突破。大华股份在新兴业务领域，如视频云、

VR/AR、智能机器人、机器视觉、无人机、智能汽车等前沿热门应用进行全面的技术突破，通过技术来拓展商业边界。大华股份以视频产品技术和行业解决方案为基础，以云计算、大数据和深度学习等为核心来构建平台，将视频技术和机器人、VR/AR、无人机、汽车等新应用领域的深度融合，重新定义业务与产品的属性。

（资料来源：作者根据多方资料整理而成）

第6章
数据应用

工业时代最宝贵的东西不是煤,是蒸汽机这样的技术革命、革新,而人工智能时代最宝贵的也不是数据,是因为数据带来的技术的创新。数据不是根本,数据有点像新时代的能源,像燃料,那么推动时代进步的是技术,是创新,不是这些资源。

——**百度公司创始人、董事长兼首席执行官　李彦宏**

拓尔思：大数据技术和服务领导者

图片来源：www.trs.com.cn。

作为"中国大数据第一股"，北京拓尔思信息技术股份有限公司通过大数据+行业，大数据+服务的双轮驱动战略，通过外延并购加速在各个行业的落地，来实现大数据技术与数据的变现。

一、公司介绍

北京拓尔思信息技术股份有限公司（以下简称"拓尔思"）是国内领先的人工智能和大数据技术及数据服务提供商，是一家拥有人工智能和大数据自主核心技术的技术驱动型创新企业。拓尔思是一家技术驱动型企业。历经二十余年的深耕和积累，拓尔思在中文检索、自然语言处理等领域始终处于行业前沿，2011年拓尔思在深交所创业板上市，股票代码300229，是第一家在A股上市的大数据技术企业。拓尔思主要核心业务包括软件平台产品研发、行业应用系统解决方案和大数据SaaS/DaaS云服务三大板块，涵盖大数据、人工智能、互联网内容管理、网络信息安全和互联网营销等领域方向。公司垂直行业已经包括政务、媒体、金融、安全、企业五大行业。2017年，拓尔思继续保持了营业收入和利润的持续稳定增长，其中，营业收入8.21亿元，较去年同期上升了20.76%；实现归属上市公司股东的净利润1.58亿元，较去年同期上升了15.43%。拓尔思近五年的营业收入见图6-1。

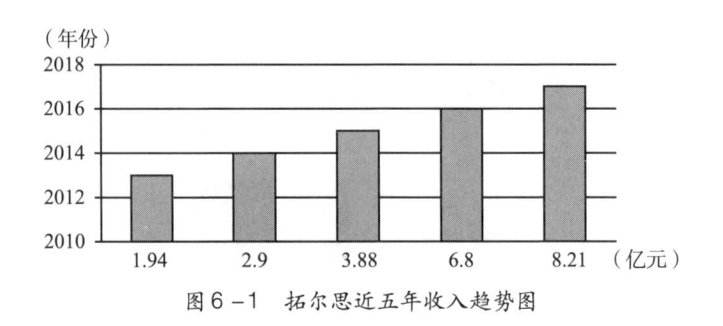

```
(年份)
2018
2016
2014
2012
2010
       1.94    2.9    3.88    6.8    8.21  (亿元)
```

图 6-1 拓尔思近五年收入趋势图

二、从软件企业向行业应用平台服务运营商转型

拓尔思是数据管理特别是中文非结构数据管理的先驱者之一，公司是中文全文检索技术的创始者。公司沿着这一技术方向先后开发出企业搜索引擎、互联网垂直搜索引擎、互联网内容管理等诸多技术平台型产品。随着互联网和大数据技术的发展，近年来公司已开发出符合主流架构和规范的全系列大数据管理平台产品，可覆盖数据采集、加工、存储、分析和可视化全应用周期和功能。公司近年来加快了基于人工智能的知识发现应用和数据采集分析云服务的发展步伐，旨在实现从软件企业向智能化、数据化、云化的行业应用平台服务运营商的战略升级。多年来随着公司技术研发和业务领域的不断拓展，公司不断加强前沿技术成果转化和综合应用服务能力，现主要为政府、媒体、安全、金融等多类行业用户提供领先的产品、技术和解决方案，客户群覆盖了众多国家部委和地方政府部门、国内主要新闻媒体、大型企业集团等，应用遍及政府（政府机关、公安、税务等）、科研、媒体、教育、电信、金融（银行、证券、保险等）、能源（电力和石油石化等）、其他大型企业及国家涉密单位等各个重要行业和领域。在政府行业，公司主要提供以集约化政府服务门户为核心的"互联网+政务"应用解决方案、以大数据技术平台为支撑的政务大数据应用解决方案，以及面向政务智能化服务的"AI+政务"服务解决方案；在传媒出版行业，公司主要提供融媒体智能生产传播平台和出版知识服务解决方案，涵盖了"中央厨房""6+1"平台、版权追踪、知识付费和内容运营等核心系统，并且开发和运营媒体大数据云服务作为资源服务，帮助传媒出版

客户实现其业务支撑系统的数据化、智能化和个性化；在公安行业，除了天行网安提供领先的网络边界数据安全交换产品外，公司还提供融合多源异构海量数据资源，向科信、情报、反恐、经侦和其他多个警种输出业务支撑能力的警用大数据平台系统，涵盖"一平台+六大引擎"和诸多落地应用解决方案；对金融机构和诸多企业用户，公司主要提供以"互联网+"为抓手的网络内容管理、线上零售、大数据管理和分析、用户行为分析及消费者洞察、知识管理、智能客服等技术和数据服务。

三、推出大数据+人工智能系列产品

公司是自主可靠软件产品领域的领军企业，公司始终坚持在自然语言理解（NLP）、大数据采集和分析、互联网内容管理以及网络信息安全方向上持续投入进行自主核心技术产品研发。公司当前的主要产品包括海贝大数据管理系统、DL—CKM深度文本挖掘软件、大数据智能分析平台、大数据舆情分析平台、水晶球分析师平台、WCM内容管理平台、安全数据交换系统、安全单向导出（入）系统、安全视频交换系统、部门间信息共享与服务平台和大数据安全智能监测分析平台等，均代表了国内相关领域自主创新的领先水平。公司不断拓宽产品线和综合服务能力，为政府、媒体、安全、金融等多个行业提供领先的产品、技术和解决方案。为了迎接云计算时代的来临，公司近年来加快了基于云服务的数据分析和知识服务的发展步伐，旨在实现软件企业的战略转型。

拓尔思在人工智能领域最主要的优势研究方向是自然语言理解（Natural Language Processing，NLP），是用计算机来处理、理解以及运用人类语言（如中文、英文等）的一门学科，是人工智能的一个重要分支。只有当计算机具备了处理自然语言的能力时，机器才算实现真正的智能，可谓NLP是人工智能皇冠上的明珠。作为国内NLP技术研发的先驱者，公司从2000年开始即从事自然语言处理和文本挖掘方面的研究，在国内最早推出商业化的文本挖掘软件TRS CKM，并被国内外数以千计的用户采用。

当前，大数据、深度学习和高计算能力推动着人工智能领域新的加速发展，特别是深度学习技术，可以促进自然语言处理技术取得新的突破。公司最新的 TRS DL–CKM 即 TRS 深度文本挖掘软件，就是一套基于深度学习和大数据技术的自然语言处理技术，是基于深度神经网络技术的新一代文本挖掘软件，集成了开源深度神经网络框架 TensorFlow，通过新计算模型与行业大数据的结合，提升智能分析水平，为海量文本数据提供智能处理和分析算法，实现从数据到信息，从信息到知识的机器智能。

随着互联网和大数据技术的发展，近年来公司已开发出符合主流架构和规范的全系列大数据管理平台产品，可覆盖数据采集、加工、存储、分析和可视化全应用周期和功能。公司近年来加快了基于人工智能的知识发现应用和数据采集分析云服务的发展步伐，旨在实现从软件企业向智能化、数据化、云化的行业应用平台服务运营商的战略升级。公司 2017 年发布 8 大新产品，分别涵盖技术基础平台、行业应用产品及数据智能云服务三大类别。

第一，技术基础平台产品。TRS 海贝大数据管理平台是一款以存储、检索和统计为核心，采用弹性扩展架构设计的新一代大数据管理系统，已经广泛应用于公安大数据、媒体大数据、专利大数据、工商大数据等众多细分行业。TRS DL–CKM 是基于深度神经网络技术的新一代文本挖掘软件，集成了开源深度神经网络框架 TensorFlow，通过新计算模型与行业大数据的结合，优化文本的智能分析水平，提升文本挖掘产品的市场竞争力。

第二，行业应用产品。TRS 海云政府集约化智能门户平台，深度契合政府网站发展指引，全新打造的"互联网+政务服务"一体化平台，降低集约化过程中系统各项资源整合的难度，减少成本，简化操作，增强用户体验。涵盖全媒体采编、问政互动、智能检索、智能咨询、绩效考核、运营中心、管理中心、微服务中心等八大核心功能模块，实现功能集约化、平台集约化、资源集约化、服务集约化、运营集约化等五个维度的提升。TRS 融媒体智能生产与传播服务平台是以内容资产为核心的新一代数据型媒体业务平台，融合了报、网、端、微、视全渠道内容，以大数据和人工智能技术，重构整个新闻生产流程，助力媒体内容传播与服务的新媒体转型。TRS 水晶球是一款基于知识图谱、人机协作的大数据智能分析平台。基于动态本体理论，包括数据整合、知识管理、检索发现、关联关系挖掘、时空分析等功能。在国安、公安、国防等情报部门有着广泛的应用场景，轻松实现知识共享、多屏联动可视化情报分析，快速找到大数据深层的暗关系。

第三，数据智能云服务。TRS 数家媒体大数据云服务面向媒体行业应用需求，构建新一代分布式媒体大数据采集、加工和服务平台，实现了海量互联网媒体数据资源的实时采集、精准抽取，基于智能化知识图谱实现内容结构化处理，以云端在线和推送落地等多种服务模式向媒体用户单位提供基础数据服务和专业数据分析服务。TRS 网脉云服务是面向企业用户的专业在线用户行为分析服务，支持业务人员对用户行为数据自主灵活地进行多维分析、分群下钻和 360 度全景数据洞察；帮助企业构建用户画像，挖掘用户价值，降低获客成本，提高用户留存率和转化率，提升数据化运营能力。TRS 网络空间洞察，简称网察，是集实时监测、全网洞察、态势感知、智慧决策于一体的全网大数据洞察在线云服务平台。以分布式数据采集、自然语言处理、开源数据分析挖掘、大数据存储管理四大核心技术为支持。实现全舆论态势感知与洞察，从舆情线索的发现、预警、分析研判、报告服务等各个环节为用户赋能。TRS 网察应用于政务、媒体、金融、安全、企业等多个领域，实现了从网络舆情监测到网络态势感知的服务升级。

四、打造"ABC 融合"业务生态圈

拓尔思大数据＋人工智能发展战略取得显著进展，着力打造 ABC——AI（人工智能）＋BigData（大数据）＋Cloud（云）融合生态圈，聚焦政务、泛安全、媒体和金融四大行业应用市场。

"大数云智"就是指大数据、人工智能和云服务三者的协同发展，拓

尔思的策略是 AI 赋能、大数据驱动和云服务落地三者合一协作："AI 赋能"即以公司具有业内领先水平和长期研发累积优势的 AI 核心技术——自然语言处理（NLP）技术为支撑，尽可能地为公司的所有技术产品和行业应用解决方案赋能，通过增强全线产品和应用解决方案中的大数据处理和大数据分析的智能化水平和 AI 能力，提升其应用功能和价值。"大数据驱动"即在在市场上，公司以更接地气的大数据应用驱动业务拓展，同时，在实施大数据应用过程中所累积的数据规模和行业知识将反哺于 AI 技术的改进优化；与拓展中大型机构用户市场并举，面向垂直行业的典型业务场景，公司设计推出云服务（SaaS/DaaS）作为重要的落地抓手之一，以覆盖更广更低端的行业用户；公司相信云服务不仅符合软件业云服务转型的发展趋势，且更有利于行业大数据业务的规模和集聚效应的释放，存在更多的变现模式创新机会，因此公司将持续坚定地推动"云服务落地"。

为贯彻推动上述战略，公司规划了"ABC 融合"业务生态圈的蓝图，即依据核心技术突破和创新应用拓展，引领"数据—信息—知识—智能—智慧"的应用价值提升路径，基于公司自身大数据+人工智能前沿技术为核心，以行业知识和海量大数据为资源，支撑集团内各分支机构、成员企业及集团外关联生态伙伴的广泛合作和协同发展，多形态、多模式地拓展多领域多行业的业务，实现整个生态圈的价值共赢，目的是进入和覆盖更大的市场，为公司发展扩张空间。公司将沿总体发展战略所确定的方向和模式，持续投入人工智能和大数据核心技术自主研发，整合和凝聚集团内外资源，加强市场营销和销售覆盖，继续大力拓展政府、传媒出版、泛安全、金融和企业"互联网+"等重点行业或领域市场，实现公司稳健快速的增长；同时公司还将积极进行业务创新，有效地结合自主产业投资和产业投资并购基金，坚持内生增长和外沿扩张双轮驱动，为公司长远和持久的发展，战略性地提升业务能力和综合竞争力。

五、结论与启示

拓尔思是一家技术驱动型企业，历经二十余年的深耕和积累，在中文检索、自然语言处理等领域始终处于行业前沿，也是国内首家推出自主中文文本挖掘和中文内容管理软件产品的企业。拓尔思的公司在大数据行业的卓越发展给同行业其他数据公司发展提供借鉴意义。

第一，公司依靠大数据技术和资源实施"大数据+服务"方案，寻求大数据技术的业务变现模式。公司发展需要制定与公司发展方向一致的可行方案，并根据方案不断发展。目前，拓尔思通过大数据+行业，大数据+服务的双轮驱动战略，来实现大数据技术与数据的变现，为政府、媒体、安全、金融、教育、大企业等领域，提供有竞争力的大数据应用解决方案。

第二，打造"ABC融合"业务生态圈。依据核心技术突破和创新应用拓展，引领"数据—信息—知识—智能—智慧"的应用价值提升路径，基于公司自身大数据+人工智能前沿技术为核心，以行业知识和海量大数据为资源，支撑集团内各分支机构、成员企业及集团外关联生态伙伴的广泛合作和协同发展。

第三，从软件企业向行业应用平台服务运营商转型。多年来随着公司技术研发和业务领域的不断拓展，公司不断加强前沿技术成果转化和综合应用服务能力，现主要为政府、媒体、安全、金融等多类行业用户提供领先的产品、技术和解决方案，客户群覆盖了众多领域。

（资料来源：作者根据多方资料整理而成）

随着网络通信技术的飞速发展，大量流式数据的应用呈现在我们面前。并且数据流处理已经在很多领域得到应用，例如网络流量的监测、通讯记录的获取、银行自动取款业务、股票行情信息的传递等。现如今大数据已成为一个炙手可热的词汇，成了各行各业的人们热烈谈论的话题。种种迹象表明，大数据正向我们扑面而来，世界正急速地被推入大数据时代。

6.1　解密大数据

近年来，"大数据"一词逐渐风靡世界，许多公司、企业家、IT工程师都在谈论大数据。"大数据"最初是IT行业术语，指大到难以用单一计算机或传统数据处理方法来处理的数据，代表的是一种分析处理海量数据的能力。由于技术的限制，处理少量数据的方法并不适用于处理巨量信息，需要其他特别手段来完成，于是"数据"和"大数据"就开始区分了。如今，大数据已经成为许多国家、行业发展广泛应用并日益依赖的一种技术。

6.1.1　何为大数据

曾几何时，数据只是刻画世界的一种方便符号，而如今却成了财富，甚至有人提出世界的本质就是数据。大数据（Big Data），指无法在一定时间范围内用常规软件工具进行捕捉、管理和处理的数据集合，是需要新处理模式才能具有更强的决策力、洞察发现力和流程优化能力的海量、高增长率和多样化的信息资产。大数据技术的战略意义不在于掌握庞大的数据信息，而在于对这些含有意义的数据进行专业化处理。换而言之，如果把大数据比作一种产业，那么这种产业实现盈利的关键，在于提高对数据的"加工能力"，通过"加工"实现数据的"增值"。随着云时代的来临，大数据（Big data）也吸引了越来越多的关注。大数据（Big data）通常被用来形容一个公司创造的大量非结构化数据和半结构化数据，这些数据在下载到关系型数据库用于分析时会花费过多时间和金钱。大数据分析常和云计算联系到一起，因为实时的大型数据集分析需要像 MapReduce 一样的框架来向数十、数百或甚至数千的电脑分配工作。

6.1.2 数据化：万物皆数据

大数据或称巨量资料，指的是需要新处理模式在合理时间内达到汲取、管理、处理并整理成为人类所能解读的数据资讯。它对数据规模和传输速度要求都很高，一般单个数据集在 10TB 左右，其结构不适合原本的数据库系统。大数据同过去的海量数据有所区别，其基本特征可以用 4 个 V 来总结：Volume、Variety、Value、Velocity，即数据规模大、种类繁多、价值密度低、处理速度快，见图 6-2。

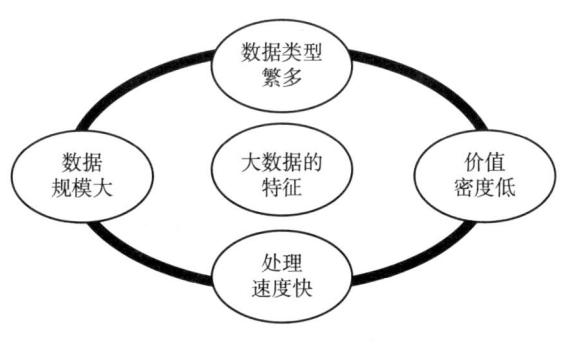

图 6-2 大数据的特征

第一，数据规模大。数据从 TB 级别跃升到 PB 级别，这究竟是一个什么样的概念呢？如一本《红楼梦》共有 87 万字（含标点），每个汉字占 2 个字节，即 1 个汉字 = 2B，由此计算 1EB 约等于 6 626 亿部红楼梦。美国国会图书馆是美国 4 个官方图书馆之一，也是全球最重要的图书馆之一，该馆藏书约为 1.5 亿册，收录数据 235TB，1EB 约等于 4 462 个美国国会图书馆的数据存储量。

第二，数据类型繁多。数据种类的多样性也让数据被分为结构化数据和非结构化数据。相对于以往便于存储的以文本为主的结构化数据，非结构化数据越来越多,如网络日志、音频、视频、图片、地理位置信息等,这些多类型的数据对数据的处理能力提出了更高的要求。

第三,价值密度低。价值密度高低与数据总量成反比。以网络视频为例,1 小时的视频,其中可能只有 1 分钟甚至几秒钟的数据有价值。所以如何通过强大的机器算法更迅速地完成数据的价值"提纯",成为目前大数据背景下亟待解决的难题。

第四,处理速度快。数据处理需要遵循"1 秒定律",可以从各类型数据中快速获得高价值信息,这是大数据区分于传统数据挖掘最显著的特征。根据 IDC 的"数字宇宙"的报告,预计到 2020 年,全球数据使用量将达到 35.2ZB。在如此海量的数据面前,处理数据的效率就是企业的生命。速度快就能赢得商机,实现企业的盈利。

有人把数据比喻为蕴藏能量的煤矿。煤炭按照性质有焦煤、无烟煤、肥煤、贫煤等分类,而露天煤矿、深山煤矿的挖掘成本又不一样。与此类似,大数据并不在"大",而在于"有用"。价值含量、挖掘成本比数量更为重要。对于很多行业而言,如何利用这些大规模数据是赢得竞争的关键。

数据应用专栏 1

易联众:以大数据为核心的民生信息
服务综合运营商

图片来源:www.ylzinfo.com。

由易联众技术支持的人社大数据平台与劳资纠纷预警系统目前在深圳市人力资源和社会保障局落地,并于 2017 年 5 月正式上线运行,运行至今共预警了多批次的企业名单,为劳资纠纷排查工作提供了来自 20 多个政府部门的数据线索和问题依据,为相关工作提供了有力的数据支撑。

一、公司介绍

易联众信息技术股份有限公司（以下简称"易联众"）是国内民生信息服务行业第一家上市企业。公司围绕"医疗卫生、人力资源和社会保障"等民生重要领域，提供全方位的整体解决方案和综合运营服务，致力于成为以大数据为核心的民生信息服务综合运营商。公司深度整合政府、企业和社会大众不同层面的民生信息服务需求，依托社保卡业务、民生行业应用软件、云平台、智能终端等全面的软硬件产品应用体系，逐步构建起线上线下一体化的综合运营服务模式，形成应用、平台、渠道、运营的组合优势。在现有基础业务的基础上，以大数据为驱动，围绕健康医疗、公共服务、产业金融三大类服务为主进行战略升级，致力于成为以大数据为核心的民生信息服务综合运营商，为政府、企业和社会公众提供并优化包括医疗保障控费、医疗服务、人社公共服务、医保移动支付、商业保险服务、劳动就业、金融等更多、更便捷、更实惠的各类民生信息服务。目前公司业务范围覆盖福建、安徽、湖南、广西、山西等20多个省份，服务人群超过4.5亿，服务企业超过600万家。2017年，公司实现营业收入62 554.01万元，同比上升21.54%，公司营业利润4 357.76万元，同比上升944.91%。

二、打造以大数据为核心的民生信息服务综合运营商

易联众成立以来主要围绕"医疗卫生、人力资源和社会保障"等民生重要领域，面向政府开发和维护软件、信息系统，基础的业务。2016年开始，公司进入业务升级阶段，以大数据为驱动，围绕健康医疗、公共服务、产业金融三大类服务为主进行战略升级，致力于成为以大数据为核心的民生信息服务综合运营商。目前，公司拥有医疗卫生领域业务、公共服务业务、产业金融业务、大数据业务等业务。

第一，医疗卫生领域业务。主要包括智慧医院整体解决方案、健康城市解决方案、区域卫生平台整体方案、医改信息化整体解决方案，医保控费解决方案、基层卫生平台整体方案、各类互联网＋移动医疗解决方案

等；产品涵盖院内 HIS、PACS、电子病历、集成平台、统一支付平台、统一预约平台、医联体分级诊疗平台、医保"三保合一"系统、医保医师代码管理系统、"三医联动"监测平台、家庭医生签约服务平台、电子处方平台、基层医疗卫生信息平台、智慧药店系统、电子健康（医社保）卡以及互联网＋移动服务门户等。

第二，公共服务业务：公司把握行业发展先机，融合基础业务优势与互联网新业态，打造"互联网＋人社公共服务"的新模式。基于十多年来对人社行业的深刻认识与经验积累，公司在稳步推进传统公共服务业务的基础上，结合人社部门对于"互联网＋人社"的要求，深度挖掘民生领域不同服务对象多层次的服务需求，打造互联互通多元共享的公共服务生态圈。公司的智能终端产品业务覆盖全国 15 个省及直辖市。人社智能终端作为人社部重点服务产品荣登国家十九大"砥砺奋进的五年"大型成就展，也是人社部唯一参展的自助服务一体机产品；在人社行业智能终端业务稳步推进的同时，公司智能终端业务成功拓展到酒店、建筑等跨行业应用；此外公司加大研发投入，研发推出了多款桌面智能终端、制发卡智能终端、移动智能终端等新产品。

第三，产业金融业务。公司充分利用在民生领域积累的资源，面向医院、基层医疗机构、药店以及海量个人和参保单位等，通过大数据分析，精准了解客户的需求和信用状况，提供融资租赁、商业保理、保险及理财产品（代理销售）等产业金融服务。

第四，大数据业务。依托在人力资源和社会保障行业、医保、健康医疗行业近 20 年积累的资源优势，公司运用大数据技术，对数据进行清洗、挖掘、分析，经过个人、企业或政府等用户的合法授权下，构建了海量用户的个人画像、企业画像、健康画像，面向人社、医疗卫生等行业政府部门提供预测疾病暴发、人才智能推荐、就业精准推荐、劳资纠纷预警、精准医疗等大数据分析服务；面向征信机构、金融机构、健康保险机构、第三方大数据应用企业等提供个人信用评估、企业信用评估、保险产品设计、个性化的大数据分析服务；面向易联众大体系的公共服务、健康医疗、产业金融三大版块进行底层支撑。

易联众定位于以大数据为核心的民生信息服务综合运营商，在"医疗卫生、人力资源和社会保障"等民生重要领域已积累20年的经验。在研发实施了国内人社行业领先的大数据应用——人社大数据平台及劳资纠纷预警系统外，公司在大数据应用领域的案例包括人社部基于人社数据的信用卡风险评估统计模型库构建及评分计算系统、吉林省智慧人社画像管理系统、人社电子档案袋系统、博鳌论坛大数据支撑服务等，与此同时，公司还成功中标人社部面向全国的统一公共服务平台项目，取得了人社大数据业务的领先优势。

（资料来源：作者根据多方资料整理而成）

6.1.3 不是因果关系，而是相关关系

在大数据时代，通过建立在人的偏见基础上的关联物监测法已经不再可行，因为数据库太大而且需要考虑的领域太复杂。幸运的是，许多迫使我们选择假象分析法的限制条件也逐渐消失了。我们现在拥有如此多的数据，这么好的机器计算能力，因而不再需要人工选择一个关联物或者小部分相似数据来注意分析了。复杂的机器分析能为我们辨识出谁是最好的代理，就像在谷流感趋势中，计算机把检索词条在5亿个数字模型上进行测试之后，准确地找出了哪些是与流感传播最相关的词条。

理解世界不再需要建立在假设的基础上，这个假设是指针对现象建立的有关其产生机制和内在机理的假设。因此，我们也不需要建立一个的假设，关于哪些词条可以不碍事流感在何时何地传播；我们不需要了解航空公司怎样给机票定价；我们不需要知道悦花越有的会员的烹饪喜好。取而代之的是，我们可以对大数据进行相关关系分析，从而知道哪些检测词条是最佳显示流感的传播的，飞机票的价格是否会涨，哪些食物是周末人们待在家里最想吃的。我们用数据驱动的关于大数据的相关关系分析法，取代了基于假想的易出错的方法。大数据的相关分析法更准确、更快，而且不易受偏见影响。

建立在相关关系分析法基础上的预测是大数据的核心。这种预测发生的频率非常高，以至于为难经常忽略了它的创新性。当然，它的应用会越来越多。如阿里的蚂蚁信用分值就是建立在个人在线上平台的消费记录，信用卡还款记录等数据评估而来的。

在社会环境下寻找关联物只是大数据分析法采取的一种方法。同样有用的一种方法是，通过找出新种类数据之间的相互联系来解决日常需要。比方说，一种成为预测分析法的方法就被广泛地应用于商业领域，它可以预测事件的发生。还可以指一个能发现可能的流行歌曲的算法系统——音乐界广泛采用这种方法来确保它们看好的歌曲真的会流行；也可以指那些用来防止机器失效和建筑倒塌的方法。现在，在机器、发动机和桥梁等基础设施上放置传感器变得越来越平常了，这些传感器被用来记录散发的热量、振幅、承压和发出的声音等。

一个东西要出现故障，不会是瞬间的，而是慢慢地出现问题的。通过收集所有的数据，我们可以预先捕捉到事务要出现故障的信号，比方说发动机的嗡嗡声、引擎过热都说明它们可能要出故障了。系统把这些异常情况与正常情况进行对比，就会知道什么地方出了问题。通过尽早地发现异常，系统可以提醒我们在故障之前更换零件或者修复问题。通过找出一个关联物并监控它，我们就能预测未来。

数据应用专栏2

银信科技：数据中心"一站式"IT运维服务方案商

图片来源：www.trustfar.cn。

银信科技是一家专业的IT基础设施第三方服务商。经过十多年的发展，公司建立了完善的业务体系，可为行业客户提供 IT 规划咨询、IT 基础设施及 IT 外包服务、系统集成服务等覆盖 IT 基础设施全生命周期的一站式服务。

一、公司介绍

北京银信长远科技股份有限公司（以下简称"银信科技"）成立于 2004 年，是国家级重点高科技企业，是数据中心"一站式"IT 运维整体解决方案提供商。公司成立至今，一直专注于数据中心 IT 运维服务领域，是中国数据中心第三方运维服务领域的领先者和推动者。凭借多年专业化服务，公司服务区域已经覆盖了全国三十多个省市，并和工、农、中、建、交为代表的中国各大商业银行建立起长期、稳定的合作关系，在 IT 运维服务要求最为苛刻的银行业中，占据有利的竞争优势地位。除此以外，公司的客户遍布中国移动、中国电信、中国联通、证券、保险、政府、电力、航空、商业、制造业等行业。截至 2017 年，IT 设备服务规模已超 100 000 台套，用户数量已达 800 家，已覆盖全国 31 个省市自治区，150 多个城市。在营业收入方面，2015 年、2016 年和 2017 年，公司分别实现营业收入 6.7 亿元、10.5 亿元和 9.3 亿元。

二、专业提供 IT 基础设施一站式服务

近年来，中国数据中心 IT 基础设施服务市场的规模不断扩大，参与竞争的 IT 基础设施服务提供商也不断增多，这些服务提供商分为原厂商和第三方服务商。原厂商包括 IBM、HP、ORACLE 在内的国际知名 IT 企业，提供的 IT 基础设施服务是从软硬件产品延伸到 IT 基础设施服务的整个价值链；第三方服务商包括专业第三方服务商和非专业第三方服务商，其中，专业第三方服务商是指以提供第三方 IT 基础设施服务为主业的专业厂商，IT 基础设施服务业务是其利润的主要贡献来源，银信科技是其中占有市场领先地位的代表。

作为一个专业的第三方服务提供商，银信科技分别在银行业、电信业

有着较强的竞争力,专业提供数据中心 IT 基础设施服务。随着云计算应用的不断深入,以 BAT 为代表的互联网公司引领了全新的、开放的 IT 架构技术潮流,并逐渐影响到传统的银行、运营商、政府机构等行业客户。国内各级政府及金融机构关于"自主可控"的政策导向,也催生了国内一批致力于分布式架构研发、销售与服务的公司。在技术潮流的推动下,IT 基础设施服务逐步发展为面向传统封闭架构和面向开放的分布式架构的"双态运维"模式。

公司一直致力于数据中心的 IT 基础设施服务,也将适应 IT 技术架构转型升级的技术潮流,加大分布式架构的市场布局,加大分布式架构的技术研发和交付队伍的培养,为客户提供容器平台部署与维护、企业级融合型分布式数据处理、开源软件系统的部署和实施、开源自动化运维工具及服务等各项服务。

不仅如此,银信科技还紧紧围绕"坚持技术领先"的发展战略,多年来一直致力于 IT 运维服务的高端技术研发。公司立足于现有 IT 基础设施运维业务的基础上,进一步强化 IT 运维服务的产品线,纵贯 Iaas、Paas 和 Saas 三层服务体系,实现智能一体化运维;延伸 IT 运维服务的技术线,突破传统封闭式架构的运维模式,逐渐掌握开放式架构的应用技术,实现不同基础架构的深度运维;扩充 IT 运维服务的对象,由原先以进口小型机为主,增加 IBM 大型机和网络设备的运维服务,实现进口与国产、主机 – 存储 – 网络设备的全方位运维。

(资料来源:作者根据多方资料整理而成)

6.2 大数据与人工智能

人工智能之所以能取得突飞猛进的进展,不能不说是因为这些年来大数据长足发展的结果。大数据的本质是海量的、多维度、多形式的数据。正是由于各类感应器和数据采集技术的发展,我们开始拥有以往难以想象的海量数据,同时,也开始在某一领域拥有深度的、细致的数据。而这些，都是训练某一领域"智能"的前提。如果我们把人工智能看成一个嗷嗷待哺拥有无限潜力的婴儿，某一领域专业的海量的深度的数据就是喂养这个天才的奶粉。奶粉的数量决定了婴儿是否能长大，而奶粉的质量则决定了婴儿后续的智力发育水平。可以说，这是对大数据与人工智能之间关系的最为形象的描述。

6.2.1 大数据：互联网生产资料

大数据不是一种新技术，而是一种自古就有的思维方式和观察角度。大数据分析一是面向过去，发现潜藏在数据表面之下的历史规律或模式；二是面向未来，对未来趋势进行预测，把大数据分析的范围从"已知"拓展到了"未知"，从"过去"走向"将来"，这是大数据真正的生命力和"灵魂"所在。

人们总是期望能从大数据中挖掘出意想不到的"大价值"。可实际上，大数据的价值，主要体现在它的驱动效应上，大数据对经济的贡献，并不完全反映在大数据公司的直接收入上，应考虑对其他行业效率和质量提高的贡献。

中国互联网经济的现在与未来发展划分为三阶段：以电子商务、电子政务、WEB.20、O2O等为特征的互联网时代，诞生了一批市值数千亿的公司；以第三方支付、虚拟货币、众筹、P2P & P2C等为特征的互联网消费时代；基于大数据定价、评估、征信、金融创新为特征的产业互联金融时代。

大数据对企业和机构来说，像空气一样不可或缺。大数据时代，整个社会的集体狂欢，各级政府主管部门、企业、组织都将基于大数据分析平台优化其决策；大数据分析能力逐渐加强，传统市场研究行业等咨询机构将逐渐消失；所有依赖信息不对称盈利模式的业务都将消失。

数据一定要成为资产，才能从"高大上"实实在在地落地，才能真正走向市场。终端、云计算和宽带网络三项关键技术加速了产业互联网时代的到来，而产业互联网时代的生产资料是"大数据"，产业和企业物质资产逐渐被"大数据"资产所取代。因此，以数据资产为核心的大数据产业金融技术创新与应用成为关键。

6.2.2 数据驱动智能革命

随着现代信息技术的不断发展，世界已跨入了互联网+大数据时代。大数据正深刻改变着人们的思维、生产和生活方式，即将掀起新一轮产业和技术革命。大数据与各个行业的深度融合，将产生出前所未有的社会和商业价值。再加上国家级大数据产业全面迸发，对形成完整的大数据产业创新链条，促进大数据产业快速稳定增长起到至关的推动作用。同时，随着互联网+技术的飞速发展使大数据云计算技术得到更为长足的发展，必将更为广泛地应用于各个领域，为人类的生产生活带来全新的面貌。下面将用一个例子来说明，数据是如何驱动智能革命的。

大数据是智能化的来源，未来制造企业的运营过程，或者说产品的全生命周期，都将由大数据串联起来。以知名工程机械三一重工股份有限公司为例，目前，三一重工已经建成了5 000多个维度、每天2亿条、超过40TB的大数据，可以及时监测每台机器的运转情况、受损情况等，提前做好主动服务。单单依靠其国内20万台设备，甚至可以成为我国宏观经济研判的重要依据。

对于工业企业来说，初级的大数据能让企业进行基础统计分析，这样对降本增效、新建业务模型有很大的好处，企业既可以做减法，依靠数据对标，减掉制造环节不必要的成本消耗；也可以做加法，例如拓宽业务渠道。而高级的工业大数据应用，则可以让企业先知先觉，开始做乘法、除法，比如预先判断企业的生产运行，以及整合供应链等，甚至驱动智能革命。

在有大数据之前，计算机并不擅长解决需要人类智慧的问题，但是今天这些问题换个思路就可以解决了，其核心就是变智能问题为数据问题。由此，全世界开始了新一轮技术革命——智能革命。

对大数据的重要性的认识不应该停留在统计、改进产品和销售，或者提供决策的支持上，而应该看到它（和摩尔定律、数学模型一起）导致了机器智能的产生。而机器一旦产生和人类类似的智能，就将对人类社会产生重大的影响。毫不夸张地讲，决定今后20年经济发展的就是大数据和由之而来的智能革命。

在每一次重大的技术革命开始之际，真正勇敢投身到技术革命大潮中的人毕竟是少数，受益者更少，大部分则会犹豫和观望。在智能革命到来之际，每一个也有两个选择，要么加入这一次浪潮中，要么观望徘徊，最后被淘汰。当然，大多数人的观望、犹豫和徘徊。给了2%的人以机会，是得愿意吃螃蟹得人在奋斗的路上少了很多警政对手。正是因为知道自己不加入进来就会被淘汰，马斯克和盖茨一方面对机器智能的发展非常担心，另一方面却选择加入机器智能的大潮中。

大数据导致智能革命的到来，这对未来社会的影响不仅仅存在经济领域，而是全方位的。尽管总体上这些影响是正面的，从长远看会使我们的社会变得更加美好。不过，和以往的技术革命一样，智能革命也会带来很多负面的影响，特别是在它的发展初期，而这些影响可能会持续很久。

任何一次技术革命，最初受益的都是发展它，使用它的人，而远离它，拒绝使用它的人，在很长的一段时间内都是迷茫的一代。在智能革命到来之际，作为人和企业无疑应该拥抱它，让自己成为那2%的受益者；而作为国家，则需要未雨绸缪，争取不要像过去一样持续动荡半个多世纪。

数据应用专栏3

久其软件：推进大数据战略

JOIN-CHEER
北京久其软件股份有限公司
Beijing Join-Cheer Software Co.,Ltd.

图片来源：www.jiuqi.com.cn。

2018年5月17日，为响应"数字雄安"的发展需求，发挥公司在电子政务及大数据等方面的优势，久其软件拟投资 5 000 万元，在雄安新区设立全资子公司"雄安久其数字科技有限公司"。

一、公司介绍

北京久其软件股份有限公司（以下简称"久其软件"）是中国的管理软件供应商，聚焦 B2B2C 的大数据综合服务提供商，长期致力于为政府部门和企业客户提供管理软件（电子政务、集团管控）、数字传播等综合信息服务及行业解决方案。久其于 2009 年 8 月 11 日在深圳证券交易所上市。目前公司主营业务系管理软件（包括电子政务和集团管控）和数字传播两大业务板块。管理软件是公司的根基业务，通过二十年的积累与发展，公司已经成为集咨询、规划、建设、运维、服务等综合能力于一体的国内领先的管理软件提供商，沉淀了包括国家部委、企业集团在内众多政企优质客户。久其软件以大数据战略为指引，以管理软件业务和数字传播业务双轮驱动，围绕业务咨询、产品技术、解决方案全面提升 B2B2C 大数据综合服务能力，加速构建面向政企客户的大数据生态体系，综合竞争力得以持续提升，经营业绩实现稳健增长。2017 年，实现营业收入 19.9 亿元，同比增幅 50.83%；实现利润总额 3.79 亿元，同比增幅 61.58%；实现归属于上市公司股东的净利润 3.07 亿元，同比增幅 40.41%。

二、推进大数据战略

久其软件稳步推进大数据战略布局，持续加强大数据核心技术研究，通过深度聚焦财税、统计、交通、司法、扶贫、养老等优势领域，根据行业与客户大数据应用需求为出发点，构建各类创新型大数据解决方案，健全大数据创新应用体系，持续推进政府大数据、企业大数据、司法大数据、营销大数据的发展。

2017 年，公司不断推进大数据发展战略，持续深化聚焦行业的策略，推出具有典型行业特点的财经、民生、交通、司法等大数据解决方案，树立业内领先的大数据应用标杆。不仅如此，2017 年，公司发起设立了全资子公司久其数字传播，整合公司旗下移动营销、品牌出海营销、社会化营销等业务，着力打造"以大数据驱动"的数字传播品牌，为品牌客户提供自动化、数据化、全球化和全渠道的一站式数字传播服务。

管理软件业务与数字传播业务齐头并进，是大数据技术应用与现代商业模式深度融合的典范，是公司顺应时代发展和产业变革势在必行的选择，也是公司全面提升B2B2C的大数据综合服务能力、加速构建面向政企客户的大数据生态体系的最佳路径。并且，为了进一步增强政企客户业务黏性，彰显信息服务的价值，2017年初，公司与控股股东共同收购了国内领先的专业移动信息服务提供商上海移通。

公司在保持对大数据和人工智能前沿技术跟踪的基础上，充分运用大数据和人工智能相关技术为现有业务和产品赋能，在大数据分析建模、信用管理、高级数据挖掘模型、深度神经网络、大数据仿真、自然语言处理与知识图谱和系统动力学等大数据前沿技术研究方面取得了一定进步，同时久其大数据品牌建设亦全面升级，报告期公司亮相数博会、中国大数据生态系统峰会、大数据城市行、中国大数据生态大会和北京大数据日等行业活动，进一步深化了久其大数据在业内的影响力。

2018年5月17日，久其软件拟以自有资金或自筹资金出资5 000万元，在雄安新区设立全资子公司"雄安久其数字科技有限公司"。本次投资设立雄安久其符合公司的发展战略，公司将聚焦雄安新区国有资产的数字化管理，依托公司对资产管理业务的深刻理解与积累，助力雄安建设成为全国数字化资产管理的标杆城市。同时，公司将致力于支撑雄安新区政府部门的数据资产管理，围绕"数字雄安、智慧新城"的重点建设任务，依托雄安新区建设产生的数据资产，进一步完善久其大数据产业生态，为用户提供更专业、完善的数据服务。此外，公司还将快速响应雄安新区信息化建设需求，为入驻新区的政府部门和企业集团等客户的信息化建设提供高品质的本地化服务。

（资料来源：作者根据多方资料整理而成）

6.2.3 数据挖掘：一切即数据化

越来越多的企业为了达到自己的商业目标，开始借助各种手段来开拓市场。对于大型企业，大数据分析已经通过许多成功案例印证了自身的价值。像Google、Amazon、阿里巴巴这样的公司已经开始依赖大数据，并将其视为首要的市场计划和更好地服务客户的手段，对他们来说，获得成功的方法便是一切皆是数据化。

以阿里巴巴的淘宝为例，阿里巴巴是利用大数据的佼佼者，公司保存下每位客户搜索、购买及其他几乎所有可用的信息，通过应用算法对该客户和其他所有客户的信息进行比对，为其呈现出非常精准的商品购买推荐。

一方面，阿里巴巴已经很好地掌握了从大量数据中分析出有价值的核心技术，可以通过对海量数据进行高效深入的分析来判定数据的重要性。而所谓的"数据废气"（data exhaust），是指现实客户和潜在客户在网站访问中产生的所有数据。在核心技术的支撑下，阿里巴巴不仅成功采集了这些"数据废气"，更将其用来创建卓绝的推荐或作为营销的数据基础。

另一方面，推荐的结果不但真实、有意义，而且可以测量，使用户从中得到实际的好处。比如，一个顾客打算购买一件夹克，而该顾客所在地区又会下雪，那么，为何不建议他（她）在买双手套或者雪地靴，甚至雪铲、融雪剂或防滑链进行搭配呢？对于一个店内销售人员来说，这些建议自然会脱口而出。而这对于淘宝也并非难事，通过了解客户正在哪里购买哪些商品的信息，再结合历史消费记录，便能够通过他们的消费趋势来诠释本次消费行为。这些数据形成了淘宝独有的服务能力，使得顾客和淘宝自身互惠共赢。

虽然，一些中小企业至今都未使用过大数据解决问题，但是大数据分析同样可以为中小企业中的多个业务部门带来价值。相对于大型企业而言，中小企业虽然相对滞后，但仍取得了一定进展，中小企业可以利用那些主要来自微博或社交网络站点上可用的公开数据进行评分。此外，一些托管服务商在大数据市场上进行创新，打出"即付即用，按需消费"的大旗，为数据分析提供了从计算能力、存储设备到软件服务平台的完备服务。事实证明，允许客户逐步尝试并接受大数据分析之益，这一举措对于中小企业而言既经济又得当。一切皆数据化，何乐而不为。

6.2.4 大数据：人工智能的永恒动力

从某种意义上讲，2005年是大数据元年，虽然大部分人可能感受不到数据带来的变化，但是一项科研成果却让全世界从事机器翻译的人感到震惊，那就是之前在机器翻译领域从来没有技术积累、不为人所知的Google以巨大的优势打败了全世界所有机器翻译研究团队，一跃成为这个领域的领头羊。

全世界各个领域数据不断向外扩展，渐渐形成了另外一个特点，那就是很多数据开始出现交叉，各个维度的数据从点和线渐渐连成了网，或者说，据说之间的关联性极大地增加，接下来的问题，便是如何数据化了。

人工智能无疑是近年来发展最火热的科技领域之一，人们对于人工智能的探索热情似乎前所未有地高涨。郭继军在专访中对腾讯科技表示，人工智能并不是一项新的技术，但大数据时代的到来为其发展的注入了强大的动力。目前如火如荼的AR、VR技术等也是一样，它们能更令人工智能的底层内容变得更加丰富，而这个丰富的过程会使数据挖掘变得更加有效，推动人工智能与行业的紧密结合，让认知的应用不仅惠及人们的衣食住行，也在改变着商业的未来。

数据应用专栏4

鹏博士：向大数据运营商转型

图片来源：www.drpeng.com.cn。

鹏博士积极推进由IDC数据中心服务商向大数据运营商、由社区宽带接入服务商向家庭互联网综合运营平台服务商的战略转型。根据战略转型的方向，公司通过开放的态度与外部合作，未来不排除通过收购、兼并的方式获取优质资源，强化自身优势，实现规模的快速扩张。

一、公司介绍

电信传媒集团股份有限公司（以下简称"鹏博士"）成立于1985年1月，1994年1月3日，公司股票在上海证券交易所挂牌上市；股票简称：鹏博士；股票代码：600804。公司目前主要从事电信增值服务、安防监控、网络传媒业务，拥有独立的研发、生产、采购和销售系统，具有独立完整的业务及自主经营能力。公司主要从事互联网接入服务、数据中心业务及相关的互联网增值服务业务。2017年，公司实现营业收入约81.70亿元，较上年同期减少7.68%，实现利润总额约9.03亿元，较上年同期减少2.57%；实现归属于母公司的净利润约7.69亿元，较上年同期增长0.35%。

二、向大数据运营商转型

为积极响应"实施国家大数据战略，加快建设数字中国"的国家战略的推进和实施，公司以北京电信通的云数据中心、政企业务为基础业务，组建鹏博士大数据运营公司。鹏博士大数据运营公司将充分发挥近20年数据中心建设、运营沉淀和管理经验以及第三方中立云数据中心优势，充分满足用户跨地域、跨网络和跨行业的数据访问、处理和分析的需求；以全国30余主要城市T3+、T4等级的云数据中心和遍布全国主要城市的中立POP点，以及总容量高达21T数据通道为基础，整合集团VPN、DCI、SD-WAN等全球云网业务平台，快速构建以数据中心为核心的服务于政企业务的鹏博士多云管理平台（DCIM），为客户提供强大的计算能力、存储能力、网络支持能力和混合云云服务能力，帮助客户从业务端打通国内及全球主要的云计算平台，构建国内最大的云生态资源体系。鹏博士大数据运营公司积极参加政府政务云、医疗云、教育云、智慧城市、企业云及各大云平台的建设、组网及运营等综合一体化的云服务等项目，继续加速发展在大数据领域的数据处理和数据运营能力，将成为中国大数据处理及获取平台的领导厂商。

随着人工智能、大数据、工业互联网、物联网、云计算等领域的快速发展，数据存储量、网络流量以及计算能力都将大规模提升，以此带动下一代数据中心产业的爆发。公司依托丰富的网络资源和多年的行业耕耘，在全国范围内拥有了较大规模的分布式中立数据中心集群，在北京、上海、广州、深圳、武汉、成都等主要城市建有可商用的高标准 T3 +、T4 级 IDC 机房，建设运营的数据中心总机柜数量将近 3 万个。公司为用户提供个性化、定制化的数据综合服务，现已成为国内领先的第三方中立数据中心服务提供商。

同时公司在云计算、移动互联网、大数据的爆发给数据中心服务商营商带来了运营思维和业务模式上的巨大冲击，加速了数据中心服务商在全行业快速布局于整合，鹏博士通过 18 年的数据中心运营，已经在全球范围内构建了 14 个高等级、分布式的数据中心集群，并建立起以数据中心为核心的服务于政企业务的云服务产品系列平台，鹏博士多云管理平台（DCIM）能够为客户提供强大计算能力、网络支持能力和存储能力和强大的混合云云计算能力，可以充分满足各类行业用户的访问以及各种业务数据的处理能力。未来我们将继续加速发展在大数据领域的数据处理和运营能力，成为的国内大数据处理平台及大数据获取平台的领导厂商。

（资料来源：作者根据多方资料整理而成）

6.3 数据管理

大数据之"大"已不言而喻，然而数据规模绝非唯一要担心的问题。对于大多数企业而言，数据管理才是最大的挑战。那么，如何收集、存储、处理、挖掘数据，以及数据安全、数据管理等，就构成了数据管理的主要内容（见图 6-3）。

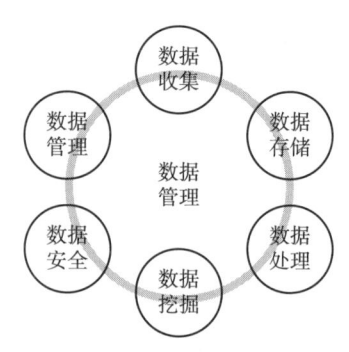

图 6-3 数据管理的六大内容

6.3.1 数据收集

数据收集就是使用某种技术或手段，将数据收集起来并存储在某种设备上，这种设备可以是磁盘或磁带。而在数据收集之前，就必须了解数据的来源，比如，微博、微信、facebook 等，通过这些大众常用的社交平台，可以分析用户平时在这些社交媒体上的行动动向，归纳出用户的喜好或关注点，这些能够为企业挖掘用户需求提供重要依据。而在收集阶段，为了获取更多的数据，数据收集的时间频度大一些，有时也叫数据收集的深度。同时，为了获取更准确的数据，数据收集点设置得会更密一些。常用的收集方法主要三个方面：

第一，系统日志收集方法。很多互联网企业都有自己的海量数据收集工具，多用于系统日志收集，如 Hadoop 的 Chukwa，Cloudera 的 Flume，Facebook 的 Scribe 等，这些工具均采用分布式架构，能满足每秒数百 MB 的日志数据收集和传输需求。

第二，网络数据收集方法。即对非结构化数据的收集。网络数据收集是指通过网络爬虫或网站公开 API 等方式从网站上获取数据信息。该方法可以将非结构化数据从网页中抽取出来，将其存储为统一的本地数据文件，并以结构化的方式存储。它支持图片、音频、视频等文件或附件的收集，附件与正文可以自动关联；

第三，其他数据收集方法。对于企业生产经营数据或学科研究数据等保密性要求较高的数据，可以通过与企业或研究机构合作，使用特定系统接口等相关方式收集数据（见图6-4）。

图6-4 数据收集方法

不仅如此，在收集阶段，大数据分析在时空两个方面都有显著的不同。在时间维度上，为了获取更多的数据，大数据收集的时间频度大一些，有时也叫数据采集的深度。在空间维度上，为了获取更准确的数据，数据采集点设置得会更密一些。下面以收集一个面积为100平方米的葡萄园的平均温度为例。小数据时代，由于成本的原因，葡萄园主只能在葡萄园的中央设置一个温度计用来计算温度，而且每一小时观测一次，这样一天就只有24个数据。而在大数据时代，在空间维度上，可以设置100个温度计，即每个1平方米一个温度计；在时间维度上，每隔1分钟就观测一次，这样一天就有144 000个数据，是原来的6 000倍。有了大量的数据，我们就可以更准确地知道葡萄园的平均温度，如果加上时间刻度的话，还可以得出一个时间序列的曲线，结果看起来使人很神往。

6.3.2 数据存储

信息时代，数据俨然已成为一种重要的生产要素，如同资本、劳动力和原材料等其他要素一样，而且作为一种普遍需求，它也不再局限于某些特殊行业的应用。各行各业的公司都在收集并利用大量的数据分析结果，尽可能地降低成本，提高产品质量、提高生产效率以及创造新的产品。同时，大数据应用的爆发性增长，已经衍生出了自己独特的架构，也直接推动了存储、网络以及计算技术的发展。

随着结构化数据和非结构化数据量的持续增长，以及分析数据来源的多样化，此前存储系统的设计已经无法满足大数据应用的需要。目前企业存储面临几个问题，一是存储数据的成本在不断地增加，如何削减开支节约成本以保证高可用性；二是数据存储容量爆炸性增长且难以预估；三是越来越复杂的环境使得存储的数据无法管理。企业信息架构如何适应现状去提供一个较为理想的解决方案，目前主要有以下两种方法，见图6-5。

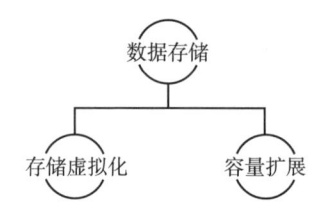

图6-5 企业数据存储的方法

第一，存储虚拟化。通过聚合多个存储设备的空间，灵活部署存储空间的分配，从而实现现有存储空间高利用率，避免了不必要的设备开支。提高存储空间的利用率，简化系统的管理，保护原有投资等。越来越多的企业正积极投身于存储虚拟化领域，比如数据复制、自动精简配置等技术也用到了虚拟化技术。虚拟化并不是一个单独的产品，而是存储系统的一项基本功能。它对于整合异构存储环境、降低系统整体拥有成本是十分有效的。虚拟化存储技术以有限的存储资源，满足无限的海量数据处理管理需求，打破了千篇一律的数据存储格局，开创了更加灵活的应用空间。例如，克拉玛依新疆油田数据中心早在2004年就已经建立起基于SAN架构的存储网络系统，从一定意义上说，已经开始了对服务器、存储系统、备份系统、存储的管理的整合。并在较短的建设周期内、以较高的起点建立了相对完善的IT系统，并成功地支撑起了克拉玛依新疆油田信息系统工程的运营。随着技术的不断成熟、业务种类的不断丰富、用户需求的不断提高，对后台的数据虚拟化系统提出了更高的要求。

第二，容量扩展。随着存储系统规模的不断扩大，数据如何在存储系统中进行时空分布成为保证数据的存取性能、安全性和经济性的重要问题，不同的企业有不同的解决办法。比如基于重复数据删除技术基础的对象存储方式，能够很好地帮助企业进行存储"瘦身"。存储对象通过扩展属性的方式对于所保护的数据提供更多的描述，存储系统针对相应属性进行合理的优化和管理，极大地提高了数据的存取性能和管理效率。特别是在大规模存储系统中，更加"智能"的数据结合智能存储设备、对于充分发挥各种部件的效率、提升海量数据处理能力、改进存取过程的性能提供更多的安全性、可用性保障。比如，陕西电信作为国内较大规模的运营商，现有系统已经无法满足快速的业务发展的需要。有鉴于此，陕西电信对业务支撑系统进行了改造，其中存储设备由于比较陈旧，同时容量也不能满足发展的需要。考虑到以后的发展，陕西电信将原有应用系统数据迁移到新系统上（将原有应用系统数据从 EMC 迁移到 USP 上），实现存储容量扩展和整合。

数据应用专栏 5

汇纳科技：助力实体商业转型新零售

图片来源：www.winnerinf.com。

2017 年 2 月 15 日上午，A 股第一家完全以大数据为主营业务的企业——上海汇纳科技信息股份有限公司（300609.SZ）正式在深圳证券交易所创业板挂牌上市，此次汇纳科技正式踏上资本市场，意味着其在大数据行业领域－尤其线下消费类领域的大数据深度挖掘等业务将再上一个台阶，获得更大发展。

一、公司介绍

汇纳科技是行业领先的线下实体商业消费者行为数据采集分析的服务商。于2017年在创业板挂牌上市。作为以大数据为主营业务的企业，汇纳科技自2004年成立至今发展稳健。十余年专注于客流数据统计、消费行为分析和商业价值挖掘，通过数据服务这种新燃料赋能实体商业，构建起连接线下实体商业的数据平台。至今已为全国1 000多家购物中心、百货商场以及超过2万家品牌连锁专卖店提供线下消费者行为数据分析服务，与万达地产、龙湖地产、屈臣氏、耐克等知名商业实体均有长期合作，在行业内具有龙头地位，市场占有率领先。在流量迅猛增值的今天，汇纳科技聚焦在大数据采集技术并深层次开发数据服务应用领域，其综合的产品解决方案助力商业综合体和零售商多维触达消费者，提升经营效率，实现数字化升级。2017年，公司实现营业收入2.03亿元，同比增长17.44%；实现归属于上市公司股东的净利润0.59亿元，同比增长22.36%。

二、构建实体商业的数据平台

2017年，汇纳科技股票成功登陆深圳证券交易所创业板。公司现阶段的总体战略是：继续秉承"推动线下智慧购物的科技创新，构建连接实体商业的数据平台"的使命，依托公司在产品、服务方面的核心竞争优势，以及良好的市场声誉，迅速扩大线下实体商业市场份额，快速扩大实体商业数据平台的规模；综合运用ABI技术（AI + Big Data + IoT，下同）为实体商业提供全面的数据采集、数据管理及数据运营服务；优化各项业务流程，加强运营成本控制；进一步拓展运维服务网络，加强和不断优化运维体系建设，提升服务水平，为用户提供更加便捷、优质的现场服务；积极推进商业模式创新探索和未来产业布局。

从"人、货、场"商业三要素来看，线上的互联网商业大数据研究都是从"人"出发，"人"去到什么样的"场"，买到什么样的"货"；有别于线上，对线下消费场景进行画像和标签是实体商业大数据分析的核心。也就是说实体商业大数据研究，应以"场"为出发点，考察这个"场"来什么样的"人"，曾经卖了什么样的"货"。这恰恰是实体商业经营者的痛点所在，不识场、不知人。针对线下实体商业在经营中的痛点，汇纳科技制定并不断优化智慧购物、智慧门店解决方案，让线下实体商业经营者识场、知人。

为此，2017年，针对线下实体商业在经营中的痛点，汇纳科技整合内部资源，组建了商业地产应用事业部和零售应用事业部，加强行业聚焦，进一步增强公司产品和服务的针对性和有效性。

商业地产应用事业部进一步优化了智慧购物解决方案，围绕"人、货、场"三个实体商业基本要素，充分发挥公司在技术、产品和资源的集中差异化优势，有针对性地推出了智能客流、智能电子屏、智能商圈等细化解决方案。智能客流解决方案可以帮助运营者清楚的了解顾客游逛路线、位置分布等信息，帮助实体商业改进经营管理；智能电子屏、智能商圈解决方案分别借助商场智能电子导视系统、智慧商圈APP系统来实现与顾客进行交互，提升消费者购物体验，提高商场营业额。

零售应用事业部针对零售连锁品牌的行业需求，深度打造整体智慧门店解决方案，提供从实体门店的数据采集、数据管理，到大数据应用的完整闭环系统。结合人工智能、物联网、大数据等前沿科技，提供原先难以感知到的过店和进店客流、品类热度、顾客属性、商品关注、店员服务等盲区数据，为品牌商创造高质量、多维度、全渠道数据服务。同时，依托公司在零售领域十余年的经验，为品牌商提供商圈洞察和行业对标服务，助力品牌不断优化经营。

（资料来源：作者根据多方资料整理而成）

6.3.3 数据处理

由于越来越多的企业开始将数据作为一项重要的企业资产，今时今日，数据处理正在获得日益增长的关注度。优秀的数据处理必须涵盖数据质量、数据管理、数据政策和战略等。随着不断地发展壮大，大数据选择已经不仅限于像 Hadoop 一样的分布式处理技术，还包括更快的处理器，更大的通信宽带，更多也更便宜的存储。所有的大数据处理技术就是为了能让人们更好地使用数据。这反过来又推动了数据可视化和界面技术的进步，使人们也可以更好地利用数据分析结果。而搭建大数据处理平台的第一要务是牢记数据处理的伸缩性。比如，很多企业一开始的处理规模较小，几台计算机运行 Hadoop 平台认为就已够用，但是随着数据量和可用数据源的指数式增加，相对地，处理数据的能力却在以指数速度下降，因此平台的设计一定要从长远打算。IT 专家要考虑哪些技术以后能够拓展所需的处理能力。

提供弹性服务的云计算方案将成为大数据分析平台未来的一项重要支撑技术，因为云服务可以动态地根据实际需要立即扩充各类资源。那么怎样选用现有的技术处理大数据？这个问题没有一个固定的答案。尽管如此，主要服务提供商仍期望通过提供基于应用模型的全盘解决方案使技术选择变得更加容易，其他服务提供商则在打造基于云的大数据完整的解决方案，以满足那些也希望能够掘金大数据的中小企业的各种需求。

6.3.4 数据挖掘

数据挖掘是指从大量的数据中，通过统计学、人工智能、机器学习等方法，挖掘出未知的、且有价值的信息和知识的过程。数据挖掘理论涉及的面很广，它实际上起源于多个学科。如建模部分主要起源于统计学和机器学习。统计学方法以模型为驱动，常常建立一个能够产生数据的模型；而机器学习则以算法为驱动，让计算机通过执行算法来发现知识。数据挖掘的两大基本目标是预测和描述数据。其中前者的计算机建模及实现过程通常被称为监督学习，后者的则通常被称为无监督学习。往更细分，数据挖掘的目标可以划分为预测与描述，见图 6-6。

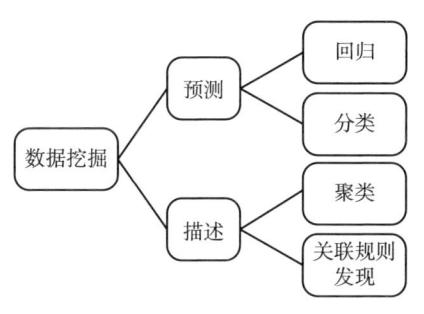

图 6-6　数据挖掘的目标

从形式上来说,数据挖掘的开发流程是迭代式的。开发人员通过如下几个阶段对数据进行迭代式处理,见图 6-7。

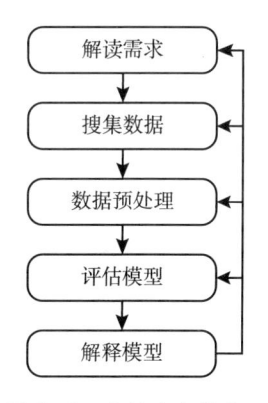

图 6-7　数据迭代式处理

第一,解读需求。绝大多数的数据挖掘工程都是针对具体领域的,因此数据挖掘人员应该多和具体领域的专家交流合作以正确的解读出项目需求。

第二,搜集数据。在大型公司,数据搜集大都是从其他业务系统数据库提取。很多时候我们是对数据进行抽样,在这种情况下必须理解数据的抽样过程是如何影响取样分布,以确保评估模型环节中用于训练和检验模型的数据来自同一个分布。

第三,预处理数据。预处理数据可主要分为数据准备和数据归约两部分。其中前者包含了缺失值处理、异常值处理、归一化、平整化、时间序列加权等；而后者主要包含维度归约、值归约以及案例归约。

第四，评估模型。就是在不同的模型之间做出选择，找到最优模型。

第五，解释模型。数据挖掘模型在大多数情况下是用来辅助决策的，如何针对具体环境对模型做出合理解释也是一项非常重要的任务。

以网上书店为例，网上书店现在有了很强的市场和比较固定的大量的客户。为了促进网上书店的销售量的增长，各网上书店采取了各种方式，给客户提供更多更丰富的书籍，提供更优质服务等方式吸引更多的读者。但是这些还不足够，给众多网上书店的商家们提供一种非常好的促进销售增长，吸引读者的方法，那就是关联销售分析。这种方法就是在客户购买一种书籍之后，推荐给客户其他相关书籍。这种措施给企业带来了客观的效益。其实关联销售就是充分利用销售数据，为书店带来可观的收益。通过上述关联算法，网上书店很容易算出书籍之间的关联性。这样直接根据销售数据来实现企业效益挖掘。

数据应用专栏 6

东方国信：推进"大数据+"战略

图片来源：www.bonc.com.cn。

2018 年 5 月 26 日，2018 中国国际大数据产业博览会在贵阳开幕。当天，国家信息安全发展研究中心举办《大数据优秀产品和应用解决方案案例》发布会，东方国信获评工信部 2017 大数据优秀产品及解决方案。

一、公司介绍

东方国信成立于1997年,是中国领先的大数据上市科技公司(股票代码300166)。2011年在深圳证券交易所挂牌。自1997年成立以来,东方国信形成了大数据、云计算及移动互联三大技术体系,以自主研发的大数据产品及解决方案服务于通信、金融、工业、智慧城市、公共安全、智慧旅游、农业、医疗、媒体、大数据运营10余个行业和业务领域(见图6-8)。

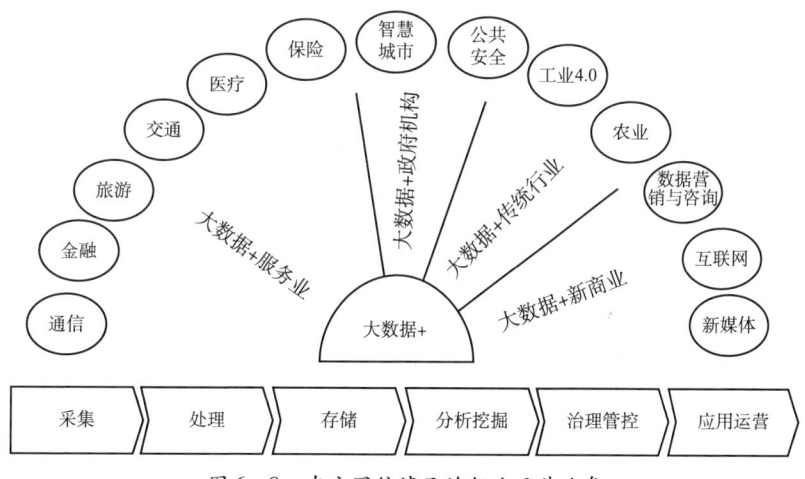

图6-8 东方国信涉足的行业及其业务

二、推进"大数据+"战略

东方国信自1997年成立就以"让数据改变工作与生活"为企业愿景。在20年的践行中,东方国信基于大数据核心实力以"大数据+"为公司发展战略,以领先的大数据解决方案服务于通信、金融、工业、智慧城市、政府、公共安全、农业、医疗等十余个行业,凭借自主研发的技术优势,赢得了全球35个国家近千个客户与合作伙伴的赞许。

第一,加快构建自主可控的大数据产业链、价值链和生态系统。东方国信坚持自主研发、已形成基于大数据、云计算及移动互联全链条、全自主知识产权的三大技术研发体系，其中包括3D可视化、人工智能、VR/AR等辅助技术。2015年，完成"大数据+服务行业，大数据+政府机构，大数据+传统行业，大数据+新商业"4条业务主线布局。2016年，东方国信发挥大数据行业资源与能力优势，引入专业投资管理机构和其他社会资本共同设立10亿大数据产业基金，推动"大数据+"战略落地。2017年，发布行云生态体系，推进和完善大数据产业链和生态圈，让大数据的价值更好地服务于社会、企业和民生。

第二，构建以数据为关键要素的数字经济。东方国信作为国内大数据龙头企业，率先将大数据技术应用到通信、工业、金融等10余个行业，帮助传统行业企业数字化转型升级，助力互联网、大数据、人工智能同实体经济深度融合。在工业领域，自主研发工业互联网平台BIOP，实时采集海量生产及设备数据，模块化大量微服务、微应用。同时平台面向行业开放，鼓励创业者共享知识成果。目前BIOP已成功服务于全球35个国家，覆盖冶金、能源、矿山、工业锅炉、电力、食品、快消品等多个行业。其中，冶金高炉大数据平台已服务于全国60%的钢铁企业，覆盖印度尼西亚、伊朗、越南等多个"一带一路"国家，已应用高炉单座创效2 400万/年，预期行业推广创效每年200亿元，减少二氧化碳排放量2 000万吨。

第三，建立健全大数据辅助科学决策和社会治理的机制，推行电子政务、建设智慧城市。在智慧城市领域，东方国信提出为"智慧城市"安装"城市大脑"，打造城市智能运营中心（IOC），数字化、网络化和智能化地掌控城市运行状态，实现城市精准治理与应急调度，科学参与和评价城市规划。目前，东方国信城市智能运营中心（IOC）已在昆明国家级经济开发区、东莞、盐城、安徽宁国港口园区等地落地实践。基于城市智能运营中心（IOC），东方国信从多个维度打造了一系列数据共享分析平台，包括公共安全大数据平台、旅游大数据平台、创业创新大数据平台等，服务于政务、经济、农业、医疗、环境、旅游、创文、创业、扶贫等多个领域。

第四，要运用大数据促进保障和改善民生。大数据在保障和改善民生方面大有作为，东方国信通过"大数据+"战略，以领先的大数据解决方案服务于通信、金融、工业、智慧城市、农业、医疗等10余个行业，推进大数据在民生领域的普及应用，深度开发各类便民应用。

在金融领域，东方国信在国家惠农金融政策倡导下，以服务三农为出发点，研发建设了惠农金融服务信息平台，拓展农村金融服务渠道、创新金融服务模式，助力精准扶贫管理，打通农村金融服务市场的最后一公里。在农业领域，东方国信通过设施物联网和大棚管家，覆盖全国1亿+农户，深度感知农业生产环境、采集成产信息和市场信息，有效对接农业产业各个环节，形成资源平衡利用，为农产品的生产、流通、消费、管理等全产业链提供服务。

第五，切实保障国家数据安全。东方国信作为民族大数据软件品牌，以打造我国自主可控、信息安全的大数据软件为己任，对标国际优秀软件产品形成了端到端的软硬件相结合的大数据解决方案，成为国内第一家具备完全取代国外大数据软件能力的企业。

作为国内大数据龙头企业，东方国信发挥大数据行业资源与能力优势，引入专业投资管理机构和其他社会资本共同设立大数据产业基金，承担大数据企业责任，聚合数据价值，推动大数据+战略落地，引领产业升级，全面优化产业生态链，让大数据的价值更好地服务于社会、企业和民生。

（资料来源：作者根据多方资料整理而成）

6.3.5 数据安全

在大数据时代，无处不在的智能终端、互动频繁的社交网络和超大容量的数字化存储，不得不承认大数据已经渗透到各个行业领域，逐渐成为一种生产要素发挥着重要作用，成为未来竞争的制高点。大数据所含信息量较高，虽然相对价值密度较低，但是对它里面所蕴藏的潜在信息，随着快速处理和分析提取技术的发展，可以快速捕捉到有价值的信息以提供参考决策。然而，大数据掀起新一轮生产率提高和消费者盈余浪潮的同时，随着而来的是数据安全的挑战，主要有以下几点：

第一，网络化社会使大数据易成为攻击目标。网络化社会的形成，为大数据在各个行业领域实现资源共享和数据互通搭建平台和通道。基于云计算的网络化社会为大数据提供了一个开放的环境，分布在不同地区的资源可以快速整合，动态配置，实现数据集合的共建共享。而且，网络访问便捷化和数据流的形成，为实现资源的快速弹性推送和个性化服务提供基础。正因为平台的暴露，使得蕴含着海量数据和潜在价值的大数据更容易吸引黑客的攻击。近年来在互联网上发生的用户账号的信息失窃等连锁反应可以看出，大数据更容易吸引黑客，而且一旦遭受攻击，失窃的数据量也是巨大的。

第二，非结构化数据对大数据存储提出新要求。当前大数据汹涌而来，数据类型的千姿百态也使我们措手不及。对于将占数据总量80%以上的非结构化数据对大数据存储提出新要求。

第三，技术发展增加了安全风险。随着计算机网络技术和人工智能的发展，服务器、防火墙、无线路由等网络设备和数据挖掘应用系统等技术越来越广泛，为大数据自动收集效率以及智能动态分析性提供方便。但是，技术发展也增加了大数据的安全风险。一方面，大数据本身的安全防护存在漏洞。虽然云计算对大数据提供了便利，但对大数据的安全控制力度仍然不够；另一方面，攻击的技术提高了。在用数据挖掘和数据分析等大数据技术获取价值信息的同时，攻击者也在利用这些大数据技术进行攻击。

6.3.6 数据管理

当前，多数企业的数据每年以40%~60%的速度增长，这不仅增加了企业的财务负担，也加剧了数据管理的复杂程度。因此如何管理数据成为一个非常重要的议题，这也是一个涉及面非常广的议题，比如数据的产生、加工、管理等。下面从数据的备份与集中管理两个方面审视数据的管理问题。

第一，刻不容缓的数据备份。能够保证数据在遭受破坏或丢失的时候及时进行恢复和迁移的数据备份，已经成为企业数据的最后一道生命线，其重要程度历来都是不言而喻的。然而对于一些中小企业来说，由于成本和管理上的限制，数据备份的作用并没有得到最大的发挥，这也是为什么目前国内的众多企业对数据备份的重视程度不高的原因。但对一些已经部署了备份服务的企业来说，由于不知道正在备份的数据量的大小、备份是否成功、剩余存储的空间大小等问题，因此迫切需一个集中化的数据管理平台，这样才可以让数据的保护更加灵活，而且可以根据业务需求，自动保护和恢复必要的数据，减轻IT工作人员的任务量。

第二，势在必行集中管理。一方面随着企业的办公设别以及办公场地的多样化特征越来越明显，企业所产生的数据也越发的分散，以往单纯的服务器管理已经演变成设备管理、存储管理、传输通道管理以及云端管理等多样化管理。另一方面，现在每天产生的数据量要比之前的几年时间内产生的还要多，这其中既有可以独立成为一个数据库的结构化数据，更有文档数量达到上亿的非结构化数据，这也极大地增加了数据管理难度。

企业采用多备份这种数据集中管理平台，不但在降低基础设施成本的效应相当显著，而且还可巩固并降低IT架构环境的复杂性，进而减少数据取用风险，数据恢复及读取速度也得以提升，有利于制定IT业务部门的综合经营方针，让数据转换成企业最有价值的资产，成为企业经营策略的重要数据来源，才算是真正做到数据保护及管理的目标。多备份提供的数据集中管理平台不仅在功能上由于传统的数据快照功能，避免了快照可能带来的风险，同时还可以减少近一半的备份、存档和报告合并的时间，减少影响生产环境的因素，提高服务器性能，同时也能减少最高达90%的冗余数据，只要善用整合管理能力，就可以最大限度地提高效率，优化数据管理，降低存储空间。

数据应用专栏 7

神州信息：完善量子通信服务生态链

图片来源：www.dcits.com。

2018年4月26日，神州信息对外宣布与国盾量子、国翔辰瑞战略携手，共同出资成立"神州国信量子科技有限公司"，加码量子通信业务。形成量子通信领域"技术＋产品＋市场"的组合，加强资源整合，壮大产业链，加速量子通信技术的产业化进程。

一、公司介绍

神州数码信息服务股份有限公司（以下简称"神州信息"），是中国信息服务产业的领导企业，三十年的发展历程，国内最早参与行业信息化建设的企业之一，以业务模式和技术产品创新引领和推动中国信息化进程和信息服务产业的发展，支撑数字中国的使命。依托云计算、大数据、量子通信等技术，面向金融、政企、电信、农业、制造等行业提供规划咨询、应用软件设计与开发、技术服务、云服务、数据服务、量子通信服务等服务内容，助力产业升级、价值重塑，打造"IT＋"产业融合新业态。2017年，神州信息发布了"IT＋"产业融合新战略，大力推进金融科技、智能运维、量子通信、智慧农业等战略业务的发展，为公司的可持续健康增长提供支撑。2017年，实现营业收入81.87亿元，较去年同期增长2.16%；业务毛利率达到20.79%，较去年同期提高1.26个百分点；实现归属于母公司股东的净利润3.03亿元，较去年同期增长25.06%。

二、完善量子通信服务生态链

神州信息从 2012 年开始参与我国量子通信的技术验证、应用示范和量子通信骨干网的建设，是最早参与量子通信技术产业化应用的上市公司。2014 年，我国第一条量子通信保密干线——千公里光纤量子通信骨干网工程"京沪干线"项目启动，神州信息承建了量子保密通信"京沪干线"技术验证和应用示范项目室内联调系统，由此成为我国量子保密通信干线工程的首个 IT 服务商。2016 年 12 月，神州信息再次包揽了量子保密通信"京沪干线"技术验证及应用示范项目安全管理和量子密钥分发备份系统，以及"京沪干线"及量子科学卫星合肥总控中心骨干网测试床项目。从 2013 年开始，神州信息作为"京沪"量子干线重要建设方，积极参与了京沪干线实验网搭建、系统验证和 2 000 公里实际干线系统建设等工作。至 2017 年 3 月，量子保密通信"京沪干线"已全线开通。

不仅如此，神州信息与国科量子于 2017 年 9 月已经达成初步战略合作意向。此次双方深化战略合作，将以行业用户的实际需求为导向，推动量子通信网络的运营服务落地和技术应用推广，合力推动量子产业生态链的发展完善，打造世界领先的星地一体广域量子通信骨干网络。2018 年 4 月 26 日，由神州信息、国盾量子、国翔辰瑞战略携手，共同出资的神州国信量子科技有限公司正式成立（见图 6-9）。据了解，新公司由神州信息控股，

图 6-9 神州国信（北京）量子科技有限公司成立

依托国盾量子的核心量子技术打造符合市场多元需求的量子通信产品，借助神州信息与国翔辰瑞的行业市场和专业信息化产品能力，面向量子通信骨干网、城域网、行业专网等领域提供量子通信设备，并为政府、金融等行业客户提供量子通信解决方案及服务，旨在加速我国量子通信技术的产品化、产业化进程，推动量子通信行业应用快速发展。

神州信息称，公司此次投资布局量子通信设备和行业解决方案，将加强资源整合、协同发展，进一步完善我国量子通信产业链，推动量子通信技术在各行业应用场景的创新和突破，构建行业应用的新标准和制高点，使公司量子通信业务实现多元化发展和高速成长。公司作为最早参与我国量子通信技术产业化的上市公司，是量子通信干线和城域网的主要建设者和领军企业，承建了量子通信保密干线"京沪干线"工程，并实现了与"墨子号"量子科学实验卫星兴隆地面站的连接，并于2017年年底中标量子保密通信"武合干线"项目。

神州信息2017年年报显示，2017年量子通信业务实现收入1.16亿元，并在量子通信重大项目签约、产品联合研发、网络运营等领域取得重大合作突破。此次合资公司的成立，将推动公司由量子网络建设者向量子通信产品研发生产者进阶，完成在产业链上的进一步升级和跨越。

（资料来源：作者根据多方资料整理而成）

北信源：打造"大数据"内网安全产品生态体系

图片来源：www.vrv.com.cn。

北信源作为我国信息安全行业领军企业，已经率先将人工智能、大数据技术与现有安全产品体系进行结合，将北信源系列安全产品在主动防御算法提升、APT 检测模型拓展、DL 杀毒智能引擎等领域进行实践升级，同时北信源新一代即时通信开放聚合平台——信源豆豆也融合了全新的人工智能技术，将开启万物互联的未来。

一、公司介绍

北信源创立于 1996 年，2012 年于深交所创业板上市，股票代码：300352。北信源是中国第一批自主品牌的信息安全产品及整体解决方案供应商，连续 12 年位列中国终端安全管理市场占有率第一名。公司现已成功打造信息安全知名品牌"北信源 VRV"。北信源是国内终端安全管理领域龙头企业，是国内信息安全领域领先的解决方案提供商，围绕信息安全产业链，为客户提供涵盖安全的软件开发、安全可控的解决方案、维护服务以及安全系统集成在内的一整套信息化服务，用户涉及政府、军队军工、金融、能源等重要行业数千家单位，成功部署数千万终端。目前公司产品体系已经完成"信息安全、大数据和互联网"格局的打造，使公司从传统的终端安全领导者逐步成为物联网时代下智慧安全的全面解决方案提供商。2017 年，公司经营业绩呈持续稳步增长态势。公司实现营业收入

5.15亿元，比上年同期增长4.58%，实现利润总额0.98亿元，比上年同期增长13.38%，实现归属于母公司股东的净利润为0.9亿元，比上年同期增长13.82%。北信源近五年的营业收入变化见图6-10。

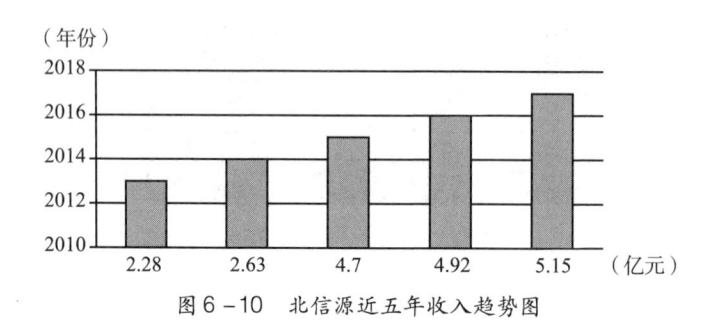

图6-10 北信源近五年收入趋势图

二、全面进军大数据互联网

北信源公司基于现有大数据产品及业务优势，结合新一代互联网安全聚合通道，进一步布局互联网大数据，打造大数据产业生态圈。

第一，终端安全龙头，主业稳定增长。公司在终端安全市场占有率已连续九年第一，在政府、军工、能源、金融等行业客户中都有很高的占有率。2012年至今营收年复合增长率17.6%。受益于国家安全法等法律和政策的推动，党政军信息安全市场有望持续增长。预计公司将受益于国家对信息安全的投入，主业收入继续保持稳定增长，毛利率稳定。

第二，纵向并购，深挖信息安全护城河。公司收购中软华泰，涉足服务器加固领域，将公司业务从前台终端扩展到后台服务器。公司参股金城保密，涉足国家保密领域。金城保密拥有国家保密局认证的多项资质。一方面公司可借助金城保密的资质拓展客户资源，另一方面金城保密可借助公司的人力和渠道将产品打入更多市场。

第三，拟打造通信安全底层统一架构，构建新一代互联网生态圈。公司2015年9月22日发布定增预案，拟非公开发行不超过3 500万股，募集资金不超过15亿元，其中7.7亿元用于新一代互联网安全聚合通道项目（Linkhood）的研发和推广。Linkhood以安全的通信架构为核心，以即时通信应用为样板，开放 SDK 接口，借助第三方开发者满足客户纷繁多样的需求，构建互联网生态圈。

第四，内网大数据业务有条不紊，助力公司转型运营。公司将终端安全产品作为互联网入口，采集客户大数据，通过数据挖掘和人工智能等技术，打造"大数据"内网安全产品生态体系。通过大数据技术"加固内网安全"和"提升管理效率"。公司还为政府、企业等客户开发了舆情监控、信息监控和企业情报系统等大数据产品。

三、构建新一代互联网生态圈

北信源顺应市场趋势，启动并实施全新战略规划，布局信息安全、互联网、大数据为公司三大战略方向，致力将北信源打造成为业界领先的平台及服务提供商。

第一，在信息安全领域，现已构筑了三纵四横的新一代终端安全管理体系，从内网安全、数据安全、边界安全三个方向对 Windows 终端、国产终端、移动终端、虚拟化终端提供全方位、立体化的安全保护。产品覆盖政府、军队军工、公安、金融、能源等重要行业数千家单位，成功部署数千万终端，连续 12 年稳居中国终端安全管理领域的市场领导者地位。

第二，在互联网领域，全力打造的"新一代互联网安全聚合通道"——信源豆豆（Linkdood），以"安全连接，智慧聚合"为核心理念，打造跨终端、全方位、安全可信的通信聚合平台；为企业和互联网用户提供即时通讯、协同办公、任务管理、ERP 改造、应用开发、万物互联、互联互通、聚合推广等多层次的平台服务。

第三，在大数据方面，公司利用海量终端大数据积累，依托大数据平台态势感知、威胁预警和人工智能深度学习模型，主导行业标准，打造大数据为基础的新一代内网安全产品生态体系。同时，公司基于现有大数据产品及业务优势，结合新一代互联网安全聚合通道，进一步布局互联网大数据，打造大数据产业生态圈。

同时，北信源积极布局人工智能基础性技术攻关和行业应用开发，并积极推进"人工智能+"，采用人工智能技术改进公司产品。一方面，基于信源豆豆平台，公司聘请了专门的行业人才在研究相应的技术和产品；另一方面，公司对外投资设立了人工智能产业技术创新联盟（北京）科技有限公司，积极布局人工智能基础性技术攻关和行业应用开发，建设具有国际视野和影响力的人工智能技术、产业开放合作平台。

四、结论与启示

北信源在大数据发展行业的领头羊角色让同行业竞争者去学习北信源的发展策略和方针：

第一，构建新一代互联网生态圈，布局信息安全、互联网、大数据为公司三大战略方向，致力将北信源打造成为业界领先的平台及服务提供商。公司加大战略落地力度，分别在信息安全、大数据、互联网方面积累和开发了数百家各行业重点客户，包括国家部委、政府机关、事业单位、央企及大型金融机构等客户。

第二，北信源已经率先将人工智能、大数据技术与现有安全产品体系进行结合，将北信源系列安全产品在主动防御算法提升、APT检测模型拓展、DL杀毒智能引擎等领域进行实践升级，同时北信源新一代即时通信开放聚合平台－信源豆豆也融合了全新的人工智能技术，将开启万物互联的未来。

（资料来源：作者根据多方资料整理而成）

第7章
智能应用

富士康工业互联网生态体系可以用九个字来形容，即"云移物大智网+机器人"，"云"是云计算，"移"是移动讯息，"物"是物联网，"大"是大数据，"智"是人工智能，"网"是工业互联网，加上机器人，这些硬件设备从核心层到IaaS层，到PaaS层、SaaS层，富士康已经累积了很多制造经验，这些设备都是我们自制，掌握自己的核心技术能力。

——富士康集团总裁　郭台铭

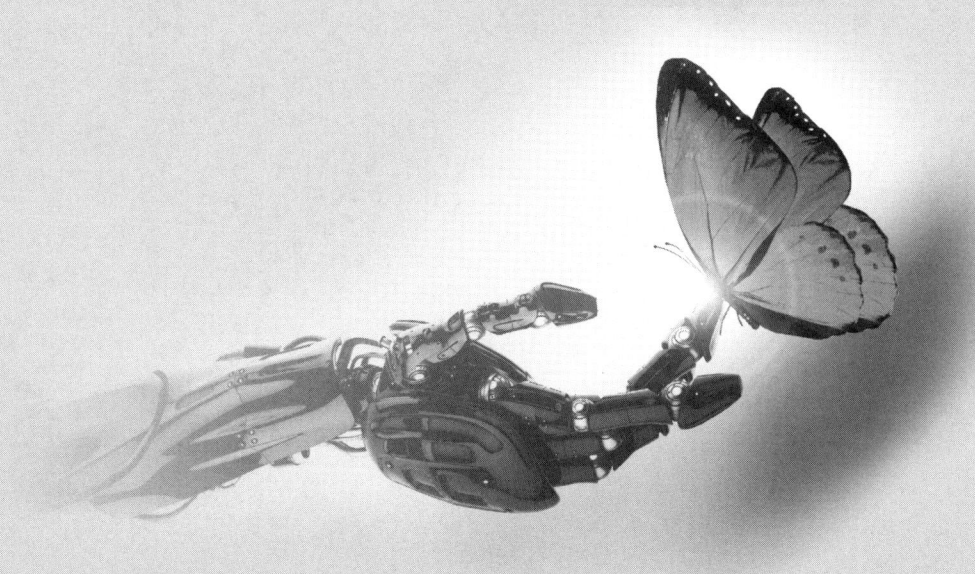

新华智云："媒体大脑"

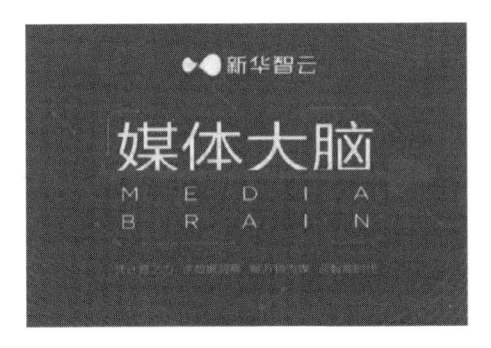

图片来源：www.xinhuazhiyun.com。

2017 年 12 月 26 日，新华社在成都发布媒体人工智能平台——"媒体大脑"。2018 年两会期间，新华社"媒体大脑"以 15 秒钟生成发布了全球首条关于两会内容的 MGC（机器生产内容）视频新闻，瞬间引爆媒体圈。

一、公司介绍

新华智云由新华通讯社、阿里巴巴联手打造，致力于通过大数据及人工智能技术，为内容生产者提供涉及内容采集、编辑、存储、分发等全新闻链路的专有技术，重新定义大数据时代内容生产者的核心竞争力。阿里巴巴与新华社于 2017 年 4 月共同宣布成立新华智云，当时被认为这是一家云计算公司，而新华智云本身的确是一家基于云计算资源为基础的公司，但实际上，新华智云却是一家整合多项技术的 AI + 型企业，而其所瞄准改造的是已有数百年历史，历经时代淘洗变革的媒体行业。

二、中国第一个媒体人工智能平台："媒体大脑"

2017 年 12 月 26 日，中国第一个媒体人工智能平台"媒体大脑"由新华社正式发布上线。"媒体大脑"由新华社和阿里巴巴合资成立的大数据人工智能公司新华智云自主研发而成的,是国内第一个媒体 AI 平台,其中,新华网出资 20 000 万元,持股 40.8%。"媒体大脑"包含八大功能:2410(智能媒体生产平台)、新闻分发、采蜜、版权监测、人脸核查、用户画像、智能会话、语音合成。国内各媒体机构均可在认证后使用"媒体大脑"的各项功能和产品。

第一,"媒体大脑"首先意味着对记者感官的强化和延伸。2410(智能媒体生产平台)通过摄像头、传感器、无人机、行车记录仪等智能采集设备,结合新闻发生地附近的多维数据,实时检测新闻事件,可以帮助记者发现第一手的新闻线索,并给记者提供多维度信息和数据,这样记者写出的报道就会更具有广度和深度。与此同时,记者的耳朵也得到了新的赋能,专业级录音应用"采蜜"实现了将录音内容自动转写为文字的功能,适用于采访、会议等多类场景,并无缝衔接移动端和 PC 端,提高了记者的工作效率和内容生产力(见图 7-1、图 7-2)。

图 7-1　2410 智能媒体生产平台　　图 7-2　专业录音"采蜜"

第二，基于新华智云的大数据能力，用户画像功能可以为媒体提供读者阅读习惯、位置变化、行为偏好等更详细、精确的信息。而智能分发系统则依托国内一流的新闻分发渠道，通过大数据在智能硬件等设备上，为读者精准推送新闻资讯。这两者相辅相成，拉近了媒体与用户间的距离，从而达到媒体影响力扩大、用户体验提升的双赢效果（见图7-3、图7-4）。

图7-3　用户画像 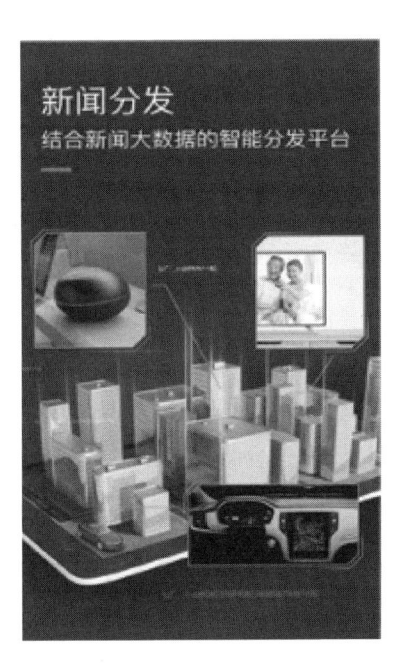　　　　图7-4　新闻发布

第三，人脸核查功能将为新闻的真实性保驾护航。基于精准的人脸识别系统，可以在海量的图片、视频素材中确认特定人物，大大减轻事实核查环节的工作量，在源头上防止虚假新闻出现。版权监测是"媒体大脑"为原创者开辟的一道护城河，各类原创内容都将纳入"媒体大脑"的保护下。通过对全网近300万个站点的监控，各类内容侵权行为将无所遁形，抄袭、洗稿等乱象将受到有效遏制（见图7-5、图7-6）。

图 7-5　人脸核查　　　　　图 7-6　版权监测

第四,"媒体大脑"同时赋予了传统新闻新的呈现方式。新闻会话机器人可通过对新闻大数据的学习,与网友实时进行新闻对话和互动。智能语音合成系统可以将文字生成音频,使文字新闻通过智能家居、汽车音响等各类渠道到达用户,进一步延伸新闻内容的传播路径。

不仅如此,"媒体大脑"还生成了中国第一条 MGC(机器生产内容)视频新闻。视频只有短短 2 分 08 秒,却意味着人工智能技术在媒体领域已经取得了重大突破。根据首条 MGC(机器生产内容)视频新闻显示,本条新闻由媒体大脑 2410 "会议报道模型" 生成,实时调用服务器数量:1 000 台,分析网页 108 786 961 个,检索视频 15 793 分钟、音频 4 465 分钟,调用知识节点 437 个,计算耗时:10.3 秒。可以说,MGC 视频新闻是媒体大脑综合能力和技术的运用。

三、AI + 新媒体的新探索

2018 年的两会期间,新华社发布的一篇消息指出:新华社媒体大脑从

5亿网页中从5亿网页中梳理出两会舆情热词,生产发布了全球首条关于两会内容的MGC(机器生产内容)视频新闻——《2018两会MGC舆情热点》,用时15秒。包括两会舆情分析、可视化图表生成、配音、配图和视频剪辑,均由"媒体大脑"自动完成,这在全球媒体中尚属首次。

15秒产出MGC新闻内容,依靠其独特的技术取代了传统媒体人采、编、整理、发表的功能,短短十几秒的时间,完成一系列步骤,但同时也让更多的人想到了2017年伊始,人工智能的火热,出现了很多人工智能代替编辑记者的消息。AI,影响的不仅是记者、采编等新闻媒体人。此外,腾讯的机器人Dreamwriter、腾讯翻译君,今日头条写稿机器人xiaoming-bot,甚至于7秒钟都能写出14篇稿件的AI机器人,都在逐步蚕食着本属于传统媒体人的工作。

新华智云将成为新华网手中的"黑科技"制造者,将打造出更多诸如"媒体大脑"这样的移动化、社交化、智能化的技术和产品,促进新媒体融合与转型升级,实现媒体智能化发展的目标。

四、结论与启示

"媒体大脑"的出现是一次技术革命,意味着内容的生产效率和传播效率进入了一个新时代,这是机器的智能+人的智能的双赢和重生,必将开启一个全新的AI内容生态系统。主要启示有:

第一,"媒体大脑"的目标是成为智能媒体时代的基础设施,成为AI内容的定义者和发布者。"媒体大脑"是一个智联的平台,可以将人、物、视频、文本等所有的信息串联在一起,它扮演智能时代新闻生产基础设施的角色,来定义智能媒体时代行业的核心竞争力。

第二,智媒的前提就是万物皆媒,万物成为数据采集、产生新闻资源的媒介,成为可传递信息和发布信息的端口。媒体大脑和MGC视频新闻的出现,不是要取代记者和编辑,而是要在更高层面上,把人与物的延伸连接起来,更快、更准、更智能地获得新闻线索和新闻素材,赋能记者和编辑,帮助媒体提高生产力。

第三,"媒体大脑"和MGC新闻的出现,不是要取代记者和编辑,而是在更高层面上,把人与物的延伸连接起来,更快、更准、更智能地获得新闻线索和新闻素材,赋能记者和编辑,帮助媒体提高生产力。媒体大脑可能不是未来媒体发展的唯一方向,但一定是其中一个方向。

未来"媒体大脑"将扮演新闻生产基础设施的角色,与媒体互相促进、互相学习、互相辅助,共同迎来媒体的智能时代。

(资料来源:笔者根据多方资料整理而成)

有人说，2010年是云计算元年，2016年是人工智能元年，2017年则是"智能+"元年。互联网+将连接数字世界的能力赋予各行各业，推动全行业数字化和信息化转型的同时，将数据和业务高度集中到云端；在此基础上，"智能+"一方面激活了更多的连接能力与可能性，另一方面为云端提供更智能的数据分析和决策能力——更聪明的机器、更智慧的网络、更智能的交互将创造出全面智能化的经济发展模式和社会生态系统。

7.1 "智能+"时代开启

当前，世界正处于智能革命的前夜，人类社会正从"互联网+"时代迈入"智能+"时代。2018年3月20日，国务院总理李克强在十三届全国人大一次会议记者会上，回答新华社记者提问时指出，要推进"互联网+"来拓展"智能+"，把它和医疗、教育、政务服务等结合起来，推动数字经济、共享经济向前发展。中国在实施"互联网+"战略的这几年，使经济结构发生了深刻变革。此次，总理将"互联网+"升级为"智能+"，意味着经济领域创新方式的升级。如果说"互联网+"为大众创业、万众创新提供了广阔舞台，那么"智能+"无疑将会成为中国经济领域各行业和各产业智能化升级的强力助推器，行业智能的发展将推动供给侧的产业升级，"智能+"也将成为中国数字经济发展的新动能。

人工智能是推动"智能+"的核心引擎，技术是"智能+"的核心竞争力。以人为核心，将诸如云计算、物联网、大数据、人工智能等在内的互联网前沿科技整合成系统化生态，进而构建信息高度对称的、高效运转的和谐社会生态，是"智能+"的标志。在"智能+"的连接之下，通过云计算、人工智能等方式，让生活空间中的万事万物进入相互连接的数字化世界。

随着整个实体经济社会的全面数字化，不但要通过更多的连接减少"信息孤岛"，更需要通过更好的连接来实现沟通协作的持续优化。减少"信息孤岛"，连接人与人、人与物、人与服务，"互联网+"是传统的方式，"智能+"则是比"互联网+"更进一步的新的连接方式。对于智慧连接，腾讯多年来一直专注做连接，希望连接人与人、人与物以及人与服务，这是实现深度融合、云化分享以及未来一切变化的基础。

7.1.1 何为"智能+"

"智能+"概念的提出，其实质就是要把人工智能的创新成果与经济社会各领域深度融合，推动技术进步、效率提升和商业模式变革，提升实体经济创新力和生产力，形成更广泛的以人工智能为基础设施和创新要素的经济社会发展新形态。

在 2018 年的两会上，杨元庆曾对如何推进"智能+"提出建议，他认为，国家应该选择智能制造、智慧医疗、智能交通、智慧社区等影响国计民生的重点垂直行业，率先建设一批以行业大数据应用为重点的智能化示范项目，推动我国行业智能化水平的整体提高和均衡发展。可以预见，在人工智能与产业融合发展的过程中，"智能+"将延续"互联网+"对中国经济结构的变革力量，并成为中国经济增长的新引擎。

从"互联网+"到"智能+"的升级，从经济变革来看，是从消费升级到产业升级的变革，是从需求侧变革到供给侧变革的长级。"智能+"的推广和不断深入，将推动中国各行业的商业变革和效率提升，为中国经济的调整稳定增长提供有利的基础保证。杨元庆曾在乌镇互联网大会上畅想未来智能生活时认为，未来是万物智联的时代，无处不在的终端，通过云端 AI 服务，可以更懂你，为我们的生活主动提供个性化的服务。

7.1.2 "智能+"的本质

智能本质是一切生命系统对自然规律的感应、认知与运用。人的智能是各种智能的最高代表。智能是人类一种深刻的本质。人造智能是人造系统所具有的一种模仿、拓展和超越人类智能的能力。

实现人造智能的途径可以借助来自工业界的工业智能、来自 IT 界的人工智能、来自跨界融合的 CPS 智能，或者其他种类的智能。未来趋势是多种智能技术的融合。

以智能化为标识的新科技革命浪潮来势汹涌，必将促进新工业革命的发生。这一轮新科技革命的基本特征是：数字化消灭了产品或机器在功能上的刚性，网络化消灭了时间和空间上的限制，同时所带来的信息对称消灭了多数中间环节；3D打印消灭了产品的复杂性；知识化消灭了决策的盲目性；自组织化消灭了企业的边界和约束性。而智能化，则消灭了系统的不确定性，奠定了人造智能对智能制造的关键作用。

智能应用专栏1

哈工大机器人：领先的机器人生态圈

图片来源：www.hitrobotgroup.com。

2018年6月19日至21日，第七届慕尼黑国际机器人及自动化技术博会AUTOMATICA2018在德国拉开帷幕。哈工大机器人集团（HRG）携众多智能产品和解决方案再度亮相，并联合智匠网、中智科学技术评价研究中心共同发布了《2018年中国机器人产业分析报告》。

一、公司简介

哈工大机器人集团有限公司（以下简称"哈工大机器人"）由黑龙江省政府、哈尔滨市政府、哈尔滨工业大学在2014年12月联合创建。哈工大机器人主营聚焦机器人领域的科技成果转化，业务内容涵盖技术研究、股权投资、产业孵化和产业运营等科技成果转化路径上的多个环节。以

"创新+创业+产业"联动的发展理念，依托"总部+事业部+产业公司"的集团管控培育模式，HRG 建立机器人全领域覆盖的产业孵化平台，实现全产业链布局与全资源要素整合，构建良好的创新创业生态体系，为成员企业导入品牌、资金、技术、人才、市场等培育孵化支撑资源，促进企业价值快速提升。自成立至今，短短 3 年多时间，哈工大机器人集团销售额从第一年的 3 亿元，到后来的 6 亿元，再到 2017 年的 10 亿元。如今，企业市场估值已达 40 多亿元。

二、领先机器人生态圈

哈工大机器人遵循立足龙江、协同全国、面向世界的发展策略，HRG 依托国内一个总部、四个事业中心、若干个科创基地和海内外业务中心的全球化布局，建成了机器人行业唯一的全球化创新创业产业联动发展生态圈（见图 7-7）。

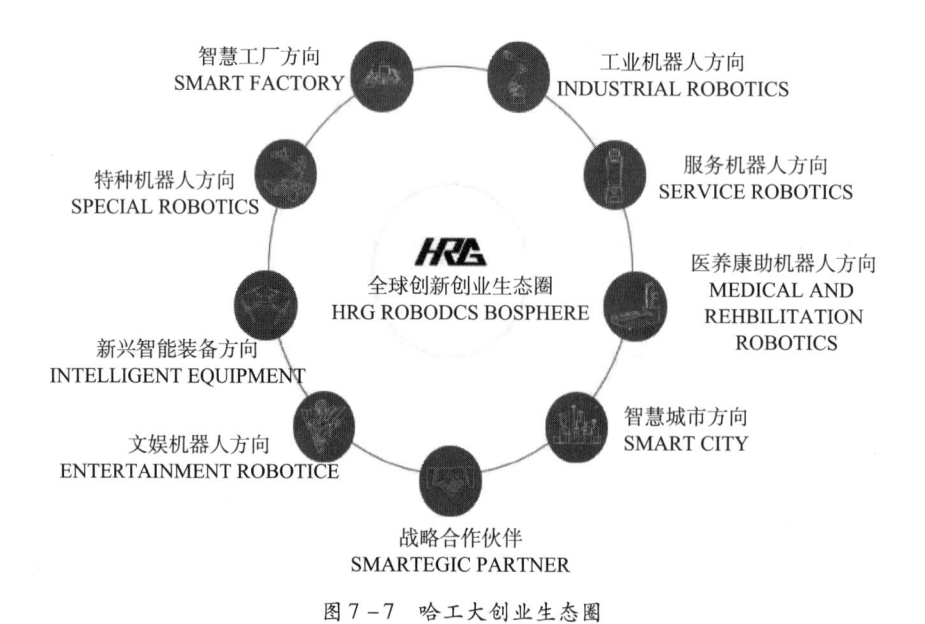

图 7-7 哈工大创业生态圈

面向国民经济发展，关注国家和社会热点，HRG 在智慧工厂、工业机器人、服务机器人、特种机器人等领域培育出40余个技术和市场潜力突出的科技创新企业,申报专利700余项,推出了20余类、100余种高新技术产品,在工业机器人教育、锂电生产智慧工厂、文娱机器人等细分行业培育出了龙头企业。HRG依靠全新的产业孵化模式和壁垒优势,创造出全新机器人产业业态(见图7-8、图7-9、图7-10、图7-11)。

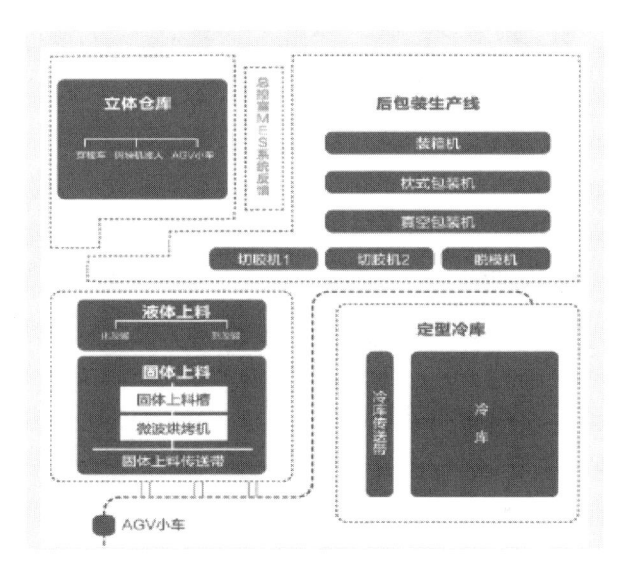

图7-8 哈工大阿胶智慧工厂

图7-9 自动化机床上下料设备

图 7-10 哈工大服务机器人

图 7-11 智能云机器人

　　HRG秉承"一批全球领先的产品,一支全球领先的队伍,一个全球领先的模式"的发展理念,把"技术+"和"品牌+"作为发展主线,贯彻"打通技术逻辑和市场逻辑,全面对接资本市场"要求;把致力于"解放人、服务人,让人幸福生活",把促进创新、创业、产业的联动发展作为基本任务,奋力打造全球领先的机器人产业生态圈,"聚天下力、争世界先",立志引领中国机器人行业走向世界一流,为供给侧结构性改革和中国制造2025的目标实现提供产业支撑。

(资料来源:作者根据多方资料整理而成)

7.2 "智能+"应用

国务院发布的《新一代人工智能发展规划》中明确指出，到 2025 年人工智能基础理论实现重大突破，新一代人工智能在智能制造、智能医疗、智慧城市、智能农业、国防建设等领域得到广泛应用，人工智能核心产业规模超过 4 000 亿元，带动相关产业规模超过 5 万亿元的战略目标。而据咨询公司埃森哲 2017 年 6 月发布的《人工智能：助力中国经济增长》报告显示，制造业、农林渔业、批发和零售业将成为从人工智能应用中获益最多的 3 个行业。到 2035 年，人工智能将推动这三大行业的年增长率分别提升 2%、1.8% 和 1.7%。

7.2.1 智能制造

智能制造是一种由智能机器和人类专家共同组成的人机一体化智能系统，它在制造过程中能进行智能活动，诸如分析、推理、判断、构思和决策等。通过人与智能机器的合作共事，去扩大、延伸和部分地取代人类专家在制造过程中的脑力劳动。它把制造自动化的概念更新，扩展到柔性化、智能化和高度集成化。智能制造是基于新一代信息通信技术与先进制造技术深度融合，贯穿于设计、生产、管理、服务等制造活动的各个环节，具有自感知、自学习、自决策、自执行、自适应等功能的新型生产方式（见图 7-12）。

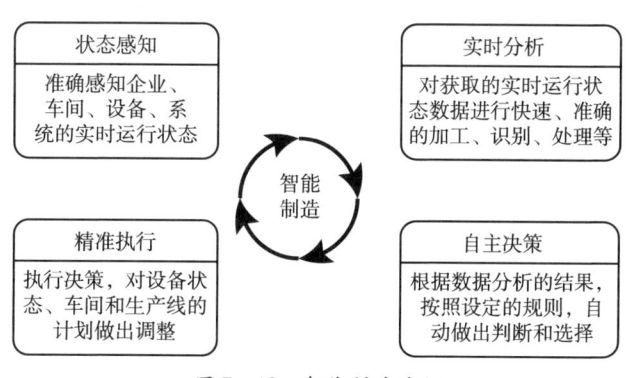

图 7-12 智能制造过程

智能制造系统不只是"人工智能系统",而是人机一体化智能系统,是混合智能。系统可独立承担分析、判断、决策等任务,突出人在制造系统中的核心地位,同时在智能机器配合下,更好发挥人的潜能。机器智能和人的智能真正地集成在一起,互相配合,相得益彰,本质是人机一体化。

第一,联网,并且处理。我们需要在机器上安装一些(通常是各种各样)传感器,其次我们需要一套能够承接他们的软件系统,最后"啪"地打开电源,等待随之而来的数据洪流吧!

然而,现实是复杂的。我们要做的,是让传感器贴遍这些重要的节点,让机器的每一个关节都拥有"感觉"。光一台涡轮就需要上百传感器,要是连阀门、管道、电机、传动装置、机械手臂、自动小车都算上,这么汹涌的"情感"让你分分钟炸裂。我们需要部署有效的数据平台应对工业大数据洪流。否则就会重蹈 X 博士的覆辙:因为过分使用脑波强化机,探索功能全开必然导致瞬间数据爆炸,大脑因为信息过载而迅速瓦特了。

为了解决这种现象,通用的方法是搭工业云平台,先用云计算承接工业大数据,然后再梳理和整合成有效的信息,让工程师能模块化处理信息。

第二,分析,或者克隆。事实上软硬结合是坚实的台面,而分析才是那娇美的花朵。人类依赖机械工业上百年还不就是求个"你办事,我放心"?基于数据的模拟和分析让这句话走上了新的境界。

分析的最高境界是什么?并不是更精密的分析,而是模拟。要得到一间工厂完整而精确的数据分析,终极办法就是把这间工厂整个用数据模拟出来。

GE(数字业务)已经开始应用被称作"Digital Twins(数字双胞胎)"的技术:在一间工厂里安装足够多的传感器,通过云数据平台收集和分析数据,在服务器里得到一个 1:1 的"照常运作"的工厂。这间被"数字克隆"出的工厂每天仍旧开机运转,可以被调试和监测,只不过都是在虚拟环境里。工程师们通过调试数字工厂来得到现实中工厂需要的参数，指导实物生产，优化流程，或者降低成本。以这个概念为原型的"数字风电场"预计单台发电机即可增效 3% 以上。数字工厂不是游戏。而是最直接的垂直整合的方式：从机器 – 数据 – 生产，而不是机器 – 调试 – 检测 – 修正 – 反反复复，最终才到生产。这个看似简单的跨越实则繁复异常，每一个衔接都需要测试和兼容，然而它带动的却是整个产业链的整合和优化。

智造的内核，是"工艺"，是可以千万遍重复不出错的流程。数据平台也好，数据模拟也罢，最终的结果都是在尽量减少消耗的前提下尽量达到最大的精度和稳定性。智能制造的前路必然遇到"定制化"的高要求和多维度，但标准化、工艺（良品率）仍然是核心。从这个角度看，数据与机器的衔接，模拟技术的精确度和流畅程度，甚至能否有足够强大的"智能智造标准"出现，仍然是工业互联网需要面临的挑战。

7.2.2　智能农业

智能农业是农业生产的高级阶段，是集新兴的互联网、移动互联网、云计算和物联网技术为一体，依托部署在农业生产现场的各种传感节点（环境温湿度、土壤水分、二氧化碳、图像等）和无线通信网络实现农业生产环境的智能感知、智能预警、智能决策、智能分析、专家在线指导，为农业生产提供精准化种植、可视化管理、智能化决策。

AI 可以有效地分析土壤的性质特征，实现最佳的宜栽作物时间，提高经济效益。在土壤分析等农业生产智能分析系统中，应用最广泛的技术就是人工神经网络（简称 ANN），它将模拟人脑神经元，实现对人脑系统的简化、抽象和模拟等技术分析土壤性质和特征，并将其与宜栽作物品种间建立关联模型。从而精准地判断出相应的土壤适合宜栽的农作物，提高农作物的生产效率和经济效益。另外，AI 技术将可以帮助农民选择合适的水源、合适的肥料对农作物进行灌溉，施肥，保证农作物的用水量、施肥量，大大减轻灌溉问题对农作物产量造成的不良影响。AI 农作物在产前和产中的落地式应用，其实AI在产后也有着重要的作用，比如工程师们设计出了一种可用于搬运农产品的磁机器人手爪，可以搬运胡萝卜、葡萄等各种各样形状的农产品，而且该磁机器人手爪能够快速、准确地工作，并且不会损坏任何一个产品。避免了我们传统手工摘取方法导致的时间问题和意外抓伤、损坏的风险。

虽然AI在引领农业的发展中有着重要的作用，但AI应用于农业技术还处于基础阶段。另外，AI属于一种全新的科技应用还处于发展初期，并没有完全普及下来。因此，对于AI在未来农作物的发展中，还需要去不断的技术指导和相关知识的普及。

不知不觉中，智能农业正悄然改变着我们的生活。2017年9月，百度AI走进平谷桃园，四个大学生通过百度Paddle Paddle深度学习开源平台研发出的"智能分拣机"在学习了6 400张大桃照片后，已经能像经验丰富的桃农一样准确分桃，准确率达到90%，有效节约当地农民的人力成本、提升效益。平谷桃农刘师傅表示："有智能分拣机太好了，我们省事多了，把桃子倒进去，机器就给分好了。还希望以后能实现机器人摘桃，让我们农民更方便。"此外，百度云、百度金融等平台均已与农业企业、农业机构等达成合作，充分发挥百度在各领域的技术、生态优势，全方位提升我国农业生产效率。

7.2.3 智能医疗

智能医疗是通过打造健康档案区域医疗信息平台，利用最先进的物联网技术，实现患者与医务人员、医疗机构、医疗设备之间的互动，逐步达到信息化。在不久的将来，医疗行业将融入更多人工智慧、传感技术等高科技，使医疗服务走向真正意义的智能化，推动医疗事业的繁荣发展。在中国新医改的大背景下，智能医疗正在走进寻常百姓的生活（见图7-13）。

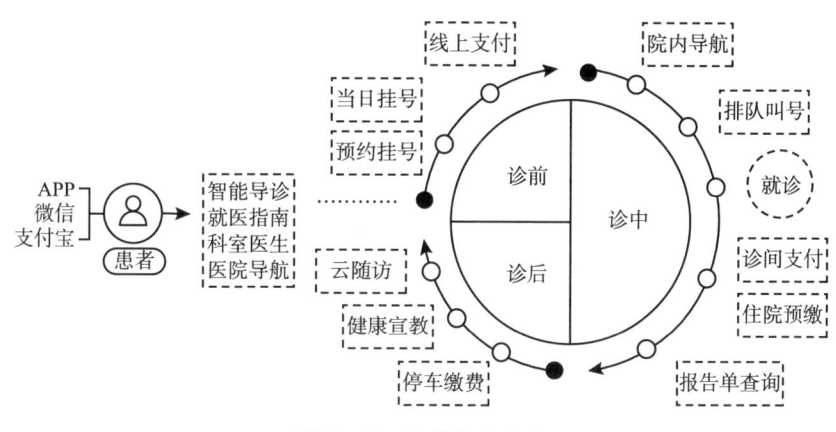

图 7-13 智慧就医系统

人工智能与医疗的结合，一方面可以基于大数据的优势，实现更广的技术覆盖，另一方面则有助于提高整个行业水平的精细度、专业度。"AI+医疗"通常是指将人工智能、大数据、物联网、云计算等新型技术和手段，运用在医疗服务主体、医疗机构和医疗服务对象上。因此，"AI+医疗"实际上又可以分为不同的落地场景：

第一类应用场景是对于流行病的预测。据报道，2017 上半年，平安科技研发的"人工智能+大数据"流感预测模型已经落地。该模型能精确预测流感趋势、个人和群体的疾病发病风险，帮助公共卫生部门及时监控疫情，并指导民众进行疾病预防，有效降低国家疾病与防控工作的成本。目前，该模型覆盖的病种包括流感、肿瘤、慢病、高血压、糖尿病等。

第二类针对诊疗过程中的人脸识别和核验身份。传统的就医过程涉及挂号、缴费、打印报告等多个环节，而每个环节势必都要进行身份核验。引入 AI 技术后，这一过程可以借助人脸识别来实现，加快就诊效率。此外，对医护人员来说，人脸识别也可以防止伪检、替检的现象的发生，进一步优化诊疗环境，规范诊疗行为，减轻了医护人员的压力。目前，平安科技已经与中山大学附属第八医院等医疗机构进行了这类技术方案的试点落地。

第三类是借助医疗数据来辅助诊断，提高诊疗的准确度，这也是人工智能重要的落地场景。2017年7月11日，阿里健康协同万里云发布医疗AI"Doctor You"，就是这类应用的代表。据官网介绍，"Doctor You" AI系统包括临床医学科研诊断平台、医疗辅助检测引擎、医师能力培训系统等几个方面。以对外展现的CT肺结节智能检测引擎为例，对30名患者产生的近九千张CT影像进行智能检测和识别，只需要30分钟即可阅完，准确度达到90%以上。与之相似，8月3日也发布了一款名叫"腾讯觅影"的"AI+医疗"应用，官方称其筛查一个内镜检查用时不到4秒，对早期食管癌的发现准确率高达90%。

第四类落地应用为精准外科手术。简单来说，这类应用场景就是通过基于人工智能的计算机辅助手术技术，帮助医生规划最优的手术路径，实现对病人最小的创伤，以达到最大程度加速病患的康复的目的。2015年12月29日，海信医疗发布的海信计算机辅助手术和海信外科智能显示系统就是"AI+精准手术"的落地成果之一。借助人工智能，这套系统可以帮助医生了解肝癌病灶与器官管道系统的相互关系，计算器官和病变体积，从而确定手术切除线路。

第五类是用于医药研发领域。计算机擅长模式识别，通过筛选大量的基因、代谢和临床信息，从而解开致使疾病肆虐的复杂生物网络。一般来说，传统的药物研发需要10~15年的时间，AI的介入可以大大缩短药物研发的周期，从而降低资金成本。目前，晶泰科技可以称得上是国内在这方面初具成果的公司。其研发的AtomPai，旨在帮助企业快速将AI算法整合进自身已有的研发流程，满足企业基础的及定制化的数据分析需求。

第六类可以概括为"AI+健康管理"。伴随着现代生活的快速发展，人们对自己的健康状况更为关注。健康不仅是一种无疾病的状态，更包括了饮食规律、作息合理。某种角度上说，健康是医疗的最终归属。在2017年10月31日，健康有益对外发布了一款"ego"系统，用于帮助人们实现精准健康的管理。据了解，"ego"涵盖了2 000多种生活方式全景数据及上万条健康类知识图谱，通过整合个体体征信息、生活方式及偏好、动态监测等健康信息，制定智能健康干预方案，从而实现对生命的精准数字化管理。

智能应用专栏 2

卓健科技：“让医疗服务触手可及”

图片来源：www.zhuojianchina.com。

2018年3月23日，杭州卓健信息科技有限公司 CEO 尉建锋发布2018卓健科技全新的三大产品线，同时与腾讯企业安全团队联合推出了医疗行业安全守护方案，并再次明确卓健"让医疗服务触手可及"的使命。

一、公司介绍

杭州卓健信息科技有限公司（以下简称"卓健信息"）成立于2011年2月，自创立之初，公司顺应医改大方向，抓住医疗核心诊治业务，自内而外为大中型医院及医疗机构提供互联网化解决方案，打造智慧医院生态闭环，是互联网医疗领域中具成长性高科技企业。截至2017年底，卓健科技用户覆盖国内25个省，三甲医院400多家，60多个医联体协作平台；涵盖2 500多家医院，服务遍及全球，国际合作机构35个。

卓健科技作为腾讯战略布局医疗行业核心企业，目前拥有员工近500人，其中医学专业人员10%，团队由多名医学博士引领，深度洞悉医疗行业特点，在临床需求、医疗数据、软件开发、系统运营等方面，具备雄厚实力和竞争优势。

二、发布三大产品线

从掌上医院到线上院区，经过七年的沉淀，卓健科技不断推陈出新，被中国医疗信息化同行们戏称为"总是踩在时代的前列线上"。2017年，卓健科技发布三大产品线。

第一，互联网＋智慧医院：打造医院内外互联网服务总线。2016年伊始，卓健科技率先发布全国第一家三甲医院线上院区——浙一互联网医院，由此打开了网络视频问诊这一"互联网＋医疗"新通路。经过两年持续功能研发与拓展，卓健"互联网医院"产品已集结了网络诊间、云病历、线上费用支付、药物配送、诊疗预约、处方开具、转诊、随访、呼叫中心等全流程功能体系，无缝对接线上线下，为医院打造真正属于自己的"线上院区"。此外，卓健科技也打造了河南省人医互联智慧分级诊疗平台、湖南儿科医联体、浙大医学院精神专科联盟等多个医联体、互联网医院平台。

第二，家庭好医：建设智慧卫生服务中心云平台。不同于简单的家医签约服务，卓健在社区端的产品更注重互联网化的解决方案，以杭州市江干区凯旋社区卫生服务中心为例，居民在社区卫生服务中心的指导下，只需通过电脑和手机端，即可享受签约等一系列服务，后续还能自主选择智能客服、慢病管理、药品配送等增值服务。目前，卓健已服务于浙江、山东、吉林等多个省市社区，其中有全国百强杭州江干凯旋社区卫生服务中心、有获得"全国基层卫生信息化应用创新大赛"二等奖的杭州市闸弄口社区卫生服务中心等。

第三，医链教学：致力于医护工作者在线教育。卓健科技为医生营造的云学院、规培一体化平台和易进修这三大产品模块，涵盖了医生从医学生、实习生、规培生、住院医师、主治医师、高年资医师等各个阶段，为广大的医务工作者打造的便捷、优质的在线学习交流、病例讨论和协同诊治等专业平台。让医院管理者精细化组织医疗在线学习、培训、考核，实现诊疗行为跨学科、跨区域的医疗资源高效整合，助力医生在诊疗过程中沉淀医学智慧，为优质医疗资源的双下沉、两提升提供信息化支撑。

目前，医链教学已在多家三甲医院发挥重要作用，宁波市第一医院是国家级住院医师规范化培训基地，其规范化培训一体化平台建设，由外而内，由浅及深，多维度助力医生在线学习，推进医院高效管理，打造最专业的可视化医学教育管理综合平台。据不完全统计，截至2017年底，卓健科技的用户已覆盖国内25个省份，合作三甲医院400多家，建设60多个医联体协作平台；涵盖2 500多家医院，国际合作机构35个，服务遍及全球。

除了三大产品线之外，卓健联合腾讯企业安全团队，共同推出医疗行业安全守护方案，并再次明确卓健"让医疗服务触手可及"的使命。

（资料来源：作者根据多方资料整理而成）

7.2.4 智能家居

智能家居，顾名思义就是家庭实现智能化、自动化。"智能家居"是以家庭住宅为单位，利用先进的互联网络、电气自动化技术、RFID、ZIG-BEE、无线电技术，将家庭设备有机地结合在一起，通过网络来管理家中设备和实时监控家中情况的系统，"智能家居"集系统服务和控制管理于一体，以此来为人们提供优质舒适、高效节能、健康环保居住环境，让人们更好地享受生活。智能家居是在物联网的影响之下物联化体现。智能家居通过物联网技术将家中的各种设备（如音视频设备、照明系统、窗帘控制、空调控制、安防系统、数字影院系统、网络家电以及三表抄送等）连接到一起，提供家电控制、照明控制、窗帘控制、电话远程控制、室内外遥控、防盗报警、环境监测、暖通控制、红外转发以及可编程定时控制等多种功能和手段。

与普通家居相比，智能家居不仅具有传统的居住功能，兼备建筑、网络通信、信息家电、设备自动化，集系统、结构、服务、管理为一体的高效、舒适、安全、便利、环保的居住环境，提供全方位的信息交互功能，帮助家庭与外部保持信息交流畅通，优化人们的生活方式，帮助人们有效安排时间，增强家居生活的安全性，甚至为各种能源费用节约资源。智能家居又称智能住宅，在国外常用Smart Home表示。与智能家居含义近似的有家庭自动化（Home Automation）、电子家庭（Electronic Home、E-home）、数字家园（Digital Family）、家庭网络（Home Net/Networks for Home）、网络家居（Network Home）、智能家庭/建筑（Intelligent Home/Building），在中国香港和台湾等地区，还有数码家庭、数码家居等称法。

自从 1984 世界第一个智能家居系统的问世，智能家居就在我们的未来生活中一直更新，在进入 21 世纪以来，智能家居在系统和功能上有了质的飞跃，在传统的智能模式上，加入了最新的 RF 无线射频技术，把传统的有线模式的烦琐线路变得轻松自如（见图 7-14）。

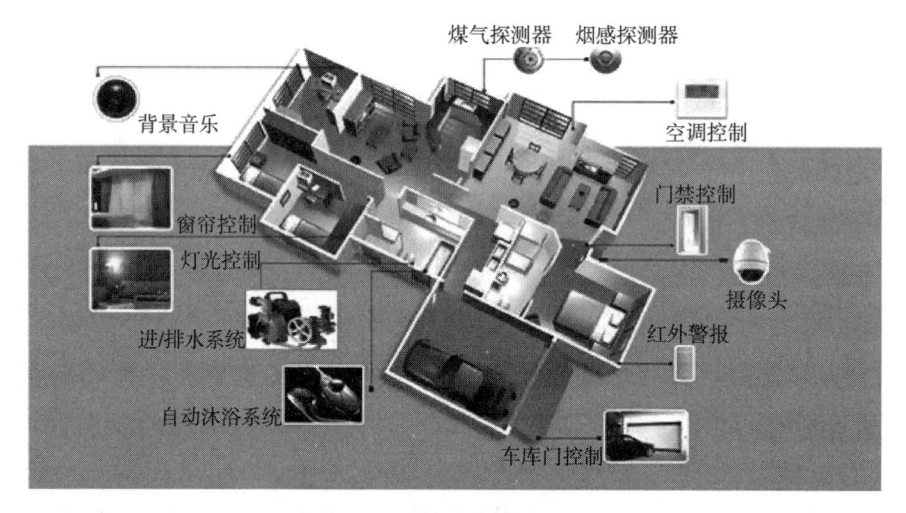

图 7-14　智能家居系统示意图

第一，家居布线系统。通过一个总管理箱将电话线、有线电视线、宽带网络线、音响线等被称为弱电的各种线统一规划在一个有序的状态下，以统一管理居室内的电话、传真、电脑、电视、影碟机、安防监控设备和其他的网络信息家电，使之功能更强大、使用更方便、维护更容易、更易扩展新用途。实现电话分机，局域网组建，有线电视共享等。

第二，家庭网络系统。在办公室，或出差在外地，只要是有网络的地方，您都可以通过 Internet 来登录到您的家中，在网络世界中通过一个固定的智能家居控制界面来控制您家中的电器，提供一个免费动态域名。主要用于远程网络控制和电器工作状态信息查询，例如您出差在外地，利用外地网络计算机，登录相关的 IP 地址，您就可以控制远在千里之外您自家的灯光，电器，在返回住宅上飞机之前，将您家中的空调或是热水器打开。

第三，智能家居（中央）控制管理系统。即能够控制所有的智能家居控制系统，减少成本让功能最大化，从实用的角度让很多功能实现尽量简洁有效的控制，实现让用户仅需要在系统整合智能家居产品里面就可以做到灯光控制、电器控制、安防报警、背景音乐、视频共享以及弱电信息六大功能。

第四，家居照明控制系统。实现对全宅灯光的智能管理，可以用遥控等多种智能控制方式实现对全宅灯光的遥控开关，调光，全开全关及"会客、影院"等多种一键式灯光场景效果的实现；并可用定时控制、电话远程控制、电脑本地及互联网远程控制等多种控制方式实现功能，从而达到智能照明的节能、环保、舒适、方便的功能。

第五，家庭安防系统。视频监控功能在任何时间、任何地点直接透过局域网络或宽带网络，使用浏览器（如 IE），进行远程影像监控，语音通话。另外还支持远程 PC 机、本地 SD 卡存储，移动侦测邮件传输、FTP 传输，对于家庭用远程影音拍摄与拍照更可达成专业的安全防护与乐趣。

第六，背景音乐系统。家庭背景音乐是在公共背景音乐的基本原理基础上结合家庭生活的特点发展而来的新型背景音乐系统。简单地说，就是在家庭任何一间房子里，比如花园、客厅、卧室、酒吧、厨房或卫生间，可以将 MP3、FM、DVD、电脑等多种音源进行系统组合让每个房间都能听到美妙的背景音乐，音乐系统即可以美化空间，又起到很好的装饰作用。

第七，家庭影院与多媒体系统。家庭影院与多媒体系统是指在传统的家庭影院的基础上加入智能家居控制功能，把家庭影音室内所有影音设备以及影院环境设备巧妙且完整的整体智能控制起来，创造更舒适，更便捷，更智能的家庭影院视听与娱乐环境，以达到最佳的观影，听音乐，游戏娱乐的视听效果。

第八，家庭环境控制系统。最新的家庭环境监测设备，可以检测包括甲醛、PM2.5、湿度、温度等在内的环境数据，能够与场景组合联动。可以通过定时，与多功能二氧化碳探测器联动，自动调节室内空气质量为您解决普通住宅制冷加热空气内循环带来的空气质量低的问题，二十四小时置换全新系统，将室内空气完全置换到室外，大幅提高空气质量。

通过云计算，家庭将会成为一个开放的云平台，手机、平板电脑、个人电脑等终端都能够实时分享信息，锁定关注的焦点，以满足用户关于安防、舒适乃至社交方面的需求。云计算将让智能家居功能更强大。

智能应用专栏3

网宿科技：发布智慧云视频平台

图片来源：http://www.wangsu.com。

2018年5月，网宿科技发布新一代网宿智慧云视频平台，将AI与云视频平台深度融合，凭借网宿强大的计算能力和分发网络，打造覆盖视频采集、分发、处理、播放等视频产品全链条的智慧云视频平台。这一举措或将掀起CDN领域的人工智能风暴。

一、公司介绍

网宿科技始创于2000年1月，主要提供互联网内容分发与加速（CDN）、数据中心（IDC）、云计算、云安全等服务。2009年10月，网宿科技在深交所上市，股票代码300017。2017年，网宿科技收购全球性CDN公司——CDNetworks及CDN-Video。目前全球节点数超过1 500个，覆盖亚洲、美洲、大洋洲、非洲、欧洲近70个国家。网宿客户群覆盖互联网门户网站、音视频网站、游戏网站、电子商务网站、政府网站、企业网站以及运营商等，公司服务的大中型客户超过3 000家，是市场同类公司中拥有客户数量较多、行业覆盖面较广的公司。2017年，网宿科技实现营业收入 53.7 亿元，比上年同期增长 20.83%；营业利润 8.3 亿元，比上年同期下降 32.72%。利润总额 8.5 亿元，比上年同期下降 35.88%；实现归属于上市公司股东的净利润 8.3 亿元，比上年同期下降 33.59%。

二、网宿科技：发布智慧云视频平台

全球领先的 CDN 服务商网宿科技于 2018 年 5 月推出智慧云视频平台，利用机器学习、模式识别、计算机视觉等人工智能模块对数据进行分析、理解和处理，将人工智能和大数据技术赋能于端到端的整个视频服务环节，在实现运营智能化的基础上，进一步实现产品智能化。随着人工智能时代的到来，网宿 CDN 率先完成平台的智能化，这次推出的网宿智慧云平台在此前运营智能化基础之上，进一步实现了从视频识别、处理、分发到播放的全链条产品智能化，在保证可用性、稳定性的同时，全面加速云视频平台与 AI 技术的深度融合。

早在几年前，网宿已经建立起了智能运营诊断系统和智能调度系统，实现了运营智能化，此次推出的智慧云视频平台则是在此基础之上进一步实现产品的智能化，完成了从第一公里视频源到视频识别、视频重塑、视频分发，乃至最后一公里视频播放的全链条产品 AI 智能化。

在这个端到端的智能 CDN 视频服务平台上，网宿科技率先应用了包括弱网高清、窄带高清、超分辨率重建在内的多项业内领先技术，通过智能识别网络情况、视频业务类型和画面内容，进行智能匹配并调优，突破了网络环境差异、终端差异、分辨率差异造成的体验瓶颈，让 AI 全面应用于从视频识别、处理、分发到播放的整套视频服务环节中。

网宿在视频领域已经积攒了多年的服务经验，会坚持技术升级路线，持续优化人工智能、大数据技术在 CDN 领域的应用，用技术积累为视频产业赋能，为行业加速。目前，市场上的头部视频企业，已经看到了人工智能深度融合所带来的想象空间，接下来，视频领域也将掀起一波基于人工智能的角逐赛。

（资料来源：作者根据多方资料整理而成）

7.2.5 智能交通

智能交通是将先进的信息技术、数据通讯传输技术、电子传感技术、控制技术及计算机技术等有效地集成运用于整个地面交通管理系统,即智能交通系统(ITS)。智能交通系统综合了交通工程、信息工程,通信技术、控制工程、计算机技术等众多科学领域的成果,可以有效地利用现有交通设施、减少交通负荷和环境污染、保证交通安全、提高运输效率。而它的关键支撑就在于新一代的信息技术——超级计算机。通过超级计算机网络模拟技术可以对道路交通情况进行模拟,为实际道路交通提供指导,极大的降低交通事故发生的概率。通常情况下,导致交通事故发生的主要因素有道路和环境情况、车辆和人,而利用超级计算机网络技术可以对交通数据进行分析,进而得出交通事故发生的原因。从专业角度分析,超级计算机系统可以收集道路交通结构数据,并与交通事故的数据进行结合,在两种数据结合作用下建立相应的数学分析模型,使交通事故空间与影响因素之间进行网络模拟,通过对模型的分析可以分析出交通事故发生的原因,进而为后续道路交通处理提供参考依据。从整体上来看,超级计算机网络系统的应用从多个方面对交通事故进行了更加全面的分析,为今后交通事故预防策略的制定提供了参考资料。实际上,智能交通最为典型体现的是自动驾驶和无人机。

1. 自动驾驶

随着深度学习技术的崛起、人工智能的备受关注,自动驾驶,作为AI中备受关注的重要落脚点,让人充满了幻想。自动驾驶是一个完整的软硬件交互系统,自动驾驶核心技术包括硬件(汽车制造技术、自动驾驶芯片)、自动驾驶软件、高精度地图、传感器通信网络等。自动驾驶系统在汽车上的硬件布局大致见图7-15。

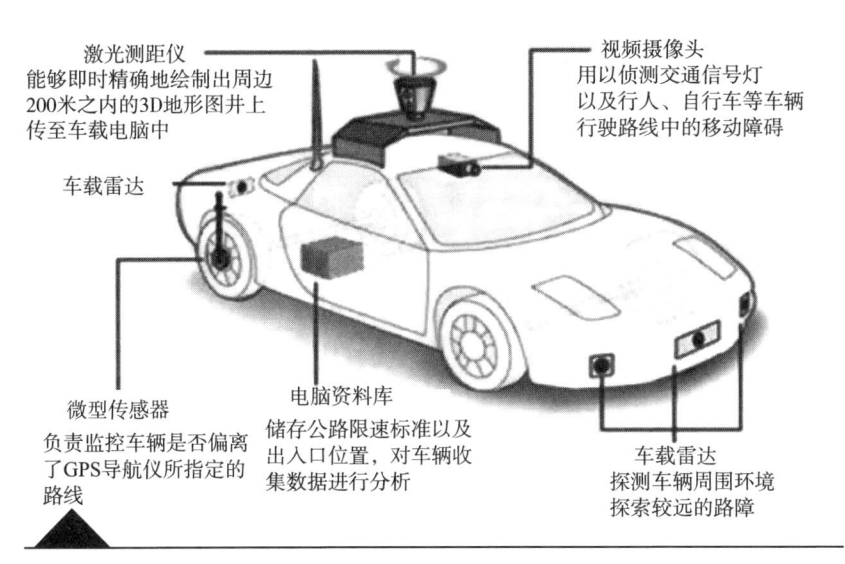

图 7 – 15 自动驾驶系统硬件布局

接下来是自动驾驶软件部分，总体上可大致分为如下三个模块：

第一个是环境感知模块：主要通过传感器来感知环境信息，比如通过摄像头、激光雷达、毫米波雷达、超声波传感器等来获取环境信息；通过 GPS 获取车身状态信息。具体来说，主要包括传感器数据融合、物体检测与物体分类（道路、交通标志、车辆、行人、障碍物等）、物体跟踪（行人移动）、定位（自身精确定位、相对位置确定、相对速度估计）等（见图 7 – 16）。

图 7 – 16 自动驾驶的环境感知模块

第二个是行为决策模块：行为决策需要根据实时路网信息、交通环境信息和自身驾驶状态信息，产生遵守交通规则（包括突发异常状况）的安全快速的自动驾驶决策（运动控制）。通俗地说，就是实时规划出一条精密而合理的行驶轨迹，可分为全局路径规划和局部路径规划，局部路径规划主要就是当出现道路损毁、存在障碍物等情况时找出可行驶区域行驶，路径规划的同时也得考虑最终理想的乘坐体验。

第三个是运动控制模块：根据规划的行驶轨迹，以及当前行驶的位置、姿态和速度，产生对油门、刹车、方向盘和变速杆等的控制命令。

因此，如果回到人工智能本身，目前大部分相关技术的创新和应用仍在弱人工智能范畴。自动驾驶作为人工智能的终极场景，无人驾驶与强人工智能的实现一样，是一个需要长期发展的过程。完全的、开放的无人驾驶也许不是目前所能想到的样子，甚至最终实现无人驾驶的载体也不会是"汽车"，抑或很难被定义为"汽车"。

2. 无人飞行器

无人机上面实际上就是一个人工智能的机器，所有的智能都是在 CPU 上产生，就是在脑类的物质上产生，人是一个生物的脑类物质，CPU 是一个机器的脑类物质。人为什么不行？现在考察下来人有 1.2~1.3 个 CPU，一个主脑加一点协处理的功能，你拉小提琴的时候左右手可以不一样，但是让你脑子去想两个独立的问题是做不到的，因为只有一个 CPU 去做一个独立的算数题，不可能一个脑子同时做两个算数题，协处理也有一点点功能。可是到了计算机上，到了无人机上就不同了，无人机上的 CPU 到处都有，在飞控与导航系统中间，可能都不止一个，两个合一也有可能。在测控与信息传输系统中间也有不止一个 CPU；在任务载荷里面，每个任务载荷里面都有 CPU，单片类的计算机；在发动机的控制器里面也有 CPU；在地面检测设备里也有 CPU。一个无人飞机上有多个 CPU，多个脑类物质，实际上如果比喻成人的话是一群人在干活，不是一个人。广义来讲，所有无人机的控制实际上就是一种机器人，狭义来讲，就是机上无人的一种飞行器。从人工智能来讲就是一种自动驾驶或自动控制，或者分布处理，或者自动的起降和自动回家，这是我们过去已经做到的。

现在我们无人机界正在做的是自适应、自诊断、自决策、重规划；光电的目标定位、目标跟踪、速度测量，空中摄影测量。我们人类的眼睛看出去没有数据概念了，就是没有测量功能，只是看过去有这么一个物体，现在光电侦察平台已经有目标定位、速度测量，有各种测量功能。

无人机未来的人工智能已经开始了，要把人工智能提升到无人机自动化程度上来。没有控制不住的对象，只有测量不准的对象。什么意思？自动控制的专家非常自信地说：只要测量准确，就能控制住，就能把它控制到理想的状态上去，所以测量很重要，计算机软件的控制也很重要，再加上控制量。

智能应用专栏 4

径卫视觉：智能交通领导者

ROADEFEND
径卫视觉

图片来源：www.roadefend.com。

2017 年 9 月 14 日，径卫视觉科技（上海）有限公司董事长王波出席"2017MMC 智慧出行体验周"暨第四届 APEC 车联网研讨会表示，在车联网通信技术大力发展的今天，大数据的运用为消费者节省成本且更安全；而车联网，也从车与网的相连发展到车与车、人、路相连，把车辆安全的被动管理转变为主动管理，并且去主动决策。

一、公司介绍

径卫视觉科技（上海）有限公司（以下简称"径卫视觉"）是业界领先的主动安全数据型科技公司。作为国内主动安全管理与服务领域的领导者，径卫视觉专注于车辆主动安全驾驶辅助系统与大数据服务，为全国2.9亿辆机动车及3.1亿机动车驾驶从业人员提供安全保障及驾驶辅助服务。以AI人工智能、基于图像的生物特征识别技术为基础，融合物联网、云计算、视觉分析、大数据、地理信息、位置服务等先进技术，径卫视觉致力于推动中国道路智能交通安全事业发展，为成千上万个家庭提供幸福安全保障，打造未来人、车、路智慧驾驶生态圈。

二、专注汽车主动安全ADAS

在每天都在发生的驾驶事故中，由疲劳驾驶、玩手机、打电话等人为因素导致的占据了大多数。虽然机器可以避免这些人为隐患，但自动驾驶尚在襁褓之中，人工驾驶仍是主流。现阶段最佳的解决方案是机器辅助人工，这就是ADAS（高级驾驶辅助系统）。来自上海的径卫视觉就针对驾驶员人为驾驶隐患推出了一套汽车主动安全解决方案。该方案主要采用了计算机视觉技术，通过检测分析驾驶员面部信息判断危险驾驶行为，并进行及时提醒（见图7-17）。

图7-17 驾驶员安全监控系统

径卫视觉这套系统分为驾驶员前端监控提醒系统和后台监控系统两部分。驾驶员前端监控系统是由主机和分别面向驾驶员和路面的检测装置构成。其中，面向驾驶员的检测装置借助生物识别技术，可以根据驾驶员面部表情、动作进行疲劳报警、实现脱离路面报警、抽烟报警、打电话报警等；面向路面的检测装置可以通过检测车距、车速、交通标识等进行碰撞报警、超速报警、车距报警、压线报警、急转弯报警等。

前端监控系统还整合了卫星定位系统和 4G 通信模块，可以实时将车辆行驶信息和驾驶员状态回传到后台监控系统，既能实现人工后台监控提醒，也能实现对驾驶员驾驶大数据信息的统计留存，为后续数据分析等提供基础。

目前径卫视觉 ADAS 产品主要面向客运、物流、危险品运输、港口车辆等客户。"这些车辆危险系数高，对安全性看得比较重，他们更愿意通过一些辅助手段降低安全风险。"径卫视觉既可以给他们提供单独驾驶员安全辅助硬件产品，也可以提供包括前端和后端系统在内的整套解决方案。而除了解决方案，径卫视觉也会依托司机大数据分析为客户提供针对性的驾驶员安全培训。此外，径卫视觉还与保险公司合作，通过机器和人工干预驾驶员的危险驾驶行为帮助保险公司降低赔付率。"因为使用了径卫视觉 ADAS 解决方案的运输公司发生安全事故的概率被降低，他们在保险公司投保的时候就可以获得一个较高折扣的优惠。而保险公司为了降低其赔付率也会鼓励客户去使用我们的产品。"王波说。

(资料来源：作者根据多方资料整理而成)

7.2.6 智能教育

微软"小冰"出版了一部 100% 由人工智能创作的诗集，让人类咋舌；智能教育机器人 Aidam 与学霸同场挑战高考数学题，9 分 47 秒即完成全部考题；打开手机对着孩子的数学口算作业拍个照，1 秒后就能知道答案，一款采用人工智能批改小学低年级数学口算题的"改作业"APP，近来迅速走红；在"翼课网"的网站，"写作智能批改"一气呵成，即写即批，还能标注纠正语法错误……人工智能正在给基础教育、高等教育、职业教育带来巨大改变。

除了语音识别测评等个别细分领域已经深度商业化应用外，总的来说"人工智能+教育"还处于探索试错期和快速发展期。未来人工智能与教育的深度结合将整体加速迈入深水区，量变必将引起质变，"人工智能+教育"必将大有可为，未来已来，趋势明确。目前教育行业应用人工智能技术虽然才刚刚开始，但也出现了一批智能教育产品。

第一，基于人脸识别的魔镜系统。"魔镜系统"是好未来的智能教育产品，其利用人脸表情识别等技术，来判断学生上课时的举手、练习、听课、发言等课堂状态和面部情绪变化，生成专属每一个学生的学习报告的人工智能辅助教学系统，目前已应用在好未来旗下的学而思课堂上。对于老师来说可以做到精准地掌握每一个孩子的学习状态差异，进而因材施教。对于家长来说可以看课后孩子全课时学习报告，进而了解孩子状态。对于学生来说则可以更加专注，提高学习效率，并感受到自己获得了更多的关注进而培养自信。

第二，基于语音技术的英语教学。英语流利说是比较具有代表性的基于 AI 技术做英语教育的平台，通过语音识别、语义理解、自然语言处理等技术，来帮助用户提高口语能力。比如在其 App 上有一个叫"情景实战课"的功能，通过智能对话技术，可以与用户模拟特定场景下的对话，不只是可以自有对答，还可以对用户的发音、语法、表达方式等方面提供建议，目前已支持免税店购物、酒店入住、餐厅点单等日常高频场景。简而言之，通过语音技术，英语流利说直接取代了外教陪练，让学生可以低成本地获得对话练习、口音纠正。目前许多地区英语老师口语都比较薄弱，有哑巴英语的问题，英语流利说的探索很有意义。而且可以想见，语音技术不只是可以用在英语口语教学上，未来外语、普通话、播音甚至演讲教学都可应用语音技术来提供类似服务。

第三，基于机器视觉的自动批改。2017 年 11 月，新东方与科大讯飞联合成立的东方讯飞发布了一款 RealSkill 智能教育产品，其可以为雅思、托福考生的作文和口语作业进行智能批改，支持"智能评分、逐句精批、行为分析、范文精讲、学习记录"五大环节的学习闭环，口语作业批改是语音技术，作文则是机器视觉技术，学员只需对自己的文章拍照，便可以完成文字的上传和识别，并获得即时反馈。未来学生手写的作业、试卷的批阅都会更多地应用 AI 技术特别是机器视觉技术，进而降低老师的重复劳动，让老师专注于教育本身，同时也可以让学生的作业得到更精准的反馈。

第四，基于大数据的自适应学习。学生负担大，原因之一是要进行许多重复知识点的学习，事实上学生能力不同，并不需要一样的课程进度，至少不需要做同样的作业。通过图像识别、表情识别等手段收集了学生学习大数据后，就可以针对学生提供个性化的教育，包括课程和练习，美国的Knewton就是自适应模式的领先者，其通过数据收集、推断及建议三部曲来提供个性化的教学，背后是大数据技术。目前Knewton已服务除南极洲之外的学生超过1 000万名，为学生下一步学习计划提供个性化推荐超过150亿次。

智能教育目前行业已经有各色探索，主要是利用自然语言处理、人脸表情动作识别、机器视觉、语音识别、大数据等技术，来帮助孩子提高学习效率和降低老师重复老师，这些应用只是智能教育的前菜，更多人工智能会被应用到课堂、课后、课外、考试等教育环节。正是瞄准这个趋势，新东方、好未来等巨头已在积极采取行动，通过成立实验室、与科大讯飞这样的AI巨头联手，或者投资AI创业公司的方式，来迎接AI教育的变革。

人工智能变革教育，首先体现的是各种智能化的教育装备和智慧化的教育环境，其次是嵌入人工智能服务的教育业务流程与制度，最后是人机结合的思维模式的转型。

智能时代专栏5

能力风暴：教育机器人全球发明者

图片来源：www.roadefend.com。

2018年3月5日，中央电视台少儿频道《大手牵小手》推出学雷锋特别节目。能力风暴教育机器人牵手央视少儿走进四川凉山彝族自治州昭觉县三岔河乡中心校，以教育机器人点亮了孩子们的科技梦想，为孩子们打开通往新世界的大门。

一、公司介绍

能力风暴（ABILIX）是上海未来伙伴机器人有限公司旗下的教育机器人品牌公司，始创于1996年，是教育机器人的全球开创者和领导者。自1998年在全球率先发布了第一台教育机器人。目前，全球50多个国家的40 000多所中小学校在使用能力风暴教育机器人，2016年发布的面向家庭用户的五大系列数十款教育机器人产品，已在全球近万家终端有销售。能力风暴以教育机器人为平台，以培养孩子的成功能力（创造能力、分析能力、实践能力）为使命，目标瞄准的是自己开创的即将成为全球机器人最大市场的教育机器人产业。人工智能风口已来，教育机器人已成为第一个盈利并实现飞速增长的机器人产业。

二、以智助教，能力风暴机器人全球发明者

目前，全球已有50个国家和地区的40 000多所中小学和培训机构、1 000多所大学、1 200多个学校教育机器人实验室、300多家教育机器人活动中心（Abilix home）以能力风暴教育机器人为平台进行教学、竞赛以及科技活动。能力风暴拥有全球最完善的教育机器人产品线。其中包括氪（Krypton）积木机器人系列、奥科流思（Oculus）移动机器人系列、虹湾（Sinus）飞行机器人系列以及珠穆朗玛（Everest）类人机器人系列是面向家庭市场开发的教育机器人产品，搭载多项161项专利。

第一，氪（Krypton）积木机器人系列。氪系列积木机器人拥有独有的六面搭建体系和远超行业的控制器，是全球机械创意空间领先的积木机器人；奥科流思移动机器人拥有酷外形、强大脑以及旋风吸尘系统，是全球领先的移动机器人形态的教育机器人。

第二，奥科流思（Oculus）移动机器人系列。来自3016年partnerX位

于火星 Oculus 基地的能力风暴移动系列奥科流思，着重提升语言智能和人际智能等多元智能能力；其具有超强的语音识别、人脸识别系统，寓教于乐，让少年儿童在快乐中训练成功能力，提升科技素养（见图 7-18、图 7-19）。

图 7-18 氪积木机器人系列

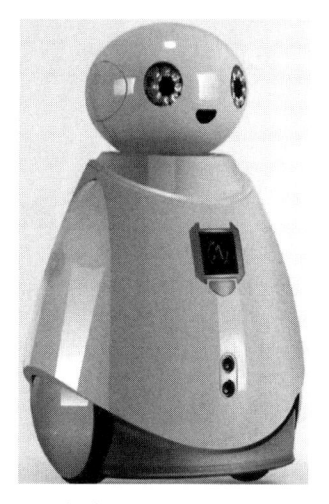

图 7-19 奥科流思（Oculus）移动机器人

第三，氩（Argon）飞行积木系列。来自 3017 年 partnerX 位于金星 Argon 基地的能力风暴教育机器人飞行积木系列氩，着重提升空间智能、数学逻辑智能和自然探索智能等多元智能能力；其创新性的六面搭建及漂亮的空间移动飞行能力，增强了孩子不断创新和探索的欲望，让少年儿童在快乐中训练成功能力，提升科技素养（见图 7-20）。

图 7-20　氩（Argon）飞行积木

第四，虹湾系列飞行机器人。虹湾系列飞行机器人是全球第一款青少年专用的飞行，在安全性和抗摔抗撞性能上特别出色，还具有拍照拍视频的实用功能和机器人 APP（见图 7-21）。

图 7-21　虹湾系列飞行机器人

来自3016年partnerX位于月球Sinus Iridum基地的能力风暴飞行系列虹湾，着重提升少年儿童空间智能和自然探索智能等多元智能能力；其前卫造型、出色的空间移动飞行能力，增强了孩子探索世界、探索自然的欲望和想象力，让少年儿童在快乐中训练成功能力，提升科技素养。

第五，珠穆朗玛系列类人机器人。来自3016年partnerX位于地球Everest基地的能力风暴类人系列珠穆朗玛，着重提升少年儿童音乐智能和身体运动智能等多元智能能力；作为类人形态的机器人，珠穆朗玛外形帅气，拥有独创2自由度的髋关节智能电机，在动作的灵敏度上远超市场上其他产品。多自由度仿生设计让他和人一样自由行走转弯，能歌善舞，让少年儿童在快乐中训练成功能力，提升科技素养（见图7-22）。

图7-22 珠穆朗玛系列类人机器人

教育机器人是公认的青少年培养成功能力、提升科技素养的最佳平台。能力风暴从无到有地孕育了教育机器人产业，20年来从行业唯一走到行业第一，今年能力风暴迎来第二次创业战略机遇，与时俱进地进行自我完善、迅速成熟，秉着"玩能力风暴，练成功能力"的信念，继续助力青少年成长，向着更好的未来重新启程。

（资料来源：作者根据多方资料整理而成）

7.3 未来智能社会

如今手机就好像是你身体延伸出来的一部分。如果有人跟你说，5年后手机就消失了，你信不信？反正我不信。这是因为，当一个大潮来临时，人们往往会低估科技进化背后的革命性和颠覆力。在未来的 10~20年，随着机器学习快速发展，人工智能会在各个领域大面积使用，目前的重复性劳作、简单的脑力和体力劳动，未来交给人工智能去做的可能性是很大的。具体有多少工作会被取代还说不清，白宫的报告给出的数字是当前工作的 47%，麦肯锡的报告估计是 49%，Siri 的创始人之一诺曼·温那斯基估计的数字是 70%。即便按最低估计看，也有近一半工作受到威胁，不可谓不严重。未来只要是标准化、重复性工作，多数都可以交给人工智能来做。那么未来的行业又会怎样呢？

7.3.1 未来农业

目前应用的是无人飞机打药、水肥一体化、滴灌系统等都是采用人工智能方式，那么广大种植户朋友如何看待，未来的农业不需要人工吗？传统农业技术手段落后，会造成水肥、农药资源浪费，不仅成本高效益低，还会造成土壤、基质污染，产品质量得不到有效保障，设施农业将是未来农业的发展的主流。采用先进的科学技术，能够实现精准播种、合理水肥灌溉、实现农业生产低耗高效、农产品优质高产。

根据不同植物品种对生长环境的不同要求，可以利用智能传感、无线传感网、通信、大规模数据处理与智能控制等物联网技术，对温度、光照度、土壤温湿度、土壤水分、空气二氧化碳、基质养分等环境参数做动态监测，并通过对风机、卷帘、内遮阴、湿帘、水肥灌溉等自动化设备的智能控制，使植物生长环境达到最佳状态。温室大棚也是人工智能的产物，可反季节栽培葡萄提前成熟。方案甚至还设置了预警信息发布，农户可以通过手机、PDA、计算机等信息终端，实时掌握种植环境信息，及时获取异常报警信息，从而确保农作物生长管理正常有序。

7.3.2 未来制造业

美国国会发了一个报告，从人工智能深度学习文章来说，中国已经超越美国，成为世界最主要大国，统计上确实如此，但中国真正的（优势）在哪里？把人工智能看成一个产业链，可以看到产业链上端是产品、智能家电等。终端是语音识别、自然语言识别、计算机视觉等，下端是CPU、GPU、NPU、神经网络学等。中国最多的是应用，在有自主知识产权第二阶段的软件上还是相当的一般，第三个基础设施上还远远落后。这就是中国面临的人工智能的现实，中国有市场。比如芯片设计几乎没有、芯片晶圆代工很弱，只是在封装上。中国每年进口2 000亿美元芯片，是中国最大的单项产品进口，如果芯片在别人手里，怎么能号称是人工智能大国？谷歌有GPU、特斯拉有它的GPU，中国有中科院的芯片，希望能够赶上。所以企业要往下走特别重要，走到深层的地方。不仅如此，企业在往下走的时候，搭造广义的平台特别重要。当一切变成平台的时候，人工智能平台变得特别重。百度现在开始搭建平台，阿里巴巴和腾讯也开始搭建平台，但是我们的平台和谷歌第二版人工智能平台相比、亚马逊平台相比，还是有差距。所以企业要往平台走、要往下走。

当所有人工智能集中在服务业、消费，中国巨大蓝海集中在制造业。十年前中国制造业仅仅是美国一半都不到，今天是全世界最大的制造业，等于美国、日本的总和，面临发展中国家的竞争。中国制造业的未来，制造业2025取决于人工智能。这是一个未来巨大市场。我们劳动力人口供应在下降，我们机器人比重和韩国、新加坡、德国、美国比非常低，由此我们劳动生产率也是相当低，虽然过去几年有所提高，仅仅高于越南而已，所以机器运用在中国有很大的作用。

智能应用专栏 6

神州泰岳：向人工智能、物联网全面转型

ultrapower 神州泰岳

图片来源：www.ultrapower.com.cn。

2018 年 2 月 1 日，由中国人工智能产业创新联盟主办的"丁酉年中国人工智能产业创新联盟年会暨人工智能年度大赏颁奖典礼"盛大召开，神州泰岳凭借其创新 AI 产品——"小富"机器人成功斩获"竞争力产品"大奖。

一、公司介绍

神州泰岳软件股份有限公司（以下简称"神州泰岳"）成立于 2001 年，是首批创业板上市公司。神州泰岳是国内领先的综合类软件产品及服务提供商，着力于用信息技术手段推动行业发展和社会进步，提升人们工作和生活品质。自公司成立以来，始终以市场为导向，深耕细作、创新拓展，形成了以"ICT 运营管理""手机游戏""人工智能与大数据""物联网与通信技术应用"为核心的相关多元化发展格局。2017 年，公司实现营业总收入 20.26 亿元，较上年同期下降 30.99%；营业利润 1.06 亿元，较上年同期下降 77.52%；实现归属于上市公司股东的净利润 11 955.01 万元，较上年同期下降 76.44%。

二、人工智能大数据

公司人工智能大数据板块以自然语言处理（NLP）为核心，专注于行业创新场景化的落地，将独到的自然语言语义分析技术、深度学习、大数据技术、互联网信息采集技术等进行融合，解决不同垂直行业业务系统的人工智能化。

公司进一步完善人工智能自然语言语义分析完整的产品框架体系，使得公司的自然语言语义分析产品线更加趋于完善，具有了自然语言语义分析基础核心算法层（NLP API）、非结构化文本分析挖掘平台（DINFO－OEC）、面向智能交互的小富智能对话机器人和"智享云"业务创新信息综合服务云平台，公司已经成为目前为数不多的能够输出自然语言语义分析技术、产品和服务的公司。

公司依托公司自主知识产权的自然语言语义分析的 DINFO－OEC 平台、互联网信息采集的蜂鸟系统和大数据流水线系统发布了"智享云"业务创新共享服务云平台。智享云平台秉持共享互赢的生态理念，为行业用户与合作伙伴提供更贴近业务场景的原子服务，使得每个用户都可以通过平台找到或者组合出符合自身需要的专属产品和服务，智享云平台在报告期内一经推出就在公安等行业得到了应用并获得了千万级订单（见图 7－23）。

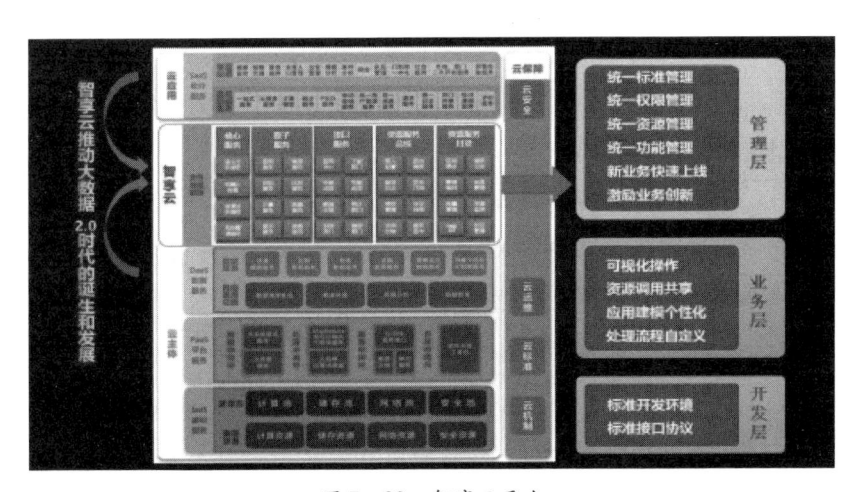

图 7－23　智享云平台

三、工业物联网领域

公司自 2011 年伊始至今，一直专注于物联网通信技术的探索与研究，形成了"满足工业环境特殊要求的无线通信、定位、安防、传输、感知"

的专利技术体系，融入公司领先的网络监控、信息安全、人工智能、大数据等技术，聚焦核电核岛、城市综合管廊、机场、高铁、石油炼化等重点行业的特殊工业场景，打造基于"智慧+"系列技术的物联网通信及安防系统。

2017年，公司积极推进"Nu-WiFi核电专业无线通信系统""综合管廊安防通信一体化系统""智慧墙入侵探测系统"三大整体解决方案在核电、地下管廊、石油石化、民航、矿山等特种工业领域的应用。

第一，在工业互联网领域，2017年，公司推出的"Nu-WiFi核电专业无线通信系统"，将自主通信协议的物联网与标准WiFi协议进行深度融合，完美实现了物联网的超低功率，海量终端接入特性与WiFi网络的高带宽特性的结合，实现了电磁敏感区，超低功率无线接入模式与常规区域自动漫游切换，并具备精准的功率控制能力和分级可控的安全接入机制，成为国内外首个完全满足核电站高电磁安全和高信息安全要求的无线通信系统。

第二，公司自主研发设计的"基于智慧线的城市综合管廊通信安防一体化系统"，通过在电缆里密集内置无线通信芯片，并在线缆铺设后将这些内置的无线通信芯片同管廊的空间位置对应起来，形成覆盖整个管廊的"物联网无线通信平台"。

第三，在周界安防领域，公司自主研发的"智慧墙入侵探测系统"，是公司自主研发的基于智慧线以及阵列式感应场技术的新一代物联网周界报警产品。截至目前，公司在物联网产业链生态圈建设方面取得了良好的进展，公司与浙江大华技术股份有限公司下属子公司合作实现解决方案深度融合，互相开放了数据接口，各自向对方营销平台导入相关产品线，共享市场信息资源。公司还与汉威科技于2018年3月签订了《战略合作框架协议》，共同建立"工业互联网联合实验室"。2018年3月，公司同时与中国广核集团签署了有关核电通信与物联网的框架合作协议。

（资料来源：作者根据多方资料整理而成）

7.3.3 未来医疗

以 AlphaGo 战胜李世石为导火索，人工智能这个词已经出现在街头巷尾，到如今 AI + 已经开始覆盖各个领域，医疗就是其主要领域之一，很多专家认为，医疗将会成为人工智能最先落地的领域。目前人工智能在医学影像识别的应用上主要有三种方法：分类，检测和分割。分类可以将有病和正常的医学影像区分开来；检测可以识别出病灶并用框框出来；分割可以将病灶轮廓分割开来。每一种方法可以解决不同需求的问题。

未来想象力巨大的医疗人工智能，在模型训练上依然有很大的局限。比如数据标注，人工智能学习疾病的过程就像我们上学时学习知识，一定要保证课本的准确，数据标注的质量完全决定了算法的准确性，专家分开标注数据，取最终的共同部分可以尽量保证数据准确性。现在的人工智能尚处于弱人工智能时代，并不具备沟通的功能，因此现在的人工智能更多的应用在类似图像识别辅助分析这样的不需要和患者进行深入沟通的领域，其他的领域的发展仍然需要人工智能技术的继续完善。随着医学的发展，过去一些诊断不了或者不容易诊断的疾病，现在可以诊断出来了，这对于患者来说是一个巨大的利好。而人工智能的出现，可以为医生提供巨大的帮助，让医生工作更加轻松，最终使得病人受益。

7.3.4 未来律师业

当律师行业每天产生的数据越来越多，我们搜集、分析和计算数据的能力越来越强，其实就可以发展出另外一种将对行业产生革命性影响的技术——人工智能。虽然"人工智能"这个概念近年来在法律圈内被广泛关注，但是它究竟是什么，可能为律师行业带来什么，其实还没有被充分认识。书写是最初也是最典型的例子。借助于文字和书写，我们可以更好地记忆和进行逻辑推演。而在法律领域，借助于电子存储工具、办公软件和互联网即时通讯工具，律师可以更高效地交流信息，形成成果。借助于 Ross 这样的法律人工智能，律师的法律检索变得更加容易。而在未来，借助于更加成熟的人工智能技术，律师甚至可以在法律推理、制定诉讼策略上得到更多帮助。

如果从律师的原有工作模式来理解人工智能带来的改变，它当然意味着不小的挑战。当机器学习了所有的法律法规和裁判文书数据，在法律检索、预测案件结果等工作上，它很可能会比人类律师表现得更出色。另外，正如理查德·萨斯金在《专业人士的未来》一书中指出的那样，在人工智能的帮助下，普通人也可以处理法律事务。人类专家的实践知识将可以被非专业人士在线上获取，专业人士自身作为中介的意义将越来越弱。但是，从提供更加优质的法律服务的角度来说，人工智能其实有着更加积极的意义。一方面，法律服务的成本将大大降低，这将让更多人有了享有高质量法律服务，更好地维护自身合法权益的能力；另一方面，依赖于大量资料搜集和分析的基础工作将被人工智能所替代，进入律师行业的新人不必陷于那些枯燥乏味的重复性工作，而会拥有更高的起点。经验尚浅的律师，也可以在人工智能的帮助下，提供超出自身原有能力的服务。

人类的经验、能力和知识水平毕竟是有限的，即使是受过专业训练，积累了丰富经验的律师，也必须承认自身的颇多不足。但是，从文字书写，到电子化办公软件，再到大数据和人工智能，在借助所有可能的工具提供更好的法律服务上，律师们其实一直在路上。

7.3.5 未来记者和编辑

在生产端，媒体终于迈进自动化门槛。机器人替代普通劳动力不仅发生在富士康等制造业，如今也进入智力密集的新闻业；在分发端，以天天快报、今日头条为代表的个性化阅读客户端，也在掀起一场巨大的变革；在接收端，深度阅读可望不可即，纯文字的传统阅读变得更为小众化和精英化，图片和视频开始升格为21世纪主流文本表现形式。

人工智能的发展，推动新闻业直接从手工业阶段跨越到流水线大工业时代，从内容生产、渠道分发、用户信息反馈，新闻业正在经历有史以来最为震撼的大变革。资深的业内人士笃信人工智能将主宰未来的新闻业，到 2020 年前后，90% 以上的新闻报道都将由机器来完成。在这一过程中，传统报刊、电视、广播媒体的影响力将进一步衰弱，而拥有技术优势的新媒体、特别是一些超级信息分发平台开始成为新闻业的新枢纽，它们掌握先天的强大渠道分发优势，并借此进一步影响上游内容生产，以便更好满足用户胃口。人工智能技术在媒体的应用，某种程度上也是一场机器对人力的大范围替代，新闻业的灵魂正在从"写作者的情怀"让位于"工程师的严谨"，"机进人退"的幕布拉开了。某种程度上看，传统意义上的新闻业正在消融，人工智能给新闻业带来的是摧毁式创新。新闻业的内容生产、内容分发、内容监测和内容终端，都在实现智能化。曾经被认为最不可能替代人的内容生产领域，也在发生变化。中国人工智能在媒体领域应用的开始时间较晚，不过近几年也在迎头赶上。

2015 年 9 月 10 日，腾讯财经推出自动化新闻写作机器人 Dream Writer，主笔发布了首篇新闻《8 月 CPI 同比上涨 2.0% 创 12 个月新高》，该报道抓取了国家统计局发布的 CPI 相关数据，同时援引了行业专家和业内人士的分析。据 Dream Writer 的研发团队透露，它的内容生产方式主要是基于大数据分析平台，在短时间内选出新闻点、抓取相关资料，通过学习固定的新闻模板生成稿件，它的优势在于适用在信息量巨大的财经资讯类新闻，在准确率和时效性上都完胜人类记者编辑。与普通的编辑人员不同的是，智能写作机器人通过文本风格模式的识别，使用算法进行数据加工处理，并运用计算机程序自动化生成文本内容。相比普通的新闻记者，"智能记者"在时效性、准确性上更加具有优势可言。目前，人工智能在新闻媒体内容生产领域的智能化应用还处于比较基础的状态，能做到效率的提高，还未能进行更加深度的分析和解释。

传统新闻业的危机并不是传播业的危机，而只是某种媒体形态、介质的危机。判断一个技术形态和传播形态是否有未来，可以参考三个标准：是否可以增加人与人、人与社会和人与环境之间的连接性和丰富性；能否赋能于人并使得它的自由度和自由空间扩大；人们面对现实的复杂性时，是否收获更多的掌控力。人工智能也许更擅长在体育赛事这类媒介事件中抓取数据生成报道。但从全球范围来看，特别是国际知名媒体，在面对突发的新闻事件时，特别是灾难性事件，记者可能仍需在场，起码在尚未进入强人工智能时代之前，新闻最为核心的部分依然离不开人。对任何技术的发展要持开放态度，看到它的巨大潜力，审慎评估人和机器的作用。从自然语言处理到算法分发等人工智能技术的应用，极大提高了新闻的生产和分发效率。写稿机器人并不会完全代替记者和编辑，目前来看，他们并不会对立，写稿机器人可以成为记者编辑的助手，凭借其强大的计算能力和不知疲倦的特性，将采编人员从搜集整理素材等繁复的劳动中解放出来，集中精力做更有价值的事情，这一点充满了想象空间。

7.3.6 未来体育

人工智能"入侵"的速度可能会让职业体育界的保守派感到震惊。因为，人工智能已经习惯了以超出人类预期的速度不断向前发展。近些年来，数据分析、运动科学以及各种各样前所未见的测量方式，让体育运动成为一个庞大的科学项目。"NBA 已经建立了一套数据计算系统，来整合来自 SportVU 系统的数据。"NBA 负责 IT 应用的高级副总裁肯-迪根纳罗说道，"这些数据可以服务于联盟中的所有球队。"SportVU 是一套非常先进的通过一组固定摄像机来追踪球员和篮球移动的系统设备，在如今的每座 NBA 球馆都有装备。根据迪根纳罗的描述，SportVU 系统在曾经无法量化的比赛中，挖掘出了数据。每场比赛，SportVU 系统都会产生大量的数据，而如何分析和研究这些数据，这时候就轮到人工智能发挥作用了。

"机器学习在数据建模领域越来越受到欢迎。"多支 NBA 和 NFL 球队的数据顾问盖德纳说道，"举个例子，人工智能要识别比赛战术，你可以给它一套不同战术的模型，让它在每次识别比赛战术的过程中完成自我学习。"这个技术的原理是，通过创建算法，人工智能可以不断地自我完善。对于每一次的识别结果，人工智能都能够作出反馈，如果找到了正确的战术，它就会自我学习和理解。曾经有一次，科学家们展示了一种机器学习工具，它可以识别出不同球队的不同挡拆战术。"通过数据模拟处理，人工智能可以去做有些原本只有教练才能够完成的事情。"盖德纳说道,"比如教练们可以用这套系统追踪对手使用不同战术的频率,从而为比赛做更充分的准备。球队可以利用这个系统做出更好的战术安排。"

当然,人工智能并不是受到所有人的欢迎。毕竟,球迷们看比赛想看的是真实的运动员,教练在促进整个球队的化学反应方面有着无法量化的作用。体育有其本身的社会和情感属性,但机器人终究是机器。在 NBA 球队当中的管理层当中,他们正被数据科学所改变,而这种改变,也会慢慢被局外人所接受。职业球队都愿意接受科技时代的进步和发展,来保持住自身的竞争优势。我们正在见证人工智能时代缓缓走来。根据最近的人工智能成果,它们可以指导职业球员训练,也能帮助球员保持健康。但人工智能再怎样发展,球队教练都不会在场边完全消失。教练和人工智能之间,未来应该是合作伙伴的关系。到了一定阶段,人工智能教练助理将会处理战术方面的东西而一些社会属性和战略大方向上的事情,将由教练去完成。如果把数据分析和研究交给无所不知的人工智能来完成,教练要做的事情就是处理人与人之间的关系和事务,领导好自己的球队。在未来,NBA 球队的主教练会比以往要更加人性化。对 NBA 而言,这或许是一场更伟大的变革。

龙泉寺贤二机器僧：科技身，智慧心

图片来源：www.longquanzs.org。

北京龙泉寺最近又火了。这次是因为龙泉寺推出一个名为"贤二"的机器人，凭借其呆萌的外表迅速走红。从"出生"开始，它就不断在全国各地奔波亮相。回到寺庙，它又得"接待"从全国各地慕名而来的粉丝、媒体及科技界人士。

一、公司介绍

龙泉寺位于北京海淀区西北边，凤凰岭自然风景区内，坐落在北京西山凤凰岭山脚下，始建于辽代应历初年，距今已有一千多年的历史，山门前两株遒劲的翠柏有六百多年，寺内还有两棵粗壮挺拔的银杏树和两株古柏，都已有千年树龄。2005年4月11日，龙泉寺正式开放成为佛教活动场所，并迎请中国佛教协会副会长兼秘书长学诚法师主持寺务工作。这是北京海淀区自新中国成立以来第一所正式开放的三宝具足的佛教寺院。在学诚法师的带领下，龙泉寺在新型寺院的建设、优秀僧才的培养以及广大信众的如法引导方面，迈开了新的时代步伐。

二、贤二机器僧

贤二机器僧是以北京龙泉寺创造出来的"贤二"漫画形象为原型，由北京龙泉寺僧众、义工团队与人工智能领域专家共同创造出来的智能机器人。他具有感知功能，能接受指令做出相应的肢体动作、诵读经文和播放佛教音乐等。贤二机器僧用佛法跟人对话聊天，回答颇为机智，被称为佛教界的"Siri"。

2015年，第一代"贤二机器僧"诞生。2016年，贤二机器僧成为社会热点，第二代"贤二机器僧"出世。这个"贤二"机器人身高近60厘米，身着黄色僧袍，能跟人语音对话，会说佛经佛法，口头禅是"我去问问我师父"（见图7-24）。

图7-24 贤二机器僧

贤二这个身穿黄色僧服，一脸萌态，最爱吃冰淇淋的小和尚早已经跑出了书里的漫画格子，出现在动画片里、朋友圈里、书桌上、衣服上，还有世界人工智能的大会上。诞生于北京龙泉寺，这个被称为"史上最萌小和尚"的"贤二"已经变成一种文化符号——佛教界独特的超级IP，不仅仅连接着佛教、龙泉寺、信众，也连着喜欢动漫、科技的普罗大众。IP无限衍生发展中所借助的形象和平台，只是一种外在工具，而精神连接则需要靠直抵人心的内容。而贤二背后拥有的强大内容体系支撑是佛法，是以学诚法师为代表的僧俗大众的智慧开显。贤二机器僧正是当下佛教与时俱进、与科技跨界融合而诞生的代表性智慧产物。在人机对话技术的支撑下，创造者们希望通过这个憨态可掬的形象带给面对生活压力的现代人以精神力量。

三、贤二动漫

早前,学诚大和尚曾提出,要把佛法中的道理,通过大众喜闻乐见的方式传播出去。为了实践学诚大和尚的理念,更好地传播佛经佛学,贤帆法师和贤书法师设计出动漫人物"贤二",并通过漫画配以诙谐的文字,传播禅语。2014 年,北京龙泉寺出版以"贤二"为主角的佛法漫画书《烦恼都是自找的》。2015 年 7 月,各地机器人研发专家聚集在北京龙泉寺召开研讨会后,"贤二"机器僧进入制作阶段,两个月后,"贤二"机器僧首次亮相广州动漫展。随着曝光率不断增高,"贤二"迅速成为新一代"网红"(见图 7 -25)。

图 7 -25　贤二动漫

贤二最怕的人是师父,最敬重的人也是师父,一有不懂的问题就去问师父。它口中的师父就是中国佛教协会会长、龙泉寺方丈学诚法师。贤二动漫、贤二机器僧对话的大部分内容来源也是学诚法师与弟子、信众之间交流、答疑解惑的对话。这些活泼智慧的语言之所以触动人心,是因为来源于生活,这些烦恼每个人都会找到共鸣点。所以,学诚法师也说,我们每一个人都是贤二。

学诚法师说过，佛教的是古老的，但是佛教徒是现代的。作为中佛协历史上最年轻的会长，早在 2006 年，学诚法师就开通了博客，2009 年开通了微博，与网友进行"心灵对话"，十多年来几乎没有中断。

为什么起初要创造贤二这样的小和尚形象呢？这与最早学诚法师希望找到现代人接受的语言传播佛法有关。根据贤二的最早创作者——贤书法师此前的介绍，他经常记录师父学诚法师日常对弟子的言教，为了能够内修外弘，利益他人。师父看到这些文字后，就建议配上画。于是，喜欢画水墨画的贤书法师就创作了"贤二"最初的形象，与现在可爱萌萌的风格不同，最早的贤二一袭长袍，端正凛凛，就这样每日一幅在师父的博客上发布。

之所以取名贤二，"贤"是因为学诚法师的弟子为"贤"字辈，"二"是一种排序，也与契合佛教和国学传统里要求做人要谦下、内敛、甘居人后、甘拜下风，不争名夺利，默默无闻做事。

学诚法师非常重视漫画，在他的指导和支持下，僧团就成立了四人小组，两位法师毕业于是中央美院的，一位毕业于清华美院的。后来，80 后的贤帆法师对贤二进行了改造，在他的笔下，一个可爱呆萌的黄袍小和尚引来了各个年龄层朋友的喜爱。2011 年，龙泉动漫中心成立，在法师和义工的共同努力下，贤二的系列漫画从单格发展到了四格，又从四格变成了系列出版物，其中《烦恼都是自找》还获得了 2015 年中国漫画最高奖"金猴奖"漫画类金奖。

同时，把静态漫画变成动画让传播形式更加立体，于是，有了上百集的《学诚法师心语》的 Flash 动画、3D 版动画；利用传统的定格动画技术拍摄了多部面人动画。后来，伴随着材质升级，轻黏土动画也陆续拍摄，并在龙泉寺里放映。这场跨越时空的交流纵论互联网+、佛法、人工智能与机器人，催生了创造一个学佛机器人的想法，也吸引了机器人研发的各路精英豪杰汇聚龙泉寺，进而有了龙泉寺贤二机器僧的诞生。

四、人工智能再掀"贤二热"

真正让贤二爆火是龙泉寺赶上了 2016 年人工智能的风口,"史上最强科研实力寺院龙泉寺""佛教""小和尚贤二""人工智能""机器人"当这几个标签汇聚在一起,古老的宗教与现代科技碰撞出智慧火花一时耀眼。确实,在 2016 年 4 月,伴随着 AlphaGo 在"人机大战"中的胜利,此前问世的贤二机器僧 1.0 版,始料未及引来大量媒体关注。其实,作为世界上第一个"机器人"小和尚早在 2015 年 10 月就诞生了。在人工智能的风口,10 月,五位主创法师受邀携贤二机器僧 2.0 亮相 2016 世界人工智能大会。11 月,贤二机器僧正式入职凤凰新闻客户端出任"首席智慧官",以及期间讲述贤二诞生来龙去脉的《贤二机器僧漫游人工智能》一书出版,这场科技与心灵的美好相遇关注度一再升级。"机器僧"这一借助于佛法解答心灵疑惑概念的机器人因为独特的创意而备受关注。

起初,选择做"机器僧"并非是龙泉寺主动去运筹的。这里最初的因缘,是 2015 年 3 月,北京一家机器人科技公司到龙泉寺禅修,其间提出要为寺里免费制作一款扫地机器人,后来,学诚法师提议把贤二做成机器人,于是,两个月之内,研发团队在康力优蓝公司的机器人"小优"基础上改造成 50 厘米高的"小贤二",法师们提供了问答内容并找小义工来进行语音录制,技术和设计等由其他专业科技公司提供支持。在当年的广州动漫展上,可以进行初步语音交流、拍照、对话、身体触碰感应、移动等多种功能的贤二机器僧亮相。

机器僧能在中国问世,一方面是龙泉寺对佛教执着追求,广结善缘之果,也是中国人工智能和机器人界聚沙成丘的成就。参与两代机器僧研发的机构就有二十多家,包括科大讯飞、腾讯微信、搜狗等人工智能领域的巨头。

如果仅仅如当初设想只做一个扫地机器人,贤二的影响力可能不会这么大。技术的变革改善了人们的生活,但是,在心理层面能否给人以滋养,是对技术应用开发的考验,毕竟"扫心地"比"扫地"更加有意义。

除了人形机器人的呆萌小和尚形象被众人熟知,让更多人接触到贤二机器僧的是通过微信公众号——贤二机器僧。据龙泉寺法师给到的数据,截至8月底,该微信公众号粉丝已经超过120万,每天平均有十几万次互动。贤二可以根据下文语意连贯性来做不同回答,同一个问题,不同时间问也会给你不同回答。比如,你问它"今天天气好吗?"它会说,"你可以看看窗外"回答你:"不阅兵、不开会,空气一般都不会好。"当然,也会遇到一些bug,比如在遇到不会的问题时,贤二会说,"我师父说:少想问题,多想办法。"更多时候,贤二回复你的会是一句令你心意开解的智慧之语,而且尽显卖萌调侃之术,这也是大家喜欢跟贤二聊天的原因。

精准、可控是龙泉寺对贤二机器僧人机对话能力的方向定位,这也是在评估贤二对答能力时不能以轮数为标准的原因。"贤二并不希望用户没事来找它聊天,甚至有时在多轮对话的时候,会一句话结束掉。本质还是佛法的理念,不执着于它,只是给人们引发一些变相思路。"虽然微信比较重视行业机器人,比如服务音乐、视频等,像贤二机器僧一样的闲聊机器人只是做过尝试,但"对话是一个技术,贤二也可以看作是一个行业的解决方案,佛法领域的心情类闲聊。"

在与贤二机器僧对话时,会感觉有些"小智能"。所有的数据运营都是考验你的算法能不能找到合适的答案,哪些没有做好,然后去学习。那么,贤二的知识库是如何运营的呢?后台会定期将学诚法师在微博上问答的内容填入知识库,同时也会组织义工团队,在法师的指导下回复不断涌现的新的问题。而义工们的回复要经过法师的审核后再填入知识库中。"准确地理解大家的问题,从佛法中找到最佳的答案,用大家都能理解的语言表述出来,是契机回答不可或缺的要素。一方面在人,一方面在技术。"由此可见,贤二机器僧的智慧主要还是来自人类的智慧。

在技术层面,贤二机器僧也可以实现自学习。比如在对话过程中,对话者会有一些隐形反馈。当他不满意时,会重复说这句话,甚至会骂人,这些都是负面反馈。贤二可以通过学习,对照之前的数据形成重点优化的解决方案。如果没有一个很好的答案来匹配时,就把这个问题拿出来,重新去运营或者重新训练一个新的模式去表达。

比如，有人与贤二聊天态度上很恶劣，对于恶意语言，贤二会判断，一般是不予理睬的态度，比如用"呵呵"。她认为，恶意回复也很正常，要给予他人说话的自由，"对一个机器人还不能想说啥就说啥，为什么还要机器人呢？"对于要应对如此复杂的对话情景。

未来贤二的问答能力是否会拓展到精通三藏十二部、百科全书式呢？贤度法师表示，"这取决于大众的需要。"他认为，从目前来看，大家更多关心的是学习、工作、生活中的比较具体的问题，这些问题的解答需要佛法的智慧以及现代的语言。这些智慧都源于佛陀、源于三藏十二部，而学诚法师的回答则是以现代的语言契理契机地解答大众的问题与困惑。

实体机器僧与微信公众号的问答库已经打通。实体机器人更加具象化，更加生动和易于传播，而公众号则可以不断累积提供更多的智慧，二者互相结合。不过，法师们曾表示，贤二机器僧不会开发商用，而是提供了一个平台，让国内顶尖的人工智能技术能够在机器僧这个相对纯净的载体上去实验、探索。通过人工智能技术和佛教大数据的结合，最大化去传播佛法、服务社会，同时也为人工智能等科学技术在以人为本、科技为善的理念指导下，提供一些具体的实践经验。

五、结论与启示

技术是把"双刃剑"。未来机器人一方面完成人类更多标准性、重复性、危险性工作等，但是也有可能造成更多职业消失、工人下岗、信息安全隐患等问题。贤二机器僧给我们最大的启示。

第一，科技为善：取长补短，为我所用。贤度法师表示，应该具体问题具体分析，需要凝聚更多的共识来善用机器人。由此，也可以看出龙泉寺坚持科技为善的准则。科技是一种工具，而不是目的，明确宗旨目标，有效认识科技的利弊，认识它的作用和影响，才能取长避短，为我所用。

第二，适度引导，不执着于此，为贤二机器僧提供技术支持的微信技术架构部技术总监陈波也深有感触。与其他有上亿级别知识库的虚拟闲聊机器人不同，贤二机器僧目前走精品数据库之路，知识库在上万级别。"佛法本身的一个特质是很多问题可以用一句佛法了然。宁可不答，答就要答得有见解。"

（资料来源：作者根据多方资料整理而成）

参考文献

[1] 李彦宏. 智能革命：迎接人工智能时代的社会、经济与文化变革 [M]. 中信出版社，2017.

[2] 吴军. 智能时代：大数据与智能革命重新定义未来 [M]. 中信出版社，2016.

[3] 斯特凡·韦茨. 搜索：开启智能时代的新引擎 [M]. 中信出版社，2017.

[4] 李开复，王咏刚. 人工智能 [M]. 文化发展出版社，2017.

[5] 腾讯研究院等. 人工智能：国家人工智能战略行动抓手 [M]. 中国人民大学出版社，2017.

[6] 周晓垣. 人工智能：开启颠覆性智能时代 [M]. 台海出版社，2018.

[7] 郝克托·莱韦斯克. 人工智能的进化：计算机思维离人类心智还要多远 [M]. 中信出版社，2018.

[8] 余来文，林晓伟等. 智能时代：人工智能、超级计算和网络安全 [M]. 化学工业出版社，2018.

[9] 余来文，封智勇等. 智能革命：人工智能、万物互联与数据应用 [M]. 经济管理出版社，2017.

[10] 林晓伟，余来文等. 协同管理：互联网时代的商业智慧 [M]. 经济管理出版社，2018.

[11] 皮埃罗·斯加鲁菲. 智能的本质：人工智能与机器人领域的64个大问题 [M]. 人民邮电出版社，2017.

[12] 王天一. 人工智能革命：历史、当下与未来［M］. 北京时代华文书局，2017.

[13] 吴霁虹. 未来地图：创造人工智能万亿级产业的商业模式和路径［M］. 中信出版社，2017.

[14] 通用电气. 工业互联网：打破智慧与机器的边界［M］. 机械工业出版社，2015.

[15] 魏毅寅. 工业互联网：技术与实践［M］. 电子工业出版社，2017.

[16] 夏志杰. 工业互联网：体系与技术［M］. 机械工业出版社，2017.

[17] 许正. 工业互联网：互联网＋时代的产业转型［M］. 机械工业出版社，2015.

[18] 王喜文. 工业互联网：中美德制造业三国演义［M］. 人民邮电出版社，2015.

[19] 吴晓波. 调懂中国制造2025［M］. 中信出版社，2015.

[20] 国家制造强国建设战略咨询委员会. 中国制造2025蓝皮书［M］. 电子工业出版社，2017.

[21] 邓力，俞栋，谢磊. 深度学习［M］. 机械工业出版社，2016.

[22] 陈潭. 工业4.0：智能制造与治理革命［M］. 中国社会科学出版社，2016.

[23] 王作冰. 人工智能时代的教育革命［M］. 北京联合出版有限公司，2017.

[24] 赵光辉，朱谷生. 互联网＋交通：智能交通新革命时代来临［M］. 人民邮电出版社，2016.

[25] 杨青峰. 智能爆发：新工业革命与新产品制造浪潮［M］. 电子工业出版社，2017.

[26] 卢西亚诺·弗洛里迪. 第四次革命：人工智能如何重塑人类现实［M］. 浙江人民出版社，2016.

[27] 韦康博. 人工智能：比你想象的更具颠覆性的智能革命［M］. 现代出版社，2016.

[28] 周鸿祎. 智能主义：未来商业与社会的新生态［M］. 中信出版社，2016.

[29] 尼尔斯·尼尔森. 理解信念：人工智能的科学理解［M］. 机械工业出版社，2017.

[30] 佩德罗·多明戈斯. 终极算法：机械学习和人工智能如何重塑世界［M］. 中信出版社，2016.

[31] 雷·库兹韦尔. 人工智能的未来［M］. 浙江人民出版社，2016.

[32] 詹姆斯·巴拉特. 我们最后的发明：人工智能与人类社会的终结［M］. 电子工业出版社，2016.

[33] 李智勇. 终极复制：人工智能将如何推动社会巨变？［M］. 机械工业出版社，2016.

[34] 松尾丰. 人工智能狂潮：机器人会超越人类吗［M］. 机械工业出版社，2015.

[35] 杰瑞·卡普兰. 人工智能时代［M］. 浙江人民出版社，2016.

[36] 卢克·多梅尔. 人工智能：改变世界，重建未来［M］. 中信出版社，2016.

[37] 物联网智库. 物联网：未来已来［M］. 机械工业出版社，2015.

[38] 李晓妍. 万物互联：物联网创新创业启示录［M］. 人民邮电出版社，2016.

[39] 米勒. 万物互联［M］. 人民邮电出版社，2016.

[40] 朱建良等. 场景革命：万物互联时代的商业新格局［M］. 中国铁道出版社，2016.

[41] 中国科协调宣部. 万物互联时代［M］. 中国科学技术出版社，2016.

[42] S^2 微沙龙. 大话5G：走进万物互联时代［M］. 机械工业出版社，2017.

［43］陈国嘉．移动物联网［M］．人民邮电出版社，2016．

［44］余来文等．互联网思维2.0：物联网、云计算、大数据［M］．经济管理出版社，2017．

［45］弗朗西斯·达科斯塔．万物互联的未来：探索智联万物新模式［M］．中国人民大学出版社，2016．

［46］塞缪尔·格林加德．物联网［M］．中信出版社，2016．

［47］陈根．智能穿戴：物联网时代的下一个风口［M］．化学工业出版社，2016．

［48］陈嘉国．智能家居：商业模式、案例分析、应用实战［M］．人民邮电出版社，2016．

［49］IBM商业价值研究院．物联网＋［M］．东方出版社，2016．

［50］李四华．抢占下一个智能风口：移动互联网［M］．中国铁道出版社，2017．

［51］吴霁虹．众创时代［M］．中信出版社，2015．

［52］陈根．智能穿戴：物联网时代的下一个风口［M］．化学工业出版社，2016．

［53］张为民．物联网与云计算［M］．电子工业出版社，2012．

［54］周鹏辉．物联网商业思维［M］．红旗出版社，2015．

［55］刘建明．物联网与智能电网［M］．电子工业出版社，2012．

［56］杨㧟，罗勇．物联网技术概论［M］．北京航空航天大学出版社，2015．

［57］涂子沛．大数据：正在到来的数据革命［M］．广西师范大学出版社，2015．

［58］凯文·凯利．必然［M］．电子工业出版社，2016．

［59］沙伊·沙莱夫－施瓦茨，沙伊·本－戴维．深入理解机器学习：从原理到算法［M］．机械工业出版社，2016．

［60］王万良．人工智能及其应用［M］．高等教育出版社，2016．

［61］郑捷．机器学习［M］．电子工业出版社，2015．

[62] 吴怀宇. 3D 打印：三维智能数字化创造 [M]. 电子工业出版社，2015.

[63] 杨静. 新智元：机器＋人类＝超智能时代 [M]. 电子工业出版社，2016.

[64] 余来文，封智勇等. 物联网商业模式 [M]. 经济管理出版社，2014.

[65] 余来文，陈吉乐等. 大数据商业模式 [M]. 经济管理出版社，2014.

[66] 余来文，封智勇等. 互联网思维——云计算、物联网、大数据 [M]. 经济管理出版社，2014.

[67] 陈希琳. 万亿人工智能市场将开启 [J]. 经济，2016（12）：38-41.

[68] 王田苗，陶永. 我国工业机器人技术现状与产业化发展战略 [J]. 机械工程学报，2014，50（9）：1-13.

[69] 刘永进. 中国计算机图形学研究进展 [J]. 科技导报，2016，34（14）：76-85.

[70] 常俪. 物联网将如何改变我们的生活 [J]. 中国标准导报，2016（10）：12-14.

[71] 陈宇，郭雪颖. 智能社会与物联网 [J]. 网络传播，2013（3）：88-89.

[72] 朱丽，周鸿祎."万物互联"浪潮来袭 [J]. 中外管理，2014（12）：72-73.